Wolfgang Schieder
Adolf Hitler – Politischer Zauberlehrling Mussolinis

Wolfgang Schieder

Adolf Hitler – Politischer Zauberlehrling Mussolinis

ISBN 978-3-11-052646-2
e-ISBN (PDF) 978-3-11-052975-3
e-ISBN (EPUB) 978-3-11-052708-7

Library of Congress Cataloging-in-Publication Data
A CIP catalog record for this book has been applied for at the Library of Congress.

Bibliografische Information der Deutschen Nationalbibliothek
Die Deutsche Nationalbibliothek verzeichnet diese Publikation in der Deutschen Nationalbibliografie; detaillierte bibliografische Daten sind im Internet über http://dnb.dnb.de abrufbar.

© 2017 Walter de Gruyter GmbH, Berlin/Boston
Titelbild: Hitler verabschiedet sich am Bahnhof des „Führerhauptquartiers" bei Rastenburg von Mussolini, 20. Juli 1944; ullstein bild - Photo 12
Druck und Bindung: CPI books GmbH, Leck
♾ Gedruckt auf säurefreiem Papier
Printed in Germany

www.degruyter.com

Für meine Tochter Fee

Inhalt

I   Hitlers Entdeckung des italienischen Faschismus —— 1

II   Hitler als politischer Nachahmer Mussolinis —— 7
Politische Doppelstrategie. Ein Lernprozess Hitlers —— 7
Der Marsch auf Rom. ‚Wendepunkt der Geschichte' —— 17
Verzicht auf Südtirol. Eine politische Vorleistung —— 28
Vergebliche Bemühungen. Kein Treffen mit Mussolini —— 42

III   Faschistische Dioskuren. Hitler und Mussolini im Zeichen der ‚Achse Berlin-Rom' —— 64
Nicht auf Augenhöhe. Hitler als Reichskanzler —— 64
Erste Zusammenkunft. Hitler bei Mussolini in Venedig —— 73
Faschistische Symbolpolitik. Von der ‚Achse Berlin-Rom' zum ‚Stahlpakt' —— 88
Hitlers politische Inszenierung. Der Besuch Mussolinis in Deutschland —— 100
Mussolinis politische Inszenierung. Der Besuch Hitlers in Italien —— 110
Die ‚Achse' im Härtetest. Mussolinis ‚Nichtkriegführung' bei Hitlers Polenkrieg —— 123

IV   Mussolini im Schlepptau Hitlers —— 136
Politische Asymmetrie. Hitlers Treffen mit Mussolini im Krieg —— 136
Militärische Schieflagen. Hitlers ‚Blitzkriege', Mussolinis ‚Parallelkriege' —— 145
Das Debakel. Hitler und Mussolini in der Sowjetunion —— 151
Die Entführung. Mussolini in Hitlers Gewalt —— 162
Epilog. Mussolini als ‚Duce' von Hitlers Gnaden —— 168

V   Hitler und Mussolini – eine politische Freundschaft? —— 181

Anmerkungen —— 187
I   Hitlers Entdeckung des italienischen Faschismus —— 187
II   Hitler als politischer Nachahmer Mussolinis —— 188
III   Faschistische Dioskuren. Hitler und Mussolini im Zeichen der ‚Achse Berlin-Rom' —— 199
IV   Mussolini im Schlepptau Hitlers —— 211
V   Hitler und Mussolini – eine politische Freundschaft? —— 216

Quellen und wissenschaftliche Literatur —— 218
 Archivalische Quellen —— **218**
 Gedruckte Quellen —— **218**
 Wissenschaftliche Literatur —— **221**

Register —— 229

I Hitlers Entdeckung des italienischen Faschismus

Es gehörte zu Hitlers Selbststilisierung, von einem Tag auf den anderen beschlossen zu haben, „Politiker zu werden".[1] In Wahrheit handelte es sich bei seinem Weg in die Politik um einen sich über mehrere Jahre hinziehenden Prozess, in dem er zunächst nur wenig tat, um sich tatsächlich als Politiker zu verwirklichen.[2] Wie er selbst in „Mein Kampf" offenbarte, machte er nach seinem angeblich spontanen Entschluss keine Anstalten, sich sofort in die Politik zu begeben, stattdessen blieb er nach dem Ende des Krieges weiterhin beim Militär. Das war allerdings kein Zufall. Als Kunstmaler gescheitert und ohne alternative Berufsausbildung, hatte er bis 1914 eine „vagabundierende und ungesicherte Künstlerexistenz ohne feste politische Weltanschauung" geführt.[3] Erst seine freiwillige Meldung zum Kriegsdienst im deutschen Heer hatte seine existentielle Lebenskrise vorübergehend gelöst. Wie er später durchaus glaubwürdig behauptete, seien die Kriegsjahre für ihn die „unvergeßlichste und größte Zeit" seines „irdischen Lebens" gewesen.[4] Am Kriegsende, das er nach einer schweren Verwundung im pommerschen Pasewalk im Lazarett erlebte, stand er jedoch 1918 erneut mit leeren Händen da. Ian Kershaw bringt dies auf die knappe Formel: „Er war ein Niemand".[5]

Um seine materielle Existenz zu sichern, blieb ihm kaum etwas anderes übrig, als beim Militär zu bleiben, bei dem er bis zu seiner förmlichen Entlassung am 31. März 1920 weiter seinen Sold als Soldat der 7. Kompanie des I. Ersatzbataillons des 2. Bayerischen Infanterieregiments erhalten sollte.[6] Als österreichischer Staatsangehöriger konnte er jedoch, selbst wenn er es gewollt hätte, nicht in die Reichswehr der Weimarer Republik übernommen werden. Er ließ sich daher in München von dem umtriebigen Nachrichtenoffizier Kurt Mayr als eine Art militärischer V-Mann für politische Aufklärungsarbeit anwerben, die ihn unversehens in die Nähe der Politik bringen sollte. Mayr kann deshalb als „erster politischer Mentor" Hitlers und als „Geburtshelfer" seiner politischen Karriere bezeichnet werden.[7] Von Mayr erhielt Hitler am 12. September 1919 auch den Auftrag, eine Versammlung der Deutschen Arbeiterpartei (DAP) zu besuchen, die wahrscheinlich schon aufgrund ihres Namens unter politischen Verdacht geraten war.[8] Anstatt nur seinen Auftrag auszuführen und über die DAP zu berichten, ließ sich Hitler von deren Vorsitzenden Anton Drexler für diese politische Splitterpartei begeistern und trat ihr nach nur kurzer Bedenkzeit bei. Entgegen seiner späteren Behauptung war es nicht die diffuse Programmatik, sondern vielmehr die Geborgenheit in der männerbündischen Gemeinschaft der Partei, die ihn anzog. So wie im Weltkrieg in seinem bayerischen Infanterieregiment fand er in der DAP eine

Art Ersatzfamilie, welche ihn seine soziale Isolation vergessen ließ. Der berufslose Desperado hätte durchaus auch einer anderen völkischen Sekte beitreten können, wenn sich dazu eine Gelegenheit ergeben hätte.

Obwohl er im Juli 1921 die Führung der von DAP in NSDAP umbenannten Partei übernahm, verstand er sich bis Ende 1922 nicht als Vorsitzender nur dieser Partei. Für die organisatorische Repräsentation einer einzelnen völkischen Gruppe hatte er wenig übrig, er sah sich vielmehr in der Rolle eines ‚Trommlers' der gesamten nationalistischen Rechten, der die Massen auf einen künftigen ‚Führer' vorbereitete.[9] Auch wenn das formal einer Prophetenrolle für einen kommenden ‚Erlöser' gleichzukommen schien, hatte das mit ‚politischer Religion' wenig zu tun.[10] Der frühe Hitler verstand sich nicht als Sinnstifter, sondern als propagandistischer Wegbereiter eines rein säkularen ‚Führers'. Auch als er sich 1923 als ein solcher ‚Führer' selbst an die Spitze der ‚nationalen Bewegung' stellte, vermied er bei der Beschreibung seiner angemaßten Führungsrolle alle religiösen Konnotationen.

Dieser politische Entwicklungsprozess Hitlers, der im gescheiterten Putsch vom 8./9. November 1923 gipfelte, ist häufig beschrieben worden.[11] Kaum beachtet wurde jedoch bisher, in welch starkem Maße sich Hitler bei seinem Weg in die aktive Politik am Vorbild Benito Mussolinis orientiert hat.[12] Er wäre nach seiner eigenen Einschätzung möglicherweise gar nicht an die Macht gekommen, wenn er nicht dem politischen Beispiel Mussolinis gefolgt wäre. Dem italienischen Botschafter Cerruti erklärte er 1933 kurz nach seiner Machtübernahme, dass „ohne den Aufstieg des Faschismus in Italien auch der Nationalsozialismus in Deutschland keine Erfolgschancen gehabt hätte".[13] Und noch in seinen Monologen im ‚Führerhauptquartier' verwies er darauf, dass das Parteiprogramm der NSDAP zwar schon 1919 entstanden sei, als er noch nichts von Mussolini wusste. Man dürfe aber nicht sagen, „daß die Vorgänge in Italien ohne Einfluß auf uns waren. Das Braunhemd wäre vielleicht nicht entstanden ohne das Schwarzhemd."[14]

Mit diesen späteren Selbstaussagen wird selbstverständlich nicht bewiesen, dass Hitler ohne Mussolinis Vorbild nicht an die Macht gekommen wäre, wohl aber geht aus seinen Aussagen deutlich hervor, wie stark er sich rückblickend in der politischen Nachfolge Mussolinis gesehen hat. Es dürfte deshalb an der Zeit sein, die eigentümliche Faszination, welche der ‚Duce' auf Hitler ausübte, genauer zu untersuchen und die Entstehung und Entwicklung der eigenartigen ‚Männerfreundschaft' monographisch zu behandeln, welche Hitler mit Mussolini verbunden hat. Zu widerlegen ist damit auch die Behauptung, dass Hitler „in einem wohl beispiellosen Grade alles aus sich und alles in einem war".[15] Auszugehen ist vielmehr davon, dass er sich bis 1933 in der politischen Praxis an dem Vorbild der faschistischen Diktatur Mussolinis orientierte und dem ‚Duce' lebenslang dankbar war, ihm den Weg gewiesen zu haben.

Die Untersuchung von Hitlers Beziehung zu Mussolini soll nicht einem traditionellen biographischen Muster folgen, schon gar nicht geht es darum, die gesamte Biographie Hitlers neu zu schreiben. Den in letzter Zeit erschienenen großen Biographien Hitlers soll nicht eine weitere hinzugefügt werden.[16] In diesem Buch soll ein nach Auffassung des Verfassers allerdings zentraler Aspekt der politischen Biographie Hitlers monographisch behandelt werden, der auch in neueren Darstellungen der Lebensgeschichte Hitlers zu kurz kommt. Die alte Kontroverse, ob Hitler das alles entscheidende Machtzentrum eines ‚totalitären Regimes' oder ein ‚eher schwacher Diktator' gewesen sei, dessen politische Macht durch das ‚Entgegenarbeiten' seiner politischen Entourage entstanden ist, soll nicht erneut diskutiert werden. Sie wird aber insoweit aufgegriffen, als sich aus Hitlers Beziehung zu Mussolini ein Beitrag zu einer transpersonalen Politikgeschichte ergibt, die persönliche Verbindungen für die Erklärung individueller Lebensgeschichten für unentbehrlich hält. Die Darstellung von Hitlers Fixierung auf Mussolini soll darüber hinaus vor allem zeigen, dass sein politischer Aufstieg nicht allein aus der deutschen Geschichte heraus gedeutet werden kann, sondern in einem europäischen Zusammenhang gesehen werden muss. Es ist davon auszugehen, dass Hitlers Machtübernahme nicht das Ergebnis eines ‚deutschen Sonderwegs' war, sondern in wesentlichen Zügen einem Muster folgte, das in Italien durch Mussolinis Faschismus vorgegeben war.

Das soll nicht bedeuten, dass der nationalgeschichtliche Kontext von Hitlers Weg an die Macht vernachlässigt werden kann. Die krisenhaften Rahmenbedingungen der Weimarer Republik für Hitlers Weg an die Macht waren für Hitlers Erfolg selbstverständlich von zentraler Bedeutung. Sein Aufstieg ist nicht zu trennen von den Folgewirkungen des Versailler Vertrages, vor allem den Deutschland auferlegten Reparationen, von der Hyperinflation von 1923, der Weltwirtschaftskrise von 1929, der Krise des Parteienstaates, dem Einfluss der ostelbischen Agrarlobby auf den Reichspräsidenten Hindenburg, der ungelösten Reichsreform und der zwielichtigen Rolle der Reichswehr, um nur die wichtigsten Ursachenkomplexe anzudeuten. Sie sollen auch in ihrer historischen Bedeutung keineswegs gemindert werden.[17] Der historische Vorbildcharakter des italienischen Faschismus und der Diktatur Mussolinis für Hitler soll nicht überbewertet, aber er sollte auch nicht geringgeschätzt oder gar überhaupt nicht beachtet werden. Das historische Vorbild Mussolinis erklärt nicht allein Hitlers Weg an die Macht, aber ohne dieses wäre Hitler möglicherweise gescheitert, in jedem Fall wäre sein Aufstieg anders verlaufen.

Diese Interpretation entspricht durchaus zeitgenössischen Diskursen über den Faschismus, in denen es, spätestens seit dem überraschenden Erfolg Hitlers bei den Reichstagswahlen vom 14. September 1930, zentral um die Frage ging, ob sich der Faschismus auf Deutschland übertragen lasse oder ob es sich um ein spezifisch italienisches Phänomen handele, das untrennbar mit der Figur Benito Mussolinis verbunden sei. Der neokonservative Ideologe Moeller van den Bruck hatte schon 1922 kurz nach dem ‚Marsch auf Rom' die suggestive Frage gestellt, ob man von einem „Italia docet" sprechen könne.[18] Auch wenn er sie für sich noch negativ beantwortete, nahm die Zahl derjenigen, die darauf eine positive Antwort glaubten geben zu können, im Laufe der Geschichte der Weimarer Republik und besonders an deren Ende dramatisch zu.[19] Niemand, so meine These, glaubte so früh an diese Botschaft des italienischen Faschismus und niemand sollte davon politisch so stark profitieren wie Adolf Hitler. Je mehr Sympathien der faschistischen Diktatur in Deutschland entgegengebracht wurden, desto weniger bedrohlich schien eine Machtübernahme Hitlers zu sein, der sich ausdrücklich an Mussolini zu orientieren behauptete.

Dass Hitler sein Vorbild Mussolini nach seiner Machtübernahme in kürzester Zeit politisch überflügeln und sein bis zum Tod Hindenburgs weitgehend nach dem faschistischen Muster Mussolinis gestaltetes Regime radikalisieren und in einen mit Massenverbrechen bis dahin unvorstellbaren Ausmaßes verbundenen Krieg gegen fast die ganze Welt führen würde, war für die Zeitgenossen in dieser Form nicht abzusehen, aber allerdings auch kein bloßer Zufall. Die geopolitische, demographische, industrielle, finanzpolitische, wissenschaftliche und militärische Überlegenheit Deutschlands gegenüber dem nur partiell modernisierten Italien war so erheblich, dass die Diktatur Hitlers zwangsläufig einen ungleich monströseren Charakter annehmen musste als die Mussolinis. Auch wenn Hitler bis zum Tod Hindenburgs, bei dem er verfassungswidrig zusätzlich zu seiner Position als Reichskanzler auch noch das Amt des Reichspräsidenten usurpierte, ursprünglich nach dem antinomischen faschistischen Modell Mussolinis regiert hatte, ermöglichte es ihm die vielgestaltige Potenz des deutschen Machtstaats, das faschistische Italien bei weitem zu überflügeln. Der ‚Duce' verkündete in Italien den faschistischen ‚Stato totalitario', Hitler setzte ihn in Deutschland durch – mit allen fürchterlichen Konsequenzen.[20] In freier Anlehnung an die bekannte literarische Figur Goethes kann Hitler deshalb als Zauberlehrling Mussolinis bezeichnet werden. Mussolini war für Hitler der große Meister, den er beharrlich nachzuahmen suchte; der böse Geist, den er aus der Flasche ließ, befähigte ihn jedoch zu einer politischen Gewaltherrschaft, welche der ‚Duce', ungeachtet seiner persönlichen Skrupellosigkeit, aufgrund fehlender Ressourcen nicht ausüben konnte.

Wenn die politische Machtergreifung des ‚Duce' durch den ‚Marsch auf Rom' und die Durchsetzung seiner persönlichen Diktatur nach dem Staatsstreich vom 3. Januar 1925 ursprünglich das Modell war, an dem sich Hitler bei seinem Weg zur

Macht orientierte, so fiel dem ‚Führer' im politischen Bündnis der beiden faschistischen Regime seit 1936 mehr und mehr die Führungsrolle zu. War der ‚Duce' bis 1933 der politische Mentor des ‚Führers', so verkehrte sich ihr Verhältnis seitdem allmählich ins Gegenteil: Hitler gab politisch den Ton an, Mussolini konnte ihm nur noch folgen. Am 1. November 1936 benutzte der ‚Duce', was bisher nicht beachtet wurde, politische Metaphern wie die einer ‚Vertikale' oder einer ‚Achse' zwischen Deutschland und Italien auch deshalb, weil sich abzeichnete, dass Hitler zum politischen Dominator ihrer Beziehung wurde, er aber äußerlich noch an dem Anspruch politischer Parität festhalten wollte. Die Metapher einer zwischen den beiden Diktatoren geradlinig verlaufenden ‚Achse' sollte die Gleichrangigkeit der beiden Diktatoren suggerieren. Dass Hitler diesen Positionswechsel nicht dazu nutzte, sich Mussolini restlos gefügig zu machen, sondern dass er bis zum Sturz des ‚Duce' am 25. Juli 1943, im Grunde sogar bis zu dessen Ende im April 1945 an seiner besonderen Wertschätzung Mussolinis festhielt, bleibt gleichwohl erklärungsbedürftig. Auch wenn Hitler über das militärische Versagen und den politischen ‚Verrat' der Italiener im Zweiten Weltkrieg zunehmend enttäuscht war, übertrug er seine wachsende Animosität gegenüber den Italienern nicht auf den ‚Duce'. Die Frage nach den Gründen und den Folgen dieser eigentümlichen Nibelungentreue soll daher der rote Faden sein, an dem sich diese Studie orientiert.

Es versteht sich, dass Hitlers Politik gegenüber dem faschistischen Italien damit nicht völlig neu interpretiert werden soll, wohl aber soll sie unter einem Aspekt untersucht werden, der bisher nicht bzw. unzureichend berücksichtigt worden ist. Warum Hitler in Mussolini bis zu seiner Machtübernahme sein großes Vorbild sah und warum er an seiner politischen Wertschätzung des ‚Duce' trotz aller Enttäuschungen auch noch während des Krieges, ja sogar noch nach dem Sturz Mussolinis am 25. Juli 1943 unverändert festhielt, soll die zentrale Frage dieses Buches sein.

Damit soll erstens ein Beitrag zu Hitlers politischer Strategie der Machtübernahme von 1933 geleistet werden. Es soll nachgewiesen werden, dass Hitler sich Mussolinis antinomische Doppelstrategie einer zugleich revolutionären und legalen Politik aneignete und diese mit Erfolg auf die deutschen Verhältnisse anwendete (Kapitel II). Zweitens soll das Verständnis von Hitlers Herrschaftsstil in den Jahren von der Machtübernahme bis zur Entfesselung des Zweiten Weltkriegs erweitert werden. Es geht dabei um die öffentliche Inszenierung der ‚Freundschaft' mit Mussolini zu politischen Zwecken (Kapitel III). Drittens schließlich soll die Kenntnis von Hitlers aggressiver Kriegspolitik um einen bisher vernachlässigten Aspekt ergänzt werden. Es geht dabei um die Erklärung von Hitlers eigentümlicher Loyalität zu Mussolini angesichts eines zunehmenden militärischen Scheiterns der italienischen Streitkräfte im Weltkrieg (Kapitel IV).

Die Untersuchung von Hitlers Beziehung zu Mussolini soll nicht in der gegenseitigen Perzeption dargestellt, die Reaktion Mussolinis auf Hitlers Bemühungen um seine Person soll vielmehr nur aus der Wahrnehmung des ‚Führers' thematisiert werden. Sie wird nur dann im Zusammenhang von Hitlers Aktivitäten ausführlicher behandelt, wenn diese sonst nicht verstanden werden können. Es geht in diesem Buch um Hitler; um Mussolini geht es nur insoweit, als dies zum Verständnis Hitlers notwendig ist.

II Hitler als politischer Nachahmer Mussolinis

Politische Doppelstrategie. Ein Lernprozess Hitlers

Hitlers Bewunderung für Mussolini hatte verschiedene Facetten. Zunächst einmal ist festzustellen, dass sie äußerlich einen scheinbar ganz persönlichen Charakter hatte. Wenn man vielleicht von seinem frühen Wiener Freund Kubizek absieht, zu dem er jedoch nach seinem politischen Aufstieg den Kontakt abbrach, hat Hitler sonst zu keinem anderen seiner Zeitgenossen der Form nach so freundschaftliche Beziehungen aufrechterhalten wie zu Mussolini.[1] Niemanden sonst, schon gar keinen Ausländer, hat Hitler über Jahrzehnte hinweg öffentlich als seinen ‚Freund' bezeichnet.[2] In einer Rede im Berliner Sportpalast sprach er vor ausgesuchten Parteikadern einmal von einem „wirklich starken Herzensbund", der ihn mit Mussolini verbinde.[3] In einem seiner Monologe im ‚Führerhauptquartier' ging er vor seinen andächtig lauschenden engsten Gefolgsleuten sogar so weit zu behaupten, dass er Mussolini „persönlich lieb" habe. Er verband dieses gefühlsbetonte Bekenntnis mit der sentimentalen Erinnerung, dass er mit dem ‚Duce' in Wien vor dem Ersten Weltkrieg zur gleichen Zeit „auf dem Bau gearbeitet" habe. Und er fuhr fort: „Deshalb verbindet mich mit ihm auch etwas Menschliches."[4] Wenn man Hitler zutreffend eine „emotionale Unterentwicklung" unterstellt, wie sie sich vor allem in seinem Verhältnis gegenüber Frauen zeigte, wird man nur wenig andere Äußerungen des sonst so distanzierten Diktators finden, in denen er sich öffentlich so persönlich über einen Zeitgenossen ausgelassen hat.[5] Sein Verhältnis zu Mussolini hatte für Hitler offenbar eine ungleich größere Bedeutung, als das mit anderen, zumindest ausländischen Zeitgenossen.[6] Umso mehr ist es erklärungsbedürftig.

Die von ihm kontinuierlich behauptete ‚Freundschaft' zu Mussolini war für Hitler auch deshalb ungewöhnlich, weil er sonst selbst bei seinen engsten Kumpanen auf persönliche Distanz achtete. Vor 1933 stand ihm in seiner Führungsclique wohl Rudolf Heß am nächsten, dieser blieb ihm jedoch immer als sein getreuer Eckart untergeordnet. Auch wenn für ihn nach seiner Machtübernahme Joseph Goebbels, bei dem und dessen Frau Magda er während des ‚Dritten Reiches' auf eigenartige Weise Familienersatz fand, unentbehrlich war, blieb auch der Propagandaminister immer sein Untergebener. In Göring sah Hitler lange Zeit seinen fähigsten Entscheidungsträger, den er deshalb auch zu seinem Nachfolger bestimmte, obwohl oder gerade weil dieser wenig Rückhalt in der Partei hatte und ihm daher nicht gefährlich werden konnte. Görings verschwendungssüchtiger Lebensstil war ihm aber wohl zu fremd, um dem Luftfahrtminister persönlich nahezukommen. Am ehesten hatte er noch zu Albert Speer ein persönliches

Verhältnis, das aber eher den Charakter einer Vater-Sohn-Beziehung hatte als den einer Freundschaft. Speer war für Hitler eine Art von Alter Ego, in dem er sich als Künstler glaubte wiedererkennen zu können.

Das persönliche ‚Du' hat er, seitdem er in der Politik war, nur ganz selten jemand gewährt. Das galt in erster Linie für seinen frühen intellektuellen Mentor Dietrich Eckart, der ihn auch seinerseits als „seinen lieben Freund" bezeichnete.[7] Im Kreis seiner frühen Münchner Entourage duzte er nachweislich seinen späteren Fahrer Emil Maurice, den für die Auslandspresse zuständigen Ernst (‚Putzi') Hanfstaengl sowie ausgerechnet Ernst Röhm, den er 1934 umbringen ließ. Die ihn im ‚Dritten Reich' umgebenden NS-Führer sprach er dagegen fast ausnahmslos mit ihrem Nachnamen an, sie antworteten ihm mit der Anrede „Mein Führer".

Diese offensichtliche Distanz hing zweifellos mit seiner Selbststilisierung als ‚Führer' zusammen, zu der für Hitler der „Nimbus des Unnahbaren" gehörte.[8] Nachdem er einmal diese Rolle angenommen hatte, lebte er in dem Wahn, für alle Deutschen gleichermaßen da sein zu müssen, sich an einzelne Menschen mehr binden zu können als an andere, schloss er deshalb aus. Auch sein dubioses Verhältnis zu Frauen findet hierin eine, wenn auch sicherlich nicht die einzige Erklärung.[9] Wie alle Diktatoren wurde er aber auch von der bekanntlich nicht grundlosen Angst umgetrieben, einem Attentat zum Opfer zu fallen oder von seinen nächsten Unterführern verraten zu werden. Anstatt sich an andere Menschen zu binden, suchte er sich daher von ihnen abzuschließen. Nur als ‚einsamer Wolf' glaubte er vor einem Attentat oder einem Umsturz sicher zu sein.

In dieser Hinsicht traf er sich durchaus mit Mussolini. Dieser bekannte gegenüber dem deutschen Schriftsteller Emil Ludwig sogar offen, dass er keine persönlichen Freunde habe und auch keine haben wolle.[10] Seine Phobie vor anderen Menschen war so groß, dass er seine engsten Vertrauten, Minister und Parteiführer mit wenigen Ausnahmen einer ständigen Ämterrotation unterzog, von ihm beschönigend ‚Wachwechsel' (*Cambio di guardia*) genannt. Ihm waren auch Hitlers ständige Bekundungen seiner Zuneigung suspekt, der ‚Führer' wurde von ihm nicht ständig als ‚Freund' bezeichnet, schon gar nicht als einziger. Ein vertrautes ‚Du' hat es zwischen ihm und Hitler nie gegeben, die beiden Diktatoren pflegten sich pathetisch mit „Führer" bzw. „Duce" anzureden. Daraus darf man jedoch nicht, wie das in manchen Duce-Biographien der Fall ist, ohne weiteres schließen, dass Mussolini Hitlers Freundschaft überhaupt nicht erwidert habe, ja dass er dessen „geheimer Gegner" gewesen sei.[11] Er bezeichnete Hitler zwar fast nie als seinen Freund, aber er distanzierte sich auch nicht davon, wenn der ‚Führer' ihn als solchen hofierte, er fühlte sich vielmehr allem Anschein nach durch Hitlers Freundschaftsbeteuerungen selbst dann noch in seiner Rolle als politischer Mentor des Deutschen bestätigt, als der ‚Führer' ihn längst politisch übertrumpft hatte.

Die von Hitler und Mussolini seit der Ausrufung der ‚Achse Berlin-Rom' öffentlich inszenierte ‚Männerfreundschaft' hatte in der internationalen Politik der Zeit nicht ihresgleichen. Sie hatte jedoch selbstverständlich keinen privaten Charakter, sondern sie sollte, wie zu zeigen sein wird, eine neue Politik repräsentieren, die zwischen den beiden Diktatoren direkte persönliche Begegnungen an die Stelle von institutionell vermittelten Beziehungen setzte. Den Freundschaftsbeziehungen Hitlers zu Mussolini nachzugehen, kann deshalb auf keinen Fall heißen, bei ihm etwas Privates, bisher Verborgenes zu entdecken oder ihm gar etwas Sympathisches abzugewinnen, was bei seinem öffentlichen Auftreten nicht zu erkennen war. Es handelte sich bei Hitlers ‚Freundschaft' mit Mussolini um eine zu politischen Zwecken inszenierte Beziehung. Seine Freundschaftsbekundungen gegenüber Mussolini waren durch und durch politisch gemeint. In dem vergleichsweise dichten Briefwechsel zwischen den beiden Diktatoren tauchen nur ganz selten wirklich persönliche Bemerkungen auf, und wenn, dann eigentlich nur bei gegenseitigen Krankheitsfällen. Selbst als sich Hitler um das Leben des ‚Duce' Sorgen machte, handelte es sich, worauf noch näher eingegangen wird, nicht um persönliche Verlustängste um den ‚Freund', sondern um die Furcht vor dem Zusammenbruch des faschistischen Diktaturregimes, durch den auch sein eigenes bedroht sein könnte.[12] Auch bei den persönlichen Begegnungen der beiden Diktatoren ging es nie um Persönliches, geschweige denn, dass sie auch nur einmal ausschließlich privat zusammengekommen wären. Hitler hat sich zwar mit Mussolini in den zehn Jahren zwischen 1934 und 1944 nicht weniger als 17 Mal getroffen, was als eine in der damaligen Zeit für Staatsmänner ganz ungewöhnliche Frequenz angesehen werden muss, bei allen Treffen ging es zwischen beiden jedoch ausnahmslos um Politik. Die Begegnungen dienten Hitler dazu, ihre ‚Freundschaft' als Politikum zu inszenieren.

Zu beachten ist auch, dass die faschistischen und nationalsozialistischen Führungskader nach dem Vorbild ihrer Führer ebenfalls zwischen Deutschland und Italien hin und her rotierten, um die Achsen-Freundschaft der beiden Diktatoren durch persönliche Begegnungen zusätzlich mit Leben zu erfüllen. Auch wenn dadurch vielfach nur politischer Leerlauf produziert wurde und die persönlichen Treffen von Hitlers Paladinen mit faschistischen Führungskadern meist nur der Propaganda dienten, ergaben sich daraus zwischen dem nationalsozialistischen Deutschland und dem faschistischen Italien außenpolitische Sonderbeziehungen, wie sie in der Zeit sonst nicht verbreitet waren. Sie standen durchweg im Zeichen der politischen ‚Freundschaft' zwischen Hitler und Mussolini und sollten deren Bestand demonstrativ untermauern.

Hitlers politischer Freundschaftskult gegenüber Mussolini kann somit nicht unter rein diplomatiegeschichtlichen Gesichtspunkten abgehandelt werden. Man schätzt Hitler bekanntlich nicht richtig ein, wenn man unterstellt, dass er als

Reichskanzler überwiegend konventionelle Mächtepolitik betrieben habe und diese durch traditionelle außenpolitische Szenarien bestimmt gewesen sei. Dem stand schon sein von Mussolini nur teilweise geteilter Rassenwahn entgegen, der ihn glauben ließ, einer sowohl bolschewistischen als auch kapitalistischen ‚jüdischen Weltverschwörung' gegenüberzustehen, ein epistomologischer Widerspruch, den er allerdings nie logisch aufzulösen imstande war und in den er sich bei seinen antisemitischen Tiraden verheddern sollte.

Hitlers Außenpolitik sollte aber auch nicht schematisch aus einem ideologischen ‚Programm' hergeleitet werden, mit einer solchen Essentiellisierung des Ideologischen wird vielmehr verkannt, dass Hitlers Handeln eine eigentümlich ambivalente Struktur hatte.[13] Auf einer ideologischen Ebene lief es auf eine Politik hinaus, die durch eine „objektlose Expansion" bestimmt wurde.[14] Wichtigster Hinweis darauf ist die Tatsache, dass Hitler seine Vorstellung eines deutschen ‚Lebensraums im Osten' im Grunde territorial nie ganz genau fixiert hat. Weder hat Hitler je hinreichend klargemacht, wie weit der deutsche ‚Lebensraum' im ‚Osten' reichen und ob es ein ‚Zwischeneuropa' geben sollte, das den deutschen Kolonialraum vom deutschen Reichsgebiet trennte.[15] War nur die von ihm gelegentlich als deutsche Kornkammer bezeichnete Ukraine als deutscher ‚Lebensraum' zu verstehen oder sollte die künftige deutsche Kolonialherrschaft bis zum Ural und darüber hinaus reichen? Sollten die unter deutsche Zwangsherrschaft geratenen Völker mit Sklavenarbeit ausgebeutet werden oder sollte es zu gigantischen Völkerverschiebungen kommen, die Raum für die deutsche ‚Herrenrasse' schufen? Gehörte schließlich der grauenhafte Massenmord an den europäischen Juden schon früh zu Hitlers Zielen oder ergab sich dieser erst aus der durch seine Kriege herbeigeführten deutschen Besatzungsherrschaft in Polen und in der Sowjetunion? Für die Millionen Opfer der nationalsozialistischen Aggression machte das keinen wesentlichen Unterschied aus, für die historische Einschätzung von Hitlers mörderischer Rassenpolitik müssen die Fragen jedoch gestellt werden.

Andererseits ist zu beachten, dass Hitlers außenpolitisches Handeln seit 1933 durchaus auch von realpolitischen Erwägungen geprägt war. Das Flottenabkommen mit Großbritannien von 1935, seine Zustimmung zum Münchner Viermächteabkommen von 1938 oder auch der Abschluss des deutsch-sowjetischen Nichtangriffspaktes von 1939 können so interpretiert werden, ungeachtet ihrer höchst unterschiedlichen außenpolitischen Zweckbestimmungen. Im Gegensatz zur Verfolgung seiner ideologischen Obsession einer Gewinnung von neuem ‚Lebensraum im Osten' bewies Hitler beim Abschluss dieser Verträge eine überraschende diplomatische Beweglichkeit. Besonders gut läßt sich diese realpolitische Seite seiner Außenpolitik bei seinem Eingreifen in den Spanischen Bürgerkrieg im Juli 1936 nachweisen. Sein spontaner Entschluss, die aufständischen Generäle zu unterstützen, entsprang seiner antibolschewistischen Phobie, beeinflusst von Hermann Göring verfolgte er in Spanien dann jedoch in erster Linie konkrete wirtschaftliche und politische Eigeninteressen, bei denen die Ausbeutung von Bodenschätzen, vor allem aber die bündnispolitische Verständigung mit Mussolini an erster Stelle standen.[16] Der Antibolschewismus diente am Ende nur noch zur propagandistischen Rechtfertigung einer militärischen Intervention, welche durch ganz konkrete Machtinteressen bestimmt wurde.

Auch die Beziehungen zum faschistischen Italien hatten einen realpolitischen Kern. 1923 hoffte Hitler sogar, wenn auch vergeblich, von Mussolini finanziell unterstützt zu werden, bis zu seiner eigenen Machtübernahme am 30. Januar 1933 versprach er sich dann von einer öffentlichen Protektion Mussolinis, die durch einen Besuch in Rom angezeigt werden sollte, seine politische Reputation zu verbessern und davon innenpolitisch zu profitieren. Beide Erwartungen wurden nicht erfüllt, doch Hitlers geradezu obsessive Bewunderung für den ‚Duce' wurde dadurch nicht beeinträchtigt, sie hielt auch dann noch an, als er Mussolini längst an politischer Macht übertroffen hatte.

Auszuschließen ist, dass sich Hitler in erster Linie ideologisch von Mussolini angezogen fühlte, auch wenn er gerne von der Parallelität der beiden nationalistischen Bewegungen gesprochen hat. Jedoch waren es nur einzelne ideologische Versatzstücke wie der Kampf gegen den ‚Bolschewismus' oder die Beschwörung einer ‚nationalen Erhebung', die er mit dem Faschismus gemeinsam hatte. Er muss diese Ideologeme aber nicht einmal zwingend vom italienischen Faschismus übernommen haben, da sie in Europa nach dem Ersten Weltkrieg außerhalb der Kommunistischen Internationale weitgehend zum politischen Allgemeingut gehörten.

Gegen die Annahme einer ideologischen Orientierung Hitlers am italienischen Faschismus spricht vor allem, dass Mussolini seine Politik gerade in der Frühphase des Faschismus nicht programmatisch, sondern ganz aus der politischen Praxis heraus rechtfertigte. Der ‚Duce' gab sich, um eine möglichst breite Zustimmung zu erhalten, zumindest bis zu seinem Staatsstreich vom 3. Januar 1925 betont unideologisch, ja geradezu antiideologisch.[17] Hitler konnte sich ihm daher schon deshalb gar nicht aufgrund ideologischer Affinitäten oder Übereinstimmungen annähern, weil es im Grunde kaum Anhaltspunkte für eine programmatische Festlegung des ‚Duce' gab. Das bedeutet jedoch nicht, dass Hitler deswegen von Mussolini überhaupt nichts übernehmen konnte oder gar, dass deshalb der Nationalsozialismus nichts mit dem Faschismus zu tun hatte.[18] Es war nur nicht die Ideologie, sondern die erfolgreiche politische Praxis Mussolinis, welche Hitler faszinierte. Der italienische Faschismus lieferte Hitler keine handlungsleitende politische Theorie, sondern ein politisches Aktionsprogramm. Nur an diesem konnte sich Hitler daher orientieren, nicht an einer Ideologie.

Die wichtigste faschistische Aktion, für die sich Hitler nachweislich begeistert hat, war Mussolinis ‚Marsch auf Rom' vom 28. Oktober 1922. Der Marsch war kein durch das faschistische Parteiheer bewirkter militärischer Umsturz, er sollte diesen vielmehr nur androhen, nicht aber herbeiführen. Auf diese Weise wurden der italienische König sowie die bürgerliche Parlamentsmehrheit so unter Druck gesetzt, dass Mussolini auf formal legalem Wege zum Ministerpräsidenten ernannt werden konnte. Den ersten Schritt auf diesem Wege hatte er schon 1921 getan, als er gegen heftigen Widerstand seiner radikalen Provinzführer bei den Parlamentswahlen auf das Angebot des Ministerpräsidenten Giovanni Giolitti eingegangen war, faschistische Kandidaten in die sogenannten Nationalen Blöcke (*Blocchi Nazionali*) aufzunehmen. Während der seit 1920 in Oberitalien expandierende Terror der faschistischen ‚Squadre' in der Provinz weiterging, erhielt der PNF auf dem parlamentarischen Parallelweg 35 Abgeordnete. Mussolini entwickelte damit eine politische Doppelstrategie, die seitdem als genuin faschistisch angesehen werden konnte: Um die Eliten Italiens für sich zu gewinnen, passte er sich einerseits formal dem politischen System an, welches seine faschistische Bewegung gleichzeitig gewalttätig bekämpfte. Die propagandistisch als ‚Normalisierung' verkündete Einordnung des Faschismus in den liberalen Staat diente andererseits dazu, mit Hilfe des staatlichen Gewaltmonopols den faschistischen Radikalismus zu bremsen. Diese bis dahin beispiellose politische Doppelstrategie macht den Kern von Mussolinis Machtergreifung aus, sie sollte auch noch seine faschistische Herrschaft als Diktator bestimmen.

Hitler hat diese Doppelstrategie allerdings zunächst als einen rein militärisch angelegten Umsturz missverstanden, wie sein kläglich gescheiterter Münchner Putschversuch vom November 1923 gezeigt hat. Er hatte die Illusion, dass ein ‚Marsch durch München' ohne weiteres zu einem ‚Marsch auf Berlin' führen könne, der ihn an die Macht brächte. Aber er erwies sich als lernfähig und verstand es, Mussolinis politisches Vorgehen erfolgreicher auf die deutschen Verhältnisse anzuwenden. In einem Interview mit dem englischen Journalisten Ward Price, einem philofaschistischen Sympathisanten sowohl Hitlers als auch Mussolinis, gestand er 1935 ein, dass er „Mussolinis Beispiel zu genau" gefolgt sei. „Ich hatte geglaubt, der Münchner Putsch würde der Anfang eines ‚Marsches auf Berlin' sein, der uns geradewegs an die Macht bringen müßte." [19] Und in einem seiner Monologe im ‚Führerhauptquartier' bestätigte er rückblickend, erst in seiner Haftzeit verstanden zu haben, dass er nicht mit einem gewaltsamen Putsch an die Macht kommen könne: „Und dann habe ich damals – was viele meiner Anhänger nicht verstanden – die Überzeugung gewonnen: Mit Gewalt geht es nicht mehr. Der Staat ist schon zu sehr gefestigt, er besitzt die Waffen."[20]

Hitler hat sich zu einer ähnlich doppeldeutigen Politik in der Phase seiner ‚Kampfzeit' ebenso wenig offen bekannt wie vor ihm Mussolini, der sich bei seinem Streben an die Macht ebenfalls nicht in die Karten blicken ließ. Es lässt sich deshalb nicht genau sagen, seit wann Hitler Mussolinis politische Doppelstrategie tatsächlich übernommen hat. Allem Anschein nach handelte es sich aber um einen allmählichen Lernprozess, der bei ihm während seiner Gefängniszeit nach dem gescheiterten Putsch vom 9. November 1923 zu einem Umdenken führte. Er erkannte, dass ein politischer Umsturz nur mit und nicht gegen die Reichswehr und die Polizei möglich sei.[21] Daraus zog er die Konsequenz, dass er ähnlich wie Mussolini nicht allein auf subversive Gewalt, sondern dem Schein nach vor allem auf eine verfassungsgemäße Machteroberung setzen müsse. Vor dem Reichgericht behauptete Hitler heuchlerisch, dass seine Bewegung nur eine „geistige Revolutionierung", keine „gewaltsame Revolution" anstrebe, Gewalt deshalb nicht nötig habe, sondern ihr Ziel „mit verfassungsmäßigen Mitteln" zu erreichen strebe.[22]

Bei den Reichstagswahlen vom 4. Mai 1924 ließ er noch über Rudolf Heß verkünden, dass „wir auch unserem Grundsatz der antiparlamentarischen Einstellung treu bleiben müßten".[23] Da er jedoch noch in Landsberg einsaß, konnte er nicht verhindern, dass nationalsozialistische Kandidaten bei den Reichstagswahlen dem ‚Völkischen Block' beitraten und einige von ihnen dank des Weimarer Verhältniswahlrechts auch in das Parlament gewählt wurden. Wenngleich es sich dabei nur um neun Abgeordnete handelte, die im Reichstag zudem ständig Obstruktion übten, schien damit, ähnlich wie 1921 in Italien im Fall des Faschismus, die Parlamentarisierung der antiparlamentarischen NS-Bewegung zu beginnen. Vielleicht zunächst nur, um den Völkischen nicht das Feld zu überlassen, aber zweifellos auch unter dem Eindruck, dass die Nationalsozialisten nicht nur bei Reichstagswahlen, sondern auch bei mehreren Landtagswahlen zu seiner Überraschung erfolgreich waren, änderte Hitler nach der Entlassung aus der Haft seine Taktik. Rudolf Heß berichtete ein Jahr später in einem Brief, dass Hitler nunmehr „die Betätigung im Parlament als eins von vielen Mitteln zur Bekämpfung des heutigen Systems" anerkannt habe.[24] Sich dem Parlamentarismus anzupassen und diesen zugleich zu bekämpfen – das sollte die neue, zweifellos von Mussolini übernommene Machtergreifungspolitik des Nationalsozialismus sein. Goebbels brachte dies Doppelspiel 1928 auf den Punkt: Auch Mussolini sei in Italien ins Parlament gegangen, „trotzdem marschierte er nicht lange Zeit darauf mit seinen Schwarzhemden nach Rom".[25]

Die nationalsozialistische Gewalt wurde mit der scheinbar parlamentarischen Legalitätspolitik keineswegs aufgegeben, sie spielte vielmehr weiterhin eine „Schlüsselrolle bei der nationalsozialistischen Machteroberung".[26] Auf jeden Fall blieb sie die zweite Säule der nationalsozialistischen Strategie Hitlers. Die SA, als Hauptträgerin der nationalsozialistischen Gewalt, entwickelte sich in der zweiten Hälfte der zwanziger Jahre zu einer Bürgerkriegsarmee mit in der Spitze über 400.000 Mitgliedern, die durch permanenten Straßenterror die republikanische

Ordnung in Frage stellte, auch wenn sie letzten Endes von der Polizei weitgehend in Schach gehalten werden konnte.

Der nationalsozialistische Straßenterror richtete sich zunächst nicht offen gegen den Weimarer Staat, die bewaffneten ‚Stürme' der SA verwickelten sich vielmehr in blutige Auseinandersetzungen mit den kommunistischen Rotfrontkämpfern.[27] Erst als eine nationalsozialistische Machtübernahme im Herbst 1932 erstmals möglich zu sein schien, ließ Hitler die Kampfeinheiten der SA „immer dichter" um Berlin zusammenziehen, ein Manöver, das sich nach der Behauptung von Goebbels „mit imponierender Genauigkeit und Disziplin" vollzog und die Regierung „sehr nervös" machte.[28] Es ist offensichtlich, dass Hitler damit Mussolinis ‚Marsch auf Rom' in gewisser Weise nachahmte, indem er gleich diesem mit einem bewaffneten Umsturz zu drohen schien, ohne diesen ernsthaft auslösen zu wollen. Noch weniger als Mussolini gegenüber dem königlichen Heer hätte Hitler, wie in der Forschung seit langem feststeht, beim Versuch eines bewaffneten Umsturzes gegen die Reichswehr eine Chance gehabt.

Nicht anders als Mussolini mit der faschistischen Miliz, hatte Hitler große Probleme damit, die SA zu disziplinieren, da sie seinem doppelzüngigen politischen Kurs nicht bedingungslos folgen wollte. So wie die faschistischen ‚Squadre' in der Provinz waren auch die ‚Stürme' der SA auf ein „rebellisches Lebensprinzip" eingeschworen, das zu einem latent revolutionären Aktionismus führte.[29] Das schlug bis in die oberste SA-Führung durch, in der man immer wieder von einer ‚nationalen Revolution' träumte. Wenn nicht seine faschistische Doppelstrategie scheitern sollte, sah sich Hitler deshalb veranlasst, nacheinander mit der Entlassung des obersten SA-Führers Franz Pfeffer von Salomon (1930), dem Parteiausschluss des aufmüpfigen norddeutschen SA-Führers Walter Stennes (1931) und schließlich der Ermordung Ernst Röhms (1934) mit immer brutaleren Mitteln durchzugreifen. In dem Rechenschaftsbericht, mit dem er am 13. Juli 1934 im Reichstag über die Mordaktion gegen die SA berichtete, fasste er das Verhalten dieser Führer heuchlerisch als „Verrat" zusammen: „Dreimal hatte die SA das Unglück, Führer zu besitzen – das letzte Mal sogar einen Stabschef –, denen sie glaubte gehorchen zu müssen und die sie betrogen, denen ich mein Vertrauen schenkte und die mich verrieten."[30]

Selbstverständlich konnte Hitler die politische Machteroberungsstrategie Mussolinis in Deutschland nicht eins zu eins umsetzen. Auch wenn die spannungsgeladene Ausgangssituation nach dem Ende des Weltkriegs durchaus vergleichbar war, bestanden in Deutschland zunächst deutlich stabilere politische Rahmenbedingungen als in Italien. Trotz aller konstitutionellen Schwächen hatte die Weimarer Republik bis in die Weltwirtschaftskrise von 1929 hinein eine gefestigtere staatliche Struktur als das von Anfang an krisenhafte Nachkriegsitalien. Solange vor allem das ‚Bollwerk Preußen' Bestand hatte, schien die Republik gegen alle Bedrohungen von links und rechts gefeit zu sein. Anders als Mussolini in Italien musste Hitler allerdings in Deutschland auch deshalb darauf achten, den Schein der Legalität zu wahren, weil er als Österreicher jederzeit abgeschoben werden und seit der Aufgabe seiner österreichischen Staatsbürgerschaft am 30. Mai 1925 als Staatenloser aufgrund seiner politischen Tätigkeit festgesetzt oder in die Illegalität abgedrängt werden konnte.[31] Wenn er seit der Entlassung aus der Haft ständig betonte, ausschließlich auf legalem Wege an die Macht kommen zu wollen, so hatte das zweifellos auch diesen sehr persönlichen Grund.

Schon während seiner putschistischen Anfänge hatte sich Hitler erstaunlicherweise um Gespräche mit der bayerischen Regierung bemüht, um seine Loyalität gegenüber dem Staat zu demonstrieren. Noch 1941 erinnerte er sich im sogenannten Führerhauptquartier in einem seiner Monologe befriedigt daran, unmittelbar nach Mussolinis ‚Marsch auf Rom' vom bayerischen Innenminister Schweyer empfangen worden zu sein.[32] Kaum aus der Festungshaft entlassen, suchte er das Gespräch mit dem bayerischen Ministerpräsidenten Heinrich Held. Es ging ihm dabei zwar in erster Linie um die Aufhebung seines Redeverbots, weshalb er das Gespräch am 4. Januar 1925, dem noch zwei weitere folgten, als „Canossa-Gang" empfand.[33] Unverkennbar war er jedoch davon angetan, durch den Dialog mit dem Ministerpräsidenten in Bayern gewissermaßen regierungsamtliche Anerkennung gefunden zu haben.

Am 23. September 1930 erhielt er kurz nach dem triumphalen Erfolg der NSDAP bei den Reichstagswahlen Gelegenheit, seinen angeblichen Legalitätskurs durch eidliche Aussage vor Gericht zu untermauern. Er wurde vor das Reichsgericht in Leipzig als Zeuge in einem Prozess gegen drei junge Offiziere der Reichswehr geladen, die aufgrund ihrer Sympathien für den Nationalsozialismus der „Vorbereitung zum Hochverrat" angeklagt worden waren.[34] Den Wahlsieg im Rücken nutzte er diesen Auftritt, um den angeblichen Legalitätskurs der NSDAP zu unterstreichen. Ausdrücklich bezog er sein Bekenntnis zur Verfassungsmäßigkeit jedoch nur auf die „Methode", nicht auf das „Ziel" seiner Politik. Ähnlich wie Mussolini bei seiner Regierungserklärung 1922 im italienischen Parlament unmissverständlich mit Gewalt gedroht hatte, verband Hitler sein Bekenntnis zum „legalen Kampf" mit der Ansage, dass nach einer Machtübernahme „auch Köpfe rollen" würden, und das war ohne Frage nicht nur symbolisch gemeint.[35] Seine politische Machtübernahme sollte formal auf parlamentarischem Weg erfolgen, für die Zeit danach schloss er jedoch die Anwendung von Gewalt nicht aus. Im zweiten Band von „Mein Kampf" kündigte er ganz unverblümt an, dass nach seiner Machtübernahme ein „deutscher Nationalgerichtshof" die verantwortlichen ‚Novemberverbrecher' „abzuurteilen und hinzurichten" habe.[36] Auch wenn er das nicht offen ausführte, hatte er damit die politische Doppelstrategie Mussolinis offensichtlich internalisiert: potentiellen nationalkonservativen

Bündnispartnern gegenüber gab er sich verfassungstreu, der nationalsozialistischen Bewegung versprach er für die Zukunft die Anwendung von Gewalt.

Dass er damit vor Gericht nicht der bewussten Falschaussage bezichtigt werden konnte, hielt Goebbels für „einen genialen Schachzug". „Nun sind wir streng legal", soll er nach Hitlers raffiniertem Auftritt vor dem Reichsgericht gesagt haben.[37] Auch in den Gesprächen mit Giuseppe Renzetti, der ihn zeitweise zu einem gewaltsamen Vorgehen zu drängen versuchte, hob Hitler immer hervor, dass er, anders als Mussolini in Italien, den ‚legalen' Charakter seiner Machtergreifungsstrategie in den Vordergrund rücken müsse, ohne deshalb seine revolutionären Ziele einer Umwandlung der Weimarer Republik in eine Diktatur aufzugeben.[38]

Wenn Hitlers faschistische Doppelstrategie von den Zeitgenossen als solche kaum erkannt worden ist, so lag das aller Wahrscheinlichkeit nach daran, dass sie sich ihre Stoßrichtung gegenseitig aufzuheben schien.[39] Hitlers Einschwörung der SA auf seine Führerherrschaft wurde, ungeachtet des gegen Ende der Weimarer Republik eklatanten Wachstums der nationalsozialistischen Parteiarmee, weitgehend als Zähmung der faschistischen Revolutionsgarde verstanden. Ihr blutiger Straßenkampf gegen den Frontkämpferbund der Kommunisten galt innerhalb weiter Kreise des Bürgertums als politisch berechtigt, ja als Rettungsaktion vor der drohenden ‚bolschewistischen Revolution'. Dass die nationalsozialistische Parteiarmee eine potentielle Bedrohung des demokratischen Parteienstaates darstellte, beunruhigte zwar die bürgerliche Öffentlichkeit seit dem Wahlsieg der Nationalsozialisten bei den Septemberwahlen von 1930 erheblich, Hitler wurden jedoch seine legalistischen Lippenbekenntnisse weitgehend abgenommen und die parlamentarische Teilhabe der NSDAP ungeachtet ihres Obstruktionscharakters als Prozess der politischen Normalisierung verstanden. Wenn Hitler unter Berufung auf den ‚Duce' offen die Möglichkeiten der „Tyrannei" eines „deutschen Mussolini" ventilierte, wurde das offenkundig übersehen.[40] Hitlers Weg zur Macht sollte deshalb nicht nur als „Geschichte seiner Unterschätzung", als vielmehr auch als Folge der Fehleinschätzung seiner doppelbödigen politischen Strategie verstanden werden, die darin bestand, sich gleichermaßen systemkonform und systemfeindlich zu verhalten.[41]

Der ‚Führer' profitierte dabei davon, dass Mussolinis faschistischer Diktatur trotz ihres offensichtlich demokratiefeindlichen und zunehmend polizeistaatlichen Charakters in der krisenhaften Endphase der Weimarer Republik große Sympathien entgegengebracht wurden.[42] Dabei spielte eine Rolle, dass das faschistische Regime vielfach für eine vergleichsweise milde Form einer Diktatur gehalten wurde, weil es durch die Monarchie sowie die von dieser abhängigen hohen Bürokratie und vor allem der bewaffneten Macht eingeschränkt wurde. Wie etwa die bekannten Erklärungen Papens erkennen ließen, stellte man sich in

Deutschland auf der Seite der nationalkonservativen Rechten leichtfertig vor, Hitler auf ähnliche Weise ‚einrahmen' zu können wie dies in Italien den monarchischen Kräften mit Mussolini gelungen sei. Das monarchisch gestützte Diktaturmodell des faschistischen Einparteienstaates wurde ohne weiteres auf das republikanische Deutschland übertragen, so als ob eine verfassungsmäßige Nachfolge des greisen Reichspräsidenten Hindenburg ohne weiteres garantiert gewesen wäre. Ganz davon abgesehen konnte im faschistischen Italien keine Rede davon sein, dass Mussolini vollständig von der Monarchie abhängig war. Da er dies gleichermaßen von der faschistischen Einheitspartei war, konnte er beide Seiten gegeneinander ausspielen. Trotz dieser prekären Struktur seiner Diktaturherrschaft, sollte er auf diese Weise immerhin 21 Jahre an der Herrschaft bleiben, ehe er gestürzt wurde.

Der Marsch auf Rom. ‚Wendepunkt der Geschichte'

Rückblickend betonte Hitler, dass er Ende 1919 bei der Formulierung des 25 Punkte umfassenden Parteiprogramms der Deutschen Arbeiterpartei noch nichts von Mussolini gewusst habe.[43] Erstmals will er sogar erst 1921 vom italienischen Faschismus gehört haben.[44] Daraus ist häufig vorschnell geschlossen worden, dass der Nationalsozialismus im Ursprung nichts mit dem Faschismus zu tun gehabt habe und deshalb auch nicht mit diesem verglichen oder gar von diesem abgeleitet werden könne. Das ist jedoch, wenn die Behauptungen Hitlers überhaupt zutreffend sind, schon deshalb eine fragwürdige Annahme, weil Hitler mit seiner Rückerinnerung gar nicht ein Erstgeburtsrecht für den Nationalsozialismus behaupten, sondern vielmehr auf dessen Offenheit und politische Lernbereitschaft gegenüber dem italienischen Faschismus verweisen wollte. Ausdrücklich wandte er sich dagegen, „daß die Vorgänge in Italien ohne Einfluß auf uns waren".[45]

Es ist zwar richtig, dass Hitler schon 1920, also bevor er die faschistische Bewegung überhaupt wahrgenommen hatte, in einem frühen außenpolitischen Kalkül auf Italien gesetzt hatte.[46] Erst später rechnete er Italien jedoch neben Großbritannien zu den potentiellen Bündnispartnern Deutschlands bei einer Revision der Pariser Friedensordnung von 1919.[47] Diese Dreierallianz wurde von ihm vor allem deswegen favorisiert, weil die drei Staaten in seinen Augen einander ausschließende außenpolitische Interessen hätten und sich deshalb bei ihrem, für ihn selbstverständlichen imperialistischen Expansionsdrang nicht in die Quere kommen könnten. Weil Großbritannien auf sein maritimes Weltreich fixiert sei und Italiens Zukunft im Mittelmeerraum läge, sei für Deutschland, so Hitlers Kalkül, der Weg frei, sich im Osten Europas auszudehnen.

Hitlers politische Präferenz für Italien lässt sich jedoch nicht allein aus diesen außenpolitischen Bündniserwägungen herleiten. Sein Interesse für Italien war 1920 noch sehr gering ausgeprägt, in seinen Reden kam Italien kaum vor.[48] Wie man annehmen muss, bezog er seine aktuellen Informationen über das Land zu diesem Zeitpunkt in erster Linie aus dem „Völkischen Beobachter", in dem damals nur wenig über Italien berichtet wurde, und wenn, dann meist negativ.[49] Alfred Rosenberg hielt das Blatt als Herausgeber in Übereinstimmung mit dem völkischen Mainstream in Deutschland ganz auf antiitalienischer Linie. Der Grund dafür war die durch den Friedensvertrag mit Österreich vollzogene Abtretung Südtirols an Italien, welche in Deutschland weit höhere Wellen schlug als der Verlust Elsass-Lothringens oder Oberschlesiens, obwohl die Region nie zum Deutschen Kaiserreich gehört hatte. Rosenberg ordnete die Parteizeitung nicht nur in den großdeutsch getönten Protest ein, sondern machte sie geradezu zum Vorreiter der völkischen Generallinie. Immer wieder rief der „Völkische Beobachter" dazu auf, für die ‚Heimkehr' Südtirols zu kämpfen. Das entsprach ganz den Erläuterungen zum Parteiprogramm der NSDAP aus dem Jahre 1920, in denen es hieß: „Wir verzichten auf keinen Deutschen im Sudetenland, in Südtirol, in Polen, in der Völkerbundskolonie Österreich und in den Nachfolgestaaten des alten Österreich."[50] Bemerkenswert ist dabei, dass die Wiedergewinnung Südtirols hier in einem Atemzug mit einem künftigen ‚Anschluss' Österreichs an das Deutsche Reich gefordert wurde, der bekanntlich 1919 durch die Siegermächte des Ersten Weltkriegs untersagt worden war, aber in Deutschland eine weit verbreitete Zukunftshoffnung blieb. Das konnte nur bedeuten, dass ein von italienischer ‚Fremdherrschaft' befreites Südtirol nicht nach Österreich, sondern in ein Großdeutsches Reich zurückkehren sollte, eine Vorstellung, die auch für den an der deutsch-österreichischen Grenze geborenen Hitler ursprünglich selbstverständlich gewesen sein dürfte. Noch am 25. April 1922 eröffnete Hitler im Münchner Hofbräuhaus eine nationalsozialistische Parteiversammlung unter dem Motto „Die Not der Deutschen in Südtirol", auf der italienische Verwaltungsmaßnahmen scharf kritisiert wurden.[51]

Dass Hitler den italienischen Faschismus positiv wahrgenommen hat, ist indirekt erstmals für den 19. August 1922 überliefert. Auf einer Parteiversammlung der NSDAP sprach er an diesem Tag vom Kampf zwischen „Internationalismus und Nationalismus". Dieser Kampf, „den bis heute Italien als einziges Land durchzukämpfen gewillt" sei, müsse auch in Deutschland geführt werden, „und dieser Kampf", fügte er in der für ihn schon damals hypertrophen Selbsteinschätzung hinzu, „muß von Bayern ausgehen".[52] Öffentlich wandte er sich erstmals am 14. Oktober 1922 in einer Rede den italienischen Faschisten zu, indem er erklärte: „Aber jetzt wollen wir nach Italien zu den dortigen Faschisten blicken, sie bewundern und ihnen in kurzer Zeit zeigen, daß wir gewillt sind, noch andere Kämpfe durchzuführen als die in Italien."[53]

Dies war kein abstraktes Bekenntnis zum Vorbild des italienischen Faschismus, Hitler hielt diese Rede vielmehr nicht zufällig auf dem sogenannten Deutschen Tag in Coburg, einem reichsweiten Treffen völkischer Gruppierungen, zu dem er mit angeblich 800 SA-Männern aus München angereist war.[54] Trotz polizeilichen Verbots marschierte diese Horde mit Hakenkreuzfahnen und unter Musikbegleitung durch die Kleinstadt, eine gezielte Provokation, mit der Hitler eindeutig den Politikstil der faschistischen Squadre nachahmte. Der demonstrative Marsch durch Coburg endete wie gewünscht in einer Straßenschlacht mit linken Gegendemonstranten, bei der es auf beiden Seiten Verletzte gab. Hitlers erstes öffentliches Bekenntnis zum Faschismus bestand somit bezeichnenderweise nicht aus einer Bekundung ideologischer Gemeinsamkeit, sondern aus einer Nachahmung der squadristischen Gewaltpraxis. Wie stark der nationalsozialistische Auftritt in Coburg durch diese motiviert wurde, zeigte sich auch daran, dass in der nationalsozialistischen Erinnerungspolitik künftig in Analogie zum ‚Marsch auf Rom' von einem ‚Marsch auf Coburg' die Rede sein sollte, wobei man sogar manchmal ein Erstgeburtsrecht für sich in Anspruch nahm.

Ein erster Versuch einer direkten Kontaktaufnahme mit Mussolini war zu diesem Zeitpunkt gerade gescheitert, was aber Hitlers Begeisterung für den Faschismus nicht gebremst hatte. Im September 1922 war der sich selbst als „Weltenbummler" verstehende, persönlich vermögende Kurt Lüdecke, der zu Hitlers engsten Münchner Gefolgsleuten gehörte, in seinem Auftrag nach Mailand gefahren, um bei Mussolini Möglichkeiten einer Zusammenarbeit zwischen Faschismus und Nationalsozialismus zu erkunden.[55] Obwohl Lüdecke in seinen Memoiren dazu neigte, sich selbst übermäßig herauszustreichen,[56] scheint die Initiative dazu von ihm und nicht von Hitler ausgegangen zu sein, der sogar vielleicht erst von dieser Aktion überzeugt werden musste.[57] Im Redaktionsgebäude von Mussolinis Zeitung „Il Popolo d'Italia" führte Lüdecke in Mailand ein mehrstündiges Gespräch mit dem faschistischen Parteiführer. Mussolini hatte, was nicht überraschen kann, vor dem Besuch Lüdeckes noch nie etwas von Hitler gehört, der Versuch des Münchner Abgesandten, diesen als ebenbürtigen nationalen Führer darzustellen, ließ ihn daher kalt. Nur die Mitteilung, dass Hitler mit Ludendorff zusammenarbeite, scheint auf Mussolini einen gewissen Eindruck gemacht zu machen. Lüdeckes Versuch, dem ‚Duce' die NSDAP als Bündnispartner anzupreisen, blieb daher erfolglos. Die von ihm ins Gespräch gebrachte ‚jüdische Frage' hielt der Faschistenführer in Italien nicht für so wichtig. Und über Südtirol, das Lüdecke, noch ganz auf der völkischen Generallinie, als „offene Wunde" bezeichnete, wollte Mussolini gar nicht erst reden: „Alto Adige" sei italienisch und müsse es bleiben.[58]

Lüdecke stellt es in seinen Memoiren so dar, als ob er für Hitler ein politischer Ratgeber gewesen sei und ihn nach seiner Rückkehr aus Italien davon überzeugt habe, dass er auf Südtirol verzichten müsse, wenn er die politische Unterstützung von Mussolini erhalten wolle.[59] Es gibt jedoch keine Hinweise darauf, dass sich Hitler schon vor dem ‚Marsch auf Rom' zu diesem Schritt entschlossen hätte. Er scheint überhaupt Lüdecke nicht als politischen Ratgeber, sondern vor allem als Geldsammler angesehen zu haben. „Fetzen Sie aus Mussolini heraus, was Sie können", soll er zu ihm vor dessen zweiter Italienreise gesagt haben.[60] Dafür wurde er von Hitler schriftlich mit der „Vertretung der National Sozialistischen Deutschen Arbeiterpartei im Königreich Italien beauftragt".[61] Später erhielt er in ähnlicher Weise den Auftrag, in den USA für die NSDAP Fundraising zu betreiben.[62]

Diese zweite Italienreise Lüdeckes fand im Auftrag Hitlers im August 1923 statt. Der ‚Duce' – jetzt nicht mehr als Parteichef, sondern als Ministerpräsident – empfing den Münchner Abgesandten zwar in Mailand erneut freundlich, ließ sich jedoch auf kein ausführliches Gespräch ein, sondern hörte Lüdecke lediglich kommentarlos zu.[63] Von irgendwelchen politischen Zusagen oder gar einer finanziellen Förderung der NSDAP konnte Lüdecke in seinen Memoiren deshalb bezeichnenderweise auch dieses Mal nichts berichten. Es hat sie auch nicht gegeben.[64]

Auch wenn er von Mussolini keine Unterstützung erhalten konnte, hatte Lüdecke in Italien jedoch insofern einen gewissen Erfolg, als er über Mussolinis Bruder Arnaldo die Möglichkeit erhielt, in der italienischen Presse Informationen über Hitler und den Nationalsozialismus zu verbreiten. In Mussolinis Zeitung „Il Popolo d'Italia" veröffentlichte Lüdecke einen Artikel über „Le condizioni interne della Germania e i rapporti coll'Italia per l'Alto Adige". Außerdem gab er im Oktober 1923 in der „Idea Nazionale", im „Il Corriere Italiano", im „Messagero" und in „L'Epoca" eine Reihe von Interviews.[65] Hitler wurde von ihm als „Führer des deutschen Freiheitskampfes" (*Duce della lotta germanica per la libertà*) vorgestellt, der Deutschland mit der nationalsozialistischen Bewegung vom „molosso giudaico" befreien werde.[66] Besonderes Interesse für Hitler kann Lüdecke mit dieser Charakterisierung allerdings wohl kaum erweckt haben, da im faschistischen Italien zu diesem Zeitpunkt weder ein ‚deutscher Freiheitskampf' noch eine ‚jüdische Weltverschwörung' in der öffentlichen Diskussion waren. Man kann deshalb davon ausgehen, dass das negative Image Hitlers weiter bestand, das in den ersten Berichten über den Nationalsozialismus entstanden war. Ausgerechnet in Mussolinis Parteizeitung „Il Popolo d'Italia" war der Nationalsozialismus am 22. Dezember 1922 als „Parodie des Faschismus" bezeichnet worden, weil es ihm an squadristischer Gewaltbereitschaft fehle.[67] Im selben Tenor hatte Giulio Benedetti, der Deutschlandkorrespondent der einflussreichen faschistischen Zeitung „Il Corriere Italiano", wenige Monate später einen Beitrag über Hitler unter dem ironischen Titel „Eine Karikatur des italienischen Faschismus" veröffentlicht.[68]

Bei seinem zweiten Italienbesuch konnte Lüdecke allerdings den italienischen Journalisten Leo Negrelli dazu bewegen, nach München zu reisen, um dort ein Interview mit Hitler zu führen. In diesem, am 16. Oktober 1923 erschienenen Interview konnte sich Hitler erstmals in einer italienischen Zeitung selbst vorstellen.[69] Wenig später konnte er seine politische Haltung gegenüber Italien in kürzerer Form nochmals im Gespräch mit dem römischen Journalisten Gustavo Traglia von der Zeitung „L'Epoca" vertreten.[70] Auch wenn es Lüdecke nicht gelungen war, von Mussolini irgendeine finanzielle Unterstützung für die NSDAP zu erhalten, hatte er es somit immerhin geschafft, Hitler in Italien zu ersten publizistischen Auftritten zu verhelfen.

Eigentlicher Anlass von Hitlers Hinwendung zu Mussolini war ohne Frage der ‚Marsch auf Rom' vom 28. Oktober 1922. Die damit verbundene politische Machtübernahme, die er als einen rein gewaltsamen Putsch wahrnahm, war die „Initialzündung" für Hitlers lebenslange Bewunderung des ‚Duce'.[71] Nur wenige Tage nach dem ‚Marsch auf Rom' warnte er zwar auf einem internen ‚Sprechabend' der NSDAP davor, sich zu einem Putsch provozieren zu lassen, feierte aber Mussolini, weil er gezeigt habe, „was eine Minorität zu leisten vermag, wenn ihr der heilige nationale Wille innewohne". Auch in Deutschland „werde und müsse diese Stunde kommen, wenn wir nicht zugrunde gehen wollen".[72] Das war ein nur wenig verhülltes Plädoyer für einen gewaltsamen Umsturz, sofern seine Äußerungen in dem als Quelle vorliegenden Polizeibericht korrekt wiedergegeben worden sind.

Nicht zufällig hat Hitler den ‚Marsch auf Rom' später in der Rückschau mehrmals als einen der „Wendepunkte der Geschichte" bezeichnet:[73] „Die Tatsache allein, daß man das machen kann, hat uns einen Auftrieb gegeben." Es war also keine ideologische Affinität, sondern die dem äußeren Anschein nach rein gewaltsame Aktion der politischen Machtübernahme des Faschismus, welche Hitler elektrisiert und zum Handeln geführt hat. Von den italienischen Faschisten zu lernen, bedeutete für ihn ursprünglich, sich zu einer gewaltsamen Aktion revolutionärer Gewalt zu bekennen.

Nichts anderes konnte es auch bedeuten, wenn er von Hermann Esser, einem seiner vertrautesten Münchner Gefolgsleute, am 3. November 1922, also wenige Tage nach dem ‚Marsch auf Rom', bei einer Versammlung im Münchner Hofbräuhaus mit Mussolini gleichgesetzt wurde: „Den Mussolini Italiens haben auch wir. Er heißt Adolf Hitler".[74] Esser brachte damit zum Ausdruck, dass er Hitler als politischen Anführer eines möglichen militärischen Putsches in Deutschland ansah. Hitler zögerte zwar zunächst, die Nationalsozialisten in diesem revolutionären Sinn als „deutsche Faschisten" zu verstehen, wenn er jedoch davon sprach, einen „kameradschaftlichen Frontgeist" mit den Faschisten gemeinsam zu haben, bekannte er sich zu ihrem paramilitärischen Aktionismus.[75] Das faschistische Regime war für ihn jedoch nicht nur ein Vorbild, weil es in seinen Augen durch einen Putsch an die Macht gekommen war, sondern weil es eine Diktatur darstellte. Wenn er unmittelbar nach dem ‚Marsch auf Rom' rundheraus die „Bildung einer nationalen Regierung in Deutschland nach faszistischem [sic!] Vorbild" forderte, war darunter eine autoritäre Regierung zu verstehen.

Im August 1923 sprach Hitler in einem Interview mit einem amerikanischen Journalisten davon, dass „Germany's hope lies in a fascist dictatorship".[76] Auch wenn diese generalisierende Formulierung von dem Amerikaner stammen mochte, der damit eine in Europa damals schon gängige kommunistische Terminologie eines allgemeinen Faschismusbegriffs aufgenommen haben könnte, ist festzuhalten, dass Hitler sich zumindest bis zu seinem Novemberputsch von 1923 nicht von der Zuordnung des Nationalsozialismus zum Gewaltpotential des italienischen Faschismus distanziert, sondern die Alarmrufe vor einer „drohenden Faschistengefahr" durchaus auch auf sich bezogen hat.[77] Indirekt bekannte er sich am 30. August 1923 in Zürich in einem Gespräch mit politischen Sympathisanten zur „Diktatur eines Mussolini": „Entweder nehmen die Dinge den Verlauf, wie in Rußland und es kommt zu einer Diktatur des Proletariates, oder es geht wie in Italien mit der Diktatur eines Mussolini ... Ein Mittelding zwischen der Diktatur des Proletariates oder der Diktatur von rechts gibt es nicht."[78]

Wie die Äußerung erkennen lässt, war für Hitler nicht so sehr das faschistische Diktatursystem insgesamt wichtig, entscheidend war vielmehr, dass sich dessen Wahrnehmung für ihn immer mehr in der Person Mussolinis verdichten sollte. Der ‚Duce' wurde für ihn zum großen politischen Vorbild, dem er eine ganz ungewöhnliche Verehrung entgegenbrachte. Kein zeitgenössischer Politiker, überhaupt kein Zeitgenosse sollte von ihm je so bewundert werden wie der Italiener. Mussolini war für ihn, wie er ständig wiederholte, ein „Genie", womit er freilich nur sein eigenes Selbstverständnis auf den Italiener übertrug.[79] Hitler glaubte wohl tatsächlich, in Mussolini sein Alter Ego gefunden zu haben, in dem er sich wiedererkannte wie sonst in niemand.

Ungeachtet der Tatsache, dass er über das militärische Versagen der Italiener im Zweiten Weltkrieg immer mehr enttäuscht sein sollte, ließ er auch später über den ‚Duce' öffentlich nie ein schlechtes Wort fallen, sondern suchte dessen zunehmende politische Schwäche immer wieder damit zu erklären, dass er aufgrund seiner Abhängigkeit vom König nicht so könne wie er wolle. Demonstrativ gab er seiner Verehrung für den ‚Duce' dadurch symbolischen Ausdruck, dass er, neben Portraits der deutschen Heroen Bismarck und Friedrich II., schon im ‚Braunen Haus' in München, dann aber auch in der Neuen Reichskanzlei in Berlin in seinem

Arbeitszimmer eine Büste von Mussolini aufstellte.[80] Auch wenn Hitler, der bekanntlich nur ungern intensive Büroarbeit leistete, diesen Raum nur selten nutzte, war dies ein demonstrativer Akt politischer Repräsentation, der die besonderen Beziehungen des ‚Führers' zum ‚Duce' dokumentieren sollte.

Nicht nur bis zu seiner eigenen Machtübernahme am 30. Januar 1933, sondern weit darüber hinaus versicherte Hitler Mussolini schriftlich und mündlich bei jeder Gelegenheit in häufig geradezu devotem, für ihn sonst ganz ungewöhnlichem Ton, dass er ihn bewundere und in ihm seinem politischen Vorbild nacheifere. Es war von ihm zweifellos ernst gemeint, wenn er im Gespräch mit Giuseppe Renzetti am 3. Juli 1933 versicherte, dass alle dem „Pionier Mussolini" dankbar sein müssten, „der den Weg geöffnet habe für neue Ideen, neue Systeme, neue politische und soziale Konzeptionen".[81]

Diese Zuneigung beruhte anfangs durchaus nicht auf Gegenseitigkeit, Mussolini hielt den deutschen Emporkömmling vielmehr lange Zeit auf Distanz, zunächst weil er ihn politisch unterschätzte, dann weil ihm sein Aufstieg unheimlich zu werden begann. Das Scheitern des Novemberputsches veranlasste ihn zu der spöttischen Bemerkung, dass es sich bei Hitler um einen „Clown" (*buffone*) handele.[82] Wie zu zeigen sein wird, glaubte er Hitler auch noch bei ihrem ersten persönlichen Zusammentreffen in Venedig im Mai 1934 von oben herab behandeln zu können, beginnend schon damit, dass er ihm bei der Begrüßung am Flughafen den faschistischen Gruß verweigerte.[83] Erst bei seiner Ausrufung der ‚Achse Berlin-Rom' am 1. November 1936 kam Mussolini nicht mehr umhin, dem deutschen Diktator ausdrücklich politische Gleichrangigkeit zuzugestehen. Hitler hielt das jedoch nicht davon ab, anhaltend um die Sympathie des ‚Duce' zu werben, auch noch als er als totalitärer Diktator des ‚Dritten Reiches' Mussolini politisch überlegen und selbst dann noch gelegentlich, als dieser in der Repubblica Sociale Italiana seit 1943 vollständig von ihm abhängig war.

Nach dem ‚Marsch auf Rom' begann Hitlers Entourage innerhalb der NS-Bewegung einen organisierten Führer-Kult aufbauen.[84] Es handelte sich dabei nicht etwa um eine „offensichtliche Parallele", sondern um eine Nachahmung des faschistischen Duce-Kultes.[85] Seine engeren Gefolgsleute hielten Hitler für den zukünftigen „charismatischen Führer" Deutschlands, der ähnliches vollbringen könnte wie Mussolini in Italien.[86] Auch wenn der Prozess dieser Charismatisierung nicht ohne seine Zustimmung begonnen worden sein kann, nahm Hitler diese Rolle zunächst nur zögernd an, da er sich bis dahin nur als ‚Trommler' für einen kommenden ‚Führer' verstanden hatte.[87] Bezeichnenderweise fügte er sich jedoch nach Mussolinis Machtübernahme in die Rolle des politischen Heilsbringers und verstand sich seitdem als kommender ‚Führer' der ganzen Nation.[88]

In Parteiverlautbarungen wurde die Formel „Mein Führer" seit dem Frühjahr 1923 zur „Standardformel", was dem faschistischen „Duce!" entsprach.[89] Es war auch keine Äußerlichkeit, sondern es hatte einen großen Symbolwert, dass sich innerhalb der nationalsozialistischen Bewegung die Grußformel „Heil Hitler" einbürgerte. Die nationalsozialistische ‚Gefolgschaft' sollte sich damit, wie der Organisationsleiter der Partei, Gregor Strasser, 1927 erklärte, zu ihrer „tiefen Liebe zu der Person unseres Führers" bekennen".[90] Der „Heilswunsch" war jedoch gleichzeitig auch „an Hitler adressiert", weil man sich von ihm eine bessere Zukunft erwartete.[91] Beim Gruß mit „Heil Hitler" handelte es sich also um ein interaktives Begrüßungsritual, mit dem die fiktive Gemeinschaft von ‚Führer' und ‚Gefolgschaft' simuliert wurde. Es entsprach dem faschistischen „Presente", mit dem auf den Appell eines faschistischen Führers geantwortet wurde.

Von den italienischen Faschisten übernahmen die Nationalsozialisten auch die Grußbewegung mit der flach nach oben ausgestreckten rechten Hand, mit der man die geballte Faust der Kommunisten symbolisch parierte. 1926 nach der Reorganisation der NSDAP als „Faschistischer Gruß" in der Partei eingeführt, sah sich zwar Heß 1928 veranlasst, die allzu offensichtliche Nachahmung des faschistischen Vorbilds zu vertuschen und die Einführung des Grußes auf 1921 vorzudatieren, „längst bevor wir vom Faschismus und seiner Grußart etwas wußten".[92] Der in ‚deutscher Gruß' umgewandelte ‚faschistische Gruß' war jedoch italienischen Ursprungs. Schließlich war auch die paramilitärische Parteiuniform der NSDAP mit den Stulpenstiefeln, dem Braunhemd und Militärhosen, die von einem breiten Gürtel mit einem eisernen Koppelschloss gehalten wurden, eine Imitation der schwarzen Uniform der Faschisten.[93] Auch hier suchte man zwar in der NSDAP die Herkunft zu vertuschen, indem man sich auf die Uniform der Kolonialtruppen des Kaiserreiches als Vorbild berief, von dieser stammte jedoch nur die braune Farbe.

Hitlers frühes Buhlen um die Anerkennung Mussolinis hatte nicht nur symbolische Bedeutung. Wie aus einer seiner frühen Äußerungen hervorgeht, hoffte er vielmehr bei den italienischen Faschisten und insbesondere bei Mussolini konkrete Handlungsanleitungen für seine eigene Politik zu finden. Im Gespräch mit dem italienischen Diplomaten Adolfo Tedaldi trug er unmittelbar nach dem ‚Marsch auf Rom' bemerkenswerterweise den Wunsch vor, „so bald wie möglich in direkten Kontakt mit den italienischen Faschisten" zu kommen, um von diesen „Direktiven und Hinweise für die Methode des Vorgehens zu erhalten".[94] Da an dem Bericht Tedaldis in dieser Hinsicht nicht zu zweifeln ist, hieß das mehr oder weniger, dass Hitler von Mussolini glaubte erfahren zu können, wie man, so wie er das verstand, auf faschistische Art an die Macht kommen könne. Angesichts des politischen Sektencharakters der damaligen NSDAP kann man das nur als ziemlich größenwahnsinnig bezeichnen. Sein Wunsch von Mussolini praktisch beraten zu werden, zeigt jedoch an, welchen politischen Motivationsschub Hitler durch den ‚Marsch auf Rom' erhalten hatte. Sein diffuser, gegen die angebliche

Weltherrschaft des ‚Judentums' gerichteter politischer Aktivismus erhielt mit einem Mal das konkrete Ziel eines gewaltsamen Umsturzes nach faschistischem Vorbild.

So wie die Idee eines ‚Marsches auf Berlin' seit dem 28. Oktober 1922 die Phantasie zahlreicher nationalistischer Gruppierungen in Bayern beflügelte, verstand auch Hitler den Novemberputsch von 1923 als Anfang eines ‚Marsches auf Berlin'. „Wenn München im gegebenen Augenblick nicht auf Berlin marschiert, wird Berlin auf München marschieren", behauptete er beispielsweise am 30. September 1923 kurz vor dem Putsch.[95] Einen solchen nationalen Umsturz zu organisieren, war er freilich nicht in der Lage. Wie hinreichend bekannt, ist Hitlers Putschversuch vielmehr schon am 8. November auf einer chaotisch verlaufenden Versammlung im Münchner Bürgerbräukeller gescheitert. Die Versammlung war von dem von der Reichsregierung als Staatskommissar eingesetzten Gustav Ritter von Kahr in Absprache mit dem bayerischen Reichswehrkommandeur Otto Hermann von Lossow und dem Chef der bayerischen Landespolizei Hans Ritter von Seißer als nationale Gedenkveranstaltung zum fünften Jahrestag der Niederschlagung der Novemberrevolution von 1918 einberufen worden. Hitler sprengte gemeinsam mit General Erich Ludendorff die Versammlung mit einer Horde bewaffneter SA-Männer und zwang das Triumvirat der Initiatoren zur gemeinsamen Bildung einer von ihm geführten Reichsregierung. Kaum in Freiheit widerriefen diese jedoch ihre von Hitler erpresste Zustimmung. Weder die Reichswehr noch die Polizei beteiligten sich weiter an dem Putschversuch, sondern stellten sich diesem vielmehr entgegen. Da die Putschisten somit nicht mehr mit der Unterstützung der bewaffneten Staatsmacht rechnen konnten, waren sie ratlos wie sie weitermachen sollten. In dieser für sie aussichtslosen Situation verfielen sie im Laufe des nächsten Tages auf die Idee, wenigstens noch durch einen Marsch durch München zu demonstrieren, dass ihre Aufstandsbewegung eigentlich auf Berlin zielte. Dieser Marsch endete bekanntlich vor der Feldherrnhalle am Odeonplatz im Kugelhagel der bayerischen Landespolizei, wobei 13 Putschisten und vier Polizisten ums Leben kamen. Die Inspiration, die Mussolinis ‚Marsch auf Rom' Hitler gegeben hatte, endete somit für ihn erst einmal in einem Desaster.

Als Hitler Ende Februar 1924 in München vor Gericht stand, hatte er jedoch offensichtlich begriffen, dass Mussolini keineswegs nur mit Gewalt an die Macht gekommen war. Er hielt zwar daran fest, dass eine „Erhebung" gerechtfertigt gewesen und nur daran gescheitert sei, weil Lossow, Kahr und Seißer „umgefallen" seien.[96] Nur durch eine „Erhebung", verkündete er pathetisch, könne „das deutsche Elend" ein Ende haben und eine „Erlösung" herbeigeführt werden.[97] Einen Putsch hielt er jedoch nicht mehr allein für ausreichend, er sah diesen vielmehr nur noch im Falle einer nachträglichen „Legalisierung" als gerechtfertigt an. Dafür verwies er auf den Staatsstreich Mussolinis. Dieser sei zwar „Hochverrat" gewesen, er sei aber durch die „ungeheure Reinigungsarbeit", die Mussolini in Italien vollbracht habe, nachträglich „legalisiert" worden.[98] In gleicher Weise nahm er auch für sich in Anspruch, gewissermaßen einen gerechtfertigten Hochverrat begangen zu haben. Auch wenn die ‚legale' Ausrichtung seiner Politik allenfalls ein vages Zukunftsversprechen war, ließ er damit erkennen, dass er von der reinen Umsturzpolitik abkommen und diese durch ein verfassungskonformes Vorgehen ersetzen wollte. Das bedeutete nicht, dass Hitler damit der Gewalt abgeschworen hätte. Er ließ vielmehr nur erkennen, dass er künftig in ähnlicher Weise eine politische Doppelstrategie verfolgen wolle, wie sie Mussolini vorgegeben hatte: Neben die latente Drohung mit einem Staatsstreich sollte eine Politik der Kooperation mit den nationalkonservativen Kräften der Republik treten.

In einer programmatischen Rede an dem für ihn geschichtsträchtigen Datum des 9. November bekannte er sich 1927 erneut zu dieser Strategie. Er erklärte offen einen Staatsstreich anzustreben, rechtfertigte dieses Ziel aber nicht mit bloßem revolutionärem Machtdrang, sondern versprach wie Mussolini nachträglich für die „Legalisierung unseres Handelns" zu sorgen.[99] Dass er diese politische Indemnität wie in Italien unter den Bedingungen einer Diktatur herstellen wollte, verbarg er nicht. Offen ventilierte er z. B. im Mai 1928 im Zusammenhang mit dem Kampf gegen den Young-Plan die Möglichkeit der „Tyrannei" eines „deutschen Mussolini", was nichts anderes bedeutete, als dass er die Einführung einer Diktatur nach dem Vorbild Mussolinis für wünschenswert hielt.[100] In einem Artikel zum Abschluss der Lateranverträge feierte er Mussolini als „völkischen Diktator".[101] Und in einer Rede in München sagte er für die Zukunft „eine nichtparlamentarische, eine deutsche Volksdiktatur" voraus".[102]

Selbstverständlich ahmte Hitler bei seinem weiteren Weg an die Macht nicht jeden Schritt Mussolinis exakt nach, was aufgrund der unterschiedlichen politischen und gesellschaftlichen Ausgangsbedingungen in Deutschland auch ganz unmöglich gewesen wäre. Dass das faschistische Vorbild eine Art Blaupause für seine Politik war, lässt sich jedoch gut erkennen. Einerseits beschleunigte Hitler den Ausbau der SA, die 1928 schließlich etwa 425.000 Mann umfasste und damit eine potentielle Bürgerkriegsarmee darstellte. Das von Reichskanzler Brüning bei Hindenburg 1932 durchgesetzte SA-Verbot ließ sich schon nach zwei Monaten nicht mehr aufrechterhalten. Andererseits bemühte sich Hitler intensiv um die Unterstützung der nationalkonservativen Eliten, die ihm reserviert gegenüberstanden. Im Oktober 1926 mahnte er beispielsweise offen die fehlende Unterstützung der deutschen Industrie an, die Mussolini bei seinem Weg an die Macht in Italien erhalten habe. Dieser habe es „in seinem Kampfe viel leichter gehabt, da er die italienische Industrie auf seiner Seite" gehabt habe: „Er erhielt Unterstützung in Gestalt von Auto und Geld. Was tut die deutsche Industrie für die Wiedergeburt des deutschen Volkes, nichts!"[103] Zwar waren es weniger die italienischen Industriellen als vielmehr die oberitalienischen Großgrundbesitzer, welche dem Faschismus auf die Sprünge geholfen hatten, so genau kam es Hitler jedoch nicht darauf an. Anders als für Mussolini waren für ihn die Großindustriellen wichtiger als die Großgrundbesitzer, daher setzte er sie unter Druck und nicht die letzteren.

Schon kurz nach dem gescheiterten Putsch hatte er eingesehen, dass man nicht gegen die Reichswehr einen Umsturz herbeiführen könne.[104] 1929 warf er der Reichswehr vor, sich gegenüber dem Nationalsozialismus zu reserviert zu verhalten, während das italienische Heer „sich einst zum Faschismus" bekannt und „damit auch Italien gerettet" habe.[105] Dass sich das Königlich-Italienische Heer erst nach Mussolinis Machtübernahme dem Faschismus zugewandt hatte, störte Hitler ebenfalls nicht, ihm kam es selbstverständlich nicht auf die historische Wahrheit an, sondern darauf unter Berufung auf das angebliche italienische Beispiel gegen die Reichswehr zu polemisieren.

Schließlich begrüßte Hitler wenige Tage nach der Unterzeichnung der Lateranverträge „die jetzige Regelung in Italien auf das herzlichste".[106] Er bezeichnete den Vertragsabschluss als das „Ende der liberalen Periode" und feierte Mussolini als einen „völkischen Diktator", der im Unterschied zu den vorausgehenden liberal-demokratischen Regierungen die Kraft gehabt habe, den alten Konflikt mit der katholischen Kiche zu beenden.[107] Auch hier suggerierte er wieder, dass Mussolini sein Vorbild sei. „Möge es der nationalsozialistischen Bewegung in Deutschland gelingen, zwischen und mit den beiden Kirchen den Frieden herzustellen", gab er heuchlerisch vor, nicht ohne bezeichnenderweise die „Vernichtung" der Zentrumspartei vorauszusetzen.[108]

Noch kurz vor dem Ziel seiner Machtergreifungspolitik verwies Hitler schließlich unmissverständlich auf das italienische Vorbild. Als er am 13. August 1932 mit Papen über eine Regierungsbeteiligung der Nationalsozialisten verhandelte, verlangte er unter ausdrücklichem Verweis auf Mussolini, dem nach dem ‚Marsch auf Rom' vom König auch die „ganze Macht" überantwortet worden sei, das Amt des Reichskanzlers für sich. Eine bloße Vizekanzlerschaft lehnte er, ebenso wie auch im anschließenden Gespräch mit Hindenburg, strikt ab.[109]

Obwohl dazu keine Aussagen Hitlers überliefert sind, ist es offensichtlich, dass er im Januar 1933 mit seinem sogenannten ‚Kabinett der nationalen Einheit' trotz sonstiger Unterschiede dem Vorbild von Mussolinis erster Regierung von 1922 gefolgt ist, wenn er nur wenige Ministerien für seine eigene Partei beanspruchte, aber das Innenministerium und damit die Verfügung über den Polizeiapparat des Reiches für die NSDAP sicherte. Auch nach seiner Machtübernahme am 5. März 1933 manipulierte Wahlen anzusetzen, die der NSDAP im Reichstag zu einer unumschränkten Mehrheit verhelfen sollten, dürfte Hitler schließlich von Mussolini gelernt haben. Der ‚Duce' war mit der Ansetzung von Parlamentswahlen am 6. April 1924 schon genauso verfahren.

Verzicht auf Südtirol. Eine politische Vorleistung

Am 1. April 1924 mit einem skandalös milden Urteil nur zu fünf Jahren Haft verurteilt, von denen er wiederum nur knapp ein Jahr absitzen musste, wurde Hitler in der Festungshaft in Landsberg eher wie ein Staatsgast behandelt denn als ein verurteilter Staatsgefangener. Er nutzte die ihm großzügig gewährten Privilegien bekanntlich dazu, den ersten Band seiner Memoiren zu schreiben, der im Juli 1925 nach seiner Freilassung unter dem Titel „Mein Kampf. Eine Abrechnung" erscheinen und im Dezember 1926 um einen zweiten Band unter dem Titel „Die nationalsozialistische Bewegung" ergänzt werden sollte.[110] Aufgrund der im ‚Dritten Reich' staatlich massiv geförderten Verbreitung gilt „Mein Kampf" als ideologischer Grundtext des Nationalsozialismus, bis 1933 war das Buch dies jedoch nur bedingt, auch wenn die Zusammenfügung der beiden Bände zu einer „Volksausgabe" die Auflage seit 1930 deutlich steigen ließ.[111] Wie man ausgerechnet hat, kam noch bei den Juliwahlen von 1932 erst jeder 60. Wähler der NSDAP auf ein verkauftes Exemplar von „Mein Kampf".[112] Hitler hatte eigentlich nie vor, einen programmatischen Text zu schreiben, erst die unfreiwillige Muße in der Landsberger Festung brachte ihn dazu, sich als Autor zu betätigen. In einem seiner Monologe im ‚Führerhauptquartier' räumte er später ein, dass „Mein Kampf" „ohne die Haftzeit" in Landsberg „nicht entstanden" wäre.[113] Im Gespräch mit Hans Frank gestand er angeblich sogar ein, dass das Buch schlecht geschrieben sei und eigentlich nur eine „Aneinanderreihung von Leitartikeln" für den „Völkischen Beobachter" enthalte.[114] Fest steht, dass sich Hitler zuallererst als Redner verstand, der in der Lage war, Massen mit rhetorischen Mitteln aufzuputschen, nicht als Mann der Feder.[115] Schon im Vorwort von „Mein Kampf" behauptete er, dass „jede große Bewegung auf dieser Erde ihr Wachsen den großen Rednern und nicht den großen Schreibern" verdanke.[116] Tatsächlich ist „Mein Kampf" auch in dem pleonastischen und redundanten Stil geschrieben, der Hitlers Reden ausmachte. Als programmatische Grundschrift der nationalsozialistischen Bewegung hat er das Buch nicht verstanden, er sah „Mein Kampf" als tagespolitische Rechtfertigung an.[117]

Der erste Band von „Mein Kampf" reicht, wenn man den ziemlich konfusen, autobiographische und systematische Abschnitte vermengenden Aufbau chronologisch bereinigt, bis 1920. Er enthält keine Veränderung oder gar bewusste Korrektur von seinen bisherigen politischen Ansichten, vielmehr liefert Hitler einen Grundriss seiner sogenannten Weltanschauung, in deren Zentrum sein pathologischer Hass auf ‚die' Juden steht.[118] Er sieht sich als Retter vor einer „Jüdischen Weltverschwörung", die sich durch die Passivität oder stillschweigende Unterstützung von Bolschewisten, Sozialdemokraten und bürgerlichen Versagern ausgebreitet habe. Der italienische Faschismus konnte in dem Band nicht vorkommen, da Hitler diesen bis 1920 noch nicht wahrgenommen hatte. Hitler musste sich deshalb auch noch nicht bemüßigt fühlen, darüber nachzudenken, weshalb sein dilettantischer Versuch, Mussolinis ‚Marsch auf Rom' nachzuahmen, am 9. November 1923 katastrophal gescheitert war.

Im zweiten Band von „Mein Kampf" drückte er sich dann mit dem Argument vor einer Auseinandersetzung mit seiner gescheiterten Putschstrategie, dass er sich „für die Zukunft nichts Nützliches davon verspreche" und es zwecklos sei, „Wunden aufzureißen, die heute kaum vernarbt erscheinen".[119] Da er nur auf Bewährung entlassen worden war, wäre es für ihn 1927 allerdings auch zu gefährlich gewesen offen einzuräumen, dass er nur scheinbar noch auf einen Legalitätskurs setzte, entsprechend Mussolinis Vorbild jedoch gleichzeitg an seiner Gewaltbereitschaft festhielt. Wohl aber äußerte sich Hitler im zweiten Band ausführlich zu der für ihn zentralen außenpolitischen Frage eines Verzichtes auf Südtirol.

Die öffentliche Diskussion um Südtirol war in der Anfangszeit der Weimarer Republik zumindest indirekt mit der nach dem ‚Anschluss' Österreichs an das Deutsche Reich verbunden. Auf einer ‚Rückkehr' Südtirols zu beharren, war im Prinzip nur aus österreichischer Sicht verständlich, da die Region vor 1914 zu Österreich-Ungarn gehört hatte. Aus deutscher Sicht für Südtirol zu kämpfen, war politisch nur realistisch, wenn man einen ‚Anschluss' Deutschösterreichs an das Deutsche Reich voraussetzte, also von einer Eingliederung der Region in ein vereinigtes Großdeutschland ausging. Allen Weimarer Regierungen war jedoch bewusst, dass das Anschlussverbot, das die Siegermächte 1919 dem Deutschen Reich und Österreich auferlegt hatten, eine solche Lösung unmöglich gemacht hatte, wenn man nicht einen Konflikt mit Frankreich und Großbritannien, aber besonders auch Italien riskieren wollte. Sie ließen sich deshalb zwar zeitweise von den völkischen Aufwallungen großer Teile der deutschen Bevölkerung mitreißen und befürworteten sogar teilweise eine Rückgabe Südtirols an Österreich, propagierten aber gleichzeitig nicht einen ‚Anschluss' an Deutschland.

Auch wenn er sich dadurch in Gegensatz zur Stimmung in seiner eigenen Partei und darüber hinaus zum Mainstream in der öffentlichen Diskussion über Südtirol setzte, ging Hitler hier einen entschieden anderen Weg. Wenn die NSDAP bisher zusammen mit der übrigen völkischen Opposition lautstark dafür gekämpft hatte, Südtirol zusammen mit einem ‚Anschluss' Österreichs an das Deutsche Reich in ein dann vereintes Großdeutschland zurückzuholen, so plädierte Hitler plötzlich für ein Verbleiben Südtirols bei Italien. Es war dies eine politische Provokation, durch welche Hitler in Deutschland erstmals nationale Aufmerksamkeit erregte. Diese war von Hitler wohl auch gewünscht, sie war jedoch nicht sein eigentliches politisches Ziel. Er verstand seine demonstrative Absage an Südtirol vielmehr in erster Linie als eine außenpolitische Vorleistung, durch welche er eine Annäherung an Mussolini erreichen wollte. Dahinter stand allem Anschein nach die Erwartung, durch einen Verzicht auf Südtirol auf die Dauer Mussolinis Zustimmung zu einem ‚Anschluss' Österreichs zu erwirken. Noch 1926 betonte er, im Weltkrieg für die „Erhaltung Südtirols im deutschen Besitz" gekämpft zu haben, „damit es wie jedes andere deutsche Land dem Vaterland erhalten" bleibe.[120] Da er nicht im österreich-ungarischen sondern im kaiserlichen Heer des Deutschen Reiches, zu dem Südtirol nie gehört hatte, als Soldat gedient hatte, konnte das von ihm apostrophierte „deutsche Vaterland" nur ein mit Deutschland vereintes Österreich sein. Wahrscheinlich handelte es sich deshalb um eine gedankliche Fehlleistung Hitlers, die aber erkennen lässt, dass er ungeachtet seiner Absage an Südtirol immer noch an dessen Rückkehr in „deutschen Besitz" dachte.

Hitlers bemerkenswerter politischer Kurswechsel lässt sich genau datieren. Er fand nach dem ‚Marsch auf Rom' statt, der sich damit auch in dieser Hinsicht als entscheidende Wende in seinem politischen Handeln darstellte. Am 20. Dezember 1922 berichtete die sozialdemokratische „Münchner Post" über einen sogenannten Sprechabend der NSDAP, der am 14. November stattgefunden hatte. Hitler habe bei dieser Veranstaltung für ein außenpolitisches Zusammengehen mit Italien plädiert, das seine „nationale Wiedergeburt erlebt und eine große Zukunft" vor sich habe: „Dazu ist nötig ein klarer und bündiger Verzicht Deutschlands auf die Deutschen in Südtirol."[121] Hitler begründete seine überraschende Kehrtwende nach dem Bericht der Zeitung zum einen damit, dass der deutsche Enthusiasmus für Südtirol „nur jüdische Mache" sei, um einen ‚Anschluss' sowie eine deutsche Wiederbewaffnung zu verhindern. Der Verzicht auf Südtirol wurde von ihm auf diese Weise als ein Mittel im Kampf gegen eine ‚jüdische Weltverschwörung' ausgegeben, womit Hitler ihn in seine radikalantisemitische ‚Weltanschauung' einordnete. Zum anderen setzte er sich damit dezidiert von seiner bisherigen politischen Linie ab, indem er gegen die einseitige völkische Parteinahme für Südtirol polemisierte: „Das Geschwätz über Südtirol, die leeren Proteste gegen die Faszisten schaden uns nur, da sie uns Italien entfremden. In der Politik gibt es keine Sentiments, sondern nur Kaltschnäuzigkeit. Warum sollen wir uns plötzlich über die Schließung von einem Dutzend deutscher Schulen in Südtirol erregen, während die deutsche Presse schweigt über die Schließung von Tausenden deutscher Schulen in Polen, Elsaß-Lothringen und der Tschechoslowakei?"[122]

Hitler blieb damit zwar noch weiterhin völkischem Denken verhaftet, da es ihm nur um das Schicksal von Deutschen ging, die durch die Pariser Friedensverträge vom deutschen Sprachraum abgetrennt worden waren. Aber er setzte gegenüber der einseitigen Fokussierung auf die Südtiroler deutlich andere Prioritäten und verband ihr Schicksal mit dem der deutschen Irredenta in anderen Ländern. Die Südtirolfrage erhielt für ihn nicht mehr eine völkische Priorität, er setzte sich vielmehr dafür ein sie allein unter realpolitischen Gesichtspunkten zu behandeln.

Wie ernst es Hitler mit seinem Verzicht auf Südtirol war und welche politischen Absichten er damit verband, lässt sich daran erkennen, dass er nur wenige Tage später, nachdem er seine Parteigenossen mit seinem politischen Kurswechsel bekannt gemacht hatte, auch vor einem Kreis bayerischer Separatisten für einen Verzicht Deutschlands auf die Deutschen in Südtirol eintrat. Die Äußerung wurde von dem bei Hitlers Vortrag anwesenden italienischen Diplomaten Adolfo Tedaldi, der von Mussolini mit der Berichterstattung über die politische Lage in Bayern beauftragt worden war, an den ‚Duce' übermittelt.[123] Mussolini wurde auf diese Weise schon frühzeitig über Hitlers neuen Kurs in der Südtirolfrage unterrichtet.

Hitler wurde von Tedaldi als „capo dei fascisti" bezeichnet, dem „Temperament, der Stimme und der Gestik nach mehr ein Lateiner als ein Deutscher". Sein politisches Programm bestünde großenteils aus einer Wiederholung faschistischer Grundsätze: „Wiederherstellung der Staatsautorität, Abschaffung der Gewerkschaften, der Korruption, der Verschwendung, Verkleinerung der Bürokratie, mit einem Wort Wiederherstellung der Ordnung".[124] Tedaldi informierte den ‚Duce' somit nicht nur über die veränderte Haltung Hitlers in der Südtirolfrage, sondern rückte die Nationalsozialisten gleichzeitig auch in die Nähe der Faschisten. Es ist nicht bekannt, wie Mussolini auf Tedaldis von bemerkenswerter Sympathie getragene Charakterisierung Hitlers reagiert hat. Da er diesem jedoch keine weiteren Weisungen erteilte, scheint ihn dessen Enthusiasmus für den ‚Führer' nicht besonders beeindruckt zu haben.

Wie der vergebliche Versuch Lüdeckes gezeigt hatte, im Auftrag Hitlers Mussolinis Unterstützung für die NSDAP zu gewinnen, sah der ‚Duce' 1922/23 keine Veranlassung, Hitler zu protegieren, nur weil dieser sich für den ‚Marsch auf Rom' begeistert hatte. Aus der Sicht Mussolinis war Hitler zu diesem Zeipunkt ein unbedeutender Provinzpolitiker, mit dem sich einzulassen sich für ihn nicht lohnte. Nach dem missglückten Putschversuch vom 9. November 1923 war Hitler für ihn überdies mit dem „Makel eines leichtfertig vom Zaun gebrochenen Putsches" behaftet.[125] Es war ja noch nicht lange her, seitdem sich Mussolini für den italienischen Kriegseintritt engagiert und an der Alpenfront gegen die Soldaten Österreich-Ungarns gekämpft hatte. Noch vor seiner Machtübernahme hatte er im März 1922, da er der Außenpolitik der Weimarer Republik wegen der Anschlussfrage misstraute, eine Erkundungsreise nach Deutschland unternommen, mit dem Ergebnis, dass seine Vorbehalte noch verstärkt worden waren.[126] Deshalb hatte er in „Il Popolo d'Italia" vom 7. April 1922 davor gewarnt, dass die offizielle Politik der Weimarer Republik nicht das wahre Gesicht Deutschlands darstelle: „Die Republik ist eine Maske, die das fatalerweise historische monarchische Gesicht verbirgt."[127] Das gerade erwachte Interesse an Hitler brach danach in Italien daher erst einmal wieder ab. Ganz unglücklich konnte Hitler darüber nicht sein, nachdem er von Tedaldi geradezu als Faschist angesehen und – für ihn zweifellos noch schlimmer – rassisch als Lateiner bezeichnet worden war.

Erst im Herbst 1923, als sich die Gerüchte über einen bevorstehenden Putsch in Bayern verdichteten, bekam Hitler wieder Gelegenheit, sich in Italien in Erinnerung zu rufen. Er konnte das schon erwähnte Interview mit dem Mussolini nahestehenden Journalisten Negrelli erneut dazu nutzen, seine eigenwillige Haltung in der Südtirolfrage zu erläutern. In Absetzung von der in der deutschen und österreichischen Öffentlichkeit vorherrschenden Erregung betonte er, dass Südtirol „kein Element der Zwietracht" zwischen Deutschland und Italien sein dürfe.[128] „Ich lasse mich in dieser Frage nicht, besonders nicht von der Wiener Presse, die damit keine deutschen Interessen vertritt, zu einer Kampagne gegen Italien verführen. Ich protestiere auch dagegen, die Südtirolfrage für wichtiger zu halten als die Elsaß-Lothringens oder Oberschlesiens. Es leben 17 Millionen Deutsche außerhalb der deutschen Grenzen und wir sollen uns gleichwohl mit den 180 000 befassen, die unter italienischer Herrschaft leben? Als Nationalist mich in die Haut eines Italieners versetzend, rechtfertige ich vollkommen das italienische Bedürfnis, eine strategische Grenze zu haben. Als Deutscher bekräftige ich, daß eine leichte Meinungsverschiedenheit wie diese in keiner Weise die Beziehungen zwischen den beiden Völkern kompromittieren darf. Denken wir daran, daß von den 10 Millionen Deutschen, welche in Rußland leben, niemand spricht. Aber das sind auch Deutsche." Wenn er das Südtirolproblem als „leichte Meinungsverschiedenheit" bezeichnete und wieder auf die im Vergleich zu den Südtirolern ungleich zahlreicheren Deutschen verwies, die außerhalb der Grenzen des Deutschen Reiches lebten, war auch das zwar noch keine regelrechte Verzichtserklärung, sondern eher eine irredentistische Prioritätensetzung, aber sie zeigte an, dass Hitler auf dem Weg zur Aufgabe Südtirols war. Es kann nicht überraschen, dass ihn Negrelli daraufhin als „Mann der Gegenwart und Mann der Zukunft" feierte.[129]

Das Jahr 1924 verbrachte Hitler bekanntlich nahezu vollständig in Haft in der ehemaligen Festung Landsberg, erst am 20. Dezember 1924 war er wieder ein freier Mann. Schon am 16. Februar 1925 wurde im nationalsozialistischen Kernland Bayern zwar das Verbot der NSDAP und der Parteizeitung „Völkischer Beobachter" aufgehoben, das gegen ihn 1925 in vielen Ländern verhängte öffentliche Redeverbot blieb jedoch bis 1927, in Preußen sogar bis zum 1. Januar 1928 bestehen. Noch problematischer war für Hitler, dass die während der Verbotszeit in Großdeutsche Volksgemeinschaft (GVG) umbenannte NSDAP in mehrere einander bekämpfende Gruppierungen zerfallen war und in der Deutschvölkischen Freiheitspartei (DVFP) eine völkische Konkurrenz erhalten hatte, die sich ausgerechnet Erich Ludendorff, seinen prominenten Mitstreiter beim Münchner Novemberputsch, zur „Galionsfigur" erwählt hatte.[130] Hitler sah sich daher gezwungen, die NSDAP im Februar 1925 neu zu gründen. Dieser hier im Einzelnen nicht zu verfolgende Prozess gipfelte in der sogenannten Führertagung in Bamberg am 14. Februar 1926, bei der Hitler auf ähnliche Weise wie Mussolini auf dem römischen Parteitag des Faschismus vom Oktober 1921 gegenüber seinen Widersachern die Flucht nach vorn ergriff, um die Oberhand über die unbotmäßigen nord- und westdeutschen ‚Gaue' der NSDAP zu gewinnen.[131] So wie Mussolini 1921 mit Dino Grandi seinen wichtigsten innerparteilichen Gegenspieler für sich gewinnen konnte, gelang es Hitler, seinen gefährlichsten Rivalen Gregor Strasser vorläufig politisch einzubinden.[132]

Wenn Hitler große Probleme beim Wiederaufbau der NSDAP hatte, so hing das auch mit seinen Sympathien für das faschistische Italien zusammen, an denen er auch nach seiner Gefängniszeit festhielt. Schon während dieser und dann vor allem in der anschließenden Zeit seines Redeverbotes formierte sich in der Partei der Widerstand gegen Hitlers italienfreundlichen Kurs. Im Wesentlichen waren es drei Argumente, die von seinen nationalsozialistischen Kritikern gegen ihn vorgebracht wurden: Man vermisste bei den italienischen Faschisten den gesellschaftlichen Veränderungswillen, kritisiert wurde sodann der Mangel an antisemitischer Ideologie, besonders stark wurden die Faschisten schließlich aber wegen ihrer Repressionspolitik in Südtirol abgelehnt.

Die fehlende sozialistische Orientierung der Faschisten wurde vor allem von der nationalsozialistischen Linken um Gregor Strasser angeprangert. Zunächst latent schwelend entzündete sich der Streit um die gesellschaftspolitischen Ziele des Faschismus vor allem an den Büchern von Hans Reupke über das Wirtschaftssystem des italienischen Faschismus. Der Nationalsozialist Reupke hatte im Auftrag des Reichsverbandes der deutschen Industrie in Italien die Wirtschaft des Faschismus studiert und in drei Büchern die Kompatibilität von kapitalistischem System und Faschismus behauptet. Er wollte das faschistische System nicht „in Bausch und Bogen auf die andersgearteten Verhältnisse anderer Volkswirtschaften der Welt" übertragen, war jedoch von der intendierten korporativistischen Organisation der Wirtschaft im Faschismus in starkem Maße beeindruckt.[133] Deshalb empfahl er, dass ein künftiges nationalsozialistisches Regime wirtschaftspolitisch ähnlich wie der Faschismus organisiert sein und an der kapitalistischen Eigentumsordnung festhalten müsse.

Die nationalsozialistische Linke sah sich durch Reupke massiv herausgefordert, zumal ihr nicht verborgen blieb, dass der Wirtschaftswissenschaftler als nationalsozialistisches Sprachrohr der organisierten Unternehmerschaft angesehen werden konnte. Erich Koch, später fanatischer Gauleiter Ostpreußens, sprach von einem „grundlegenden Unterschied zwischen Nationalsozialismus und Faschismus" in der Frage der Wirtschaftsordnung.[134] Dieser sei kapitalistisch, der

Nationalsozialismus dagegen sei sozialistisch. Graf Reventlow erklärte in dem von ihm herausgegebenen „Reichswart": „Im Gegensatz zu Herrn Reupke aber vertreten wir den Standpunkt, daß der Nationalsozialismus nicht mit dem Bürgertum wie unter Mussolini durchgeführt werden kann, sondern nur gegen das Bürgertum."[135]

In der sogenannten Rassenfrage spielte der „Völkische Beobachter" eine zentrale Rolle. Alfred Rosenberg hatte in der Parteizeitung schon vor dem Novemberputsch große Vorbehalte gegenüber dem Faschismus angemeldet, weil dieser nach seinem ideologischen Vorurteil jüdisch beeinflusst war. Nach der Wiederzulassung der Zeitung verschärfte er 1925 er diese Kritik und warf Mussolini vor, von der „jüdischen Hochfinanz" abhängig zu sein.[136] Er wurde von dem nationalsozialistischen Journalisten Adolf Dresler unterstützt, der 1924 die erste deutschsprachige Mussolinibiographie veröffentlicht hatte und deshalb innerhalb der nationalsozialistischen Bewegung als Faschismusexperte anerkannt war.[137] Dresler bezeichnete Mussolini rundheraus als „großen Freund der Juden", wobei er nicht davor zurückschreckte, den von Mussolini verehrten politischen Schriftsteller Gabriele D'Annunzio fälschlich als „Juden" zu bezeichnen.[138] Seine Mussolinibiographie schloss er mit dem plakativen Satz ab: „Der National-Sozialismus ist völkisch-sozial, der Faschismus ist jüdisch-kapitalistisch-imperialistisch."[139] Hitlers unbedingte Bewunderung des ‚Duce' drohte damit in der NSDAP durch Dresler in Frage gestellt zu werden. Wie wirksam die antisemitischen Vorurteile gegenüber dem italienischen Faschismus innerhalb des Nationalsozialismus waren, lässt sich an der Haltung von Joseph Goebbels ablesen. Dieser notierte noch im April 1930 in seinem Tagebuch, dass Mussolini „die Judenfrage nicht erkannt zu haben" scheine.[140]

Die größten Vorbehalte gegenüber dem Faschismus bestanden innerhalb der NSDAP jedoch wegen Südtirol. Hitler hatte hier zunächst mit der Gegnerschaft Gregor Strassers zu rechnen, der die norddeutsche NSDAP auf die großdeutsche Linie gebracht hatte, nach der alle Auslandsdeutschen in einem einzigen großen Reich vereinigt werden sollten, zu dem neben Österreich und dem Sudentenland ausdrücklich auch Südtirol gehören sollte. Auch Gottfried Feder setzte Südtirol 1928 in seinem Kommentar zum nationalsozialistischen Parteiprogramm auf eine völkische Irredentaliste, wenn er erklärte, dass die Nationalsozialisten „auf keinen Deutschen in Sudetendeutschland, Südtirol, in Polen, in der Völkerbundkolonie Österreich" verzichten würden. Erst in der fünften Auflage seines Kommentars wurde Südtirol 1929 von ihm gestrichen.[141] Hans Frank trat 1926 sogar vorübergehend aus der NSDAP aus, weil er Hitlers Südtirolpolitik ablehnte.[142] Nach seinem Wiedereintritt in die Partei hielt er im Juli 1931 in Innsbruck eine völkische Brandrede, in der er ein Deutsches Reich von der Nordsee bis Salurn in Südtirol forderte.[143] Auch Joseph Goebbels tat sich schließlich anfangs schwer, den außenpolitischen Verzichtkurs Hitlers zu akzeptieren. Im August 1928 notierte er nach einem Besuch am Grabe Andreas Hofers in der Innsbrucker Hofkirche: „Der Italiener ist doch ein Mistvieh. Mit Ausnahme von Mussolini."[144] Wenn er später den italienischen Diktator emphatisch als sein „großes zeitgenössisches Vorbild" bezeichnete, so nur aus reinem Opportunismus, weil er auf diese Weise seinen Anschluss an Hitler bestätigen konnte.[145]

Hitler geriet wegen seiner Verzichtpolitik gegenüber Südtirol erst recht außerhalb der Partei unter starken politischen Druck, als es im Februar 1926, ausgelöst durch eine chauvinistische Rede des bayerischen Ministerpräsidenten Heinrich Held, zu einem heftigen politischen Zusammenstoß zwischen Mussolini und Stresemann kam. Auf die Rede Helds warf Mussolini einen Tag später in Rom in einer aufgeregten Parlamentsdebatte der deutschen Regierung vor, in Südtirol revisionistische Absichten zu haben, wogegen Stresemann sich am 9. Februar im Reichstag energisch verwahrte. Mussolini lenkte daraufhin ein und machte damit den Weg frei zu einer diplomatischen Verständigung.[146]

In der deutschen Öffentlichkeit schlugen jedoch die Wogen weiterhin hoch. Es war allem Anschein nach überhaupt erst dieser diplomatische Zusammenstoß, der ‚Südtirol' in Deutschland zu einem zentralen außenpolitischen Thema machte. Hatte es Hitler mit seiner Verzichtpolitik zuvor mehr oder weniger nur mit der völkischen Rechten und den nationalistischen Hardlinern in der nationalsozialistischen Bewegung zu tun, so erhielt er seit 1926 Widerspruch von allen Seiten. Die Südtiroler gegen den faschistischen Diktator in Schutz zu nehmen, gehörte nicht mehr nur zum Programm der nationalistischen Rechten, sondern auch zu den politischen Zielen bürgerlicher Parteien, des katholischen Zentrums und teilweise auch der Sozialdemokratie. Hitler war mit seiner außenpolitischen Programmatik daher in starkem Maße isoliert, was ihn jedoch nicht dazu bewog, seinen faschismusfreundlichen Kurs aufzugeben. Er verteidigte vielmehr weiterhin vehement seine Südtirolpolitik, ein Beleg dafür, wie zentral für ihn der außenpolitische Ausgleich mit dem italienischen Faschismus war.[147]

Wie stark er sich aber unter Druck fühlte, lässt sich daran ablesen, dass er einige seiner Parteigänger zur Verteidigung seiner politischen Linie vorschickte. Als erster meldete sich Goebbels zu Wort, ganz offensichtlich auch, um seine früheren Vorbehalte gegenüber Hitler vergessen zu machen und sich bei diesem anzubiedern. Ganz in Übereinstimmung mit Hitler wetterte er gegen „Held, Severing, Stresemann und Genossen", die über Südtirol die „deutsche Irredenta im polnischen Korridor, in Oberschlesien, in Eupen-Malmedy, in Schleswig, in der Tschechoslowakei, in Elsaß-Lothringen usw." vergessen hätten.[148] Fast gleichzeitig veröffentlichte Hermann Göring aus dem schwedischen Exil im „Völkischen Beobachter" eine Folge von drei langen Artikeln „Zum deutsch-italienischen Konflikt".[149] Er führte den Konflikt auf die kalkulierte Politik der französischen

Regierung zurück, die 1919 in Südtirol bewusst einen deutsch-italienischen Zankapfel geschaffen habe, um eine deutsch-italienische Annäherung zu verhindern. Es gäbe jedoch eine deutsch-italienische Interessengemeinschaft, die zum Tragen kommen könne, wenn Mussolini sich einer „national-völkischen deutschen Regierung" gegenübersehe.[150] Außerdem konstatierte Göring nicht nur eine „vielfache Verwandtschaft" zwischen dem italienischen Faschismus und dem Nationalsozialismus, sondern er erhob Mussolini zum Führer der internationalen völkischen Bewegung: „Wie für den internationalen Kommunismus Rußland und Moskau das Mekka des Glaubens wurde, so erscheint für die nationalen Bewegungen Italien und Rom als Muster und Vorbild."[151] Göring ging damit mit seiner Hochachtung Mussolinis sogar noch einen Schritt weiter als Hitler es bisher öffentlich getan hatte. Um seine politische Unterstützung zu erhalten, war er offensichtlich nicht nur bereit Südtirol zu opfern, sondern auch auf internationaler Ebene die Führung des ‚Duce' anzuerkennen.

Hitler selbst äußerte sich öffentlich weder zu den angeblichen gesellschaftspolitischen und verfassungspolitischen noch sogar zu den rassenpolitischen Defiziten des italienischen Faschismus, die innerhalb der nationalsozialistischen Bewegung hochgespielt wurden. Er sah sich jedoch genötigt, zu seiner Haltung in der Südtirolfrage Stellung zu nehmen. Wegen des für ihn bestehenden Redeverbots in der Öffentlichkeit konnte er sich dazu nicht wie gewohnt als Redner in einer öffentlichen Parteiversammlung oder einer Propagandaveranstaltung äußern. In für ihn durchaus ungewohnter Weise meldete er sich vielmehr mit einer schmalen Schrift zu Wort, die den programmatischen Titel „Die Südtiroler Frage und das deutsche Bündnissystem" trug.[152] Es handelte sich dabei um einen leicht gekürzten und mit einem eigenen Vorwort versehenen Vorabdruck des 13. Kapitels aus dem zweiten Band von „Mein Kampf".[153] In einem unveröffentlichten Manuskript, das er 1928 verfasste, das jedoch erst nach dem Krieg unter dem Titel „Zweites Buch" veröffentlicht wurde, stand die Südtirolfrage zwar nicht mehr im Mittelpunkt, nahm jedoch in Hitlers außenpolitischen Erwägungen immer noch erstaunlich viel Raum ein.[154] Von den 324 Seiten des originalen Manuskripts befassten sich immerhin 77 mit Südtirol.[155]

Die Schrift über die Südtiroler Frage enthielt nichts grundsätzlich Neues gegenüber dem, was Hitler schon vielfach in öffentlichen Reden verkündet hatte. Weitgehend neu war jedoch, dass Hitler die Südtirolfrage explizit in ein bündnispolitisches Szenario einordnete, das die Grundlage seiner künftigen Außenpolitik abgeben sollte. Als „unerbittlicher Todfeind des deutschen Volkes" war Frankreich für ihn grundsätzlich nicht bündnisfähig.[156] Mit antisemitisch aufgeladenen Hasstiraden entwarf er ein Zerrbild der französischen Nachkriegspolitik, um sich von der von Stresemann geprägten deutschen Ausgleichspolitik radikal abzugrenzen. Auch den englischen Kriegseintritt gegen Deutschland im Ersten

Weltkrieg führte er allein auf den Einfluss des „Finanzjudentums" zurück, wie bei ihm üblich scheinbar realpolitische Überlegungen mit antisemitischen Verschwörungstheorien vermengend. England hatte jedoch in seinen Augen kein Interesse mehr an einer „weiteren Vernichtung Deutschlands", sei im Gegenteil an einer Eindämmung der französischen Hegemonie auf dem Kontinent interessiert.[157] Eine „Anlehnung an England" hielt er deshalb für zwingend notwendig.[158]

Dass neben Großbritannien Italien der zweite Partner künftiger deutscher Außenpolitik sein müsse, behauptete er erstaunlicherweise nur, ohne es weiter zu begründen. Offensichtlich glaubte er das nicht mehr weiter betonen zu müssen, nachdem er dafür schon so häufig plädiert hatte und ebenso oft kritisiert worden war. Er beschränkte sich auf eine rüde Polemik gegen alle, die eine Wiedergewinnung Südtirols zu ihrem „besonderen Steckenpferd" gemacht hätten.[159] Dabei entdeckte er in seiner ideologischen Verbiesterung wiederum nur überall den Einfluss der „jüdischen Welthydra", die er auch für den Kampf gegen das von ihm verherrlichte „faschistische Italien" [sic!] verantwortlich machte.[160] Sein Plädoyer für einen Verzicht auf Südtirol wurde auf diese Weise von ihm zum Überlebenskampf gegen die angebliche jüdische Weltverschwörung stilisiert. Auch wenn er das gegenüber Mussolini später kaum noch erkennen ließ, waren in der Südtirolfrage mit seiner scheinbar rein realpolitischen Argumentation auch seine radikalantisemitischen Wahnvorstellungen verbunden.

In der Broschüre von 1926 blieb jedoch offen, wozu das von ihm angestrebte Bündnis mit Großbritannien und Italien über diesen ideologischen Überbau hinaus in der politischen Praxis dienen sollte. Im Vorwort zu der Broschüre kündigte er lediglich an, dass damit die Frage des „Verhältnisses zu Rußland" aufgeworfen würde, das er in einer gesonderten Schrift behandelt werde.[161] Diese Schrift ist jedoch nie erschienen, ganz offensichtlich, weil Hitler inzwischen den zweiten Band von „Mein Kampf" publizieren konnte, in welchem er dem Kapitel über Südtirol ein Kapitel über „Ostorientierung oder Ostpolitik" folgen ließ.[162]

In diesem Kapitel entwickelte Hitler das außenpolitische Konzept einer „Bodenpolitik", worunter er eine Politik verstand, die für ein Volk angeblich die „Volkszahl" und die „Bodenfläche" in Einklang bringe.[163] Als Ziel einer solchen Bodenpolitik nannte er erstmals „Rußland und die ihm untertanen Randstaaten".[164] Das war nur eine vage geographische Richtungsangabe, die jedoch von Hitler auch später nie genau präzisiert worden ist. Dass Polen und die Sowjetunion Opfer einer deutschen Expansionspolitik sein würden, die keine Rücksicht auf ethnische Gemengelagen nehmen sollte, ließ er nur insoweit erkennen, als er sich gegen eine rein völkisch gedachte Revisionspolitik wandte. Diese von ihm als „Ostlandpolitik" bezeichnete Expansionspolitik sollte sich von der völkischen Revisionspolitik dadurch unterscheiden, dass sie nicht lediglich das Ziel hatte, die Deutschen außerhalb der Reichsgrenzen ‚heim ins Reich' zu holen oder gar nur

nur die Grenzen von 1914 wiederherzustellen. An Stelle einer völkischen Irredentapolitik plädierte er vielmehr im Ansatz für eine Politik, durch welche im ‚Osten' unabhängig von politischen Grenzen und ethnischen Gemengelagen ein Großraum für eine deutsche ‚Bodenpolitik' geschaffen werden sollte.

Obwohl ihm schon damals klar war, dass eine solche Expansion nur auf gewaltsamem Wege möglich sein konnte, sprach er sich nicht offen für einen Krieg im Osten aus, sondern versteckte diese aus seiner intendierten Raumpolitik sich unvermeidlich ergebende Konsequenz hinter metaphorischen Wendungen. Um dem deutschen Volk „den ihm gebührenden Grund und Boden auf dieser Erde zu sichern" hielt er etwa einen „Bluteinsatz" für gerechtfertigt. Um der „emsigem Arbeit des deutschen Pfluges" den Boden zu bereiten, sollte das „Schwert" eingesetzt werden, verkündete er an anderer Stelle.[165] Erst als er an der Macht war, ließ er mit der Einführung der allgemeinen Wehrpflicht und der massiv einsetzenden militärischen Aufrüstung bekanntlich erkennen, wie die deutsche Ostlandpolitik durchgesetzt werden sollte.

Hitler strebte das Dreierbündnis mit Italien und Großbritannien nicht deshalb an, weil er die beiden Staaten für eine gemeinsame Ostpolitik gegen Russland gewinnen wollte. Er legte sich dieses Bündnis vielmehr so zurecht, dass die drei Partner von einander getrennte imperiale Interessen hätten und sich deshalb nicht gegenseitig bei ihrer Expansionspolitik störten.[166] Großbritanniens politische Interessen lagen seiner Ansicht nach allein bei seinem maritimen Weltimperium, Italien hatte für ihn ausschließlich im Mittelmeerraum imperialistische Interessen. Beide Mächte kamen daher seiner Ansicht nach einer deutschen Ostlandpolitik nicht in die Quere, wohl aber der französischen Politik. Sie würden damit, wie er meinte, Deutschland bei seinem Vordringen nach Osten gegenüber Frankreich zwangsläufig den Rücken freihalten, womit eine Zweifrontenpolitik wie im Ersten Weltkrieg vermieden würde.

Hitler sollte noch entdecken, um das nur anzudeuten, dass seine Großraumpolitik in Südosteuropa durchaus mit den politischen Ambitionen des faschistischen Italiens in Konkurrenz geraten konnte. Dass sich die imperialistischen Interessen Großbritanniens mit denen Italiens nicht nur im Mittelmeerraum, sondern auch in Nord- und Ostafrika überschnitten, hat er offenkundig ebenfalls übersehen.[167] Die angeblich ausschließlich maritime Orientierung der Briten machte ihn schließlich auch blind für die kontinentalen Interessen des Königreichs.

Es war dies der größte Denkfehler in Hitlers außenpolitischem Kalkül. Er konnte und wollte sich einfach nicht vorstellen, dass die britischen Regierungen ihm zwar im Zeichen des Appeasement vom Flottenabkommen von 1935 bis zum Münchner Abkommen von 1938 gewisse politische Konzessionen machen, aber niemals doch mit ihm in ein militärisches Bündnis eintreten würden. Außerdem unterschätzte er die militärische Stärke der Briten gewaltig, während er die Italiens gleichermaßen überschätzte. Diese Fehleinschätzung bewirkte letzten Endes, dass für NS-Deutschland, nachdem sich Großbritannien standhaft verweigerte, nur die Allianz mit dem faschistischen Italien übrigblieb. Militärisch gesehen war dies nur eine Notlösung, welche die beiden faschistischen Diktaturen im Krieg auf sich zurückwarf, die erträumte Dreierallianz mit Großbritannien aber nicht ersetzen konnte.

Ein Bündnis mit dem faschistischen Italien wünschte sich Hitler allerdings nicht nur aus außen- und militärpolitischem Kalkül. Es war nicht einfach nur Italien, es war das von Benito Mussolini seit dem ‚Marsch auf Rom' geschaffene faschistische Diktaturregime, das ihn an dem Land faszinierte. Ein Bündnis mit dem Diktator Mussolini hatte daher für ihn eine andere Qualität als alle anderen Bündnismöglichkeiten, auch die mit Großbritannien für ihn hatten. Immer wieder betonte er, dass eine Allianz mit Italien für ihn ein anderes Format habe, weil sie mit einem politischen Regime geschlossen würde, wie er es sich auch für ein nationalsozialistisch geführtes Deutschland wünschte. Dabei ging es ihm nur am Rande um ideologische Affinitäten, der Diktaturcharakter des faschistischen Regimes und die sich daraus ergebende autoritäre Praxis waren ihm für seine Bindung an Mussolini wichtiger als die Übereinstimmung in programmatischen Fragen

Hitler gelang es nicht, mit seinen von ihm stereotyp wiederholten Argumenten die Kritik an seiner Südtirolpolitik zum Verstummen zu bringen, im Gegenteil: im Jahr 1928 häuften sich die völkischen Angriffe auf die nationalsozialistischen ‚Verräter'. Ein erster Höhepunkt wurde nach einer Parlamentsrede des österreichischen Bundeskanzlers Ignaz Seipel am 17. Februar erreicht, in der dieser die Entnationalisierungspolitik des Faschismus angegriffen hatte. Anlass war die Einführung der italienischen Sprache im Religionsunterricht in Südtirol gewesen. Wie zwei Jahre zuvor beim Rededuell Mussolinis mit Stresemann reagierte Mussolini ähnlich scharf und erklärte die Südtirolfrage kurzerhand zur inneritalienischen Angelegenheit.[168] Der diplomatische Wortwechsel wurde in Deutschland mit großer medialer Empörung wahrgenommen, erst recht als Mussolini sich am 28. April auch noch mit einem Interview in der völkischen Zeitung „Der Tag" in die deutsche Diskussion einschaltete, indem er den Nationalsozialisten indirekt gewisse Avancen machte.[169] Mitten im Wahlkampf für die Reichstagswahlen von 1928 konnte das nur als unzulässige Einmischung von außen verstanden werden. Der große propagandistische Aufwand, den die Nationalsozialisten im Wahlkampf betrieben, veranlasste den Vorsitzenden der Deutsch-Völkischen Freiheitsbewegung Albrecht von Graefe-Goldebbe, einen früheren Abgeordneten der DNVP, zu zwei Artikeln in „Das Deutsche Tagblatt", in denen er von der „schmachvollen Preisgabe Südtirols durch Hitler in seinem Mussolinirausch" sprach und den Verdacht äußerte, dass die NSDAP dafür Geld aus Italien erhalten habe.[170] Hitler sah sich veranlasst, Strafanzeige wegen Verleumdung zu stellen, nachdem Graefes Unterstellungen auch von der sozialdemokratischen und der katholischen Presse aufgenommen worden waren. Im ein Jahr später beginnenden und sich mehrere Jahre hinziehenden Prozess wurden Graefe und weitere Journalisten zu Geldstrafen verurteilt, weil sich der als Kronzeuge geltende Werner Abel als unzuverlässig erwies – ein der unglückseligen Vorgänge, die Hitlers Aufstieg begünstigten anstatt ihm zu schaden.[171]

In mehreren öffentlichen Reden verteidigte Hitler im Sommer 1928 unbeirrt seine Einstellung zu Südtirol mit inzwischen bekannten Argumenten. Neu war aber, dass er sich jetzt besonders nachdrücklich davon distanzierte, nur für die Grenzen von 1914 zu kämpfen. In einer Parteiversammlung erklärte er beispielsweise am 19. Mai 1928: „Wir Nationalsozialisten haben eine einfache, klare außenpolitische Linie: Die Wiederherstellung der Grenzen von 1914 ist kein außenpolitisches Programm für ein Volk, das auf Leben und Tod kämpft."[172] Es war dies die demonstrative Verabschiedung rein völkisch orientierter außenpolitischer Positionen und die Festlegung auf einen transnationalen Imperialismus, der Deutschland nicht nur weit über seine im Frieden von Versailles verlorenen, sondern darüber hinaus auch über seine seit langem bestehenden irredentistischen Gebiete in Europa hinausführen sollte. Hitler machte damit auch deutlich, weshalb ihm der Verzicht auf die Deutschen in Südtirol, an denen sich die Völkischen festbissen, leicht fiel: sie ‚heim ins Reich' zu holen, war für ihn kein ausreichendes politisches Ziel, schon gar nicht, wenn sich mit dem Verzicht darauf, ein geistesverwandter Verbündeter wie Mussolini gewinnen ließ.

Den ihm gemachten Vorwurf des ‚Mussolini-Rausches' wies er in einer Rede am 13. Juli 1928 mit dem bei ihm inzwischen geläufigen Argument zurück, er plädiere deshalb für ein Zusammengehen mit dem ‚Duce', weil sich die außenpolitischen Interessen Deutschlands und Italiens nicht kreuzten.[173] Während Deutschland sich nach Osteuropa orientierte, werde Italien sich, so behauptete er, am Mittelmeer und in Afrika ausdehnen. Dass Italien damit imperialistische Ziele verfolgte, begrüßte er nachdrücklich, weil es damit mit Frankreich in Konflikt käme, dem ‚Todfeind' Deutschlands. Dass Mussolini, wie schon 1923 der von ihm angeordnete plötzliche Überfall auf die griechische Insel Korfu gezeigt hatte,[174] seine Blicke auch auf Südosteuropa, vor allem auf Albanien und Jugoslawien richtete, unterschlug Hitler mit seiner nur scheinbar realpolitischen Diagnose selbstverständlich. Erst recht erwähnte er nicht Österreich, als dessen Protektor auch und gerade gegenüber Deutschland sich Mussolini verstand, als denkbaren Konfliktherd.

Wie stark sich Hitler jedoch 1928 öffentlich an den Pranger gestellt sah, zeigte sich daran, dass er sich bemüßigt fühlte, seine faschismusfreundliche Linie in der Südtirolfrage abermals ausführlicher zu begründen und in sein eigenwilliges außenpolitisches Konzept einzuordnen. Er zog sich während der Sommermonate nach Berchtesgaden zurück und diktierte Max Amann, dem Verleger des nationalsozialistischen Eherverlages, ein Manuskript von mindestens 324 Seiten.[175] Auch wenn er das Manuskript schließlich nicht veröffentlichte, zeigte sich daran, wie wichtig er auch zu diesem Zeitpunkt noch die Südtirolfrage genommen hat. Obwohl der Text seinerzeit nicht bekannt geworden ist, kann er als aussagekräftige Primärquelle für Hitlers außenpolitische Spekulationen gelten.

Ausgangspunkt des ‚Zweiten Buches' war Hitlers Polemik gegen die Forderung, die „Grenzen von 1914" wiederherzustellen.[176] Eine solche Politik bezeichnete er neuerlich als „rein formale Grenzpolitik", die zu verfolgen er für „unsinnig, ja verhängnisvoll" hielt.[177] Im „Lebenskampf des deutschen Volkes" müsse es, wie er mit dem für ihn nunmehr charakteristischen sozialdarwinistischen Zungenschlag formulierte, um „Raum im Osten" gehen.[178] In dieses imperialistische Szenario ordnete Hitler das Südtirolproblem ein. Während Deutschland „im Osten Europas nach Boden" suche, sei das „natürliche Gebiet der italienischen Expansion" das Mittelmeer.[179] Da beide Länder sich somit in ihren expansionistischen Bestrebungen nicht störten, hielt Hitler Italien für einen idealen Bündnispartner, zumal das Land am Mittelmeer nach seiner Ansicht unweigerlich auch in Konflikt mit Frankreich geraten werde, „Deutschlands Todfeind für jede weitere Entwicklung".[180] Dass das in Deutschland nicht begriffen werde, führte Hitler in seiner ideologischen Verblendung erneut auf das „internationale Judentum" zurück, das die Machtübernahme Mussolinis nicht akzeptiert habe. „Wie auf Zauberwort begann von dieser Stunde an das Trommelfeuer der Vergiftung und Verleumdung durch die gesamte jüdische Presse gegen Italien einzusetzen." Realpolitische Überlegungen mischten sich dabei in Hitlers Analyse der Südtirolfrage weiterhin mit seiner antisemitischen Obsession einer jüdischen Weltverschwörung, eine für ihn bekanntlich auch sonst charakteristische Melange.

Erst 1922, so behauptete er, sei überhaupt die „Südtiroler Frage aufgeworfen" und zu einer „Lebensfrage der deutschen Nation" gemacht worden.[181] Das war insofern nicht ganz falsch, als erst Mussolini die Italianisierung Südtirols zum Programm erhoben und die deutschsprachigen Südtiroler systematisch zu diskriminieren begonnen hatte.[182] Die Agitation der völkischen Rechten für Südtirol war dadurch in Deutschland bei den bürgerlichen Parteien und vor allem dem Zentrum auch deshalb auf Ablehnung gestoßen, weil sie die entstehende faschistische Diktatur beunruhigte. Die Parteinahme für die Südtiroler war insofern in Deutschland häufig auch ein Kampf für Demokratie und gegen Diktatur. Umgekehrt war die Preisgabe Südtirols für Hitler eine Möglichkeit, sich durch die Annäherung an Mussolini gegen die parlamentarische Demokratie der Weimarer Republik und für ein autoritäres System zu positionieren.

Bemerkenswert ist jedoch, dass der ‚Führer' erstmals auch vorsichtige Kritik an der faschistischen Südtirolpolitik übte. „Das deutsche Element planmäßig zu entnationalisieren", bezeichnete er als „ebenso unklug wie im Ergebnis fragwürdig".[183] Höhere Klugheit wäre es nach Ansicht Hitlers auch gewesen, den 200.000 Deutschen in Südtirol nicht „mit Gewalt... eine Gesinnung einzuimpfen [zu] versuchen".[184] Als falsch bezeichnete er schließlich das italienische Eintreten für ein „Verbot des Anschlusses" von Österreich an Deutschland.[185] Ganz offensichtlich zeigte die völkische, von großen Teilen der deutschen Bevölkerung geteilte Kritik an seiner philofaschistischen Haltung Wirkung. Hitler sah sich genötigt, politischen Ballast abzuwerfen und seinen Kritikern etwas entgegenzukommen. Von seiner grundsätzlichen faschismusfreundlichen Linie änderte sich dadurch jedoch nichts.

Vergebliche Bemühungen. Kein Treffen mit Mussolini

Hitlers seit Mussolinis ‚Marsch auf Rom' sich steigernde philofaschistische Einstellung war nicht in erster Linie ideologischer Natur, sondern sie gehörte zum praktischen Kern seiner Politik. Das zeigte sich daran, in welcher Weise er die Bemühungen von 1922/23, mit Mussolini persönliche Kontakte herzustellen, 1927 wiederaufnahm. Nach seiner Entlassung aus der Landsberger Festungshaft war er zunächst vollständig damit beschäftigt gewesen, seine auseinanderfallende Partei wieder zu reorganisieren und unter seine alleinige Führung zu bringen. Erst als ihm dies gelungen war, konnte er sich auch wieder nach außen orientieren. Nicht zufällig liefen dabei Hitlers neue Versuche, an Mussolini heranzukommen und von diesem politische Rückendeckung zu erhalten, zu seiner politischen Offensive parallel, den Verzicht auf Südtirol innerparteilich durchzusetzen.

Für die neuen Annäherungsversuche an Mussolini war charakteristisch, dass Hitler es weiterhin vermied, über den offiziellen Weg des Auswärtigen Amtes oder der Deutschen Botschaft in Rom zu gehen. Das entsprach seinem im Putsch vom 9. November 1923 gipfelnden politischen Selbstverständnis als Fundamentalgegner der Republik. In Bayern als Rechtsradikaler seit 1920 unter polizeilicher Überwachung stehend, nach seinem Gefängnisaufenthalt nur auf Bewährung freigelassen und mit einem öffentlichen Redeverbot belegt, hätte er allerdings auch kaum mit diplomatischer Unterstützung rechnen können.

Um auf sich aufmerksam zu machen, endlich an Mussolini heranzukommen und von diesem politische Rückendeckung zu erhalten oder gar nach Rom eingeladen zu werden, bediente Hitler sich geschmeidig der unterschiedlichsten Vermittler. Manche suchte er sich gezielt aus, andere boten sich ihm an. Zu letzteren gehörten erstens vor allem eine Reihe von italienischen Journalisten, die in

Deutschland als ständige Korrespondenten tätig waren oder aber – häufig in Absprache mit Repräsentanten des faschistischen Regimes – über die Alpen anreisten, um mit Hitler Interviews zu führen. Unter seinen Kontaktpersonen spielten zum zweiten italienische Diplomaten eine große Rolle, insbesondere Angehörige des Italienischen Generalkonsulats in München. Und drittens schließlich gelang es Hitler unter schon länger in Deutschland lebenden Italienern, die politische Kontakte nach Italien hatten, unauffällige Ansprechpartner finden.

Trotz aller philofaschistischen Erklärungen fand Hitler nach seinem politischen Neuanfang in der gelenkten Presse des faschistischen Italiens seit 1925 zunächst kein besonderes Interesse. Anfangs hing ihm noch der gescheiterte Novemberputsch von 1923 nach, dem der erfolgreiche ‚Marsch auf Rom' entgegengestellt wurde. Man registrierte außerdem, dass Hitler selbst in seiner eignen Bewegung große Schwierigkeiten hatte, seine italienfreundliche Linie durchzusetzen. Dass er schließlich mit der NSDAP noch bei den Reichstagswahlen von 1928 keine besonderen Erfolge erzielen konnte, ließ Hitler in Italien vollends als erfolglosen Nachahmer des ‚Duce' erscheinen. Mussolini hatte deshalb zunächst auch kein Interesse, den ihn bestürmenden politischen Jünger zu empfangen.

Das änderte sich jedoch fast schlagartig nach Hitlers überraschendem Wahlerfolg bei den Reichstagswahlen vom 14. September 1930. Schon einen Tag nach den Wahlen wurde Hitler von dem Berliner Korrespondenten der „Gazzetta del Popolo", Pietro Solari, um ein Interview gebeten.[186] Wie unbekannt Hitler dem italienischen Publikum zu diesem Zeitpunkt noch gewesen sein muss, zeigte sich daran, dass Solari es für notwendig hielt, Hitler erst einmal ausführlich vorzustellen und seinen demagogischen Redestil zu beschreiben, bevor er ihn zu Wort kommen ließ: „Hitler hat ununterbrochen geredet, getrieben von einem unwiderstehlichen Drang, wie vor Gericht mit einer trockenen, harten, ätzenden Eloquenz, gewöhnt vor dem Volk nicht die bittersten Wahrheiten und Realitäten zu verbergen, welcher Art sie auch sein mögen."[187] Bemerkenswert ist auch, dass Hitler von Solari gefragt wurde, ob er als Antisemit gegen die Freimaurer eingestellt sei. Die Frage scheint Hitler aus dem Konzept gebracht zu haben, da er die Freimaurerei zum ‚Generalstab des Judentums' rechnete, ein ideologisches Konstrukt, das die mangelnde antisemitische Einstellung des italienischen Faschismus minimieren sollte.[188] Er wusste daher offensichtlich nicht, wie er auf Solaris Frage, die für ihn unverständlich gewesen sein muss, antworten sollte. Da die Freimaurerei im Faschismus nicht rassistisch, sondern wegen ihrer Verbindung mit der modernen Demokratie bekämpft wurde, war Solari mit Hitlers lavierenden Erklärungen jedoch unzufrieden, wie er ausdrücklich vermerkte.[189]

Entsprechend seiner in Deutschland inzwischen bekannten politischen Position sah Hitler auch gegenüber Solari die Freundschaft zwischen Deutschland und Italien auf der Tatsache begründet, dass beide Länder unterschiedliche imperialistische Interessen hätten und damit nicht in die Quere kämen.[190] Zu Südtirol äußerte er sich ebenfalls auf seiner bisherigen Linie eines Verzichts, jedoch mit der Behauptung, dass es den „deutschen Untertanen Italiens" in einem mit Deutschland befreundeten Land „unzweifelhaft besser gehen würde als in einem uns indifferent gegenüberstehenden".[191] Die Südtiroler Deutschen wurden mit dieser Variante seiner Sicht auf Südtirol auf verklausulierte Weise zur Geduld gemahnt, eine Vertröstung, welche Hitler in dieser Form in Deutschland bis dahin nicht auszusprechen gewagt hatte, mit der er aber offenbar in einer italienischen Zeitung seiner faschismusfreundlichen Position glaubte besonderen Nachdruck geben zu können.

Solari konnte am 7. Dezember 1931 noch ein zweites Interview mit Hitler führen. Hitler nutzte dabei die Gelegenheit, die am 25. November aufgetauchten ‚Boxheimer Dokumente', welche Putschpläne von hessischen Nationalsozialisten enthüllten, als haltlos zu bezeichnen und sich strikt nur zu legalen Aktionen zu bekennen.[192] Dass er wahrscheinlich wegen dieser aufsehenerregenden Entdeckung von Mussolini von einem schon vereinbarten Besuch in Rom wieder ausgeladen worden war, war Solari mit Sicherheit unbekannt. Der eigentliche Adressat von Hitlers Beteuerungen dürfte deshalb wohl Mussolini gewesen sein.

Schon am 17. März 1931 hatte Hitler Bruno Galzigna von der Zeitung „La Tribuna" für ein Interview zur Verfügung gestanden, in dem er auch wieder den „totalen Verzicht auf Südtirol" bekräftigt hatte.[193] Er setzte sich damit ausdrücklich von Alfred Rosenberg ab, der im „Völkischen Beobachter" erneut völkische Töne von sich gegeben hatte. Offenbar hielt Hitler Rosenbergs Einwände sogar für so gravierend, dass er in dem Interview zu ihrer Widerlegung von seinem „kurz vor der Veröffentlichung stehenden neuen wichtigen Buch" sprach, von dem er hoffte, dass es ins Italienische übersetzt würde.[194] Er bezog sich damit zweifellos auf das am Ende von ihm nicht publizierte „Zweite Buch", von dem er nur „ganz selten und nur in Augenblicken quälendster Sorge" gesprochen haben soll.[195] Dass Hitler das entstehende Buch gegenüber einem ihm bis dahin unbekannten italienischen Journalisten erwähnte, ist deshalb sehr erstaunlich. Möglicherweise hat Hitler aber gewusst, dass Galzigna im Auftrag des damaligen Generalsekretärs des PNF, Giovanni Giurati, zu ihm gereist war.[196] Er könnte deshalb geglaubt haben, durch den Hinweis auf das Buch die Ernsthaftigkeit seiner Ansichten über Südtirol gegenüber der faschistischen Parteiführung besonders nachdrücklich zum Ausdruck bringen zu können.

Im November 1931 hatte Hitler schon Gino Cucchetti, einem Korrespondenten von Mussolinis faschistischer Parteizeitung „Il Popolo d'Italia", ein Interview gegeben. Auch da hatte er schon die Grundbehauptung seines ‚Zweiten Buches' in den Mittelpunkt gestellt, eine „Politik der Annäherung an Italien und England" betreiben zu wollen, die zur Bildung einer englisch-deutsch-italienischen Allianz führen sollte.[197] Nirgendwo sonst hatte er jedoch bisher gegenüber italienischen Gesprächspartnern so deutlich den sozialdarwinistischen Hintergrund seiner nur scheinbar konventionellen Bündnisideen erkennen lassen wie in dem Zusatz: „Nur ein englisch-deutsch-italienischer Block kann die europäische Zivilisation vor ihrer Zerstörung durch ein immer mehr mit Negerblut vermischtes Frankreich und einem asiatischen Bolschewismus retten." Das Südtirolproblem hatte er mit einem einzigen Satz abgetan: „Die sogenannte Südtirolfrage wird zwischen dem faschistischen Italien und einem nationalsozialistischen Deutschland nicht einmal ein Diskussionspunkt sein."[198] Da Mussolini zu diesem Zeitpunkt erstmals erwog, sich auf ein Treffen mit Hitler einzulassen, kann man annehmen, dass er von seinen Tiraden Kenntnis genommen hat, möglicherweise hat ihn das zusätzlich davon abgehalten, sich mit Hitler zu treffen.

Am 29. April 1932 traf Hitler den italienischen Journalisten Carlo Scorza, der im Frühjahr 1932 in Mitteleuropa herumreiste, um mit Politikern, Journalisten, Wissenschaftlern und Schriftstellern über die Ausstrahlung des „Modells Faschismus" zu sprechen, zu einem Gespräch. Als Scorza seine Niederschriften über insgesamt 41 Gespräche 1933 in einem Buch mit dem Titel „Fascismo idea imperiale" veröffentlichte, waren die Nationalsozialisten inzwischen an die Macht gekommen.[199] Scorza glaubte deshalb, in seiner Einleitung den „triumphalen Sieg der Hitlerianer" als Sieg Mussolinis feiern zu können.[200] Hitler hatte in dem Gespräch ein Jahr zuvor die Machtübernahme des Nationalsozialismus schon als sicher bezeichnet und von einem „Block von 110 Millionen Menschen" gesprochen, der durch eine Verbindung Deutschlands und Italiens entstehen würde.[201] Er setzte damit den faschistischen Vereinigungstopos in die Welt, dessen Ausrufung Hitler beim Deutschlandbesuch Mussolinis – nun mit 115 Millionen Menschen – und Mussolini bei Hitlers Besuch in Italien – nun sogar mit 120 Millionen Menschen – wiederholen sollte.[202] Nach der Unterzeichnung des ‚Stahlpaktes' wurde dann sogar „ein Block von 150 Millionen" daraus,[203] was selbst unter Einberechnung der Österreicher und der Sudetendeutschen auf deutscher bzw. der Albaner auf italienischer Seite eine propagandistisch überhöhte Zahl war, mit welcher offensichtlich die Bevölkerung der ‚Achse' künstlich hochgerechnet werden sollte. Bemerkenswert ist auch, dass sich nach Auskunft Hitlers um diesen deutsch-italienischen ‚Block' „Österreich, Ungarn, Bulgarien und vielleicht auch Rumänien" formieren sollten.[204] Das war schon die von Mussolini, möglicherweise in Kenntnis der von Scorza überlieferten Formulierungen ein paar Jahre später ausgerufene Vision der ‚Achse Berlin-Rom', um die sich ein ‚Block' weiterer Staaten zusammenschließen sollte.

Als letzter italienischer Journalist konnte Remo Renato Petitto von der römischen Zeitung „Il Tevere" am 4. Oktober 1932 in München mit Hitler vor dessen

Machtübernahme ein Interview führen.[205] Die Zeitung war als eines der wenigen faschistischen Blätter schon zu dieser Zeit antisemitisch eingestellt und hatte deshalb Kontakte zum „Völkischen Beobachter".[206] Wahrscheinlich ist Petitto deshalb auch so kurz vor den Novemberwahlen von 1932 über Alfred Rosenberg zu Hitler vorgedrungen.[207] Hitler nutzte das Interview, um wie gewohnt seine Bewunderung für den ‚Duce' zu bekunden. Außerdem lag ihm daran, die Legalität seines politischen Vorgehens zu begründen: „Sagen Sie den italienischen Lesern nur, daß ich und die Meinen bereits alle materiellen Kräfte in der Hand haben, um Deutschland zu regieren, daß wir das moralische und gesetzliche Recht dazu haben und daß der Tag nicht mehr fern ist, an dem wir nicht durch einen Gewaltstreich, sondern durch den einhelligen Willen des Volkes im Namen Gottes und zum Wohl des Volkes Deutschland regieren werden." Es war das erste Mal, dass Hitler gegenüber einem italienischen Journalisten seinen angeblichen Legalitätskurs verteidigte. Die Wahrscheinlichkeit ist groß, dass er sich wenige Wochen vor den Reichstagswahlen auch gegenüber einer italienischen Zeitung nicht den Anschein geben wollte, bei den Wahlen als Anführer einer subversiven Bewegung anzutreten. Zu leicht konnte das von deutschen Zeitungskorrespondenten aus Rom berichtet werden. Auch wenn er seine von Mussolini übernommene Doppelstrategie nicht aufgegeben hatte, musste ihm im Wahlkampf daran liegen, die NSDAP inzwischen als strikt legal operierende Partei auftreten zu lassen.

Hitler hat es zweifellos als Erfolg angesehen, dass er nach Jahren vergeblichen Werbens um die Anerkennung Mussolinis in Italien endlich auf mediales Interesse stieß. Mehrere der italienischen Journalisten, die ihn interviewt haben, berichteten nach den Septemberwahlen von seinem veränderten Selbstbewusstsein. Sie waren beeindruckt, dass er in Berlin nicht mehr wie zuvor in einer Art Absteige wohnte, sondern im repräsentativen Hotel Kaiserhof.[208] Hitler benutzte die Journalisten seinerseits gezielt als mediale Vermittler zu Mussolini. Wenn er Journalisten im ‚Braunen Haus' empfing, versäumte er es nicht, ihnen in seinem Arbeitszimmer die Mussolinibüste als gleichsam materialen Beleg für seine Bewunderung des ‚Duce' vorzuführen.[209] Journalisten, von denen er wusste oder annahm, dass sie direkten Zugang zu Mussolini hatten, ließ er dem ‚Duce' persönliche Grüße ausrichten.[210] Seinem eigentlichen Ziel, Mussolini endlich persönlich zu treffen und von ihm als legitimer politischer Schüler anerkannt zu werden, kam Hitler allein mit journalistischer Unterstützung allerdings nicht näher. Die Interviews mit italienischen Journalisten konnten nur als flankierende Maßnahmen bei seinen Bemühungen dienen, eine persönliche Verbindung zu Mussolini herzustellen. Hitler bemühte sich deshalb auch intensiv um Kontakte zu italienischen Diplomaten in Deutschland. Dabei musste er nach seiner Entlassung aus der Landsberger Haft wieder von vorne anfangen.

Nach den Kontaktversuchen von 1922/23 kam er erstmals wieder am 3. Mai 1927 mit einem offiziellen Repräsentanten des faschistischen Regimes zusammen, und zwar mit dem Presseattaché der italienischen Botschaft, Francesco Antinori.[211] Wie zuvor suchte er sich auch bei ihm wieder durch eine Absage an Südtirol beliebt zu machen. Wenn er behauptete, dass die Südtirolfrage von einer „jüdisch-freimaurerischen-internationalistischen Allianz" inszeniert worden sei, um ein Bündnis zwischen Deutschland und Italien zu verhindern, so konnte er mit dieser für ihn typischen Verschwörungstheorie in Italien zwar wenig überzeugen.[212] Bemerkenswert ist jedoch, wie er erstmals auch den ‚Anschluss' Österreichs an das Deutsche Reich in Zusammenhang mit der Südtirolfrage brachte. Indem er es als „schweren Fehler Italiens" bezeichnete, sich gegen den ‚Anschluss' zu stemmen, ließ er offen erkennen, dass dieser für ihn die italienische Gegenleistung für den Verzicht auf Südtirol sein sollte. In „einem Großdeutschland vereint", so unterstellte er explizit, „würden die Österreicher Südtirol vergessen".[213] Antinori war trotz dieser Kritik von den Gesprächen mit Hitler so beeindruckt, dass er ihn als den „zwar nicht größten, aber einzigen Staatsmann der Gegenwart" bezeichnete.

Anfang Dezember desselben Jahres traf sich Hitler auf seine Initiative hin in der Berliner Wohnung seiner alten Förderin, der Klavierfabrikantin Hélène Bechstein, erneut mit Antinori.[214] Um seinen Verzicht auf Südtirol zu untermauern, machte er bei dieser Gelegenheit den Vorschlag, die Italiener sollten in der Tschechoslowakei mit seiner Bewegung zusammenzuarbeiten und die deutsche Minderheit unterstützen. Nach dieser abstrusen, von ihm allerdings nie mehr wiederholten Vorstellung sollte dadurch die Aufmerksamkeit in Deutschland von Südtirol abgelenkt und auf die Deutschen in der CSR gelenkt werden. Im italienischen Außenministerium trug das nicht zu seiner Glaubwürdigkeit bei.

Der italienische Generalkonsul in München, Consalvo Summonte, berichtete schon 1927 mehrmals über die bayerischen Aktivitäten Hitlers nach Rom, ohne ihm begegnet zu sein. Als er sich dann im Mai 1928 mit Hitler persönlich traf, konnte der nationalsozialistische ‚Führer' ihm erstmals offiziell seinen Wunsch vortragen, in Rom von Mussolini empfangen zu werden.[215] Sein Werben um Mussolini erreichte damit eine neue Stufe. Hatte er sich bis dahin darum bemüht, über zahlreiche Mittelsmänner eine Reaktion Mussolinis auf seine inständigen Bemühungen um Kontakt zu erhalten, ging es ihm jetzt um eine Einladung nach Rom. Mussolini reagierte darauf zwar hinhaltend, zog aber erstmals einen Besuch Hitlers in Erwägung.[216] Es war auch das erste Mal, dass Hitler überhaupt von Mussolini, wenn auch nur indirekt, mit einer Antwort bedacht wurde. Hitler konnte sich deshalb fast schon am Ziel seiner Wünsche glauben. Der geringe Wahlerfolg der Nationalsozialisten, die bekanntlich bei der Reichstagswahl von 1928 nur 12 Sitze eroberten, ließ Mussolini jedoch wieder von seiner Einladung Abstand nehmen, so dass Hitler erneut enttäuscht wurde.

Auch ein weiterer Vorstoß Hitlers, auf diplomatischem Wege eine Einladung nach Rom zu erreichen, ging 1928 ins Leere. Vermittelt durch den Presseattaché des Münchner Generalkonsulats, Roberto De Fiori, fand am 15. August ein Gespräch Hitlers mit dem in Deutschland wegen seines Einflusses auf die italienische Südtirolpolitik besonders verhassten Ettore Tolomei statt.[217] Die Initiative zu dem Treffen ging von Tolomei aus. Hitlers Bereitschaft, sich mit dem „Hauptverantwortlichen für die italienische Entnationalisierungspolitik" in Südtirol, wie er durchaus zutreffend bezeichnet worden ist, einzulassen, zeigte aber, dass er mittlerweile um jeden Preis mit Mussolini zusammentreffen wollte. Um sich in Deutschland wegen des Treffens mit Tolomei nicht Angriffen von völkischer Seite auszusetzen, ließ er das Gespräch unter konspirativen Bedingungen in der Münchner Wohnung De Fioris ansetzen.[218] Hitler konnte sich nur so offen äußern, dass er den „Chef der italienischen Regierung" kennenlernen wolle.[219] Tolomei leitete sein Begehren nicht nur direkt an Mussolini weiter, sondern lobte Hitler auch noch in den höchsten Tönen als „einen jungen und von großer und reifer Energie beseelten Politiker".[220] Die riskante Begegnung mit Tolomei zahlte sich für den ‚Führer' zwar erneut nicht aus, weil Mussolini auf seine Besuchswünsche nicht reagierte, erstmals wurde er jedoch von einem faschistischen Politiker, der direkten Zugang zum ‚Duce' hatte, als kommender Mann empfohlen.

Dadurch ermutigt, nutzte Hitler weiterhin alle sich ihm bietenden Möglichkeiten, um zu einer Einladung nach Rom zu kommen. Je weniger er dabei Erfolg hatte, desto mehr wurde eine Begegnung mit dem ‚Duce' für ihn dabei zu einer persönlichen Obsession. In einer Mischung aus Selbstüberschätzung und einem sich steigernden Minderwertigkeitskomplex gegenüber dem erfolgreich regierenden ‚Duce' hatte er die fixe Idee, seine öffentliche Reputation durch eine Begegnung mit Mussolini entscheidend verbessern zu können. Dass ein Treffen mit dem ‚Duce', der in Deutschland für die Unterdrückung der Südtiroler politisch verantwortlich gemacht wurde, möglicherweise das Gegenteil bewirkt und Hitlers politischem Ansehen gerade geschadet hätte, hat er offenbar nicht erwogen. Es gibt jedenfalls keine Hinweise darauf, dass Hitler in seinem Drang Mussolini zu treffen, schwankend geworden wäre.

Infolge des Botschafterwechsels von Luigi Aldrovandi Marescotti zu Luca Orsini Baroni, der mit einer deutschen Jüdin verheiratet war, hatte Hitler seit 1929 in Berlin keinen diplomatischen Ansprechpartner mehr, da der neue Botschafter Kontakte zu ihm ablehnte. Hitler konnte sich jedoch nach wie vor an das italienische Generalkonsulat in München halten, wo der bis zum Amtsantritt des neuen Generalkonsuls Giovanni Capasso Torre als Resident fungierende Agostino Guerrini Maraldi ein enthusiastischer Bewunderer des ‚Führers' war. Am 14. Februar 1930 konnte Hitler auch mit Capasso Torre erstmals ein langes Gespräch führen, über das dieser Staatssekretär Dino Grandi nach Rom berichtete.[221] Er wiederholte gegenüber dem Generalkonsul nicht nur erneut seine den Italienern mittlerweile bekannte Absage an eine Rückkehr Südtirols, sondern betonte auch ausdrücklich, dass die Südtirolfrage für ihn „keine Voraussetzung oder Bedingung für eine Wiederannäherung zwischen Italien und Deutschland" sei.[222] Bei den Problemen in Südtirol handele es sich um „inneritalienische Angelegenheiten". „Wenn ein Bündnis zwischen uns zustande käme, würde das alles seine Bedeutung verlieren und von seinem Platz im Bewusstsein unseres Volkes verschwinden zugunsten wesentlich wichtiger Probleme."[223] Südtirol könne dann zur „Brücke" werden, die Italien und Deutschland verbinde.

Mit seiner Absage an Südtirol verband Hitler, wie schon 1927 bei seinem ersten Gespräch mit Antinori, aber auch eine Kritik am Verhalten Italiens bei den Friedenskonferenzen von 1919. Es sei von Italien unklug gewesen, sich gegen einen ‚Anschluss' Österreichs an Deutschland gestellt zu haben. In einem größeren Staat wäre die Südtirolfrage, so behauptete er, nur „von geringem Interesse" gewesen, während das „kleine Österreich von heute" von einer einzigen außenpolitischen Frage umgetrieben werde, der Südtirols.[224] Wenn er der italienischen Politik 1918 ungluges Verhalten unterstellte, plädierte er somit auch unterschwellig für einen ‚Anschluss' Österreichs. Der Verzicht auf eine Rückkehr Südtirols nach Österreich wurde von ihm jedenfalls immer offener als eine Vorleistung für eine Vereinigung seines Heimatlandes mit dem Deutschen Reich angesehen, wie sich nach seiner Machtübernahme herausstellen sollte.

Der gegenüber dem Nationalsozialismus skeptische Grandi hielt die Spekulationen Hitlers offenbar für so brisant, dass er den Bericht Capasso Torres an Mussolini weiterleitete.[225] Mussolini scheint dagegen, vielleicht auch schon unter dem Einfluss der Berichte von Giuseppe Renzetti,[226] der positiven Einschätzung Hitlers durch den Generalkonsul zugestimmt zu haben. Capasso Torre wurde von ihm beauftragt, den Kontakt zu Hitler aufrechtzuerhalten, worauf dieser am 16. September 1930 und am 18. Juni 1931 zwei weitere Gespräche mit dem ‚Führer' führte.[227] Beim ersten dieser Treffen zeigte sich Hitler, kurz nach seinem fulminanten Wahlsieg vom 14. September 1930, selbstbewusst und siegesgewiss. Mussolini scheint jedoch weiterhin Zweifel an Hitlers politischem Vorgehen gehabt zu haben. Capasso Torre musste ihn in seinem Auftrag fragen, weshalb er seine Bewegung weiter von München und nicht von Berlin aus führe. Hitler verstand diese Nachfrage zunächst einmal als ein Zeichen des „wohlwollenden Interesses" Mussolinis am Nationalsozialismus. Er begründete seine Entscheidung, weiterhin in München zu bleiben in seiner ausführlichen Antwort dann nicht ungeschickt damit, dass er hier in aller Ruhe politisch tätig sein könne, während er in Berlin „dauernden Angriffen, Ermittlungen und Durchsuchungen ausgesetzt" sei.[228] Besonders scheint Mussolini den Eindruck gehabt zu haben, dass Hitler mit dem Rückenwind seines großen Wahlsieges ganz auf den parlamentarischen Weg einschwenken könne. Hitler verwies in seiner Antwort jedoch entschieden darauf hin, dass ein gewaltsamer Staatsstreich in Deutschland unmöglich sei, weil seine Milizen nicht nur die Polizei, sondern auch die Reichswehr gegen sich hätten, die, so behauptete er, „ohne Rücksicht schießen würden". Gleichzeitig verwies er darauf, dass er die „häufigen Massaker seiner Getreuen, die in letzter Zeit überall begangen worden seien", zwar für „bedauerlich, aber notwendig" halte und sie „mit Enthusiasmus begrüße".²²⁹ Er ließ damit erkennen, dass er trotz seines Legalitätskurses an physischer Gewaltanwendung als einem Mittel der Politik festhalte.²³⁰ Im vertraulichen Gespräch mit Giuseppe Renzetti bestätigte er die faschistische Doppelstrategie kurz vor den Novemberwahlen von 1932 erneut. Wie der italienische Mittelsmann an Mussolini berichtete, äußerte er sich ihm gegenüber folgendermaßen: „Ich warte auf den günstigen Moment, um die zweite Phase der Revolution einzuleiten. Ich weiß nicht, ob ich den Staatsstreich (*colpo*) vor oder nach meiner Machtübernahme auslöse: sicher ist, daß ich ihn auslösen werde, um von einer Regierung der Paragraphen zu einer revolutionären Regierung zu kommen. Haben Sie Geduld und warten Sie ab: wir sprechen uns nach den Wahlen."²³¹

Auch wenn er somit indirekt mit Mussolini in Kontakt kam, reichte Hitler dies nicht aus. In seiner wachsenden Ungeduld versuchte er nicht nur über offizielle Vertreter Italiens, sondern zusätzlich auch über Mittelsmänner außerhalb der Diplomatie an Mussolini heranzukommen. Eine besondere Rolle spielten bei diesen Annäherungsversuchen an die faschistische Führung für Hitler zwei deutsch-italienische Hochadelige, Manfredi Gravina Conte di Ramacca und Philipp Prinz von Hessen. Bei beiden gab es familiäre Gründe für ihre Vermittlungstätigkeit, beide engagierten sich jedoch auch aus politischen Gründen als faschistische Agenten.

Der sizilianische Graf Gravina war über seine Mutter Blandine von Bülow, einer Tochter Cosima von Bülows, der späteren Frau Richard Wagners, eng mit dem Bayreuther Wagnerclan verbunden. Seit 1905 im diplomatischen Dienst, war er von 1929 bis zu seinem frühen Tod im Jahre 1932 Hoher Kommissar des Völkerbundes für die Freie Stadt Danzig. Von Danzig aus knüpfte er so auffällig Kontakte zu Hitler, dass sich Außenminister Treviranus beim italienischen Botschafter Orsini Baroni über ihn beschwerte.²³² Gravina scheint Hitler so eng verbunden gewesen zu sein, dass er es hinnahm, wenn dieser im Gespräch mit ihm wie selbstverständlich von einer gemeinsamen deutsch-italienischen Grenze sprach, so als wäre schon ein ‚Anschluss' vollzogen.²³³ Das hinderte ihn jedenfalls nicht, die NSDAP gegenüber Außenminister Dino Grandi als „die einzige Partei, die Sympathie und aufrichtige Bewunderung für Italien und für unser Regime" habe, anzupreisen.²³⁴ Kein Wunder, dass Grandi sich angesichts dieser Widersprüche in seinen Vorbehalten gegenüber Hitler bestätigt sah. Hitler verdankte es aber Gravina, dass er am 24. Juli 1930 in Bayreuth mit Luigi Federzoni, einem der wichtigsten Paladine Mussolinis, der zu dieser Zeit Präsident des italienischen Senates war, in der Villa Wahnfried zusammentreffen konnte.[235] Auch wenn der Italiener in seinen Erinnerungen behauptete, von Hitler eine Stunde lang totgeredet worden zu sein, war es für den ‚Führer' ein bedeutsamer persönlicher Kontakt.[236] Zwar hat er Federzoni kaum überzeugen können, doch war es für Hitler wichtig, seine Vorstellungen von einem revisionistisch orientierten Bündnis Italiens und Deutschlands direkt einem führenden Faschisten vortragen zu können.

Noch wichtiger als die Beziehung zu Gravina war für Hitler langfristig die Vermittlungstätigkeit, die Prinz Philipp von Hessen für ihn in Italien ausübte. Seit 1925 mit Mafalda von Savoyen, einer Tochter von König Viktor Emanuel III. verheiratet, lebte Philipp meist in Kassel, behielt aber seinen Familienwohnsitz in Rom bei. Das prädestinierte ihn, seit 1930 Mitglied der NSDAP und der SA, bei Hofe, aber auch bei Mussolini unauffällig die Interessen des Nationalsozialismus zu vertreten und zumindest bis Kriegsbeginn für Hitler an der offiziellen Diplomatie vorbei zahlreiche politische Sonderaufträge auszuführen.[237]

Die Verbindung Philipp von Hessens zur nationalsozialistischen Führung hatte sich über Hermann Göring ergeben. Dieser war gemeinsam mit dem Zwillingsbruder Philipps in einer Berliner Kadettenanstalt militärisch ausgebildet worden. Als Göring nach dem misslungenen Münchner Putsch 1924 schwerverletzt über Österreich nach Italien flüchten konnte, lernte er in Rom aufgrund dieser Bekanntschaft Philipp von Hessen kennen. Der Versuch mit seiner Hilfe an Mussolini heranzukommen scheiterte zwar, Philipp diente Göring jedoch als Ansprechpartner, als er im Mai 1931 in Hitlers Auftrag erstmals wieder nach Rom kam.[238] Er wurde zwar allem Anschein nach mehr vom mondänen Lebensstil des Aristokraten angezogen als von dessen politischem Format, wusste aber seine privaten Beziehungen zu Philipp für die Anbahnung von politischen Kontakten zu nutzen. Am wichtigsten war sicherlich, dass Philipp von Hessen kurz nach dem nationalsozialistischen Wahlsieg von 1930 in Görings Wohnung Hitler kennengelernt hatte, der sofort die Chance sah über ihn an Mussolini heranzukommen. Die Stunde des hessischen Prinzen schlug allerdings erst nach der nationalsozialistischen Machtübernahme, als er sich als Kenner und Informant der italienischen Verhältnisse im nationalsozialistischen Führungszirkel eine Zeit lang bei Hitler unentbehrlich machen konnte. „Hitler bediente sich seiner als Briefträger des Vertrauens für seine Verbindungen zum Duce".[239] Seit Kriegsbeginn wurde er allerdings kaum noch gebraucht und nach der Kapitulation Italiens gegenüber den Alliierten am 8. September 1943 wurde er sogar wegen seiner Verbindungen zum italienischen Königshaus als potentieller ‚Verräter' verhaftet und in ein KZ eingewiesen.[240]

Hitlers langjährige Bemühungen um ein Treffen mit Mussolini wurden schließlich dadurch besonders gefördert, dass er in Rom von zwei informellen faschistischen Agenten empfohlen wurde, die für Mussolini in Österreich bzw. in Deutschland verdeckt tätig waren. Für die auswärtige Politik Mussolinis war es schon vor Hitlers Machtübernahme charakteristisch, dass er sich nicht allein auf seine Diplomaten verließ, sondern außerhalb der offiziellen Beziehungen zu anderen Ländern über Mittelsmänner subversive Verbindungen zu geistesverwandten politischen Bewegungen herstellte. In Großbritannien diente ihm Luigi Villari als Mittelsmann zur British Union of Fascists von Oswald Mosley.[241] Eugenio Morreale stellte in Österreich geheime Verbindungen zu den von Fürst Starhemberg geführten Heimwehren her.[242] Und in Deutschland profilierte sich Giuseppe Renzetti als Verbindungsmann zu der nationalistischen Rechten vom Stahlhelm bis zu den Nationalsozialisten.[243] Hitler, der Mussolinis Abneigung gegenüber den konservativen Diplomaten teilte, erkannte, dass er auf dem Parallelweg über diese Agenten den ersehnten Kontakt zu Mussolini leichter herstellen konnte als auf offiziellem Weg. Deshalb fuhr er seit etwa 1929 mehrgleisig: Er nutzte weiterhin alle sich ihm bietenden journalistischen Kontakte, er bemühte sich im Münchner Generalkonsulat um eine offizielle Einladung nach Rom und er versuchte über faschistische Mittlerdienste außerhalb der Diplomatie direkt in Rom zum Ziel zu kommen.

Der Sizilianer Eugenio Morreale war als Unterstützer der österreichischen Heimwehren ursprünglich kein Sympathisant des Nationalsozialismus. Er wandte sich vielmehr in seiner Funktion als Wiener Korrespondent des „Il Popolo d'Italia" mit einer skeptischen Einstellung an Hitler, ließ sich jedoch von diesem im Gespräch so stark beeindrucken, dass er ihn am Ende nach Rom empfahl. Gut ein Jahr später führte Morreale am 24. September 1930 nochmals ein Gespräch mit Hitler, mittlerweile als Presseattaché der italienischen Botschaft in Wien. In seinem Bericht darüber sprach er sich erneut sehr positiv über den nach seinem Wahlsieg vor Selbstbewusstsein strotzenden Hitler aus und empfahl nachdrücklich ein Zusammentreffen mit dem ‚Duce'.[244] Wie schon Tolomei bezeichnete auch Morreale Hitler in seinem ersten Bericht als einen der kommenden deutschen Politiker, der schon jetzt zwei Millionen Parteimitglieder und 800.000 SA-Leute hinter sich habe. Dass die NSDAP im Reichstag nur mit 12 Abgeordneten vertreten war, bagatellisierte er bezeichnenderweise mit dem Hinweis auf die auch nur 35 Abgeordneten, die der PNF vor dem ‚Marsch auf Rom' im italienischen Parlament gehabt habe.[245] Hitlers Wahlsieg bei den Septemberwahlen von 1930 konnte er daher in seinem zweiten Bericht als Bestätigung seiner ersten Einschätzung ansehen.

Schon in seinem ersten Bericht hatte Morreale die mittlerweile auch schon in Italien bekannte Auffassung Hitlers referiert, dass Deutschland und Italien in

Zukunft eine gegen Frankreich gerichtete politische Allianz bilden sollten. Nach dem Bericht Morreales bekannte sich Hitler aber zugleich dazu, dass die Expansion Deutschlands und Italiens nicht durch „Sentimentalitäten und Geschwätz", sondern nur durch „Gewalt" zu erreichen sei.[246] Das ließ erkennen, dass es ihm bei seinem Werben um Italien nicht um traditionelle Bündnisüberlegungen ging, sondern um eine politische Allianz neuen Typs, bei der zwei autoritäre Regime gewaltbereit eine Revision der Pariser Friedensordnung anstreben sollten. In dieses revisionistische Szenario ordnete Hitler auch das Problem eines ‚Anschlusses' Österreichs an das Deutsche Reich ein. Erstmals sprach er gegenüber einem Italiener offen aus, dass er für einen ‚Anschluss' sei. Er lieferte dafür die bemerkenswerte, wenn auch selbstverständlich rein spekulative Begründung, dass ein selbständiges Österreich auf die Dauer einem von Frankreich geführten Block Polens, der Tschechoslowakei und Jugoslawiens beitreten würde. Es sei deshalb besser, wenn Italien „offen erklärte" nicht gegen eine Annektion Österreichs durch Deutschland zu sein, „zu der Bedingung, daß Deutschland die Grenze garantierte".[247] Wenn Morreale seine Äußerungen richtig wiedergegeben hat, brachte Hitler damit seinen Verzicht auf Südtirol gegenüber Mussolini erstmals ausdrücklich mit dem ‚Anschluss' Österreichs in Zusammenhang, die deutsche Anerkennung der Brennergrenze sollte die Entstehung eines ‚Großdeutschland' ermöglichen.

Auch dieser Vorstoß brachte Hitler jedoch nicht weiter, da Morreales Bericht wahrscheinlich nicht auf Mussolinis Schreibtisch, sondern neuerlich auf dem des gegenüber dem ‚Führer' misstrauischen Außenministers Grandi landete. Dieser konnte den von Hitler angedeuteten Gebietsaustausch nur als Kuhhandel ansehen, da er den Besitz Südtirols nicht als Geschenk Hitlers verstand, sondern als durch die Pariser Friedensordnung von 1918 garantierte Übertragung an Italien.

Einen Durchbruch, wenn auch keine erfolgreiche Einladung, verschaffte sich Hitler in seinen langjährigen Bemühungen um persönliche Kontakte zu Mussolini am Ende über Giuseppe Renzetti, den geheimen Vertrauensmann des ‚Duce' in Deutschland.[248] Als Major seiner beruflichen Herkunft nach ein Berufsoffizier war Renzetti nach Kriegsende Mitglied der interalliierten Militärkommission des Völkerbundes für Oberschlesien. Er blieb in Deutschland, weil er in Gleiwitz die Tochter eines jüdischen Justizrates kennenlernte, die er 1927 heiraten sollte. Bei dessen Berlinbesuch hatte er im August 1922 schon Mussolini kennengelernt, ohne dass das zunächst jedoch zu weiteren Kontakten führte. In Berlin baute Renzetti seit 1924 eine Italienische Handelskammer für Deutschland auf, mit der er erfolgreich Werbung für italienische Produkte betrieb und für eine Wiederbelebung des wegen der Südtirolfrage stockenden deutschen Tourismus nach Italien sorgte. Die Handelskammer diente ihm aber auch als Propagandazentrale für den italienischen Faschismus und als Tarnung für eine geheime politische Agentätigkeit. Seit 1927 sandte er in unregelmäßigen Abständen Geheimberichte nach Rom, in denen er über die politische Situation in Deutschland sowie vor allem auch über seine eigenen politischen Aktivitäten berichtete. Es war sein Ehrgeiz, mit italienischer Unterstützung zu einem politischen Umsturz in Deutschland beizutragen, durch den das demokratische System abgeschafft und durch ein autoritäres Regime nach faschistischem Vorbild ersetzt werden sollte. Er steigerte sich dabei zeitweise in phantastische Vorstellungen hinein und verkannte stark die in der Weimarer Republik gegebenen politischen Realitäten. In der existentiellen Endkrise der Republik stieß er jedoch als Repräsentant einer Sonderform von moderner Diktatur, wie sie der Faschismus seit Mussolinis Staatsstreich vom 3. Januar 1925 darstellte, in Deutschland auf der politischen Rechten auf große Resonanz.[249]

Renzetti setzte bei seinen Umsturzhoffnungen zunächst auf den „Stahlhelm", dessen paramilitärische Organisationsform ihm als ehemaligem Offizier besonders vertraut gewesen zu sein scheint. Als er Zugang zum inneren Kreis der NS-Führung fand, begeisterte er sich jedoch für eine Allianz aller republikfeindlichen Kräfte auf Seiten der politischen Rechten. Es scheint sogar, dass am 8. März 1931 Vorgespräche für die Herstellung der ‚Harzburger Front' in seiner Wohnung geführt worden sind. Ähnlich wie Philipp von Hessen fand auch Renzetti durch Göring, den er 1929 in Berlin kennenlernte, den Weg zu Hitler. Göring begleitete Renzetti zu seinem ersten Treffen mit dem ‚Führer' in München und nahm auch bei späteren Treffen mit Hitler teil. Insgesamt hat sich Renzetti zwischen 1929 und 1941 42 Mal mit Hitler getroffen, weit mehr als jeder andere Ausländer.[250] Auch als er ihn seit 1933 eigentlich nicht mehr als politischen Kontaktmann zu Mussolini benötigte, spielte Renzetti in den Beziehungen zwischen den beiden Diktatoren noch eine Rolle.

Die privilegierte Beziehung Renzettis zu Hitler ergab sich daraus, dass der ‚Führer' instinktiv begriff, über den Italiener nach so vielen vergeblichen Anläufen endlich mit Mussolini in Kontakt kommen und sogar nach Rom eingeladen werden zu können. Renzetti war zwar anfangs noch gar nicht von Mussolini als Vermittler autorisiert. Als er jedoch kurz vor den Reichstagswahlen vom 14. September 1930 in einem Bericht an den Generalsekretär des PNF, Augusto Turati, abweichend von sonstigen zeitgenössischen Voraussagen für die NSDAP und die Deutschnationalen zusammen etwa 120 Mandate voraussagte und die Nationalsozialisten dann bekanntlich allein 107 Mandate bekamen, wurde er kurzfristig nach Rom gerufen und am 16. Oktober erstmals von Mussolini in Audienz empfangen.[251] Seitdem hatte er den Auftrag im Geheimen Kontakt zu Hitler zu halten und als Mittelsmann zu diesem zu fungieren.

Das bedeutet nicht, dass Mussolini dem von Renzetti unterstützten Drängen Hitlers, nach Rom eingeladen zu werden, nunmehr auch sofort entsprochen hätte.

Er erklärte sich zunächst lediglich bereit, Hermann Göring zu empfangen, dem dann auch am 11. April 1931 als erstem führenden Nationalsozialisten gemeinsam mit Renzetti eine Audienz gewährt wurde.[252] Göring durfte aber für Hitler ein signiertes Foto des ‚Duce' mitnehmen, die erste persönliche Kontaktaufnahme des ‚Duce' mit dem ‚Führer', von diesem seit Jahren herbeigesehnt.

Hitler bedankte sich am 8. Juni 1931 mit einem Brief, den Renzetti am 10. Juni an Mussolini übermittelte: „Euere Exzellenz hatten die Güte, mir durch Herrn Hauptmann Göring ein Bild mit eigenhändiger Unterschrift überbringen zu lassen. Ich empfinde dies als eine große Ehre. Die von Eurer Exzellenz in der Widmung zum Ausdruck gebrachte Sympathie für die von mir geführte nationalsozialistische Bewegung hege ich seit Jahren in außerordentlicher Weise für den von Eurer Exzellenz geschaffenen Faschismus. Die in vielen Punkten zwischen den Grundgedanken und Prinzipien des Faschismus und der von mir geführten nationalsozialistischen Bewegung vorhandenen geistigen Beziehungen lassen mich in der inneren Hoffnung leben, es möchte gelingen, daß sich dereinst nach dem Siege meiner Bewegung in Deutschland – an den ich in felsenfester Zuversicht glaube – zwischen dem faschistischen Italien und dem nationalsozialistischen Deutschland ein ähnliches Verhältnis zum Segen der beiden großen Nationen ergeben wird. Ich verbinde daher meinen Dank mit den verehrungsvollsten Glückwünschen für das persönliche Wohlergehen Eurer Exzellenz sowie für das von Eurer Exzellenz so genial geführte Italien. Gleichzeitig erlaube ich mir in diesem Schreiben ein Bild von mir selbst beizufügen, mit der Bitte, es freundlich entgegennehmen zu wollen. Ich verbleibe mit der Versicherung meines ausgezeichneten Hochachtung und dem Ausdruck der aufrichtigen Bewunderung Eurer Exzellenz ergebener Adolf Hitler." [253]

Es war dies der allererste Brief, den Hitler unmittelbar an den ‚Duce' richten konnte. Dass er dem „genialen Führer des faschistischen Italien" seinerseits ein Portraitfoto „mit der Bitte um wohlwollende Aufnahme" übermittelte, war zeitüblicher Politikerstil. Der überschwengliche Ton seiner Antwort lässt jedoch deutlich erkennen, wie erleichtert Hitler war, endlich mit dem bewunderten ‚Duce' eine direkte Beziehung hergestellt zu haben.

Über Renzetti, den er am 21./22. Juni nach Berchtesgaden eingeladen hatte, ließ er daraufhin am 24. Juni erstmals direkt bei Mussolini anfragen, ob er ihn in Rom ganz privat (*privatissime*) besuchen dürfe.[254] Der Besuch sollte mit äußerster Diskretion vonstatten gehen. Hitler wollte als Tourist getarnt nach Meran kommen oder auf einer Kreuzfahrt im Mittelmeer in Neapel oder Genua an Land gehen, um sich an einen von Mussolini vorzuschlagenden Treffpunkt zu begeben. Nachdem er aus Rom mehrere Monate nichts gehört hatte, erneuerte er am 15. Oktober seinen Besuchswunsch. Er begründete dies jetzt damit, dass er aus Sympathie für Italien und Bewunderung für den ‚Duce' nach Rom kommen wolle, nachdem die Führer der Sozialdemokratie ihre Besuche in London und Paris gemacht hätten. Das seltsame Argument sollte offenbar belegen, dass er durch seinen Besuch in Rom international nur mit den Sozialdemokraten gleichziehen, nicht aber bevorzugt behandelt werden wollte, ein Indiz dafür, wie respektvoll er dem ‚Duce' nach wie vor entgegentrat.[255] Dass er bei seinen völkischen Gegnern durch einen Besuch bei Mussolini noch mehr an Kredit verloren hätte, scheint Hitler angesichts der sich seit Ende der zwanziger Jahre in der deutschen Öffentlichkeit ausbreitenden Faschismusbegeisterung nicht gefürchtet zu haben.

Es gibt quellenbedingt keine ganz überzeugende Erklärung dafür, weshalb Mussolini auf das anhaltende Drängen Hitlers schließlich positiv reagiert hat. Alles spricht jedoch dafür, dass er sich am 23. Oktober von Renzetti davon überzeugen ließ, den ‚Führer' des Nationalsozialismus zu treffen.[256] Hitler wurde für den 12. Dezember 1931 nach Rom eingeladen, jedoch nicht als Staatsgast, sondern als Gast der faschistischen Partei.[257] Da Hitler kein Staatsamt innehatte, war es in protokollarischer Hinsicht auch durchaus korrekt, dass er von Mussolini nicht als „Regierungschef" (*Capo del governo*), sondern als „Führer des Faschismus" (*Duce del fascismo*) empfangen werden sollte. De facto wurde durch diese subtile Unterscheidung jedoch protokollarisch der Generalsekretär des PNF, Giovanni Giurati, zum Gastgeber Hitlers bestimmt, während Mussolini im Hintergrund bleiben konnte. Das war nicht unbedingt das, was sich der ‚Führer' der nationalsozialistischen Bewegung erwartet hatte. Am 15. Oktober hatte er ausdrücklich einen „offiziellen Besuch bei Seiner Exzellenz dem Regierungschef" gewünscht und noch am 18. November hatte er davon gesprochen, nur ein „intimes Gespräch mit Mussolini" führen zu wollen.[258] Wie Renzetti dem ‚Duce' am 20. November ausrichten ließ, war Hitler angeblich über die Einladung durch den PNF gleichwohl „überglücklich".[259] Er schlug vor, am Nachmittag des 12. Dezember anzureisen und drei oder vier Tage in Rom zu bleiben. Außer Renzetti, sollten ihn Göring, Heß und ein weiter Funktionär der NSDAP begleiten. In seiner Begeisterung, endlich den lange ersehnten Durchbruch erzielt zu haben, regte Hitler darüber hinaus an, dass seinem Besuch solche von nationalsozialistischen Parlamentariern, SA-Führern, und Führern von Jugendorganisationen folgen sollten. So sicher war er seiner Sache, dass er sogar schon mitteilen ließ, er trinke keinen Wein und halte beim Essen strikte Diät ein.[260]

Kaum hatte er sich zu der Entscheidung durchgerungen Hitler einzuladen, wurde Mussolini jedoch wieder schwankend. Offensichtlich schreckte er vor allem vor der Einladung Hitlers zurück, weil die aufsehenerregende Entdeckung der sogenannten Boxheimer Dokumente die staatsfeindlichen Absichten des Nationalsozialismus in Deutschland allzu publik gemacht hatte.[261] Auch wenn es sich nur um umstürzlerische Planspiele regionaler hessischer Nationalsozialisten gehandelt hatte, stand die politische Verantwortung Hitlers dafür jedoch außer

Frage. Sein Empfang in Rom hätte daher die internationale Reputation Mussolinis gefährdet. Kaum zufällig gab er gerade dem britischen Botschafter in Rom sofort zu verstehen, er habe Hitler gebeten, wegen der schwierigen internationalen Lage auf seinen Besuch in Rom zu verzichten.[262] Renzetti wurde am 28. November aus Rom über den Rückzieher Mussolinis informiert.[263] Am 6. Dezember teilte er dem ‚Führer' daraufhin auftragsgemäß mit, dass seine Romreise verschoben werden müsse.[264] Er versuchte dabei den Eindruck zu erwecken, dass die Reise nicht abgesagt, sondern lediglich verschoben worden sei, „aus Gründen, die nur der Duce kenne". Schon einige Tage vorher hatte er jedoch Göring „die Ereignisse in Hessen" als Grund für die Verschiebung angegeben.[265]

Für Hitler war das nach all den Enttäuschungen, die er schon erlebt hatte, deshalb ein schwerer Schlag. Ganz offensichtlich klammerte er sich jedoch daran, bald einen neuen Reisetermin zu bekommen. Wenn er allerdings seine Position dadurch zu verbessern suchte, dass er als „Führer des Nationalsozialismus" den „Führer des Faschismus" zu besuchen gedachte, so war das nicht die politische Ranggleichheit, die Mussolini ihm durch das Treffen einräumen wollte.[266] Für den faschistischen Regierungschef blieb Hitler immer noch ein oppositioneller Parteipolitiker ohne ein exekutives Mandat, ungeachtet dessen anhaltender Sympathieerklärungen für den Faschismus und für ihn persönlich.

In falscher Einschätzung Mussolinis bedrängte Hitler aber Renzetti weiterhin, in Rom seinetwegen vorstellig zu werden.[267] Der konnte sich nur damit helfen auf nicht vorherzusehende Ereignisse wie den Wechsel im Generalsekretariat des PNF zu Achille Starace am 10. Dezember und den plötzlichen Tod von Mussolinis Bruder Arnaldo am 21. Dezember 1931 hinzuweisen, welche einen Besuch weiterhin unmöglich gemacht hätten.[268] Hitler musste das akzeptieren, es bewirkte auch nichts, dass er sich aufgrund der innenpolitischen Lage in Deutschland mit der Behauptung selbst rar zu machen versuchte, Deutschland nicht jederzeit verlassen zu können.[269]

Hitler gab jedoch nicht auf. Am 9. Juni 1932, wenige Tage nach der Auflösung des Reichstags und der Ansetzung von Neuwahlen, brachte er gegenüber Renzetti erneut den „lebhaftesten Wunsch" zum Ausdruck, in Rom den von ihm verehrten „Duce des Faschismus und Führer der Nation" treffen zu dürfen, und er gab auch gleich die Wochen zwischen dem 1. und 15. Juli als möglichen Zeitraum für seinen Besuch an. Er erhoffte sich, dass dieser Besuch im kommenden Wahlkampf einen positiven Eindruck auf die deutschen Wähler machte, weil er die internationale Anerkennung der NSDAP unter Beweis stellen würde. Jedoch bekam er aus Rom keine Antwort, obwohl Renzetti pathetisch behauptet hatte, dass Hitler „vor Sehnsucht sterbe, Mussolini zu treffen".[270] Spätestens seit den Juliwahlen von 1932 hatte Hitler dann tatsächlich keine Zeit mehr, eine Romreise zu planen.

Am Ende hat so auch die über Renzetti laufende Verbindung mit Mussolini nicht dazu geführt, dass Hitler vor seiner Machtübernahme in Rom vom ‚Duce' empfangen wurde. Fast ein Jahrzehnt lang bemühte sich Hitler vergeblich darum den von ihm verehrten ‚Duce' zu treffen. Trotz aller Bekundungen seiner persönlichen Bewunderung und trotz der politischen Vorleistung eines Verzichtes auf Südtirol, reagierte Mussolini jedoch jahrelang nicht auf die Avancen des ‚Führers'. Als er sich schließlich halbherzig auf einen indirekten Kontakt über Renzetti einließ, führte auch das nicht zu einer persönlichen Begegnung.

Umso bemerkenswerter ist, dass Hitler sich dies so lange gefallen ließ und dass er das ihn letzten Endes demütigende Verhalten Mussolinis nicht nur nach außen hin klaglos hinnahm, sondern sich immer wieder aufs Neue um eine Annäherung an den ‚Duce' bemühte. Wenn man außerdem berücksichtigt, dass er seinen italienfreundlichen Kurs innerhalb der nationalsozialistischen Bewegung erst mühsam durchsetzen musste und dass er wegen seines außenpolitischen Verzichtes auf Südtirol anhaltenden politischen Angriffen vor allem von völkischer Seite ausgesetzt war, muss seine Hartnäckigkeit als umso erstaunlicher angesehen werden. Sie ist nur zu erklären, wenn man dreierlei berücksichtigt:

Erstens glaubte Hitler fest daran, mit seinem außenpolitischen Szenario, bei dem er ursprünglich mit Großbritannien und Italien als natürlichen Verbündeten rechnete, für Deutschland einen Weg in die Zukunft zu öffnen, der durch die gewaltsame ‚Gewinnung neuen Lebensraums' in Osteuropa ein für alle Mal die angeblichen Probleme der Übervölkerung des Reiches lösen würde. Der Verzicht auf eine enge Bündnispartnerschaft mit Italien hätte dieses sozialdarwinistisch konstruierte Gebäude in seinen Augen zum Einsturz gebracht und ihn mit leeren Händen dastehen lassen. Eine dauerhafte Verständigung mit dem faschistischen Italien war daher für sein außenpolitisches Kalkül zentral, zumal nachdem sich die Hitler vorschwebende politische Allianz mit Großbritannien als Illusion erwies.

Zweitens war ein Zusammengehen mit Mussolini für ihn deshalb unabdingbar, weil er allem Anschein nach durch die Vorleistung eines Verzichts auf Südtirol die Zustimmung des ‚Duce' zum ‚Anschluss' Österreichs an Deutschland zu gewinnen hoffte. Im gewissen Sinn war dies der verborgene realpolitische Kern von Hitlers außenpolitischem Denken. Wie er immer wieder erkennen ließ, war seine Fixierung auf Italien seit Mussolinis ‚Marsch auf Rom' drittens dadurch bedingt, dass der ‚Duce' für ihn das Vorbild einer autoritären Regimebildung lieferte, das er auch in Deutschland hoffte realisieren zu können. Hitlers Bekenntnis zum faschistischen Diktaturregime des ‚Duce' war mit der Absicht verbunden, dies in Deutschland nachzuahmen. Sein Plädoyer für eine politische Allianz mit Italien hatte damit einen dezidiert republikfeindlichen Charakter. Wie sich noch bei den Reichstagswahlen von 1928 zeigte, fand er mit seiner Italophilie deswegen in

Deutschland zunächst keine besondere Resonanz. Angesichts einer in der Krisenzeit der Weimarer Republik zunehmenden Sympathie für den italienischen Faschismus wirkte Mussolinis Diktatur außerhalb der politischen Linken jedoch nicht mehr bedrohlich, sondern ließ sie vielmehr politisch zunehmend als attraktiv erscheinen.[271] Das war ohne Frage auch ein Grund dafür, dass Hitlers Aufstieg für die Existenz der Republik nicht gefährlicher zu sein schien als der Mussolinis in Italien. Hitler konnte sich das zu Nutze machen, indem er sich als ein zweiter Mussolini gerierte, obwohl sich dessen Einbindung in das monarchische System Italiens allenfalls so lange mit seiner Abhängigkeit vom Reichspräsidenten vergleichen ließ, wie Hindenburg noch am Leben war.

Auch wenn es in der Zeit der Weimarer Republik zu keinem persönlichen Treffen mit Mussolini gekommen ist, gab es für Hitler kurz vor seiner Machtübernahme jedoch einige Anzeichen dafür, dass Mussolini zu ihm eine positive Einstellung gewonnen hatte. Am wichtigsten war sicherlich, dass sich der von Renzetti hergestellte persönliche Draht gefestigt und zu einer stabilen Verbindung zwischen den beiden faschistischen Führern geführt hatte. Er sollte sich auch noch nach Hitlers Machtübernahme als nützlich erweisen, obwohl die beiden faschistischen Diktatoren für ihre gegenseitige Kommunikation nunmehr eigentlich keiner Geheimagenten mehr bedurften.

Trotz seines Zögerns Hitler in Rom zu empfangen, setzte Mussolini einige Zeichen, die Hitler zumindest als indirekte Sympathiebeweise interpretieren konnte. Das begann damit, dass sich der ‚Duce' Ende 1931 bemüßigt sah, sich von dem massiven politischen Angriff des radikalen Faschisten Curzio Malaparte auf Hitler zu distanzieren. Anlass dafür war das Erscheinen von dessen aufsehenerregendem Buch „Der Staatsstreich", das im französischen Original im Oktober 1931 ausgeliefert wurde.[272] Malaparte bezeichnete Hitler darin als ein „Zerrbild Mussolinis". Vor allem hatte er es auf die Legalitätstaktik abgesehen, durch welche Hitler seine schon begonnene Revolution ersetzt habe. Hitler habe dadurch viele gute Gelegenheiten, gewaltsam die Macht zu ergreifen, vorübergehen lassen. Diktatoren, „die sich an die Spitze einer revolutionären Armee stellen und vor der Verantwortung eines Staatsstreichs zurückschrecken", würden, so die Polemik Malapartes, aufgrund dieser Kombination „halbe Diktatoren" bleiben. Im Grunde wollte Malaparte damit jedoch Hitler nicht verurteilen, sondern ihn nur davor warnen, vom revolutionären Weg abzukommen. Bezeichnenderweise schickte er ihm eine Kopie des Buches mit der Widmung „Pour qui il aprenne l'art de s'amparer de l'Etat en très cordial hommage".[273] Seine grundsätzliche Kritik richtete sich auch weniger gegen Hitler als vielmehr eigentlich gegen Mussolini, dessen Doppelstrategie es ja gerade gewesen war, nicht mit Gewalt, sondern mit einer Kombination aus Gewaltandrohung und politischer Aushandlung an die Macht zu kommen.

Als intellektueller Wortführer des radikalen Flügels im italienischen Faschismus hatte Malaparte den ‚Duce' 1924 in der Matteottikrise massiv zum Staatsstreich gedrängt, um eine faschistische Parteidiktatur herbeizuführen. Er war sich insofern treu geblieben, wenn er jetzt auch Hitler dafür kritisierte, zu wenig revolutionären Elan zu entwickeln. Die Vermittlungsdiktatur, vor der er Hitler warnte, war die, welche Mussolini in Italien verwirklicht hatte. Dass Mussolini die Botschaft Malapartes so verstanden hat, ist an seiner Reaktion auf das Erscheinen des Buches zu erkennen. Er ließ die italienische Übersetzung des Buches sofort verbieten.

In unserem Zusammenhang ist vor allem wichtig, dass Mussolini Hitler über die italienische Botschaft in Berlin sein Bedauern über Malapartes Polemik ausdrücken ließ.[274] Damit Hitler durch das Buch nicht verstimmt und von seinem italienfreundlichen Kurs abgebracht werde, wurde über die faschistische Parteidirektion zusätzlich auch noch Renzetti eingeschaltet.[275] So entgegenkommend hatte Mussolini sich bis dahin gegenüber Hitler noch nie verhalten, für diesen ein Zeichen dafür, dass er sich endgültig dazu entschlossen hatte, mit ihm nähere Verbindungen einzugehen.

Sehr auffällig war auch die Vorzugsbehandlung, die Mussolini den nationalsozialistischen Führungspolitikern Hermann Göring und Alfred Rosenberg auf dem sogenannten Volta-Kongress angedeihen ließ, der in Rom vom 14. bis 20. November 1932 anlässlich des zehnjährigen Jubiläums des ‚Marschs auf Rom' stattfand. Nominell von der Königlichen Akademie Italiens veranstaltet, handelte es sich nur scheinbar um einen rein wissenschaftlichen Kongress, zu dem Gelehrte, bezeichnenderweise aber auch Politiker aus ganz Europa eingeladen worden waren. Das Rahmenthema „Europa" sollte nicht im freien wissenschaftlichen Diskurs behandelt werden, sondern dazu dienen, die Zukunft eines faschistischen Europas zu diskutieren. Der Kongress wurde denn auch in Anwesenheit von Mussolini, zahlreichen Ministern und Staatssekretären der faschistischen Regierung sowie dem Generalsekretär des PNF, Achille Starace, eröffnet.[276] Unter den über einhundert Teilnehmern, die im Kongressbericht aufgeführt wurden, waren die Deutschen mit zehn Teilnehmern auffällig stark vertreten, sieben weitere hatten sogar noch abgesagt.[277] Fast an jeder der zehn Sitzungen des Kongresses war ein deutscher Referent beteiligt.[278] Am bemerkenswertesten aber ist, dass unter den deutschen Teilnehmern vier aktive Politiker – neben Rosenberg und Göring die dem deutschnationalen Lager zuzurechnenden Franz Seldte und Hjalmar Schacht – zu finden waren, während aus anderen Ländern außer Wissenschaftlern sonst nur ehemalige Politiker oder Verbandsvorsitzende teilnahmen.[279] Es war dies zweifellos allein schon die eigentliche Sensation des Kongresses. Damit nicht genug, wurden Göring und Rosenberg auch noch in besonderer Weise hofiert. Göring hielt zwar keinen Vortrag, durfte dafür aber die sechste Sitzung des Kongresses leiten, ausgerechnet die Sitzung, in der Stefan Zweig mit einem pazifistischen Plädoyer für ein künftiges Europa auftrat.[280] Für Alfred Rosenberg war es überhaupt der erste Auftritt außerhalb Deutschlands, den er dazu nutzte, seine aggressiv antibolschewistische Rassentheorie in akademischer Verpackung vorzutragen.[281] Er erntete damit zwar heftigen Widerspruch, dass er auf dem Kongress überhaupt zu Wort kommen durfte, war aber allein schon auffällig genug. Sowohl Rosenberg als auch Göring wurden von Mussolini außerdem in Privataudienz empfangen, und zwar vor Seldte und Schacht, womit der ‚Duce' deutlich zum Ausdruck brachte, wem seine besondere Sympathie gehörte.[282] Schließlich erreichte Göring auf dem Festbankett des Kongresses die Nachricht vom Rücktritt der Regierung Papen, in Erwartung der Regierungsbeauftragung Hitlers wollte er daher sofort nach Deutschland zurückkehren. Damit er nicht zu spät komme, stellte Mussolini ihm ein Flugzeug zur Verfügung, mit der süffisanten Bemerkung: „Geben Sie acht, daß Sie diesmal nicht den Zug verpassen."[283] Hitler hat genau zur Kenntnis genommen, welche Vorzugsbehandlung Mussolini seinen Vertrauten zukommen ließ. Ausdrücklich bedankte er sich bei ihm über Renzetti für die besonderen Gefälligkeiten.[284]

Sehr viel unauffälliger als die Teilnahme der NS-Führer am Volta-Kongress vollzog sich schließlich der Aufbau einer Landesgruppe Italien der NSDAP, nachdem erste nationalsozialistische Auslandsgruppen schon 1929 in Meran und Bozen eingerichtet worden waren.[285] Die Initiative dazu ging von Gregor Strasser als dem Reichsorganisationsleiter der NSDAP aus, der darüber seit 1930 nacheinander mit den italienischen Generalkonsuln in Hamburg und München verhandelte.[286] Das Ergebnis war am 3. Februar 1932 die erstmalige Einsetzung eines nationalsozialistischen Landesleiters für Italien, der seinen Sitz in Venedig nahm. Italien war damit eines der ersten, wahrscheinlich sogar das erste Land, in welchem eine nationalsozialistische Auslandsorganisation (AO) etabliert worden ist. Mussolini, an den der nationalsozialistische Antrag auf Einrichtung einer Landesgruppe 1931 vom Präfekten der Provinz Bozen weitergeleitet worden ist, muss dazu sein Plazet gegeben haben. Da in Deutschland schon längst Fasci all'Estero aufgebaut worden waren, hatte er allerdings wohl auch keine andere Wahl.[287]

Unabhängig davon scheint das faschistische Regime Angehörigen der nationalsozialistischen SS, die nach Italien geflüchtet waren, seit 1930 einen Ruheraum geboten zu haben, der sie vor polizeilicher oder gerichtlicher Verfolgung wegen in Deutschland begangener Straftaten schützte. In Malcesine am Gardasee bestand seit 1931 ein SS-Flüchtlingslager, das auf Befehl Himmlers vom 18. September 1932 bis 14. Februar 1933 von dem flüchtigen Theodor Eicke geleitet wurde.[288] Der später so berüchtigte Kommandant des KZ Dachau und Kommandeur der SS-Division Totenkopf, der in Deutschland wegen der Vorbereitung von Sprengstoffanschlägen zu zwei Jahren Zuchthaus verurteilt worden war, sammelte hier erste Erfahrungen als SS-Führer. Nähere Einzelheiten sind hier bisher nicht bekannt. Da Eicke jedoch die Dreistigkeit besaß, bei den faschistischen Dezennarfeiern von 1932 mit 30 SS-Männern ausgerechnet am Bozener Siegesdenkmal vorbeizumarschieren, kann er diese Aktion ohne Wissen faschistischer Behörden, wahrscheinlich auch wiederum sogar Mussolinis persönlich, nicht ausgeübt haben.

Die Ausbreitung der nationalsozialistischen Auslandsorganisation in Italien war für die deutschsprachige Südtiroler Volksgruppe selbstverständlich eine Provokation. Ihr Sprecher Eduard Reut-Nicolussi bemühte sich deshalb Anfang 1932 darum, mit Hitler in Kontakt zu kommen, in der ziemlich blauäugigen Annahme, diesen im persönlichen Gespräch zur Beendigung seines ‚Verrates' bewegen zu können.[289] Hitler machte sich jedoch erst einmal rar und stand erst am 31. März im ‚Braunen Haus' in München für ein Gespräch zur Verfügung. Da Reut-Nicolussi nicht allein, sondern mit vier weiteren Südtiroler Volksgruppenführern erscheinen wollte, ließ Hitler mit Heß, Rosenberg, Röhm, Frank und Brückner einen großen Teil der nationalsozialistischen Führungsspitze an dem Gespräch teilnehmen, das dadurch geradezu den Charakter einer diplomatischen Verhandlung annahm.[290] Die Südtiroler verlangten u. a. die Auflösung der nationalsozialistischen Ortsgruppen in Südtirol, die Wiederaufnahme Südtirols in die Liste der deutschen Irredentagebiete im Parteiprogramm der NSDAP und die Unterstützung der deutschen Volkstumsarbeit in Südtirol. Hitler lehnte das jedoch alles strikt ab und forderte die Südtiroler auf, sich ihm anzuvertrauen: Südtirol solle, so erklärte er apodiktisch, „eine Brücke der Verständigung werden zwischen dem deutschen und italienischen Volke". Dafür bedürfe es einer „aufrichtigen Verständigung zwischen Deutschland und Italien": „Seit dem Zusammenbruch sind 13 Jahre vergangen. Geben Sie mir 13 Jahre Zeit, dann werden Sie sehen, was ich tun kann. Das Buch der Geschichte wird es erweisen, daß ich im Rechte bin."[291] Hitler ging damit in seiner Südtirolpolitik nochmals einen Schritt weiter, er war nicht mehr nur bereit, die Region aus bündnispolitischen Gründen Italien zu überlassen, sondern er lehnte es nunmehr auch ausdrücklich ab, die deutschsprachige Bevölkerung gegen das faschistische Regime zu unterstützen. Kein Wunder, dass Reut-Nicolussi mit seiner Equipe enttäuscht München verließ und die NSDAP künftig durchaus treffend als „italienische Partei in Deutschland" bezeichnete.[292] Es war dies nicht nur wegen Hitlers Weigerung, die Annexion Südtirols durch Italien künftig zu revidieren, sondern auch aufgrund seiner erklärten Sympathie für das faschistische Regime Mussolinis durchaus zutreffend. Wie sich jedoch zeigen sollte, saß Hitler am längeren Hebel, er konnte die Südtiroler Bevölkerung nach seiner Machtübernahme als reine Verfügungsmasse benutzen, ohne auf ihr Selbstbestimmungsrecht, das ihm ohnehin gleichgültig war, in irgendeiner Weise Rücksicht zu nehmen.

Selbstverständlich hatte die Reaktion Mussolinis auf Malapartes Buch „Der Staatsstreich", die Teilnahme Görings und Rosenbergs am faschistischen Volta-Kongress in Rom und der Aufbau nationalsozialistischer Auslandsorganisationen in Italien direkt nichts miteinander zu tun. In allen drei Fällen war jedoch Mussolini mit ziemlicher Sicherheit persönlich beteiligt, es handelte es sich deshalb zumindest um indirekte Signale, die Hitler als ein gezieltes politisches Entgegenkommen seitens Mussolinis verstehen konnte. Obwohl seine Einladung nach Rom 1931 in letzter Minute gescheitert war, konnte Hitler deshalb weiterhin unbeirrt daran glauben, als Regierungschef mit Mussolini künftig zu einer engen Allianz zu kommen.

III Faschistische Dioskuren. Hitler und Mussolini im Zeichen der ‚Achse Berlin-Rom'

Nicht auf Augenhöhe. Hitler als Reichskanzler

Mit seiner Machtübernahme am 30. Januar 1933 erhielt das Verhältnis Hitlers zu Mussolini in institutioneller Hinsicht einen anderen Zuschnitt, weil der ‚Führer' dem ‚Duce' nunmehr eigentlich nicht mehr ehrerbietig als politischer Schüler entgegentreten musste, sondern ihm auf Augenhöhe begegnen konnte. Es ist jedoch bemerkenswert, dass Hitler seine unterwürfige Haltung gegenüber dem ‚Duce' zunächst kaum änderte. Wenn er bis dahin um Anerkennung durch den Schöpfer des Faschismus gebuhlt hatte, war es jetzt Dankbarkeit dafür, dass Mussolini ihm den Weg zur Macht gewiesen hatte.[1] Gegenüber Renzetti brachte er das noch am Tag der Machtübernahme zum Ausdruck, indem er ihn demonstrativ als einzigen Ausländer in die Reichskanzlei einlud, um beim nächtlichen Vorbeimarsch der nationalsozialistischen Horden dabei zu sein. Da Renzetti bewusst im Hintergrund blieb, so dass er am 30. Januar 1933 auf keinem Foto zu erkennen war, wurde das zwar in der hektischen Atmosphäre des nationalsozialistischen Jubels in der Öffentlichkeit nicht bemerkt, da der Italiener jedoch dem ‚Duce' über seine Anwesenheit in der Reichskanzlei berichtete, kam Hitlers Signal da an, wo es ankommen sollte: bei Mussolini.[2]

Wichtiger noch ist, dass es nicht bei dieser eher symbolischen Geste blieb, Hitler nutzte Renzettis Vermittlungsdienste auch als frischgebackener Reichskanzler vielmehr weiterhin und bestellte ihn schon am nächsten Tag ein, um Mussolini die folgende Botschaft zu übermitteln:

„Als Kanzler möchte ich Ihnen sagen, indem ich Sie heute als Kommunikationsträger zu S. E. dem Regierungschef nutze, daß ich von meiner Stellung aus mit allen Mitteln die Politik der Freundschaft gegenüber Italien verfolgen werde, die ich bisher konstant betrieben habe. Minister Neurath teilt in dieser Hinsicht persönlich meine Vorstellungen: es sind jedoch im Ministerium noch viele Hindernisse zu überwinden. Es ist mir deshalb nicht möglich, alles sofort auszuführen, was ich gerne anpacken würde. Sie wissen, daß ich noch nicht die kompetenten Mitarbeiter habe, um diejenigen zu ersetzen, die gegenwärtig die verschiedensten Positionen im Außenministerium besetzen. Meinen Leuten fehlt die Erfahrung. Aber ich hoffe, mich allmählich mit Vertrauenspersonen umgeben zu können. Ich möchte ein Gespräch mit Mussolini führen, dem ich meinen Ausdruck der größten Bewunderung und meine Grüße zu übermitteln bitte. Jetzt kann ich dorthin gehen, wohin ich will. Eventuell könnte ich mich mit dem Flugzeug nach Rom begeben, wenn nötig auf privatem Wege. Ich bin sicherlich mit

Hilfe des Faschismus an diesem Punkt angekommen. Auch wenn es wahr ist, daß die beiden Bewegungen verschieden sind, ist es auch wahr, daß Mussolini die ‚Weltanschauung' verwirklicht hat, welche die beiden Bewegungen vereint: ohne diese Umsetzung hätte ich vielleicht nicht diese Position erreichen können. Wenn es wahr ist, daß Ideen und Systeme nicht exportiert werden, ist es doch auch wahr, daß Ideen sich auf ihre Weise ausbreiten so wie es die Lichtstrahlen, die Wellen tun. Ohne jene Schöpfung hätte ich vielleicht diese Stellung nicht erreichen können."[3]

Da diese Botschaft von Hitler selbst formuliert und von Renzetti nur ins Italienische übersetzt worden ist, geht daraus eindeutig hervor, wie stark Hitler seinen Weg zur Macht dem politischen Vorbild von Mussolini geschuldet sah. Seine Bewunderung für den ‚Duce' war daher ungebrochen. Weit entfernt davon nunmehr auf einer Begegnung auf Augenhöhe zu bestehen, regte er als Reichskanzler eine Begegnung mit Mussolini kaum weniger ehrerbietig an als zuvor als Parteiführer, ja er schlug erstaunlicherweise sogar vor, Mussolini gegebenenfalls als Privatmann aufzusuchen, so als ob das wie bisher im Verborgenen oder zumindest informell geschehen müsste.

Außerdem gab er zu verstehen, dass er an der bisherigen Gewohnheit, mit Mussolini über Sendboten, nicht über die eigentlich nun auch für ihn verfügbaren Diplomaten zu kommunizieren, festhalten wolle. Zwar meinte er dem (deutschnationalen) Außenminister Konstantin von Neurath in seiner Italienpolitik vertrauen zu können, eine Einschätzung, die sich vermutlich daraus ergab, dass dieser Anfang der zwanziger Jahre deutscher Botschafter in Rom gewesen war und allgemein als italienfreundlich galt. Den deutschen Diplomaten insgesamt aber misstraute er. Dies erklärte sich sicherlich zu einem Teil daraus, dass das diplomatische Korps der Weimarer Republik in starkem Maße von Gustav Stresemanns Politik eines Ausgleichs mit Frankreich geprägt war, auch wenn diese Politik nach dem Tod des in der Zeit der Weimarer Republik überragenden deutschen Außenministers von seinen Nachfolgern nicht mehr weiterverfolgt worden war. Wie zu erkennen ist, war Hitlers Misstrauen gegenüber den Diplomaten jedoch grundsätzlicher Art, sie waren für ihn Teil des Weimarer ‚Systems', das er durch eine andere Politik hoffte zerstören zu können. Schon lange bevor er den Kontakt zu Mussolini suchte, bezichtigte er die deutsche Diplomatie der politischen Blindheit und schob ihr die Mitschuld an der Niederlage im Ersten Weltkrieg zu.[4]

Es ist nicht genau bekannt, ob und wie Mussolini persönlich auf diese demonstrative Freundschaftserklärung reagiert hat. Intern hatte er bei Hitlers Machtübernahme deutlich Sympathien für seinen faschistischen Zauberlehrling erkennen lassen, ohne sich jedoch öffentlich entsprechend zu äußern. Das gilt für seinen Kommentar nach dem 30. Januar 1933, „Hitlers Sieg ist auch unser Sieg", der im Februar 1933 wohl nicht nach außen drang.[5] Das gilt auch für seine Äußerungen gegenüber Botschafter Ulrich von Hassell, der ihm am 6. Februar auftragsgemäß Grüße des neuen Reichskanzlers überbrachte. Mussolini sprach gegenüber dem Botschafter die Erwartung aus, dass Deutschland und Italien nach den von Hitler angekündigten Märzwahlen eine „eng verbundene Politik" betreiben könnten.[6]

Im Unterschied zu der Reaktion in den westeuropäischen Demokratien war das Presseecho auf Hitlers Machtübernahme in Italien äußerst positiv, ja geradezu enthusiastisch. Hitler hatte dazu geschickt beigetragen, indem er die italienischen Zeitungskorrespondenten in Berlin schon einen Tag vor seiner ersten allgemeinen Pressekonferenz vom 3. Februar 1933 gesondert empfangen und auf eine „enge und tatsächliche Freundschaft zwischen den beiden Ländern" eingestimmt hatte.[7] Durchweg feierte man in der italienischen Presse Hitlers Machtübernahme als einen Durchbruch der faschistischen Idee. Der 30. Januar wurde als „Beginn einer neuen geschichtlichen Epoche" angesehen, der zur Schaffung einer „neuen politischen Ordnung" in Europa führen werde. Der Faschismus werde damit das politisch gestaltende Prinzip des 20. Jahrhunderts sein.[8] Besondere Beachtung fanden Hitlers Beteuerungen, dass der „Triumph des Nationalsozialismus" dem „glorreichen Beispiel Roms" zu verdanken sei.[9] Die Meldung Philipp von Hessens, dass Italien „außer sich vor Freude" sei, war daher nicht ganz aus der Luft gegriffen.[10]

Ein deutliches Zeichen für die Zuwendung Mussolinis zu Hitler war die Vereinbarung über eine Übersetzung von „Mein Kampf" in das Italienische. Anfang Februar 1933 bat Rudolf Heß den bewährten Mittelsmann Renzetti darum, Max Amann, den Leiter des parteieigenen Franz-Eher-Verlages, bei seinem Besuch in Rom dabei zu unterstützen, die Rechte von Hitlers „Mein Kampf" für eine italienische Übersetzung an die faschistische Regierung zu verkaufen.[11] Heß behauptete, ebenso wie dann auch Amann, das Geld als Beitrag zu den Wahlkampfkosten für die Reichtagswahlen am 5. März zu benötigen. Das war zwar ohne Frage ein vorgeschobenes Argument, da die NSDAP spätestens seit einem von Schacht vermittelten Gespräch mit Großindustriellen in Görings Wohnung am 20. Februar keine großen Geldsorgen mehr hatte.[12] Offensichtlich scheuten die nationalsozialistischen Unterhändler jedoch zunächst davor zurück, Mussolini im Auftrag Hitlers um einen Druckkostenzuschuss zu bitten. Man zog es vor, dem Vorgang eine genuin politische Bedeutung zu geben, vielleicht auch nur, um zu testen, wie tief die faschistische Solidarität inzwischen gediehen war.

Wie wenig die politische Begründung für den Vorstoß ernst gemeint sein konnte, zeigte sich jedoch daran, dass Amann erst am 19. März, als die Wahlen längst vorbei waren, wieder auf die Übersetzung zurückkam. Gegenüber dem italienischen Konsul in München, Francesco Pittalis, drängte er nunmehr plötzlich darauf, die Bitte um eine Subvention nicht als „politische Angelegenheit", sondern lediglich als die eines „Verlagsvertrags" zu behandeln.[13] Tatsächlich wurde dann auch ein förmlicher Verlagsvertrag abgeschlossen, mit dem der nationalsozialistische Eher Verlag die Übersetzungsrechte an „Mein Kampf" an die italienische Regierung verkaufte.[14]

Dass der soeben zum Reichskanzler ernannte Hitler, wie erstmals schon 1922, bei ihm als Bittsteller anklopfen ließ, dürfte das Selbstbewusstsein des ‚Duce' außerordentlich gestärkt haben. Ohne lange zu überlegen, bewilligte er jedenfalls schon am 13. Februar 250.000 Lire für die Übersetzung von „Mein Kampf". Für ihn war das ohne Frage ein politischer Vorgang, was schon daran zu erkennen war, dass er einen für die Übersetzung außerordentlich hohen Betrag bewilligte und den Vorgang mit „größter Diskretion" zu behandeln anordnete.[15] Das Geld wurde außerdem dem Fond entnommen, aus dem von ihm auch sonst zahlreiche politische Subventionen getätigt worden sind, fast gleichzeitig z. B. mit einer ungleich höheren Zahlung von 27 Millionen Lire an den Führer der österreichischen Heimwehren, Fürst Starhemberg.[16] Die Übersetzung erschien in zwei Bänden im Verlag Bompiani, einem der damals großen Verlage Italiens.[17] Wahrscheinlich, weil er weniger biographisch als programmatisch angelegt war, wurde unter dem Titel „La mia Battaglia" am 15. März 1934 zuerst der zweite Band in einer allerdings gekürzten Übersetzung ausgeliefert,[18] kurz vor dem Treffen Hitlers mit Mussolini in Venedig. Er enthielt eine eigens für die italienische Ausgabe geschriebene Einleitung, in welcher der ‚Führer' die weltanschaulich eng verbundene Grundhaltung von Nationalsozialismus und Faschismus anpries, ohne zu ahnen, dass der in der Ausgabe nicht genannte Übersetzer Angelo Treves der jüdischen Gemeinde von Mailand angehörte. Der erste Band konnte unter dem Titel „La mia vita" erst im April 1938 erscheinen, gerade noch rechtzeitig vor dem Staatsbesuch Hitlers in Italien im Mai des Jahres. Das „durch die Übersetzung nicht eben lesbarer gewordene Werk" wurde vom Verlag so zwar jeweils in einem politisch günstigen Moment publiziert,[19] auch wenn es bis 1943 in mehreren Auflagen erschien, war die Entfaltung der deutsch-italienischen Allianz jedoch selbstverständlich nicht auf die italienische Fassung von „Mein Kampf" zurückzuführen. Dass Hitlers Propagandawerk mit der gezielten Unterstützung Mussolinis in italienischer Übersetzung erscheinen konnte, war jedoch ohne Frage ein Zeichen für die politische Zuwendung Mussolinis zum ‚Führer'. Es scheint auch so, dass der ‚Duce' „Mein Kampf" 1938 zur Legitimierung seiner Rassengesetze zu Rate gezogen hat.[20]

Nach Hitlers weitgehend manipuliertem Wahlsieg vom 5. März 1933 verstärkte sich der deutschfreundliche Ton der faschistischen Presse nochmals. Unter Verweis auf die von Mussolini am 6. April 1924 angesetzten Parlamentswahlen hob man nicht zu Unrecht hervor, dass Hitler mit den Märzwahlen erneut nach faschistischem Vorbild erfolgreich gewesen sei. Vor allem aber war man davon beeindruckt, in welchem Tempo Hitler seinem, wie stets betont wurde, faschistischen Vorbild nachgeeifert habe.

Anders als noch nach dem 30. Januar ließ Mussolini dem nationalsozialistischen Reichskanzler nach der Wahl vom 5. März über Botschafter v. Hassell förmlich gratulieren. Im faschistischen Großrat (*Gran Consiglio*) brachte er außerdem einen Tagesbefehl (*Ordine del Giorno*) ein, in dem der „faschistischen Bewegung, die sich jenseits der Grenzen Italiens entwickele", bestätigt wurde, dass sie sich „direkt oder indirekt aus dem Ensemble von Doktrinen und Institutionen" herleite, „durch die Italien den modernen Staat, den Volksstaat, geschaffen" habe.[21] Mussolini erkannte damit den Nationalsozialismus erstmals als geistesverwandte politische Bewegung an, beharrte diesem gegenüber aber zugleich auf seiner Führungsrolle.

Hitler dankte in seiner Reichtagsrede vom 23. März 1933 ausdrücklich „für die verständnisvolle Herzlichkeit, mit der in Italien die nationale Erhebung begrüßt worden" sei. Seine Hoffnung auf eine „baldige Verständigung über die großen Lebensfragen, die die beiden Völker angehen",[22] sollte sich freilich nicht so rasch erfüllen. Wie sich herausstellte, standen dem, ungeachtet der beschworenen politischen Gemeinsamkeiten, unterschiedliche politische Interessen entgegen. Diese konzentrierten sich in allererster Linie auf die Österreichfrage. Bis zu Hitlers Machtübernahme konnte sich Mussolini unangefochten als Protektor des zwischen Deutschland und Italien als eine Art Pufferstaat bestehenden Landes fühlen. Um den Aufstieg der Nationalsozialisten in Österreich zu blockieren und das Land als selbständigen Staat zu erhalten, unterstützte er den seit 1932 zunächst noch parlamentarisch regierenden Bundeskanzler Engelbert Dollfuß im März 1934 bei seinem Staatsstreich und der Einführung eines faschistoiden Regierungssystems, dem sogenannten Ständestaat.[23]

Hitler war dagegen längst entschlossen, Österreich bei günstiger Gelegenheit in das Deutsche Reich einzugliedern. Schon auf der ersten Seite von „Mein Kampf" hatte er 1925 erklärt, dass „Deutschösterreich" wieder „zurück zum großen deutschen Mutterlande" müsse, und zwar „nicht aus Gründen irgendwelcher wirtschaftlicher Erwägungen heraus."[24] Vielmehr hielt Hitler dies bezeichnenderweise aufgrund seiner verqueren rassenbiologischen Vorstellungen für notwendig, was für ihn bekanntlich die höchste politische Dringlichkeitsstufe darstellte: „Gleiches Blut gehört in ein gemeinsames Reich", formulierte er pathetisch.[25] Dem stand nach seiner Machtübernahme nun ausgerechnet Mussolini im Weg, dessen politische Freundschaft er unter allen Umständen gewinnen wollte. Sein dezidierter Verzicht auf Südtirol hatte in der Anschlussfrage bei Mussolini noch keinerlei Wirkung gehabt. Schon in den ersten Februartagen von 1933 beauftragte der ‚Duce' vielmehr seinen Botschafter in Berlin Hitler aufzufordern, „die Anschlußfrage, die im Gegensatz zu Italiens Interessen stehe, nicht aufzuwerfen", um die in beiderseitigem Interesse liegenden Beziehungen nicht zu belasten.[26] Auf den von Hitler als politische Vorleistung verstandenen Verzicht auf eine Rückgliederung Südtirols, ging er gar nicht erst ein, sie war für ihn ohne Frage selbstverständlich. Hitler stand damit vor dem Problem, seine Anschlusspläne hinausschieben, auf jeden Fall aber einstweilen verbergen zu müssen, wenn er die politische Annäherung an Mussolini vorantreiben und endlich auch mit ihm in persönlichen Kontakt kommen wollte.

Um mit dem ‚Duce' im persönlichen Gespräch zu bleiben, wählte Hitler, obwohl er nun als Reichskanzler über den gesamten staatlichen Apparat Deutschlands verfügen konnte, bemerkenswerterweise den Weg, auf dem sich die Beziehungen zu Mussolini vor seiner Machtübernahme eingespielt hatten, nämlich den über Sendboten außerhalb der Diplomatie. Da sich auch Mussolini als Ministerpräsident und als Außenminister gegenüber Hitler besonders mit Renzetti einer solchen Nebendiplomatie bedient hatte, konnte der ‚Führer' damit rechnen, dass der ‚Duce' darauf ansprechen würde.

Diese Form der politischen Kommunikation diente nicht politischen Sondierungen, wie sie im zwischenstaatlichen Verkehr üblich waren, sie sollte vielmehr einen neuen Stil der Außenpolitik begründen. Durch informelle Mittelsmänner, die nicht staatlichen Institutionen, sondern jeweils dem totalitären Parteiapparat verpflichtet waren, sollten Kontakte und persönliche Begegnungen der faschistischen Führungskader, allen voran der beiden ‚Führer', hergestellt werden. So wie der Umgang der kommunistischen Parteien miteinander als ‚brüderlich' ausgegeben wurde, bürgerte sich dafür in der faschistischen Umgangssprache der der aus dem militärischen Umfeld kommende Begriff der ‚Kameradschaft' ein.[27] Man kann das als den Versuch bezeichnen, der kommunistischen eine faschistische Internationale entgegenzusetzen, ohne dass es den beiden Diktatoren freilich daran gelegen gewesen wäre, eine solche Organisation tatsächlich mit Leben zu füllen. Dem stand seit 1933 zunächst ihre Rivalität in der faschistischen Weltbewegung entgegen, mit seiner zunehmenden machtpolitischen Dominanz sah Hitler dann keinen Grund mehr, sich in eine internationale Organisation einzufügen, in der Mussolini als Gründungsvater des Faschismus formal den Ton angegeben hätte.[28]

Auch wenn sich unter den faschistischen Führungskadern Deutschlands und Italiens im Laufe der Jahre eine für damalige Verhältnisse ungewöhnlich dichte transnationale Besuchsdiplomatie entwickelte, hieß das nicht, dass die deutsch-italienischen Beziehungen auf die Dauer nur noch über persönliche Beziehungen faschistischer Führungskader vermittelt worden wären. Diese spielten zwar in den Beziehungen der beiden Diktaturen eine ungewöhnlich große Rolle, das bedeutete jedoch nicht, dass die Diplomaten überflüssig geworden wären. Obwohl die Zahl der Auslandsbeziehungen spätestens seit Kriegsbeginn abnahm, nahm die Zahl der Beamten im Auswärtigen Dienst Deutschlands im Laufe des ‚Dritten Reiches' sogar erheblich zu.²⁹ An die Stelle von wenigen politisch selbstverantwortlich tätigen Diplomaten traten jedoch seit dem Dienstantritt Joachim von Ribbentrops im Februar 1938 immer mehr politische Seiteneinsteiger und parteiabhängige Funktionäre, die nur noch auf Anordnung von oben tätig wurden. Sie waren seit Kriegsbeginn allerdings immer weniger in Auslandsmissionen tätig als vielmehr in der Besatzungsverwaltung und in der Propaganda.

In der deutschen Botschaft in Italien vollzog sich die Faschisierung des diplomatischen Personals aus naheliegenden Gründen am schnellsten. Auch der gegenüber dem Nationalsozialismus kritisch eingestellte römische Botschafter Ulrich von Hassell trat nach Hitlers Machtübernahme im Zuge einer „Selbstgleichschaltung" in die NSDAP ein.³⁰ Er glaubte irrigerweise, sich auf diese Weise gegen eine nur über persönliche Begegnungen vermittelte Verbindung der beiden Diktaturregime absichern und seinen diplomatischen Einfluss erhalten zu können Mit Rückendeckung des deutschnationalen Außenministers Konstantin von Neurath wehrte er sich mit schwindendem Erfolg dagegen, von „geheimen Sendlingen" an die Seite gedrängt zu werden.³¹ Der Dienstantritt Ribbentrops führte 1938 zu seiner Entlassung.

In Italien war die Skepsis gegenüber einer Annäherung an das nationalsozialistische Deutschland innerhalb der Diplomatie – z. B. bei Staatssekretär Suvich und bei Mussolinis altem Rivalen Dino Grandi, den der ‚Duce' zeitweise als Botschafter nach England abgeschoben hatte – aber auch in Führungskreisen des PNF verbreitet, so daß man geradezu von einer deutschlandfeindlichen neben einer deutschfreundlichen Fraktion sprechen konnte.³² Auch wenn die Gegner des nationalsozialistischen Deutschlands aufgrund der Rückendeckung durch König Viktor Emanuel III. immer stärker wurden, konnten sie sich freilich bis zum 25. Juli 1943 nie zu gemeinsamen Handeln aufraffen, sondern sie ordneten sich loyal dem Kurs des ‚Duce' unter, auch wenn sie diesen nicht unbedingt teilten.

Der erste Versuch Hitlers, mit Mussolini über einen offiziösen Sondergesandten zu kommunizieren, war nicht besonders erfolgreich. Nachdem er vor 1933 in Hitlers Auftrag zwei Besuche in Italien absolviert hatte, war Hermann Göring im April 1933 von Hitler erneut als erster führender Nationalsozialist nach Italien entsandt worden. So wie Joachim von Ribbentrop als Englandexperte des Nationalsozialismus zu gelten hatte, nahm Göring für sich in Anspruch, für Italien, wo er nach dem gescheiterten Putsch vom 9. November 1923 Zuflucht gefunden hatte, zuständig zu sein. Für Hitler war er daher ohne Frage im Werben um die Gunst des ‚Duce' unentbehrlich. Dass er Hitler frühzeitig mit seinem Italienkurs unterstützt hatte, wusste man auch in Italien besonders zu schätzen. Wegen seines hemdsärmlichen und unverblümten Verhandlungsstils schockierte Göring jedoch seine faschistischen Gesprächspartner. In einer Pressekonferenz betonte er zwar am 13. April 1933 nach dem Treffen mit Mussolini, es gebe zwischen Deutschland und Italien keine politischen Differenzen, „gute deutsch-italienische Beziehungen" seien für Hitler und ihn „keine Frage der Diplomatie, sondern der aufrichtigen und ehrlichen Überzeugung."[33] Er lag damit aber nur teilweise auf der Linie Hitlers, der die Übereinstimmung mit Mussolini nicht auf diplomatischem Wege, sondern über persönliche Begegnungen herstellen wollte. Zwei Tage zuvor hatte er die faschistische Direktdiplomatie auf einer Audienz bei Mussolini so interpretiert, dass man sich unter faschistischen ‚Kameraden' ganz ungeschützt äußern könne. Anstatt sich an Hitlers berechnende Rücksichtnahme auf italienische Empfindlichkeiten zu halten, erklärte er unverblümt, dass der ‚Anschluss' auf Dauer unvermeidlich sei. Der italienische Diplomat Pompeo Aloisi, der von Anfang an zu den scharfen Kritikern einer italienischen Annäherung an das nazistische Deutschland gehört hatte, notierte spitz in seinem Tagebuch: „Man sieht, daß das neue deutsche Regime sofort einen außenpolitischen Erfolg auf seiner Habenseite verbuchen möchte. Und das auf unsere Kosten."[34]

Göring wurde allerdings von Hitler gleichwohl gebraucht. Trotz seines burschikosen Auftretens verkörperte er im NS-Regime tatsächlich wie kein anderer den personalisierten Stil faschistischer Außenpolitik, den sowohl Hitler als auch Mussolini einführen wollten.[35] Schon im Mai 1933 durfte er auf ausdrücklichen Wunsch Mussolinis erneut nach Rom reisen, um über den ‚Viermächtepakt' zwischen Italien, Deutschland, Großbritannien und Frankreich zu verhandeln, den Mussolini ins Gespräch gebracht hatte. Dieser im Grunde im Geist des 19. Jahrhunderts konzipierte, aber schließlich vor allem an der französischen Ablehnung gescheiterte Vertrag war von Mussolini vor allem vorgeschlagen worden, um Deutschland in Europa wieder zu voller außenpolitischer Gleichberechtigung zu führen, das von Hitler geführte Reich jedoch zugleich in ein Netzwerk der europäischen Großmächte einzubinden. Im Ergebnis entstand nach monatelangen Verhandlungen ein „Gleichgewicht des Mißbehagens".[36] Nur Mussolini sonnte sich in dem Gefühl, in der europäischen Politik das „entscheidende Gewicht" (*peso determinante*) zwischen den Westmächten und Deutschland gehabt zu haben,[37] obwohl der nur aus unverbindlichen Friedensbeteuerungen bestehende Vertrag nicht einmal völkerrechtlich in Kraft getreten war. Für Hitler war der Vertrag nur deswegen wichtig gewesen, weil er zu nichts verpflichtete, Deutschland mit ihm jedoch in den Kreis der europäischen Führungsmächte aufgenommen werden sollte. Außerdem glaubte er mit seiner Unterzeichnung ein Zeichen der Zustimmung zu Mussolini zu setzen, das sich später auszahlen würde. Göring erhielt daher von ihm den Auftrag, den ‚Duce' bei der Vertragsplanung um jeden Preis zu unterstützen und ihm bei der Abfassung des Vertragstextes alle gewünschten Konzessionen zu machen.

Noch ein drittes Mal war Göring 1933 als „Spezialbevollmächtigter Hitlers" im November in Rom.[38] Er überbrachte Mussolini einen Brief Hitlers vom 2. November, in dem der ‚Führer' erneut in dem devoten Ton, in dem er am 31. Januar 1933 an Mussolini geschrieben hatte, „mit dem Ausdruck aufrichtigen Dankes" für die „vielfältigen Bemühungen Eurer Exzellenz um die Unterstützung des deutschen Volkes und um die tatkräftige Förderung aller ehrlichen Friedensbemühungen" dankte.[39] Inhaltlich ging es ihm darum, den Austritt Deutschlands aus dem Völkerbund und der Abrüstungskonferenz sowie die geplante deutsche Aufrüstung zu begründen. Die eigentlichen deutsch-italienischen Streitfragen sollten offenbar von Göring nur mündlich angesprochen werden. Dieser versicherte im Namen Hitlers, dass die Südtirolfrage von deutscher Seite niemals aufgeworfen werde. Im Hinblick auf Österreich erklärte er jedoch, dass die Reichsregierung „nicht die Absicht habe, die österreichische Unabhängigkeit jetzt anzutasten".[40] Auf die Dauer werde sich jedoch die Vereinigung von Deutschland und Österreich nicht verhindern lassen. Das war eindeutig keine Absage an einen ‚Anschluss', sondern lediglich dessen Verschiebung auf einen späteren Zeitpunkt. Mussolini scheint zwar die Äußerungen Görings so verstanden zu haben, dass die Reichsregierung künftig nichts gegen den Willen Italiens unternehmen werde.[41] Die optimistische Deutung von Görings Auftreten verkehrte sich jedoch in der italienischen Führung in ihr Gegenteil, nachdem Staatssekretär Suvich im Dezember auf Einladung Görings in Deutschland gewesen war. Suvich durchschaute Göring und erkannte in ihm nicht zu Unrecht den Hauptverantwortlichen in der Reichsregierung für eine offensive Österreichpolitik.[42] Görings Reisen nach Südosteuropa, die, nicht einmal unbedingt in Übereinstimmung mit Hitler, eine neue Stoßrichtung nationalsozialistischer Außenpolitik anzeigten, erhöhten das italienische Misstrauen. Die „tiefe Verstimmung" der faschistischen Führung gegenüber dem sich als Protektor Italiens fühlenden Göring war am Ende so groß, dass man Hitler vor seinem ersten Besuch in Italien im Juni 1934 zu verstehen gab, dass der preußische Ministerpräsident als Begleiter des ‚Führers' unerwünscht sei, eine Forderung, der Hitler, um nur ja nicht seine ersehnte persönliche Begegnung mit Mussolini zu gefährden, auch gefolgt ist.[43]

Für Göring muss dieser Ausschluss auch deshalb besonders bitter gewesen sein, weil er es gewesen war, der bei seinem Besuch im Dezember 1933 erneut den Wunsch Hitlers vorgetragen hatte, mit Mussolini persönlich zusammenzutreffen, einem Begehren, auf das der ‚Duce' erstmals wieder positiv reagiert hatte. Mussolinis in den sogenannten Römischen Protokollen vom 17. März 1934 gipfelnder Versuch, Österreich durch eine förmliche Garantieerklärung vor einem deutschen Zugriff zu schützen, machte eine weitere Besuchsplanung zwar erst einmal hinfällig. Auch wenn die Nachricht vom Abschluss des römischen Vertragswerks zwischen Italien, Österreich und Ungarn in Deutschland „wie eine

Bombe" einschlug,[44] ließ sich Hitler jedoch davon nicht besonders beeindrucken. Schon Ende März traf Vizekanzler von Papen in Rom im Auftrag Hitlers mit Mussolini inoffiziell zusammen, um die Besuchsplanung neuerlich wiederaufzunehmen. Und dieses Mal kam die persönliche Begegnung Hitlers mit dem ‚Duce', auf die er so lange gewartet hatte, tatsächlich zustande. Der ‚Duce' stimmte nach einigem weiteren diplomatischen Geplänkel zu, den ‚Führer' am 14./15. Juni in Venedig zu empfangen. Wir wissen nicht genau, weshalb er schließlich dem Drängen Hitlers nachgegeben hat, jedoch konnte er sich selbstverständlich dem Reichkanzler nicht mehr so leicht entziehen wie zuvor dem bloßen Parteiführer. Kein Zweifel kann auch daran bestehen, dass Mussolini sich in dem Glauben wähnte, Hitler aus einer Position der Stärke begegnen zu können, obwohl sich seine Bemühungen, diesen durch die Römischen Verträge und den Viererpakt diplomatisch auszubremsen als wirkungslos erweisen hatten.

Erste Zusammenkunft. Hitler bei Mussolini in Venedig

In seiner neuen Rolle als deutscher Reichskanzler hätte Hitler bei seinem ersten Besuch nach diplomatischen Geflogenheiten von Mussolini eigentlich in der italienischen Hauptstadt empfangen werden müssen. Mussolini hatte das zunächst auch erwogen. Hitler hatte jedoch zu verstehen gegeben, dass er sich „möglichst nicht in Rom, sondern in einem anderen Ort, zweckmäßigerweise in Norditalien" mit dem ‚Duce' treffen wolle.[45] Er wünschte sich eine „möglichst zwanglose Zusammenkunft" ohne Frack und Orden.[46] Die Begegnung sollte „weniger den Charakter eines Staatsbesuches als den einer persönlichen Zusammenkunft" haben.[47] Hitlers Wunsch entsprang wohl vor allem seinem Unbehagen, es bei einem ersten Staatsbesuch in Rom nicht nur mit Mussolini, sondern auch mit König Viktor Emanel III. zutun zu bekommen. Seine Zurückhaltung entsprang jedoch wohl auch noch einem gewissen Gefühl der Inferiorität, von dem er seit über einem Jahrzehnt gegenüber dem ‚Duce' erfüllt gewesen war. Sie entsprach jedoch vor allem auch seiner Hoffnung, mit Mussolini den neuen Stil transnationaler Politik jenseits diplomatischer Rituale beibehalten zu können, den er im langwierigen Prozess seiner Annäherung an den ‚Duce' entwickelt hatte.

Wenn Hitler jedoch durch die Personalisierung ihrer Beziehungen zu Mussolini politisch aufschließen wollte, so sah der ‚Duce' gerade die Chance, ihn im persönlichen Umgang auf Distanz zu halten. Der Besuch in Venedig wurde von ihm so inszeniert, dass er die von ihm beanspruchte politische Dominanz gegenüber Hitler voll ausspielen konnte. Innenpolitisch kam ihm dabei gelegen, dass Hitler von sich aus darauf verzichtet hatte, nach Rom zu kommen, wie das protokollarisch eigentlich für einen Staatsgast angemessen gewesen wäre. Er konnte die Bedeutung des Besuches so gegenüber den skeptischen monarchischen Kreisen seines Landes herunterspielen.

Bei dem Empfang Hitlers auf dem Flughafen von Venedig setzte der ‚Duce' am 14. Juni ein erstes Zeichen. Er präsentierte sich Hitler nicht in ziviler Kleidung als Regierungschef, sondern als ‚Duce' des Faschismus in der Uniform des obersten faschistischen Milizführers. Botschafter Hassell hatte zwar am 12. Juni nach Berlin mitgeteilt, dass Mussolini „faschistische Uniform" tragen würde, hatte gleichzeitig aber auch wissen lassen, dass „im allgemeinen Straßenanzug, für Abendveranstaltungen Smoking" vorgesehen sei.[48] Außenminister Neurath hatte deshalb diplomatischen Gepflogenheiten entsprechend dazu geraten, dass Hitler als Reichskanzler in Zivil anreisen sollte. Im leicht zerknitterten Sommermantel, Straßenschuhen und einem Hut in der Hand in Venedig aus dem Flugzeug steigend musste sich der ‚Führer' gegenüber dem paramilitärisch uniformierten ‚Duce' jedoch als reichlich underdressed vorkommen. Wie ein dokumentarischer Film, vor allem aber um die Welt gehende Fotos der Begrüßung zeigten, wurde er von Mussolini außerdem nicht mit ‚faschistischem Gruß' empfangen, sondern mit einem konventionellen Händedruck, wobei Mussolini dafür überdies noch nicht einmal den Handschuh auszog.[49] Der ‚Duce' verweigerte Hitler also offensichtlich die rituelle Gleichstellung als Führer einer verwandten faschistischen Bewegung, was Hitler offenbar nur deshalb nicht gemerkt hat, weil er zu sehr davon ergriffen war, nach über zwölf Jahren vergeblichen Werbens endlich seinem Idol gegenüber zu stehen.

Auffällig war sodann, dass Mussolini den ‚Führer' wie einen Touristen im Grand Hotel von Venedig unterbringen ließ, selbst aber in der eine halbe Stunde von Venedig entfernten Villa Pisani in Stra Quartier nahm, dem größten und prachtvollsten der venezianischen Adelspalais an der Brenta. Mussolini lag offensichtlich daran in deutlicher räumlicher Distanz zu seinem Gast zu übernachten, um den Abstand zu diesem zu betonen. Für die erste Unterredung begab er sich dann auch keineswegs nach Venedig, vielmehr musste Hitler zu ihm in das Schloss in Stra kommen. Anstatt ihn am Haupteingang zu begrüßen, ließ Mussolini ihn dann nur von einem Protokollbeamten geleitet drei Treppen hinaufsteigen, so als ob Hitler als Bittsteller zu ihm käme.[50] Während Hitler vorgeschlagen hatte, nur eine Nacht in Venedig zu bleiben, um auf diese Weise „größere Ovationen und Manifestationen (zu) vermeiden", legte es Mussolini gerade auf diese an.[51] Er dehnte das Programm des Treffens auf zwei Tage aus, obwohl an jedem der beiden Tage nur jeweils eine Unterredung der beiden Diktatoren vorgesehen war.[52] Hitler musste ein touristisches Programm mit einer Fahrt durch die Lagune, einem Besuch der Insel Murano, einem Konzert im Hof des Palazzo Ducale mit Musik von Verdi und Wagner und einem Besuch der Kunstausstellung auf der Biennale absolvieren. Sieht man von der Wagnermusik ab, deren Genuss für ihn allerdings durch heftige Mückenattacken gestört wurde, war das nicht gerade das Kulturprogramm, das Hitler begeistern konnte. Er beschwerte sich deshalb schließlich, von der eigentlichen Kunst Venedigs nur wenig gesehen zu haben, was ihm am Tage seiner Abreise am 16. Juni um sechs Uhr morgens [sic!] zumindest noch einen Besuch in der Basilica San Marco einbrachte.[53] Das italienische Protokoll hatte Hitler mit diesem Programm wohl nicht provozieren wollen, ganz offensichtlich hatte man sich jedoch an den wenig ausgeprägten künstlerischen Vorlieben Mussolinis orientiert, ohne sich mit dem deutschen Protokoll abzustimmen.

Der eigentliche Höhepunkt des öffentlichen Besuchsprogramms fand am Vormittag des zweiten Tages mit dem „Vorbeimarsch faschistischer Verbände" statt.[54] Mussolini hatte dafür eigens 70.000 Schwarzhemden nach Venedig beordert, um seinen Gast als faschistischer Parteiführer zu beeindrucken. Nach dem Eindruck des italienischen Diplomaten Aloisi grenzte die Begeisterung der vorbeimarschierenden Horden „ans Delirium". Mussolini sei der „Gefangene einer Begeisterung" gewesen, „die er selbst hervorgerufen hatte".[55] Es kann kein Zweifel daran bestehen, dass er mit dieser Masseninszenierung auch bei Hitler den größten Eindruck machte, obwohl Mussolini ihn nochmals gezielt zurückgesetzt hatte, indem er ihn nicht auf den Balkon treten ließ, von dem aus er seine Ansprache an die faschistischen Kohorten hielt.[56] Wie wir aus einer Tagebucheintragung Alfred Rosenbergs wissen, schätzte Hitler nach seiner Heimkehr „die Begeisterung für Mussolini als echt ein. Der Fanatismus sei nicht gekünstelt" gewesen.[57] Wenn Hitler sich vor Beginn seiner Reise vor öffentlichen Beifallskundgebungen Angst gehabt hatte, wohl weil er fürchtete, dass sie nur dem ‚Duce' gelten könnten, machte nach dem Bericht Botschafter v. Hassels keiner der Programmpunkte seines Besuchs am Ende auf ihn „einen so tiefen Eindruck" wie der Auftritt Mussolinis vor den Massen auf dem Markusplatz. Er war nicht nur beeindruckt von den Begeisterungsstürmen für den ‚Duce', sondern vor allem auch darüber befriedigt, dass Mussolini ihn hier „in engsten Zusammenhang mit sich selbst" gebracht hatte, indem er mehrmals von „Hitler und ich" (*Hitler ed io*) sprach.[58] Wenn Mussolini ihn bei seiner Ankunft noch nicht als „Kameraden" empfangen hatte, wurde Hitler nach dem Massenspektakel auf dem Markusplatz von ihm auch erstmals mit dem faschistischen Schlüsselwort ‚Kamerad' tituliert.[59]

In den persönlichen Gesprächen kam es den beiden Diktatoren hauptsächlich darauf an, sich gegenseitig abzutasten. Wie intensiv sie miteinander gesprochen haben, ist nicht genau bekannt, da beide Gesprächsrunden als Vieraugengespräche stattfanden. Um Hitler zu beeindrucken und auch auf diese Weise seine Dominanz unter Beweis zu stellen, hatte Mussolini, wie er das auch später tun sollte, auf einen Dolmetscher verzichtet. Hitler verstand das in seiner totalen Unkenntnis sprachlicher Transferprobleme als Freibrief, so lange und so viel zu reden wie er wollte, ein Muster, nach dem auch alle weiteren Begegnungen zwischen den beiden Diktatoren ablaufen sollten. Ob und wieviel Mussolini tatsächlich von der ihm fremden, dialektgefärbten Suada des ‚Führers' verstanden hat, ist deshalb nicht sicher. Wir wissen nur darüber Bescheid, was die Diktatoren ihren jeweiligen Mitarbeitern nach den Gesprächen darüber erzählt haben. Hitler scheint seinen Beratern sofort seine Eindrücke vermittelt zu haben, die diplomatische Überlieferung seiner Berichte ist jedenfalls unmittelbarer und ausführlicher als die Mussolinis.[60] Die zeitliche Nähe zu den Gesprächen lässt sie auch als glaubwürdiger erscheinen als die kritische italienische Überlieferung, die in der Hauptsache erst aus der Zeit stammt, in der sich das deutsch-italienische Verhältnis vorübergehend stark eingetrübt hatte.

Bei der diplomatischen Vorbereitung des Treffens waren sich beide Seiten einig gewesen, alle schwebenden außenpolitischen Fragen zu besprechen. Tatsächlich scheinen Mussolini und Hitler zumindest auch über die Abrüstungsfrage, die Rückkehr Deutschlands in den Völkerbund und die außenpolitische Annäherung Russlands und Frankreichs gesprochen zu haben, eigentlich aber ging es ihnen in der Hauptsache nur um das Österreichproblem, die einzige Frage, bei der sie kontroverse Ansichten hatten. Kurz vor Hitlers Besuch hatte Mussolini am 17. März 1934 gemeinsam mit dem österreichischen Bundeskanzler Dollfuß und dem ungarischen Ministerpräsidenten Julius Gömbös die sogenannten Römischen Protokolle unterzeichnet, durch welche Mussolini sich offiziell zum „Schutzherrn der österreichischen Unabhängigkeit" aufgeworfen hatte.[61] Hitler hielt sich daraufhin bei seinem Besuch in der Österreichfrage zurück. Eine wirkliche Verständigung darüber, wie sie ihre unterschiedlichen Interessen in dieser Frage zur Übereinstimmung bringen könnten, haben Hitler und Mussolini auch offensichtlich gar nicht erst angestrebt. In einem von Mussolini vorgelegten fünf Punkte umfassenden Programm hieß es zunächst, dass der ‚Anschluss' Österreichs an Deutschland „nicht in Frage" komme. Daraus wurde von deutscher Seite „steht außer Diskussion" gemacht, was bedeutete, dass die Frage nur verschoben, aber nicht ein für alle Male als gelöst angesehen wurde.[62] Man verständigte sich aber offensichtlich auf diese dilatorische Formel, um nur ja nicht einen grundsätzlichen Konflikt aufkommen zu lassen. Die diplomatischen Sachgespräche zwischen den beiden Diktatoren sollten vor allem auf eine „persönliche Annäherung" hinauslaufen, wie man in allen nachträglichen Niederschriften über das Treffen immer wieder lesen kann. In einem abschließenden Bericht v. Hassels aus Rom hieß es ausdrücklich, dass die „Herstellung persönlicher Beziehungen zwischen den beiden Regierungschefs" das wichtigste Ergebnis der Gespräche in Venedig gewesen sei. Sie hätten „als Kameraden miteinander gesprochen".[63]

Es ist daher offensichtlich, dass diese erste Begegnung Hitlers mit Mussolini nicht allein nach den üblichen diplomatischen Kriterien beurteilt werden kann.

Weder Neurath noch Hassell, aber auch der italienische Staatssekretär im Außenministerium Suvich haben das wirklich begriffen. Für sie stand nach den üblichen professionellen Kriterien der diplomatische Austausch im Vordergrund, die öffentliche Demonstration faschistischer Parteiloyalität gegenüber dem ‚Duce' war für sie lediglich Beiwerk. Für Mussolini und Hitler war es genau umgekehrt: für sie war die faschistische Massenkundgebung auf dem Domplatz das wichtigste Ereignis des Treffens, das diplomatische Gespräch war für sie eher zweitrangig.

Es dürfte deshalb nicht übertrieben sein, dass Hitler nach dem Zeugnis Rosenbergs nach seiner Rückkehr „ganz berauscht von Venedig" war.[64] Man darf annehmen, dass sich diese Äußerung nicht nur auf die Begegnung mit Mussolini bezog. Mit 45 Jahren hatte er das erste Mal ein ihm fremdes Land besucht, von Italien hatte er ungeachtet seiner politischen Präferenzen bis dahin nur klischeehafte Vorstellungen gehabt. Venedig musste ihm deshalb für die erste persönliche Begegnung mit seinem politischen Idol geradezu als Traumkulisse erscheinen. Dass Mussolini ihn nur herablassend empfangen hatte, konnte er verschmerzen, da er glauben konnte, als seinesgleichen verabschiedet worden zu sein. Giuseppe Renzetti erklärte er nach der Rückkehr am 19. Juni bei einem gemeinsamen Mittagessen, dass er „begeistert von der Begegnung mit Mussolini" sei. „Ich, fuhr er fort, kannte und bewunderte schon Mussolini wegen seiner Reden, seiner Schriften und seiner Werke: ich bin glücklich, dass die Begegnung mir die Möglichkeit gegeben hat, meine Meinung nicht nur bestätigen, sondern vielmehr erweitern zu können. Menschen wie Mussolini werden einmal alle 1000 Jahre geboren und Deutschland kann froh sein, daß er Italiener und nicht Franzose ist."[65]

Das richtete sich indirekt an den ‚Duce', umso erstaunlicher ist es, dass es immer noch der bewundernde Ton war, mit dem Hitler vor seiner Machtübernahme von Mussolini gesprochen hatte. Die von ihm so lange herbeigesehnte persönliche Begegnung mit dem ‚Duce' hatte nunmehr stattgefunden, Hitler blieb jedoch ihm gegenüber bei seiner uneingeschränkten Ehrerbietung, und das sollte im Grunde in gewisser Hinsicht bis zu ihrer beider Ende so bleiben. Mussolini hat sich über das Treffen, soweit wir wissen, weniger enthusiastisch geäußert, doch scheint er von Hitler einen „außerordentlich günstigen" persönlichen Eindruck gewonnen und „volles Vertrauen zu ihm gefaßt" zu haben.[66] Da man sich in der Österreichfrage nicht streiten wollte und deshalb auf eine sofortige Auseinandersetzung verzichtete, scheint er die Hoffnung gehabt zu haben, mit Hitler zukünftig zu einer für ihn zufriedenstellenden Regelung zu kommen.

So zufrieden Hitler mit den Ergebnissen der Begegnung mit Mussolini war, um die er sich seit zwölf Jahren vergeblich bemüht hatte, so wenig führten diese sofort zu einer dauerhaften Verständigung zwischen den beiden faschistischen Diktatoren. Nachdem er so lange um die Gunst des ‚Duce' gebuhlt hatte, war Hitler jedoch unzweifelhaft selbst dafür verantwortlich, dass sich das Verhältnis zum ‚Duce' schon kurz nach dem Treffen in Venedig empfindlich eintrübte. Es waren zwei schwerwiegende Gewalttaten, die Ermordung der SA-Führung um Ernst Röhm am 30. Juni 1934 und der mit der Ermordung des österreichischen Bundeskanzlers endende Putschversuch österreichischer Nationalsozialisten unter Führung von Theodor Habicht am 25. Juli 1934, welche Mussolini verschreckten und seine politische Hinwendung zu Hitler erst einmal verzögerten. Schon nach der Liquidierung Röhms und seiner Unterführer äußerte sich Mussolini gegenüber einer deutschen Besucherin äußerst aufgebracht, weil er fürchtete, als neuer politischer Freund Hitlers selbst in schlechtes Licht zu geraten.[67]

Als noch sehr viel gravierender musste er selbstverständlich die Ermordung seines politischen Schützlings Dollfuß ansehen, dessen Besuch er gerade erwartete und dessen Familie auf seine Einladung hin schon zum Sommerurlaub in Riccione weilte.[68] Auch wenn Hitler seine Beteiligung an dem Putsch rundheraus ableugnete und Habicht nicht nur als Leiter der österreichischen Landesleitung der NSDAP absetzte, sondern diese gleich ganz auflöste, konnte das Mussolini nicht besänftigen. Für ihn stand fest, dass der Putsch nicht ohne die ausdrückliche Billigung Hitlers versucht worden sein konnte. Ob er tatsächlich auf Hitlers Anordnung stattgefunden hat, kann bis heute nicht eindeutig geklärt werden, aus einer Aufzeichnung von Goebbels geht lediglich hervor, dass Hitler über Putschpläne seiner österreichischen Parteigenossen vorher informiert worden ist und diese nicht ausdrücklich untersagt hat.[69] Es scheint allerdings, dass Habicht Hitler vorgegaukelt hat, in Österreich stehe ein militärischer Staatsstreich bevor, den die Nationalsozialisten nur zu unterstützen brauchten.[70] Mussolini schickte nach dem Umsturzversuch demonstrativ mehrere militärische Einheiten – nicht Divisionen, wie die faschistische Propaganda behauptete – an die Brennergrenze und empfing für längere Zeit keine nationalsozialistischen Besucher mehr. Die italienische Presse entfaltete auf Weisung Mussolinis eine wochenlange antideutsche Kampagne.[71] Konnte sich Hitler eben noch am Ziel seiner langjährigen Wünsche fühlen, brach der ‚Duce' zu ihm abrupt alle persönlichen Kontakte ab und beendete somit die gerade erst aufgenommenen faschistischen Sonderbeziehungen.

Wenn Mussolini angenommen hatte, durch seine harsche Reaktion Hitler dazu bewegen zu können, in der Österreichfrage nachzugeben und dessen Selbständigkeit zu garantieren, hatte er sich freilich geirrt. Für Hitler blieb der ‚Anschluss' eine über das Aktuelle hinaus geradezu sentimentale Herzensangelegenheit, in der er dem faschistischen ‚Kameraden' auch dann nicht entgegenkommen wollte, wenn dadurch das Verhältnis zu ihm vorübergehend gestört wurde. Vor allem glaubte er zweifellos durch seinen dezidierten Verzicht auf Südtirol, an dem er ungeachtet aller internen Widerstände seit über einem Jahrzehnt festgehalten hatte, eine Art von politischer Vorleistung gegeben zu haben, für die er im Gegenzug Mussolinis Entgegenkommen in der Österreichfrage erwarten konnte.

Auf den plötzlichen Klimaumschwung reagierte Hitler deshalb betroffen, hatte er offensichtlich doch damit gerechnet, bei seinem neuen politischen ‚Freund' auch deshalb auf mehr Verständnis stoßen zu können, weil auch ihm politische Morde nicht gerade fremd waren. Nach außen hin ließ er sich jedoch nichts anmerken und betrieb bis in den Winter 1935/36 hinein eine „Politik des toten Mannes".[72] Auf Mussolinis durchsichtige diplomatische Versuche, im April 1935 bei einem Zusammentreffen mit den Ministerpräsidenten Frankreichs und Englands in Stresa eine politische ‚Front' gegen Deutschland aufzubauen, antwortete er im Juni mit der Zustimmung zu einem von der britischen Regierung vorgeschlagenen Abkommen, durch das dem Deutschen Reich eine Flottenstärke von 35 % der britischen zugestanden wurde.[73] Die ohnehin nur rein deklamatorische, von den Parlamenten der beteiligten Staaten nie ratifizierte ‚Stresafront' brach mit dem Abschluss dieses deutsch-britischen Flottenabkommens in sich zusammen.

Hitler versagte es sich jedoch, Mussolini weiter diplomatisch vorzuführen. Auf dessen abweisende Haltung gegenüber dem nationalsozialistischen Deutschland reagierte er mit einer passiven Beschwichtigungspolitik, einer Politik, die er, was bisher meist übersehen wird, gegenüber seinen Diplomaten erst einmal durchsetzen musste. Wenn man von der wichtigen Ausnahme Ulrich von Hassells absieht, der als deutscher Botschafter in Rom unter weitgehender Verkennung von Mussolinis aggressiver außenpolitischer Grundhaltung von einer deutsch-italienischen-britischen Friedensallianz träumte, machte sich, beginnend bei Minister Neurath, im Auswärtigen Amt, aber auch in der Wehrmacht, eine antiitalienische Stimmung breit, bei der alte Vorurteile wegen des ‚Verrats' im Ersten Weltkrieg und der Unterdrückung der Südtiroler seit 1919 wieder hochkamen. Hitler trat dem auf zweierlei Weise entgegen: Zum ersten verteidigte er Mussolini intern weiterhin uneingeschränkt gegen alle Kritiker. Am 12. Januar 1935 gab er die Anweisung die „Pressekampagne gegen Italien" abzubrechen, diese „sei abwegig und habe zu unterbleiben".[74] Vor Offizieren des VI. Armeekorps wünschte er Mussolini am 7. September 1935 ausdrücklich „vollen Erfolg" bei seiner Invasion in Abessinien.[75] Das Auswärtige Amt wurde durch diese und weitere Anweisungen von Hitler unmissverständlich in die Schranken gewiesen.

Waren dies alles interne Anordnungen, so kam Hitler in seiner sogenannten Friedensrede vor dem Reichstag am 21. Mai 1935 dem ‚Duce' mit der von diesem schon mehrmals geforderten Garantieerklärung für die Integrität Österreichs öffentlich entgegen: „Deutschland hat weder die Absicht noch den Willen, sich in die inneren österreichischen Verhältnisse einzumengen, Österreich etwa zu annektieren oder anzuschließen ... Die deutsche Regierung bedauert die durch den Konflikt mit Österreich bedingte Spannung umso mehr, als dadurch eine Störung unseres früher so guten Verhältnisses zu Italien eingetreten ist, einem Staat, mit dem wir sonst keinerlei Interessengegensätze besitzen."[76] Es liegt auf der Hand, dass Hitler damit nicht die Wahrheit sagte, jedoch legte er sich immerhin öffentlich gegen einen ‚Anschluss' fest, was er bis dahin immer zu vermeiden gesucht hatte. Vor die Wahl gestellt, das faschistische Italien bei einem offen betriebenen ‚Anschluss' Österreichs als Bündnispartner zu verlieren oder auf die Annektion Österreichs vorläufig zu verzichten, entschied er sich, so lange er sich der Freundschaft Mussolinis noch nicht wieder ganz sicher sein konnte, vorläufig für das letztere.

Bezeichnenderweise näherte er sich dem ‚Duce' dadurch an, dass er sich erneut außerdiplomatischer Vermittler bediente, um mit ihm wieder ins Gespräch zu kommen. Er konnte es dabei allein schon als ein Zeichen für wieder sich verbessernde Beziehungen ansehen, dass Mussolini mit der Sonderdiplomatie teils öffentlich teils geheim agierender Sendboten stillschweigend einverstanden war. Die sich daraus ergebende Kommunikation hatte nicht nur einen informellen Charakter, sie stellte vielmehr zwischen den beiden Diktatoren neuerlich Sonderbeziehungen her, die dem von ihnen erstmals in Venedig beschworenen Prinzip faschistischer ‚Kameradschaftlichkeit' wieder näherkamen.

Das soll nicht heißen, dass zwischen Berlin und Rom dauerhaft eine parallele Organisation von geheimen Kurieren aufgebaut worden wäre, welche den traditionellen diplomatischen Apparat überflüssig gemacht hätte. Die Entsendung von informellen Sendboten wurde nicht aufeinander abgestimmt, sie war vielmehr improvisiert, jeder der beiden Diktatoren benutzte seine eigenen Mittelsmänner. Manchmal ergab es sich eher zufällig, etwa wenn sie aus einem anderen Anlass ohnehin schon in Italien bzw. Deutschland waren, dass bestimmte Personen von einem der Diktatoren zum Überbringer politischer Botschaften auserwählt wurden. Das galt z. B. für die prominente Filmemacherin Leni Riefenstahl, die am 26. Februar 1936 bei Mussolini einen Audienztermin erhielt, weil der ‚Duce' sie gerne für einen Propagandafilm gewinnen wollte.[77] Als Hitler davon erfuhr, ließ er sie noch kurz vor ihrem Abflug nach München kommen, um sie zu bitten, als eine Art „Privatbotschafterin des Führers" tätig zu werden. Von Mussolini erhielt sie den Auftrag, Hitler seine Hochschätzung zum Ausdruck zu bringen. Auf ihre Frage, warum er gerade sie für diese Botschaft auswähle, erhielt sie die bezeichnende Antwort: „Weil die Diplomaten, deutsche wie italienische, alles tun, um eine Annäherung zwischen mir und dem Führer zu verhindern."[78]

In diese Sonderbeziehungen zwischen Hitler und Mussolini ist auch ein Vorgang einzuordnen, der in der damaligen internationalen Politik nicht seinesgleichen hatte. Für den ‚Führer' stand fest, dass an der Erkaltung seiner Beziehungen zum ‚Duce' vor allem auch die italienischen Diplomaten schuld waren, die er pauschal der Deutschfeindlichkeit bezichtigte. Seine Vorurteile sah er besonders durch den italienischen Botschafter in Berlin, Vittorio Cerruti, bestätigt, der, mit einer jüdischen, politisch engagierten Frau verheiratet,[79] aus seiner Gegnerschaft gegen den Nationalsozialismus keinen Hehl machte. Kaum schien sich das seit dem Mord an Dollfuß eingetrübte Verhältnis zu Mussolini wieder zu verbessern, versuchte er daher ihn auf höchst ungewöhnliche Weise loszuwerden. Da dies auf offiziellem Wege über das italienische Außenministerium kaum möglich war, kam er auf die Idee, deswegen bei Mussolini direkt zu intervenieren.[80] Er benutzte dafür letztmals den ihm vertrauten Mittelsmann Renzetti, dem er vor 1933 seine entscheidenden Kontakte zu Mussolini zu verdanken hatte. Renzetti war nach Hitlers Machtübernahme auf Betreiben des italienischen Außenministeriums in den diplomatischen Dienst Italiens übernommen und dem Berliner Botschafter als Gesandter unterstellt worden. Er verlor damit seinen Immediatzugang zu Hitler und wurde schließlich sogar als Generalkonsul nach San Francisco versetzt.[81] Vor seinem Weggang durfte er 1935 jedoch noch einen Abschiedsbesuch bei Hitler machen, was dieser dazu nutzte, mit einer beispiellosen Intrige die Abberufung Cerrutis aus Berlin zu erreichen.

Nach dem Bericht Renzettis warf Hitler dem Botschafter ihm gegenüber in einer langen Suada folgendes vor:[82] „Jeder Staat hat das Recht, als seinen diplomatischen Vertreter in Deutschland die Person zu entsenden, die er für am meisten geeignet hält. Ich jedoch habe das Recht, auf der Basis des Vertrauens nur mit den Diplomaten zu sprechen, die – auch wenn sie die Interessen ihres Landes mit Nachdruck verteidigen, dazu sind sie verpflichtet – sich korrekt und loyal verhalten, d. h., die ihren Regierungen genau das berichten, was ich ihnen sage. Die diplomatischen Vertreter können deutschfeindlich und antinazionalsozialistisch eingestellt sein: ihre Gefühle gehen mich nichts an. Mich interessiert jedoch, daß meine Erklärungen, die ich ihnen gegenüber abgebe, ohne Veränderungen übermittelt werden. Jeder Diplomat kann meinen Erklärungen seine eigenen Eindrücke hinzufügen, kann Vorschläge machen. Das bleibt ihm unbenommen. Aber er muß sie vollständig referieren. Die Botschafter Frankreichs, Englands und Polens zum Beispiel sind fanatische Patrioten: besonders die beiden ersten sind Gegner des nationalsozialistischen Systems. Sie sind jedoch äußerst korrekt und loyal. Sie haben in allen Fällen ihre eigenen Regierungen mit äußerster Genauigkeit das wissen lassen, was ich ihnen gesagt habe. Das gleiche läßt sich leider nicht von dem Botschafter Italiens sagen."

Als Renzetti gegen diesen Vorwurf Einwände erhob, antwortete ihm Hitler gönnerhaft: „Lieber Renzetti – wenn ich so spreche, so habe ich Beweise dafür."[83] Er wolle sich keineswegs in eine italienische Angelegenheit einmischen – was genau er jedoch gerade versuchte, wenn er die Abberufung Cerruttis verlangte.

Aber ohne einen Botschafterwechsel könne „eine Verbesserung der deutsch-italienischen Beziehungen nicht eintreten." [84]

Diese unglaubliche Forderung war für Hitler sicherlich auch ein Test dafür, inwieweit er überhaupt wieder mit einem politischen Entgegenkommen Mussolinis rechnen konnte. Dass er nicht mehr, wie in den zwanziger Jahren und selbst noch unmittelbar nach seiner Machtübernahme, als fast unterwürfiger Bittsteller auftrat, zeigte überdies, dass sich das politische Stärkeverhältnis zwischen den beiden faschistischen Führern umzukehren begann: der faschistische Zauberlehrling entschlüpfte seinem Meister und beanspruchte seinerseits im gegenseitigen Verhältnis politische Gleichrangigkeit.

Weshalb Mussolini dem im Grunde erpresserischen Ersuchen Hitlers gefolgt ist, ist zwar nicht genau überliefert, wenn er angesichts des englischen und französischen Widerstandes die Planungen seiner gewaltsamen Intervention in Abessinien vorantreiben wollte, konnte er aber ungeachtet seiner vorübergehenden Verstimmung keinen Konflikt mit Hitler riskieren. Dass der ‚Führer' ihn nicht auf offiziellem, sondern auf dem auch von ihm geschätzten informellem Wege ansprach, erlaubte es ihm auch, Hitler mit der Abberufung Cerrutis unauffällig entgegen zu kommen. Um nicht gänzlich als Verlierer dazustehen, versetzte er Cerruti zu Hitlers Ärger nach Paris, wo dieser mit seiner antinazistischen Einstellung nur Beifall finden konnte. Für Renzetti zahlte sich seine Mitwirkung an Hitlers Intrige insofern aus, als sich die Naziführung nach seiner Wegversetzung erfolgreich für seine Rückkehr nach Berlin einsetzte. Schon 1936 kam er an die Berliner Botschaft zurück, zwar nunmehr fest in diese eingebunden, aber mit dem Spezialauftrag, persönliche Kontakte zu den nationalsozialistischen Führern einschließlich Hitler zu pflegen.[85]

Nach der vorübergehenden Kaltstellung Renzettis trat der Genueser Anwalt Cesare Vernarecci di Frossombrone, der adelige Verwandte in Deutschland hatte und daher hier unauffällig politisch aktiv werden konnte, für einige Zeit an Renzettis Stelle.[86] Er wurde von Hitler im Juli 1935 auf seinem ‚Berghof' bei Berchtesgaden empfangen, eine besondere Vergünstigung, die selbstverständlich nicht ihm persönlich galt, sondern als politische Geste gegenüber Mussolini angesehen werden musste.[87] Schließlich traf auch der Florentiner Germanistikprofessor Guido Manacorda zwischen September 1935 und März 1937 vier Mal im Auftrag Mussolinis, bei dem er eine Zeit lang ein und aus ging, mit Hitler zusammen. Wie Renzetti hatte er sich selbst als politischer Vermittler angeboten, wurde anders als dieser, jedoch von der italienischen Diplomatie unterstützt. Seine erste Audienz bei Hitler erhielt er überdies am 29. September 1935 auf die Fürsprache Botschafter von Hassels hin. Hitler scheint ihn anfangs aufgrund seiner direkten Verbindung zu Mussolini geschätzt zu haben, er wurde ihm aber schließlich wegen seines Einsatzes für die katholische Kirche lästig.[88]

Sowohl in Deutschland als auch in Italien stammte die Mehrzahl der außerdiplomatischen Sendboten sonst überwiegend aus dem Führungsapparat der faschistischen Einheitsparteien. Die Sonderrolle Hermann Görings wurde schon erwähnt, für die Wiederanbahnung der engen Parteibeziehungen spielte auf deutscher Seite, wie zu zeigen sein wird, auch der Reichsminister Hans Frank eine wichtige Rolle.[89] Für Mussolini konnte z. B. der Staatssekretär im Erziehungsministerium Renato Ricci, ein Faschist der ersten Stunde, als Delegationschef der italienischen Mannschaft bei den olympischen Winterspielen in Garmisch-Partenkirchen, Anfang 1936 unauffällig von Hitler empfangen werden. Der Chef des militärischen Abwehrdienstes (SIM) Mario Roatta und der Landwirtschaftsminister Edmondo Rossoni, beide ebenfalls zum faschistischen Führungskader gehörend, verhandelten im Auftrag Mussolinis im Frühjahr 1936 schon fast offiziell mit Hitler.[90]

Erst recht galt dies für Mussolinis Geheimdienstchef Arturo Bocchini, der am 1. April 1936 mit Heinrich Himmler in Berlin ein deutsch-italienisches Polizeiabkommen aushandelte.[91] Dies Abkommen bestand zwar nur aus Absichtserklärungen für eine gemeinsame Bekämpfung von „Kommunismus und Freimaurerei". Es legte jedoch bezeichnenderweise fest, dass die Zusammenarbeit der Vertragspartner künftig „unter Ausschaltung diplomatischer Verhandlungen", also allein im Geist faschistischer ‚Kameradschaft' erfolgen sollte. Das Polizeiabkommen war daher über seinen Inhalt hinaus ein wichtiger Schritt in Richtung einer Verständigung der beiden Diktatoren auf der Basis privilegierter Sonderbeziehungen.

Die Wirkung des Abkommens wurde noch dadurch verstärkt, dass mit Reichsminister Hans Frank, der nach Rom zu einem Vortrag eingeladen worden war, am 3. April von Mussolini nach über einjähriger Pause fast zeitgleich wieder ein ranghoher Nationalsozialist in Audienz empfangen wurde. Ausdrücklich übermittelte Frank eine Botschaft Hitlers „auf rein menschlichem Wege", wozu auch beitrug, dass er sich mit Mussolini auf Italienisch verständigen konnte.[92] Diese Überkreuzbegegnungen hochrangiger faschistischer Parteiführer markierten das Ende der politischen Eiszeit zwischen Hitler und Mussolini, die am 25. Juli 1933 durch die Ermordung des österreichischen Bundeskanzlers Dollfuß ausgelöst worden war.

Das Jahr 1936 sollte dadurch zum Wendejahr in den Beziehungen Hitlers zu Mussolini werden. War der ‚Führer' bisher nie ganz aus der Rolle eines Bittstellers herausgekommen, sah sich nunmehr der ‚Duce' veranlasst, sich Hitler hilfesuchend zuzuwenden.[93] Hitlers Einstellung zu Mussolini änderte sich dadurch nicht, der ‚Duce' blieb nach wie vor sein politisches Idol, dem er lebenslang für seine politische Vorbildrolle dankbar bleiben sollte. Aber Mussolini musste begreifen, dass er nunmehr Hitlers Unterstützung mehr nötig hatte als dieser die seine.

Fragt man danach, was diesen politischen Klimawechsel bewirkt hat, wird man sicherlich Hitlers erstaunlich beharrliches, wenn auch zweifellos berechnendes Abwarten hervorheben müssen. Obwohl er sich als Diktator seit der Usurpation des Reichspräsidentenamtes am 2. August 1934 in einer zwar verfassungswidrigen, aber gleichwohl kaum noch zu erschütternden politischen Machtposition befand, musste sich Hitler mit seinem Festhalten an Mussolini in Deutschland gegen eine zunehmend größere Schar von Diplomaten, Militärs und Journalisten durchsetzen, die auf Distanz zum faschistischen Italien gingen. Jens Petersen hat das Aufkommen dieser antiitalienischen Stimmung als „kritische Zurückhaltung" bezeichnet.[94] Die Aversionen gegen das faschistische Italien waren innerhalb der NS-Führungselite, von Ausnahmen wie Göring abgesehen, auch im ‚Dritten Reich' ursprünglich wohl nicht geringer als seinerzeit bei den völkischen und demokratischen Parteien der Weimarer Republik. Die Hinwendung zu Italien war daher kein Selbstläufer, sie hing mehr oder weniger von Hitlers langem Atem ab. Fast konnte der Diktator sich dabei so vorkommen wie in den zwanziger Jahren, als er mit seiner Sympathie für Mussolinis Regime innerparteilich auch schon auf größten Widerstand gestoßen war.[95] Im Unterschied zu damals konnte er in den dreißiger Jahren die Kritik an seiner Italienpolitik zwar durch bloße ‚Führerbefehle' zum Schweigen bringen, ganz unterdrücken konnte er sie aber nicht.

Wenn Hitler mit seiner abwartenden Politik am Ende erfolgreich war, hatte er das freilich auch der Tatsache zu verdanken, dass Mussolini im Vergleich zu ihm ein durchaus ‚schwacher Diktator' war. In seiner ambivalenten Stellung war er zu ständigem Lavieren zwischen der faschistischen Partei und den nationalkonservativen Eliten mit dem König an der Spitze gezwungen. Um aus dieser Zwangslage herauszukommen, suchte er seine Stellung als ‚Duce del Fascismo' mit Hilfe eines gigantischen Propagandaapparates dadurch zu festigen, dass er sich an seinen heterogenen Herrschaftsträgern vorbei direkt an die Bevölkerung wandte. Dieser Rückgriff auf plebiszitäre Zustimmung, hatte ihn jedoch abhängig von ständigen, möglichst spektakulären politischen Erfolgen gemacht, da nur diese den Konsens der Massen garantierten. In den zwanziger Jahren hatte er deshalb nacheinander diverse wirtschaftspolitische ‚Schlachten' inszeniert, etwa für den Kampf um die Lira, die Urbarmachung der Sümpfe oder die Steigerung des Weizenanbaus, um die Bevölkerung für sich zu gewinnen.[96] Seit Beginn der dreißiger Jahre ließen sich jedoch keine solchen Schlachten mehr schlagen, Mussolini musste daher auf Erfolge außerhalb Italiens setzen, die nur mit militärischer Gewalt zu erzielen waren. Tatsächlich führte das faschistische Regime fast ein ganzes Jahrzehnt über Krieg, nicht um sich gegen äußere Feinde zu verteidigen, auch nicht, um anderen Mächten präventiv zuvorzukommen, sondern letzten Endes nur, um das innenpolitische Prestige des ‚Duce' zu steigern und damit seine diktatorische Stellung zu festigen.

In besonderem Maße muss der Überfall auf den ostafrikanischen Kaiserstaat Abessinien, den Mussolini am 2. Oktober 1935 befahl, in dieser Weise interpretiert werden.[97] Dafür spricht vor allem, dass der Krieg mit einem bis dahin unbekannten Propagandaaufwand vorbereitet wurde. Da Mussolini mit einem schnellen Sieg über die Afrikaner rechnete, ließ jedoch die militärische und logistische Vorbereitung zu wünschen übrig. Es ging dem ‚Duce' vor allem um die „mentale Mobilisierung der Bevölkerung", da nur diese den von ihm gewünschten Konsens mit seiner Diktaturherrschaft sicherstellen konnte.[98] Vor Beginn der militärischen Aktionen äußerte er ganz offen vor Mitarbeitern, dass er diesen „Krieg um des Krieges willen" führen müsse, da „der Faschismus den Ruhm eines Sieges" brauche.[99] Die Zeitgenossen haben diesen herrschaftspolitischen Aspekt kaum beachtet, sondern Mussolini entweder als spätimperialistischen Abenteurer oder als exzentrischen Machtpolitiker angesehen. Es ist jedoch bemerkenswert, dass der Mussolini immer kritischer gegenüberstehende deutsche Außenminister Neurath erkannte, weshalb Mussolini gezwungen war, außenpolitisch Vabanque zu spielen. Gegenüber dem amerikanischen Botschafter in Berlin äußerte er: „Er muß eben diesen Krieg beginnen, da er im eigenen Lande kaum etwas Neues tun kann. Führt er keinen Krieg, ist er in Gefahr, überfällt er Abessinien, so wird dabei für ihn kaum etwas herauskommen, ja er kann eine Niederlage erleiden, und das würde seinen Sturz bedeuten."[100]

Anstelle des erhofften ‚Blitzkriegs' gegen die von der faschistischen Propaganda als rassisch ‚minderwertig' angesehenen Afrikaner zog sich der Krieg gegen Abessinien jedoch hin, da die kaiserlichen Soldaten trotz gewaltiger militärischer Unterlegenheit ihr Heimatland aufgrund ihrer Kenntnis der Topographie hartnäckig verteidigten. Mussolini griff schließlich zu barbarischen Methoden der Kriegführung, um einen Sieg zu erzwingen. Er ließ ganze Dörfer zerstören und die Zivilbevölkerung in Konzentrationslagern verhungern. Vor allem befahl er, die Kriegsmoral der Abessinier durch gezielte Giftgasangriffe zu untergraben. Mit Recht ist daher der faschistische Abessinienkrieg als „erster Vernichtungskrieg" des 20. Jahrhunderts bezeichnet worden.[101]

Für Hitler war das militärische Desaster Mussolinis in Abessinien ein politisches Geschenk. Die Annäherung Mussolinis an Frankreich und an Großbritannien, die der ‚Duce' seit 1934 zum Ausgleich seiner immer stärkeren Bindung an Hitler betrieben hatte, wurde mit einem Schlag gestoppt. Die Regierungen der beiden Westmächte konnten nicht zulassen, dass sich das faschistische Italien gewaltsam in Ostafrika festsetzte. Sie hätten damit die Prinzipien des Völkerbundes verletzt, aber vor allem, das verlieh ihrer Politik gegenüber Mussolini einen heuchlerischen Zug, auch ihren eigenen spätkolonialistischen Machtinteressen in Afrika geschadet. Hitler brauchte dagegen, nachdem er die Mitgliedschaft aufgekündigt hatte, keine Rücksicht auf den Völkerbund zu nehmen, dessen friedenswahrende Funktion ihm ohnehin gleichgültig war. Irgendwelche konkreten kolonialistischen Interessen hatte er nicht zu vertreten, auch wenn die Wiederherstellung des ehemaligen deutschen Kolonialreiches auf dem Programm der NSDAP stand. Je länger der Krieg in Abessinien dauerte, desto mehr musste ihm der ‚Duce' daher nach seinem Kalkül in die Arme laufen. Um ihn möglichst lange in Abessinien militärisch zu beschäftigen, scheute Hitler sogar nicht davor zurück, den Widerstand des Negus gegen die faschistische Invasion durch geheime Waffenlieferungen zu unterstützen.[102] Nach außen hin beteuerte er, sich in dem Konflikt strikt neutral zu verhalten. Da er die auf Betreiben Englands und Frankreichs vom Völkerbund gegen Italien verhängten Sanktionen nicht mittrug und dem Land weiterhin dringend benötigte Rohstoffe, vor allem Kohle liefern ließ, kam die deutsche Neutralität jedoch de facto dem faschistischen Aggressor zugute. Nach der Ausrufung des faschistischen ‚Imperiums' in Afrika durch Mussolini am 9. Mai 1936 war es auch Hitler, der die Annexion Abessiniens als erster sofort völkerrechtlich anerkannte.

Schon vorher hatte Hitler den ‚Duce' indirekt zu Gegenleistungen für seine Unterstützung gezwungen. Am 7. März 1936 ließ er Einheiten der Wehrmacht in die entmilitarisierte Zone des Rheinlandes einmarschieren.[103] Diese mit dem Bruch des Locarnovertrages von 1925 verbundene Militäraktion richtete sich zwar in erster Linie gegen Frankreich, das dabei war, einen militärischen Beistandspakt mit der Sowjetunion abzuschließen. Hitler nutzte jedoch die Gelegenheit, um damit auch gezielt die Haltung Mussolinis zu testen. Der ‚Duce' wurde von Botschafter von Hassell über die mit völliger Geheimhaltung vorbereitete Militäraktion erst am frühen Morgen des 7. März informiert, als die deutschen Truppen schon an drei Stellen in das Rheinland eingedrungen waren. Nach dem Bericht Hassels reagierte er auf die Information „auf das äußerste betroffen".[104]

Er war jedoch weniger über den deutschen Einmarsch schockiert, den er durchaus als zwangsläufig hinnahm, sondern mehr über das damit verbundene Angebot Hitlers an die Westmächte, eine Rückkehr in den Völkerbund zu erwägen. Der ‚Duce' sah dies als eine gegen ihn gerichtete Spitze an, weil ihm damit die diplomatische Waffe aus der Hand geschlagen wurde, seinerseits mit dem Austritt aus dem Völkerbund zu drohen, falls die Sanktionen gegen Italien nicht aufgehoben würden. In dem auf den deutschen Einmarsch folgenden hier nicht weiter interessierenden diplomatischen Geplänkel erwies sich Mussolinis Waffe jedoch als stumpf, obwohl Hitler einen Wiedereintritt in den Völkerbund gar nicht ernsthaft geplant hatte. Schließlich musste er deshalb klein beigeben, wenn er nicht die Unterstützung Hitlers für den Abessinienkrieg verlieren und am Ende gänzlich isoliert dastehen wollte.

Ein entscheidender Schritt der gegenseitigen Annäherung wurde im Juli 1936 getan, als Hitler und Mussolini im militärischen Gleichklang, wenn auch zunächst ohne gegenseitige Absprache, auf den Militärputsch in Spanien reagierten und jeweils für sich auf der Seite der aufständischen Generäle in den aufkommenden Bürgerkrieg eingriffen. Am 23. Oktober 1936 verständigten sie sich in einer geheimen Übereinkunft auch über ihre Kooperation in Spanien. Über die gemeinsame Anerkennung der nationalistischen Regierung unter General Franco, die darauffolgende Entsendung von Botschaftern und die gegenseitige Verständigung darüber, das vom Völkerbund durchgesetzte Nichteinmischungsabkommen zu unterlaufen, kam es zu einer immer engeren Zusammenarbeit zwischen Deutschen und Italienern. Hitler zog daraus jedoch die größeren Vorteile als Mussolini.

Der ‚Führer' entsandte keine Bodentruppen, sondern mit der ‚Legion Condor' ausschließlich 6.000 Mann der neu aufgebauten Luftwaffe nach Spanien, die dort mit Terrorangriffen wie auf das baskische Dorf Guernica die Nationalisten unterstützten, zugleich aber auch neue Waffensysteme im Kriegseinsatz testeten.[105] Mussolini hatte dagegen am Ende etwa 80.000 Mann schlecht ausgebildeter, großenteils aus der faschistischen Miliz kommender Bodentruppen eingesetzt, deren Kampfkraft gering war.[106] Bei Guadalajara erlitt das faschistische Expeditionskorps am 8. März 1937 eine vernichtende Niederlage gegen die republikanischen Truppen. Nur dank der Hilfe Deutschlands, das seine Invasionstruppen vergrößerte sowie die Luftangriffe durch die ‚Legion Condor' steigerte, wodurch die italienischen Invasionstruppen entlastet wurden, kam es in Spanien für den Faschismus nicht zu einer vollständigen Katastrophe.

Was Hitler letzten Endes mit seinem Eingreifen in den spanischen Bürgerkrieg bezweckte, ist bis heute nicht endgültig geklärt.[107] Neben wirtschaftlichen Überlegungen, die vor allem für Göring entscheidend waren, spielten für ihn zweifelsohne in erster Linie strategische Gründe eine Rolle. Wie wir aus der Hoßbach-Niederschrift vom 5. November 1937 wissen,[108] drehte sich sein Denken 1937 verstärkt um Österreich und die Tschechoslowakei.[109] Den durch den spanischen Bürgerkrieg ausgelösten internationalen Konflikt für eine Annexion der beiden Nachbarländer ausnutzen zu können, war für ihn deshalb ein wichtiger Grund, diesen nicht zu schnell zu beenden. Ähnlich wie im Abessinienkonflikt dem Negus ließ er es deshalb zu, dass in Spanien auch der republikanischen Regierung wenn auch nur veraltete Waffen geliefert wurden.[110] Auch sein Werben um Mussolini hatte daher, wie schon einmal 1935/36 während des Abessinienkrieges, einen hinterhältigen Charakter: einerseits tat er weiterhin alles, um die politische und militärische Zusammenarbeit mit dem ‚Duce' zu intensivieren, andererseits lag ihm aber daran Mussolini möglichst lange in Spanien militärisch zu beschäftigen, um ihn von den deutschen Annexionsplänen gegenüber Österreich und der Tschechoslowakei abzulenken. Ungeachtet aller Dankbarkeit gegenüber dem faschistischen Diktator scheute der ‚Führer' nicht davor zurück, Mussolini politisch zu hintergehen, wenn das in seine außenpolitischen Aggressionspläne passte.

Faschistische Symbolpolitik. Von der ‚Achse Berlin-Rom' zum ‚Stahlpakt'

Für Hitler stand seit seiner Machtübernahme fest, dass das von ihm angestrebte Bündnis mit dem faschistischen Italien auf seiner persönlichen ‚Freundschaft' mit Mussolini beruhen würde. Nach der vorübergehenden Eintrübung ihrer Beziehungen infolge der Ermordung des österreichischen Bundeskanzlers Dollfuß durch nationalsozialistische Putschisten hatte sich auch die Wiederannäherung, wie dargestellt, nicht auf diplomatischem Wege, sondern über als ‚kameradschaftlich' bezeichnete Sonderbeziehungen über informelle Boten vollzogen.[111] Die beiden faschistischen Diktatoren hielten damit an dem Kommunikationsstil fest, der sich vor Hitlers Machtübernahme zwischen ihnen eingespielt hatte. Was ursprünglich der politischen Asymmetrie zwischen dem mächtigen Staatsmann und dem bloßen Parteiführer geschuldet war, wurde von ihnen nach Hitlers Machtübernahme euphorisch als neuer Stil transnationaler Beziehungen ausgegeben. Schon als sie sich 1934 in Venedig erstmals persönlich trafen, verstanden sie dies, wie dargestellt, nicht als bloßen Staatsbesuch, sondern als Begegnung zwischen ‚Führern' nationaler Massenbewegungen. Sie folgten einer Utopie transnationaler Beziehungen auf rein persönlicher Basis, welche sich von konventionellen zwischenstaatlichen Begegnungen grundsätzlich unterscheiden sollte.

Auch wenn sich Hitler und Mussolini in der Stilisierung ihrer politischen Beziehungen einig zu sein schienen, hatten diese jedoch für sie ursprünglich eine unterschiedliche Wertigkeit. Für Hitler war die Verbindung zu Mussolini auf personaler Basis gerade deswegen essenziell, weil er dem monarchischen Umfeld Mussolinis misstraute. Immer wieder kam er, besonders nach seiner Italienreise von 1938 darauf zurück, dass der königliche Hof und die von diesem abhängigen Beamten und Generäle deutschfeindlich seien, Mussolinis durchaus denkbare Absetzung daher die gesamten Beziehungen zum faschistischen Italien in Frage stellen könnte.[112]

Hitler wurde außerdem von der Angst umgetrieben, dass Mussolini etwas zustoßen und sich die nur auf seiner persönlichen ‚Freundschaft' mit Mussolini beruhende Allianz Deutschlands mit Italien auch aus diesem Grund auflösen könnte. So wie er, sich in egomanen Todesahnungen ergehend, an seine eigene Unersetzlichkeit glaubte, konnte in seinen Augen ein Ausfall Mussolinis in Italien eine ebenso verheerende Wirkung haben wie der seine in Deutschland. Gegenüber den Oberbefehlshabern der Wehrmacht äußerte er etwa am 23. August 1939: „Viel hängt ab von Italien, vor allem von Mussolini, dessen Tod alles ändern kann. Italien hat große Ziele für Befestigung seines Imperiums. Träger dieser Idee sind ausschließlich der Faschismus und der Duce persönlich. Der Hof steht ablehnend dem gegenüber. So lange der Duce lebt, so lange kann damit gerechnet werden, dass Italien jede Möglichkeit wahrnehmen wird, seine imperialistischen Ziele zu erreichen."[113]

Aufgrund der labilen innenpolitischen Stellung Mussolinis und aus Sorge bei einem plötzlichen Tod des ‚Duce' den einzigen wirklichen Bündnispartner des nationalsozialistischen Deutschlands in Europa zu verlieren, strebte Hitler daher, sobald sich ihre Beziehungen nach dem Einbruch von 1934 wieder normalisierten, vertragliche Bindungen Deutschlands mit Italien an. Der Abschluss von deutsch-italienischen Abkommen spielte deshalb in der nationalsozialistischen Politik eine große Rolle, obwohl Hitler unverändert daran festhielt, dass die deutsch-italienische Allianz in erster Linie auf seiner persönlichen ‚Freundschaft' mit dem ‚Duce' beruhte. Hitler wurde dabei seit 1938 nachdrücklich von seinem Außenminister Ribbentrop unterstützt, der Mussolini und dessen Außenminister Galeazzo Ciano bei seinen zahlreichen Besuchen in Rom ständig dazu drängte, sich auf vertragliche Abmachungen mit Deutschland einzulassen. Anders als Hitler glaubte Ribbentrop allerdings, dem von ihm bis 1939 umworbenen Großbritannien durch diese Bündnispolitik gewissermaßen eine diplomatische Normalität vorführen zu können, die Hitler mit seiner Freundschaftsrhetorik gegenüber Mussolini gerade aufheben wollte.

Mussolini lag demgegenüber daran, der Allianz mit Hitler einen völkerrechtlich möglichst lockeren Status zu erhalten, weil er befürchten musste, sich mit dem Abschluss von förmlichen Bündnisverträgen bei der seit dem Ersten Weltkrieg latent deutschfeindlichen Diplomatie und Generalität Italiens sowie vor allem auch bei König Viktor Emanuel III. innenpolitisch Schwierigkeiten einzuhandeln. Um den Gegnern einer förmlichen Allianz mit dem nationalsozialistischen Deutschland keinen Grund zum Eingreifen zu geben, suchte er vertragliche Bindungen so lange wie möglich zu vermeiden.

Mit der für ihn charakteristischen semantischen Erfindungsgabe suchte er dafür nach einem Terminus, der diese Verbindung symbolisch kennzeichnete. Am 1. November 1936 bezeichnete er während einer sorgfältig geplanten Massenversammlung auf dem Mailänder Domplatz die künftige Beziehung zu Deutschland als eine „Vertikale Berlino-Roma".[114] Entgegen seiner späteren Bedeutung war für ihn also ursprünglich nicht der Begriff der ‚Achse' zentral, sondern der der ‚Vertikale'. In seiner Rede sprach er, worauf bisher nicht geachtet worden ist, nur einmal hilfsweise von einer ‚Achse Berlin-Rom', um die Metapher der ‚Vertikale' zu präzisieren. Er verstand darunter dreierlei: Zum ersten sollte die ‚Achse' unterhalb eines förmlichen Bündnisvertrages bleiben. Sie sollte jedoch eine politische Qualität haben, die über das rein Diplomatische hinausging. Beruhend auf den ganz persönlichen Beziehungen zwischen den beiden ‚Führern' sollte sie dem besonderen Geist der ‚Kameradschaftlichkeit' verpflichtet sein, dem sich Hitler und Mussolini erstmals bei ihrem Treffen in Venedig verschrieben hatten.

Zum zweiten sollten das faschistische Italien und das nationalsozialistische Deutschland durch eine ‚Achse' in gerader Linie verbunden sein, womit die politische Gleichrangigkeit der beiden faschistischen Regime unterstrichen wurde. Zum dritten war es Mussolinis Botschaft, dass durch die Bildung einer ‚Vertikale Berlin-Rom' keine Abschließung vom übrigen Europa herbeigeführt werden, sondern „eher eine Achse" (*piuttosto un asse*) entstehen sollte, „um die sich alle Staaten mit dem Willen zur Zusammenarbeit und zum Frieden scharen" könnten.[115] Mussolini gestand Hitler damit symbolisch die politische Gleichberechtigung zu, die er ihm bis dahin noch nicht ausdrücklich gewährt hatte. Gleichzeitig sollte die italienisch-deutsche ‚Achse' jedoch nicht den Beitritt anderer europäischer Staaten ausschließen, womit ihr nur loser Charakter betont wurde.

Anders als meist angenommen wird, handelte es sich bei dem Begriff der ‚Achse' im Übrigen um keinen politischen Neologismus, mit dem Mussolini die besondere Qualität der Beziehungen zu Deutschland umschreiben wollte, sondern um einen metaphorischen Begriff zur Bezeichnung unverbindlicher völkerrechtlicher Beziehungen. Er gehörte in dieser Bedeutung, wie Jens Petersen nachgewiesen hat, schon seit Anfang der zwanziger Jahre zum außenpolitischen Vokabular Mussolinis, aber auch anderer Politiker vor allem Südosteuropas.[116] Mussolini wollte mit seiner Verwendung nicht die besondere Verfestigung, schon gar nicht die völkerrechtliche Verbindlichkeit der deutsch-italienischen Allianz zum Ausdruck bringen, sondern vielmehr gerade deren offene Struktur umschreiben. Er bekannte sich zwar zum Zusammengehen mit dem nationalsozialistischen Deutschland, wollte dieses jedoch nicht als exklusives Bündnis erscheinen lassen. Damit konnte er sich gegenüber der deutschlandkritischen Fronde in Italien absichern, die einer vertraglichen Festschreibung einer faschistischen Allianz mit dem nationalsozialistischen Deutschland zu diesem Zeitpunkt mit Sicherheit nicht zugestimmt hätte.

Diese Interpretation wird dadurch bestätigt, dass in der deutschsprachigen Ausstrahlung der Rede Mussolinis im italienischen Staatsrundfunk weder der Begriff einer ‚Vertikale' noch der einer ‚Achse' vorkam, sondern von einem „Angelpunkt, um den herum sich die europäische Politik bewegen könnte" die Rede war. Die Allianz mit Deutschland sollte also in Mussolinis Augen auch für andere Staaten offen sein. Ihm wurde in der Rundfunkübertragung sogar die Erklärung in den Mund gelegt, dass es sich bei diesem ‚Angelpunkt' um „keinen Pakt" handele.[117] Das war eine bemerkenswert freie Übersetzung des originalen Redetextes, die bei einer so wichtigen Rede kaum ohne Zustimmung des ‚Duce' vorgenommen worden sein kann.[118] Ganz offensichtlich lag Mussolini daran, seine Absage an eine feste vertragliche Bindung mit Deutschland im Radio nochmals stärker hervorzuheben.

Angesichts dieses Befundes kann es nicht überraschen, dass zwischen Hitler und Mussolini zur Bezeichnung ihrer persönlichen Verbindung nicht sofort von einer ‚Achse' die Rede war. Mussolini benutzte die Metapher wohl erstmals wieder in seiner Rede in Berlin bei der Schlussveranstaltung seines Deutschlandbesuches, bezeichnenderweise um erneut zu betonen, dass die „Achse Rom-Berlin ... sich nicht gegen andere Staaten" richte.[119] Hitler sprach allem Anschein nach überhaupt erst beim ‚Anschluss' Österreichs – wohl nicht zufällig im Interview mit einem italienischen Journalisten – öffentlich von einer ‚Achse' zwischen Deutschland und Italien.[120] Anders als Mussolini benutzte er die Metapher jedoch gezielt dazu, um die besonders enge Verbindung zwischen den beiden Ländern zu betonen: „Die Achse ist stark und fest, mehr denn jemals."[121] Auch als die beiden faschistischen Diktatoren am 22. Mai 1939 den sogenannten Stahlpakt schlossen, beschwor Hitler in einem Telegramm an Mussolini explizit die „Achse Berlin-Rom".[122] Er war es also, der den Begriff ins Zentrum der Einheitspropaganda mit dem Faschismus rückte und ihm eine Bedeutung gab, die Mussolini aller Wahrscheinlichkeit nach ursprünglich nicht gemeint hatte. Aufgrund der materialen Härte, auf welche die Metapher einer ‚Achse' zu verweisen schien, sollte diese für Hitler nicht den lockeren Charakter sondern die besondere Festigkeit der deutsch-italienischen Allianz repräsentieren. Entgegen der ursprünglichen Absicht Mussolinis, mit dem Begriff den offenen Charakter der italienisch-deutschen Beziehungen zu beschreiben, verwandelte sich dieser dadurch zum politischen Zentralbegriff einer engen Allianz zwischen Deutschland und Italien.

Nur bedingt konnte die Mailänder Rede vom 1. November 1936 allerdings noch als eine Demonstration der politischen Stärke Mussolini angesehen werden. Mussolini sah sich wohl eher gezwungen, Hitler als gleichrangigen Partner zu akzeptieren. Wie seine Ausführungen zu England zeigten, erwartete sich der ‚Duce' von dort keinerlei Unterstützung mehr, sondern nur noch, dass die „Rechte und vitalen Interessen Italiens" respektiert würden.[123] Eine Vermittlerrolle zwischen dem Vereinigten Königreich und Deutschland beanspruchte er nicht mehr. Während er das von Hitler dem österreichischen Bundeskanzler Schuschnigg mehr oder weniger diktierte deutsch-österreichische Abkommen vom 11. Juli 1936 anpries, durch das ein „Gegenstand des Dissenses zwischen Berlin und Rom" verschwunden sei,[124] bahnte dieses in Wahrheit „dem deutschen Einfluß in Österreich Tür und Tor".[125] Mit seiner Zustimmung zu dem Abkommen beendete Mussolini daher seine Rolle als politischer Protektor Österreichs und öffnete Hitler den Weg zum ‚Anschluss' des Landes an Nazi-Deutschland. Vor die Frage gestellt, ob er sich angesichts des sich hinziehenden Invasionskriegs in Abessinien mit einer Aufgabe Österreichs die weitere deutsche Unterstützung sichern oder auf seiner Rolle als Protektor der Alpenrepublik bestehen und damit auf Konfrontationskurs mit Hitler gehen sollte, entschied er sich für das erstere.

In dem ersten politisch substantiellen Gespräch, das Botschafter Hassell am 6. Januar 1936 nach der Zeit gegenseitiger Verstimmung zwischen Italien und Deutschland wieder mit dem ‚Duce' hatte führen können, schlug Mussolini unvermittelt eine endgültige Bereinigung der deutsch-italienischen Gegensätze in der Österreichfrage vor. Nach Hassells Bericht hatte Mussolini nichts mehr dagegen einzuwenden, dass Österreich „als formell unbedingt selbständiger Staat praktisch ein Satellit Deutschlands würde".[126] Das bedeutete zwar nicht, dass der ‚Duce' schon mit einem ‚Anschluss' Österreichs an Deutschland einverstanden war, jedoch war er offensichtlich bereit, auf seine Rolle als Protektor der Alpenrepublik zu verzichten und diese Hitler zu überlassen. Am 28. Januar sprach er davon, dass Österreich „ein unabhängiger, ein deutscher Staat sei".[127] Im Auswärtigen Amt hielt man dieses überraschende Zugeständnis für ein taktisches Manöver Mussolinis, Hitler aber nahm das Angebot ernst und signalisierte dem ‚Duce', dass er auf dieser Basis zu einer engeren Verbindung mit Italien bereit sei. Aufgrund der internationalen Isolierung Deutschlands hielt er einen „Zusammenbruch des Faschismus" im „höchsten Maße für unerwünscht". Damit es nicht dazu käme, sollte die wohlwollende Neutralitätspolitik gegenüber Italien während des Abessinienkrieges deshalb fortgesetzt werden.[128] Es sollte zwar noch eine Weile dauern, bis Mussolini Hitlers Wünschen entsprach und sich auch vertraglich fest an das Deutsche Reich band, aber der ‚Führer' witterte in der Österreichfrage Morgenluft.

Wenn Mussolini Hitlers Drängen auf vertragliche Abmachungen nur Schritt für Schritt nachgegeben hat, so war das nicht nur auf außenpolitische Bündnisüberlegungen zurückzuführen, als vielmehr immer auch darauf, dass er seine prekäre Stellung im faschistischen Regime nicht gefährden wollte. Schon vor Ausrufung der ‚Achse' hatte er zwar dem für die Annäherung der beiden faschistischen Regime richtungweisenden deutsch-italienischen Polizeiabkommen vom 1. April 1936 zugestimmt. Er konnte den Abschluss dieses ersten deutsch-italienischen Vertrags gegenüber den misstrauischen monarchischen Kreisen jedoch damit rechtfertigen, dass er im Grunde nur reine Absichtserklärungen enthielt und keinerlei politische Verpflichtungen einschloss.[129]

Auch das deutsch-italienische Protokoll, das die Außenminister Ciano und Neurath am 23. Oktober 1936 in Berlin unterzeichneten, blieb völkerrechtlich unterhalb einer Vertragsebene, es handelte sich nicht einmal um ein regelrechtes Regierungsabkommen, sondern nur um eine Absichtserklärung der Außenminister für eine gegenseitige Abstimmung der Politik Deutschlands und Italiens.[130]

Die Handlungsfelder, auf denen die beiden Regierungen künftig zusammenarbeiten wollten, wurden darin unverbindlich aufgelistet: Völkerbund, Bolschewismus, spanischer Bürgerkrieg, Kolonien sowie Südosteuropa und Österreich.[131] Eine automatische Konsultationspflicht war jedoch nicht vorgesehen. Hitler versuchte zwar, der Unterzeichnung des Protokolls dadurch ein größeres Gewicht zu geben, dass er bei einer gezielten Einladung Cianos auf seinen ‚Berghof' für die Zukunft die Vereinbarung einer vertraglich abgesicherte Zusammenarbeit vorschlug. Der italienische Außenminister reagierte jedoch weder auf seinen Vorschlag eines deutsch-italienischen „Offensivbündnisses", durch das das von Hitler immer noch umworbene Großbritannien zur Zusammenarbeit gezwungen werden sollte, noch auf die Idee eines gegen den ‚Bolschewismus' gerichteten Vertrages, dem sich auch andere Staaten anschließen sollten. Der zu diesem Zeitpunkt noch sehr deutschfreundliche Ciano stand zwar den Avancen Hitlers durchaus positiv gegenüber, hatte aber keine politische Handlungsvollmacht zu so weitreichenden Verhandlungen, wie sie von Hitler vorgeschlagen wurden. Er konnte dem ‚Führer' allerdings versichern, dass der ‚Duce' für ihn schon „immer Gefühle der herzlichsten Sympathie gehegt und auch in schwierigen Momenten ein lebhaftes Interesse an seiner Arbeit genommen" habe.[132]

Es war dies nicht die erste Eloge, die Hitler aus Italien zu hören bekam, aber doch die erste aus so berufenem Munde. Hitler, der seinerseits schon seit langem mit ähnlich übertriebenen Formulierungen seine Bewunderung für den ‚Duce' zum Ausdruck gebracht hatte, übertraf sich daraufhin selbst und ließ Mussolini wissen, dass er ihn für den „erste(n) Staatsmann der Welt" halte, „mit dem sich niemand auch nur von Ferne vergleichen" lasse.[133]

Auch bei Mussolinis noch eingehend zu beschreibendem Besuch in Deutschland kam es zu keinerlei Vertragsabschluss. Mussolini trat jedoch am 6. November 1937, also kurz nach der Ausrufung der ‚Achse', dem deutsch-japanischen Antikominternpakt bei, der am 25. November 1936 in Berlin von Ribbentrop und dem japanischen Sonderbotschafter Kintomo unterzeichnet worden war. Der Beitritt zu diesem Pakt wurde ihm dadurch erleichtert, dass er von Hitler hinterhältigerweise nicht über das geheime Zusatzabkommen informiert worden war, in dem sich Deutschland und Japan im Falle eines Krieges mit der Sowjetunion gegenseitig wohlwollende Neutralität zugesichert hatten. Er konnte deshalb glauben, erneut nur einem reinen Propagandaabkommen beizutreten, das über gemeinsame antikommunistische Absichtserklärungen hinaus keinerlei vertragliche Verpflichtungen enthielt. Sein Beitritt zum Antikominternpakt war daher aus seiner Sicht nur als ein Akt symbolischer Politik zu verstehen, der eine künftige Bündniskonstellation nur andeutete. Sehr viel folgenreicher war es allerdings, dass er am 11. Dezember 1937 den Austritt Italiens aus dem ihm seit dem Überfall auf Abessinien verhassten Völkerbund verkündete, ein Schritt, mit dem er die

Verbindungen zu England und Frankreich demonstrativ abbrach und endgültig seine einseitige politische Übereinstimmung mit Hitler kundtat.

Entgegen den deutschen Wünschen kam es auch während der Italienreise Hitlers im Mai 1938 zu keiner engeren vertraglichen Bindung zwischen Deutschland und Italien. Jedoch beschleunigte der Besuch am Ende die schon zuvor laufenden Verhandlungen über ein deutsch-italienisches Kulturabkommen, das am 23. November 1938 unterzeichnet werden konnte.[134] Die Initiative zu diesem Kulturabkommen war von deutscher Seite ausgegangen, jedoch traf sie bei den Italienern, wie sich schon bei Cianos Besuch in Berlin zeigte, auf die Bereitschaft, die gegenseitigen auswärtigen Kulturbeziehungen zu reglementieren.[135] Die Verhandlungen zogen sich zunächst vor allem deshalb hin, weil das für das ‚Dritte Reich' charakteristische Ämterchaos zu Konkurrenzkämpfen zwischen Auswärtigem Amt und Erziehungsministerium führte. Zwischen Deutschen und Italienern verzögerten sich die Verhandlungen, weil sich nach dem ‚Anschluss' die Frage der Implementierung Österreichs in das Abkommen stellte. Schließlich behinderte auch noch die Behandlung des sogenannten ‚Emigrantenschrifttums', d.h. der nicht wenigen Veröffentlichungen deutscher, meist jüdischer Emigranten in Italien, die Verhandlungen, ehe die Einführung der faschistischen Rassengesetze dieses Problem auf makabre Weise beseitigte.

Das Kulturabkommen regelte u.a. den Austausch von Professoren und Studenten sowie die Einstellung von Lektoren, die künftig nicht mehr von den einzelnen Universitäten, sondern zentral ausgewählt werden sollten. Es sorgte für die Kontrolle von Übersetzungen sowie die Publikation und die Verbreitung von Veröffentlichungen aller Art und es sollte schließlich zur Verbesserung des Unterrichts in der jeweils anderen Sprache führen. Für sich genommen entsprach das dem damaligen normalen Regelungsbedarf von Kulturabkommen zwischen einzelnen Staaten, jedoch stand durchweg nicht der Kulturaustausch, sondern der Überwachungscharakter im Vordergrund. Es handelte sich um ein Abkommen nicht für den freien Kulturaustausch, sondern gegen diesen. Auch wenn zahlreiche Abmachungen darin nicht realisiert wurden und beide Seiten in vieler Hinsicht davon unterschiedliche Vorstellungen hatten, war das Kulturabkommen deshalb ein Schritt in die autoritäre Angleichung der Kulturpolitik des faschistischen Italiens und des nationalsozialistischen Deutschlands.

Man muss allerdings davon ausgehen, dass Deutsche und Italiener den Vertragsabschluss bündnispolitisch unterschiedlich eingeschätzt haben. War das Abkommen für die Deutschen endlich ein erster Schritt in eine engere vertragliche Bindung, wie sie dann mit dem ‚Stahlpakt' vollzogen werden sollte, glaubte man auf italienischer Seite durch die Konzession eines auf die Kultur beschränkten Abkommens nochmals an einem umfassenden Bündnisvertrag vorbeigekommen zu sein. Es handelte sich also um einen „vermeintlich gangbaren Kompromiss zwischen Bindung und Nicht-Bindung", der sich kaum lange halten ließ.[136]

Man kann davon ausgehen, dass Hitler von Anfang an über den Gang der Verhandlungen über das Kulturabkommen informiert war, nachdem ihre Aufnahme von ihm bei Außenminister Galeazzo Cianos erstem Besuch in Berlin im Oktober 1937 vereinbart worden war.[137] Er kümmerte sich dann selbstverständlich nicht um Einzelheiten, allein der Abschluss des Vertrags als solcher war ihm wichtig. Allerdings griff er kurz vor der Unterzeichnung des Abkommens in höchst engstirniger, seinen antisemitischen Obsessionen entspringender Weise in die Verhandlungen ein, als ihm fälschlich zugetragen worden war, dass der italienische Verhandlungsführer, Erziehungsminister Giuseppe Bottai, ‚Jude' sei.[138] Bernhard Rust bekam als deutscher Verhandlungsführer von ihm für die Vertragsunterzeichnung in Rom ein ausdrückliches Reiseverbot. Damit der ‚Führer' nicht das Gesicht verlor, durfte Rust auch dann nicht in die italienische Hauptstadt reisen, als sich herausstellte, dass es sich um eine reine Unterstellung handelte.[139] Der Vertrag wurde deshalb auf deutscher Seite nur von Botschafter Mackensen unterschrieben, die italienische Unterschrift wurde daraufhin am 23. November 1938 allerdings auch nicht von Bottai, sondern von Außenminister Galeazzo Ciano geleistet. Die Italiener machten also gute Miene zum bösen Spiel und zogen, anstatt ihre Verstimmung merken zu lassen, den Erziehungsminister stillschweigend als Signatar zurück.

Es ist nicht überliefert, wie Hitler das Kulturabkommen mit Italien am Ende beurteilte. Jedoch ist auffällig, dass er in der Endphase der Verhandlungen und nach deren Abschluss in öffentlichen Reden gehäuft die Freundschaft mit Mussolini beschwor und ihm indirekt Avancen zu einer Vertiefung ihrer Beziehungen machte. Am 26. September 1938 sprach er in der schon erwähnten Rede im Berliner Sportpalast von der „engen unlösbaren Freundschaft" Deutschlands mit Italien; am 5. Oktober dankte er am selben Ort Benito Mussolini als „treuem, großen Freund" für seine Hilfe beim Zustandekommen des Münchner Abkommens; am 9. Oktober bezeichnete er Mussolini in Saarbrücken erneut als „einzigen wahren Freund ..., den wir heute besitzen"; in Weimar polemisierte er am 6. November auf rüde Weise gegen angebliche „internationale Kriegshetzer" in demokratischen Ländern und prophezeite ihnen, dass ihnen „die Lust vergehen" werde, sich mit Deutschland anzulegen, „je enger wir uns besonders mit dem Staat zusammenschließen, der sich in gleicher Lage befindet wie wir, mit Italien"; in seinem Neujahrsaufruf für 1939 vom erklärte er am 31. Dezember schließlich: „die Verpflichtungen, die aus unserer Freundschaft für das faschistische Italien erwachsen, sind für uns klar und unverbrüchlich. Unser Verständnis für die geschichtliche Rolle Mussolinis im Dienste der Erhaltung des Friedens des vergangenen Jahres zwingt uns zu tiefer Dankbarkeit."[140]

Goebbels, Heß und Ribbentrop schwärmten gleichzeitig aus und betätigten sich mit öffentlichen Reden als Lautverstärker des ‚Führers'. Ein besonderes Signal war im Februar 1939 die Entlassung Botschafter Hassells, der sich bei aller Sympathie für das faschistische Italien beharrlich gegen eine zu enge vertragliche Bindung Deutschlands an Italien gewandt hatte, weil diese in seinen Augen einen politischen Ausgleich mit Großbritannien verhinderte. Angeblich soll Hitler bei dieser Gelegenheit gesagt haben: „Was fällt diesem Botschafter ein, Ratschläge für die Außenpolitik zu geben."[141]

Einige Monate später kam es schließlich am 22. Mai 1939 zum Abschluss des sogenannten Stahlpaktes, der die bis dahin immer noch lockere Allianz der ‚Achse' auf eine völkerrechtliche Vertragsebene stellte.[142] In nur anderthalb Jahren hat sich der ursprünglich zögernde Mussolini damit nach seinem Deutschlandbesuch auf immer engere Bindungen an das ‚Dritte Reich' eingelassen. In der wissenschaftlichen Forschung ist umstritten, welche Gründe das hatte, jedoch wird in der Regel zu wenig beachtet, dass sich Mussolini nicht nur aus außenpolitischen Erwägungen, sondern in starkem Maße aufgrund innenpolitischer Zwänge nur Schritt für Schritt Hitler annäherte.[143] Je weniger es ihm gelang, durch siegreiche militärische Feldzüge im Ausland sein Prestige als erfolgreicher Diktator zu festigen, desto mehr musste er dem Drängen des ‚Führers' nachgeben, sich mit ihm förmlich zu verbinden. Nur von der Rückendeckung Hitlers konnte er sich Bewegungsfreiheit für weitere imperialistische Aktionen erhoffen, die seine diktatorische Herrschaft stabilisierten.

Wenn es nach Hitler gegangen wäre, hätte Mussolini sich schon früher zu einem regelrechten Bündnis bereitfinden sollen. Sein Außenminister Ribbentrop, der nichts ohne seine ausdrückliche Billigung unternahm, hatte seine Bemühungen um ein förmliches Bündnisabkommen mit Italien schon während der Verhandlungen über das Kulturabkommen aufgenommen. Bei seinem Besuch in Rom Ende Oktober 1938 erhielt er zwar von Mussolini noch keine Zusage den Antikominternpakt durch einen förmlichen Bündnisvertrag zu ergänzen, der ‚Duce' dachte jedoch erstmals über die Vor- und Nachteile eines solchen Vertrages nach. Durchaus geschickt wies er zwar zunächst darauf hin, dass es zwischen Deutschland und Italien keines „offiziellen Dokumentes" bedürfe, da zwischen ihnen die „Solidarität von Regimen" bestünde. Er berief sich dabei ausdrücklich auf die ‚kameradschaftliche' Politik, welche die Annäherung der beiden Regime nach Hitlers Machtübernahme bestimmt habe.[144] Dann verblüffte er den deutschen Außenminister damit, dass er eine reine Defensivallianz, wie dieser sie vorschlage, zwischen den beiden „totalitären Staaten" nicht für sinnvoll hielt, weil diese von niemand bedroht würden: „Wir wollen vielmehr eine Allianz, um die Geographie der Welt zu verändern."[145] Diese Vision entsprang zwar dem bellizistischen Denken, das Mussolini zu diesem Zeitpunkt zu wilden imperialistischen

Phantasien anregte,¹⁴⁶ gegenüber Ribbentrop verfolgte er damit jedoch vor allem einen taktischen Zweck. Er wollte damit begründen, dass es für eine offensive militärische Zusammenarbeit Deutschlands und Italiens noch zu früh sei, weil die italienische Bevölkerung, vor allem das Bürgertum und die katholisch gebundene Bevölkerung, noch nicht dazu bereit seien: „Das italienische Volk ist bei der Akzeptanz der Achse angelangt, noch nicht aber bei der einer Militärallianz."¹⁴⁷

Bis zum Jahresende 1938 änderte Mussolini jedoch seine Meinung, aus Sorge nach der Entfremdung gegenüber den Westmächten bei einem Erkalten des Verhältnisses zu Deutschland mit einem Mal isoliert dazustehen, aber auch, weil er schon ernsthafte Pläne für eine militärische Aggression Albaniens schmiedete, für die er die Rückendeckung Deutschlands erhoffte. Nach De Felice war die zweite Dezemberhälfte eine der „dramatischsten Momente in seinem Leben".¹⁴⁸ In der Tat hat sich Mussolini in dieser Zeit in sein Refugium Rocca delle Camminate in der Romagna zurückgezogen, um, wie es seinem Selbstverständnis als Diktator entsprach, zu einer einsamen Entscheidung zu kommen.

Am 1. Januar 1939 teilte er Ciano bei dessen Rückkehr nach Rom unvermittelt mit, dass er entschlossen sei, über Ribbentrops Vorschlag einer Umwandlung des Antikominternpaktes in eine Militärallianz zu verhandeln. Ciano informierte darüber einen Tag später den deutschen Außenminister, wobei er die Hoffnung ausdrückte, einer langen Friedenszeit entgegenzugehen, ein Zeichen dafür, dass ihm die Entscheidung Mussolinis nicht ganz geheuer war. Diese Skepsis entsprach der eines großen Teils der faschistischen Führungseliten, weshalb Mussolini auch noch einige Monate an Überzeugungsarbeit brauchte, um die Verhandlungen über die deutsch-italienische Militärallianz tatsächlich aufnehmen zu können. Die Deutschen überboten sich derweilen mit verlockenden Angeboten. Ribbentrop schrieb am 20. März an Ciano, um ihm erneut zu versichern, dass Deutschland keinerlei Interessen im Adriatischen Meer wie überhaupt im ganzen Mittelmeer habe. Hitler empfing am selben Tag in Berlin den italienischen Botschafter Attolico, um ihn dahingehend zu beruhigen, dass er nicht vor anderthalb bis zwei Jahren mit einem Konflikt mit England und Frankreich rechne. Am 25. März schrieb er dann schließlich aus Anlass des zwanzigsten Jahrestages der Gründung des faschistischen Bewegung einen Brief an Mussolini, in dem er diesen in noch übersteigerter Form als bisher seiner Freundschaft versicherte: „Wohin auch immer Euer Weg geht, Duce, Ihr könnt in mir und Ihr könnt in uns unerschütterliche Freunde sehen." ¹⁴⁹

Erst am 6. Mai gab Mussolini jedoch endgültig grünes Licht für die Formulierung des Beistandspaktes. Wenn man den Erinnerungen Dino Grandis Glauben schenken will, fasste der ‚Duce' einen spontanen Entschluss, als amerikanische Zeitungen behauptet hatten, dass sein persönliches Prestige bei der Bevölkerung im Schwinden sei.¹⁵⁰ In Wahrheit fällte er seine Entscheidung aber wohl, nachdem er von Ciano am Telefon erfahren hatte, dass Ribbentrop bei den Gesprächen in Mailand zwei Zugeständnisse gemacht hatte. Der deutsche Außenminister hatte offenbar zur Beruhigung der Italiener behauptet, dass man sich auch in Deutschland sogar eine Friedenszeit von vier bis fünf Jahren erhoffe. Wichtiger noch war Mussolini sicherlich die vermeintliche Zusage Ribbentrops, dass ein Konflikt mit England und Frankreich nur im gegenseitigen Einvernehmen Deutschlands und Italiens ausgelöst werden solle.[151] Dass Ribbentrop nicht daran dachte diese Zusicherungen ernst zu nehmen, konnte oder wollte Mussolini sich offenbar nicht vorstellen. Da inzwischen auch die letzten Brücken zu den Westmächten abgebrochen waren, blieb ihm freilich auch keine andere Wahl, als endgültig die deutsche Karte zu spielen, wenn er nicht auf jede Imperialpolitik verzichten wollte, ohne die er seine Diktaturstellung als nicht gesichert ansah.[152]

Dass er inzwischen nicht mehr am längeren Hebel saß, zeigte sich überdeutlich bei den Verhandlungen über den Text des Abkommens. Schon allein der Umstand, dass die Italiener es den Deutschen überlassen mussten, einen Entwurf für den Vertrag zu formulieren, war ein höchst ungewöhnliches diplomatisches Zugeständnis. Anstatt selbst einen Vorschlag machen zu können, mussten Außenminister Ciano und Botschafter Attolico geradezu darum betteln, den deutschen Vertragsentwurf zu Gesicht zu bekommen. Vergeblich insistierten sie darauf, dass der „defensive Charakter des ganzen Vertrages und seine friedensfördernde Bedeutung" unterstrichen werden müsse.[153] Sie erreichten auch nicht, dass „das Wort ‚alliance'" im Vertragstext verwendet wurde,[154] eine Konzession, welche die Deutschen zwar nichts gekostet hätte, die Italiener jedoch deutlich als gleichberechtigte Partner des Vertrages hätte erscheinen lassen. Tatsächlich war der ‚Stahlpakt' jedoch ein asymmetrischer Vertrag, der dem faschistischen Italien von dem nationalsozialistischen Deutschland mehr oder weniger diktiert wurde. Wenn Attolico einige Monate später feststellte, dass das Bündnis „von den Deutschen niemals als gleichberechtigt gedacht gewesen" sei und Italien deshalb, „nachdem für Deutschland die Stunde geschlagen hätte, sich sklavisch ins Getümmel werfen müßte, ohne die eigenen Interessen zu berücksichtigen", war das durchaus zutreffend.[155]

Wenn in der Präambel von der „Verwandtschaft ihrer Weltanschauung" und vor allem der „Sicherung ihres Lebensraumes" gegenüber „Unruhe und Zersetzung" die Rede war, entsprach das einseitig dem nationalsozialistischen Sprachgebrauch. Im eigentlichen Vertragstext sicherten sich die vertragschließenden Mächte im Krisenfall bei äußerer Bedrohung eines der beiden „volle politische und diplomatische Unterstützung" zu. Beide sollten in einem solchen Fall „unverzüglich in Beratungen" eintreten (Art. II). Noch dramatischer war die Verpflichtung, sogar in selbst ausgelösten „kriegerischen Verwicklungen mit einer anderen Macht oder mit anderen Mächten" dem anderen Vertragspartner „sofort als Bundesgenosse zur Seite zu treten" und ihn mit allen seinen militärischen Kräften zu Lande, zur See und in der Luft" unterstützen zu müssen (Art. III). Die Verpflichtung, „im Falle eines gemeinsam geführten Krieges Waffenstillstand und Frieden nur in vollem Einvernehmen miteinander abzuschließen" (Art. V), band die Vertragspartner vollends aneinander. Der „Freundschafts- und Bündnispakt", wie er offiziell genannt wurde, war damit als militärisches Offensivbündnis mit einer nahezu automatischen Bindewirkung angelegt. Als Ciano den Vertragstext zu Gesicht bekam, notierte er in seinem Tagebuch: „Ich habe noch nie einen ähnlichen Vertrag gelesen: er enthält wahres und richtiges Dynamit." [156] Das hinderte ihn freilich nicht, diesen am 22. Mai zusammen mit Ribbentrop nahezu unverändert zu unterschreiben. Ort des Geschehens war die neue Reichskanzlei in Berlin, so dass Hitler dem feierlichen Akt als Gastgeber präsidieren konnte, nochmals ein Beleg dafür, wer bei diesem Vertrag federführend war. Mussolini hatte auf eine gleichzeitige Unterzeichnung in Rom, wie sie angesichts der enormen Bedeutung des Vertrages für Italien angemessen gewesen wäre, verzichtet.

Der ‚Duce' glaubte allem Anschein nach, seine lange verzögerte Zustimmung zu einer vertraglichen Bindung an Deutschland mit einer Garantie Hitlers für eine Unterstützung künftiger Kriegsabenteuer erkauft zu haben. In der ersten Begeisterung wollte er den Pakt bezeichnenderweise ‚Blutpakt' nennen, nur weil das die Monstrosität des Vertrages allzu deutlich erkennen ließ, entschied er sich statt dessen für ‚Stahlpakt', als welcher das Bündnis dann auch in die politische Sprache eingegangen ist.[157] Dass er sich aber an Hitler band, dessen aggressive Außenpolitik 1939 eindeutig auf Krieg hinsteuerte, während ihm selbst nach einem Jahrzehnt ständiger Kriegführung die Puste ausgegangen war, wurde von Mussolini offensichtlich nicht wahrgenommen. Hitler konnte dagegen damit zufrieden sein, den lange umworbenen ‚Duce' nicht nur zu einem Vertragsabschluss gebracht zu haben, sondern in dem dadurch besiegelten Bündnis am längeren Hebel zu sitzen. In seinem Faible für Mussolini übersah er freilich oder wollte es nicht wahrhaben, dass er die militärische Stärke der Italiener bei weitem überschätzte.[158] Es kann daher geradezu als historische Ironie bezeichnet werden, dass der militärische Knebelvertrag, den Hitler Mussolini mit dem ‚Stahlpakt' aufgezwungen hatte, letzten Endes wirkungslos geblieben ist. Aufgrund der immer offensichtlicher hervortretenden militärischen Schwäche Italiens konnte der ‚Duce' die automatischen Bündnisverpflichtungen von Anfang an nicht erfüllen.

Dass Ciano nicht der einzige in der Umgebung von Mussolini war, der über den ‚Stahlpakt' entsetzt war, zeigte sich an einem eigenartigen Nachspiel. Nur wenige Tage nach Abschluss des Vertrages teilte Ciano seinem deutschen Amtskollegen Ribbentrop mit, dass der General Conte Ugo Cavallero, Staatssekretär im Kriegsministerium, ihm ein Memorandum für den ‚Führer' überbringen werde. Ciano behauptete, dass es sich um ein „geheimes Dokument handele, das von Mussolini verfaßt" worden sei.[159] Das Memorandum war jedoch nur von Mussolini gezeichnet, nicht aber persönlich unterschrieben worden. Wie der Inhalt und der Duktus eindeutig erkennen lassen, stammte der Text auch nicht von ihm, sondern allem Anschein nach von Cavallero, dessen Zwischenschaltung als Überbringer sonst auch keinen Sinn ergeben hätte. Cavallero stellte in dem Memorandum zwar fest, dass „der Krieg zwischen den plutokratischen und deshalb selbstsüchtig konservativen und den stark bevölkerten und armen Nationen" unvermeidlich sei, er insistierte aber mit rüstungstechnischen Argumenten darauf, dass Italien vor einem Kriegseintritt unbedingt noch „eine Friedenszeit von nicht weniger als drei Jahren" benötige.[160] In der Umgebung des italienischen Diktators hatte man also offenbar erkannt, dass Italien durch den ‚Stahlpakt' von Hitler kurzfristig in einen Krieg hineingezogen werden konnte, man versuchte deshalb, den Vertrag noch nachträglich zu entschärfen.

Hitler dürfte über diesen Versuch die Bindewirkung des ‚Stahlpaktes' nachträglich einzuschränken, nicht gerade erfreut gewesen sein, er ließ sich aber gegenüber Cavallero nichts anmerken, zumal er annehmen musste, dass das Memorandum tatsächlich vom ‚Duce' stammte. Wie besorgt er aber war, ist daran zu erkennen, dass er sich zwar „grundsätzlich voll einverstanden" mit dem Memorandum erklärte, jedoch für den Sommer deswegen ein Treffen mit Mussolini am Brenner vorschlug.[161] Da die Italiener auf diesen für sie überraschenden Vorschlag nur hinhaltend reagierten, kam diese Begegnung vor Hitlers Überfall auf Polen nicht mehr zustande. Hitler zeigte jedoch mit seinem Vorschlag eines Treffens am Brenner an, wie er künftig mit Mussolini persönlich umzugehen gedachte.

Hitlers politische Inszenierung. Der Besuch Mussolinis in Deutschland

Seit Hitlers erster persönlicher Begegnung mit Mussolini in Venedig, stand nach diplomatischen Gepflogenheiten ein Gegenbesuch des ‚Duce' in Deutschland an. In der vorübergehenden Eiszeit in ihren Beziehungen konnte davon jedoch selbstverständlich zunächst nicht die Rede sein. Es ist jedoch bezeichnend, dass schon bei der ersten von Hitler eingefädelten direkten Kontaktaufnahme mit Mussolini, Monate vor der Ausrufung der ‚Achse', ein Deutschlandbesuch des ‚Duce' zur Sprache kam. Es entsprach dem in Venedig erstmals von Mussolini praktizierten, Hitler zunächst überraschenden aber dann zutiefst beeindruckenden faschistischen Stil auswärtiger Politik, dass dieser dann 1937 stattfindende Deutschlandbesuch, ebenso wie der Italienbesuch Hitlers im darauffolgenden Jahr, nicht als konventioneller Staatsbesuch, sondern als öffentliche Inszenierung angelegt wurde. Für Hitler stellten diese gegenseitigen Besuche ohne Frage den Höhepunkt seiner Beziehungen zum ‚Duce' dar. Mit ihrer öffentlichen Inszenierung erfüllte sich sein Traum einer politischen Anerkennung durch Mussolini, um die er so lange gekämpft und für die in erstaunlichem Maße Zurücksetzungen in Kauf genommen hatte. Da die beiden Staatsbesuche kaum direkte, in Abmachungen oder Verträgen sichtbare Ergebnisse hatten, hat man sie lange Zeit nicht als politisch bedeutsam eingeschätzt. Wie wichtig sie für das politische Selbstverständnis Hitlers waren, erschließt sich jedoch, wenn man nicht so sehr auf die diplomatischen Ergebnisse als vielmehr auf die formale Gestaltung der beiden Begegnungen achtet. Nicht in der schriftlichen Fixierung von Abmachungen, sondern in der visuell und choreographisch vermittelten Darstellung persönlicher Übereinstimmung bestand das eigentliche Ergebnis der beiden Besuche. Der vermeintliche politische Konsens der beiden faschistischen Diktatoren wurde nicht schriftlich dokumentiert, er sollte vielmehr durch öffentliche Inszenierungen auf Massenbasis demonstriert werden.

Ein Besuch in Deutschland wurde erstmals bei der Audienz angesprochen, die Hans Frank am 3. April 1936 bei Mussolini erhielt.[162] Am Ende eines längeren Gesprächs schlug Frank nach seiner Erinnerung dem ‚Duce' vor, „doch einmal den Führer zu besuchen".[163] Es handelte sich dabei noch um keine offizielle Einladung zu einem Deutschlandbesuch, Frank suchte vielmehr bei Mussolini vorzufühlen, ob er überhaupt zu einem solchen Besuch bereit sei. Obwohl Frank darüber in seinen Memoiren nichts berichtet, kann das nur im Auftrag Hitlers geschehen sein, mit dem er sich vor Beginn seiner Romreise abgestimmt hatte. Der offizielle Staatsbesuch Mussolinis wurde somit auf der persönlichen Schiene eingefädelt, welche die beiden faschistischen Diktatoren als ‚kameradschaftlich' verstanden. Bezeichnenderweise wurde die offizielle Einladung am 23. September 1936 durch Frank überbracht, nicht durch Außenminister Neurath oder den sich für die Beziehungen zum Faschismus zuständig fühlenden Hermann Göring, wozu allerdings wohl auch beitrug, dass Frank im nationalsozialistischen Führungskader als einziger italienisch sprach.

Als Frank am 23. September 1936 die Einladung Hitlers überbrachte, reagierte Mussolini auf bemerkenswerte Weise. Er sagte nicht nur sofort sein Kommen zu, sondern gab dem zukünftigen Zusammentreffen eine besondere Bedeutung: „Wir sind nicht nur Staatschefs, sondern Führer von Bewegungen, die heute einen Kampf auf Leben und Tod führen fast gegen die ganze Welt."[164] Sein Besuch in Deutschland sollte deshalb „nicht nur ein Staatsbesuch" sein, sondern eine Zusammenkunft von politischen Führern in „kameradschaftlichem" Geist darstellen. Das Treffen der faschistischen Diktatoren sollte diese damit nicht als Staatsführer, sondern als Parteiführer, als ‚Führer' und ‚Duce', nicht als Reichskanzler und Regierungschef (*Capo del governo*), zusammenbringen, eine Sprachregelung, die

Mussolini schon bei Hitlers Besuch in Venedig verwendet hatte, damals jedoch noch vor allem, um die monarchischen Kreise seines Landes nicht gegen sich aufzubringen. Jetzt war es ein offenes Bekenntnis zu einem faschistischen Stil von transnationalen Beziehungen, welche die traditionelle Außenpolitik ersetzen sollte.

Mussolini ließ Hitler freilich nochmals warten, ehe er für den 25. bis 29. September 1937, also für einen Termin fast genau ein Jahr nach seiner offiziellen Einladung, seinen Besuch in Deutschland zusagte. Das hatte erneut weniger außenpolitische als innenpolitische Gründe.

Hitler war deshalb auch nicht irritiert, er wartete vielmehr, voller Verständnis für die politischen Schwierigkeiten Mussolinis mit den monarchischen Kreisen Italiens, geduldig auf die Zusage des ‚Duce' nach Deutschland zu kommen. Jedoch sah er auch keinen Anlass mehr, um die Gunst Mussolinis zu werben, wie er dies so lange getan hatte. Neben seine Dankbarkeit gegenüber dem ‚Duce' war nunmehr auch ein Bedauern gegenüber dem monarchisch gefesselten Diktator getreten, der nicht so eigenmächtig regieren konnte wie er selbst. Von dieser eigentümlichen Mischung aus Bewunderung und Mitgefühl sollte Hitlers Verhältnis zu Mussolini künftig bestimmt werden.

Das Warten zahlte sich für Hitler aus. Die Begründung, mit der Mussolini seinen Besuch zusagte, übertraf wahrscheinlich alle seine Erwartungen. Immer noch auf der politischen Linie, die er beim ersten Treffen mit Hitler in Venedig verfolgt hatte, legte Mussolini bei seiner Zusage Wert darauf, dass sein Besuch einen „militärisch-parteimäßigen Charakter" erhalten sollte. Wenn er auch noch hinzufügte, dass es sich um eine Reise „unique in ihrer Art" handeln werde, da er nicht beabsichtige auch noch andere Länder zu besuchen, brachte er auf bisher nicht erklärte Weise zum Ausdruck, dass er Hitler als politischem Partner eine Ausnahmestellung zubilligte.[165] Der Besuch in Deutschland sollte für ihn Ausdruck privilegierter Beziehungen zwischen geistesverwandten Diktatoren sein. Es ist keine Frage, dass das Hitlers kühnsten Träumen entsprach. Endlich hatte er den ‚Duce' so weit, sich ausdrücklich von gleich zu gleich zu ihm zu bekennen. In einer Tischrede hob er am 27. September in der Reichskanzlei Mussolinis Ausdrucksweise variierend denn auch ausdrücklich hervor, dass sein Treffen mit dem ‚Duce' mehr darstelle „als nur ein Ereignis diplomatischer und damit rein konventioneller Zusammenkunft".[166]

Es war nur konsequent, wenn zum Empfang Mussolinis in München neben Göring und Goebbels sowie Außenminister Neurath und Kriegsminister Blomberg keine weiteren Minister und außer dem italienischen keine Botschafter anderer Länder eingeladen wurden, dafür aber sämtliche Reichsleiter und Gauleiter der NSDAP.[167] Mussolini wurde in Kufstein an der Grenze auch nicht nach diplomatischen Gepflogenheiten vom Außenminister, sondern von Heß als ‚Stellvertreter des Führers' mit einer SS-Begleitmannschaft begrüßt.[168]

Entsprechend hatte Hitler das Programm von Mussolinis Besuch gestalten lassen.[169] Treffend ist gesagt worden, dass der Besuch Mussolinis als „ein mehrere Tage andauerndes Fest" inszeniert worden ist, das „in der Geschichte des Nationalsozialismus einzigartig blieb".[170] Den ersten Tag verbrachte Mussolini mit seiner Begleitung in München. Er stand ganz im Zeichen der Partei.[171] Mussolini wurde in der in aller Eile umgebauten Parteizentrale der NSDAP, dem sogenannten Führerbau, empfangen und der nationalsozialistischen Führungsspitze vorgestellt. Außerdem musste Mussolini dem Haus der Deutschen Kunst einen ausführlichen Besuch abstatten, wo ihm in der Großen Deutschen Kunstausstellung die dem NS-Regime genehme Kunst vorgeführt wurde. Der Höhepunkt des Tages in München war für Hitler die Kranzniederlegung in der pompösen Grablege für die vierzehn nationalsozialistischen ‚Märtyrer' des Novemberputsches vom 9. November 1923 auf dem Königsplatz. Von Hitler geleitet, zollte Mussolini hier dem „Kult der toten Helden" Tribut, der ein Wesensmerkmal pseudosakraler faschistischer Rituale war.[172]

Von München aus wurde Mussolini von Hitler in seinem Sonderzug nach Mecklenburg geleitet, wo ihn militärische Vorführungen und Manöver der Wehrmacht erwarteten. Der Besuch der Kruppwerke in Essen sollte dem ‚Duce' am 27. September das industrielle Rückgrat der militärischen Aufrüstung Deutschlands vorführen. Erst am Abend dieses Tages traf der ‚Duce' in Berlin ein. Als der Sonderzug des Italieners die Stadtgrenze erreichte, tauchte auf dem Nebengleis plötzlich ein anderer Zug auf, mit dem Hitler seinen Gast Wagen neben Wagen begleitete, um im letzten Moment seinen Zug so zu beschleunigen, dass er vor der Ankunft von Mussolinis Zug aussteigen und den ‚Duce' auf dem Bahnsteig des Berliner Bahnhofs Heerstraße begrüßen konnte.[173] Die Inszenierung sollte dazu dienen, die Parallelität der beiden faschistischen Bewegungen performativ unter Beweis zu stellen, ein propagandistischer Einfall, dessen suggestive Wirkung erheblich war und ihren Eindruck auf den ankommenden Mussolini nicht verfehlte.[174]

Der periphere Bahnhof Heerstraße war von Hitler gewählt worden, weil er seinen Gast von hier aus in einem Autokorso in gerader Linie bis zum Brandenburger Tor begleiten konnte. Von dort aus erreichte der Konvoi über die Prachtstraße Unter den Linden die Wilhelmstraße, wo Mussolini im Palais des Reichspräsidenten einquartiert worden war. Der ‚Duce' sollte auf diese Weise schon im Schnellverfahren das Zentrum der imperialen Macht Deutschlands kennenlernen.

Der 28. September war von Hitler zum Staatsfeiertag erklärt worden, um zu demonstrieren, dass an diesem Tag der Höhepunkt von Mussolinis Deutschlandbesuch erreicht wurde. Der ‚Duce' besuchte am Vormittag in Begleitung von

Heß das Grab des Preußenkönigs Friedrich II. in Potsdam und im Anschluss daran in Berlin allein die Italienische Botschaft und das ‚Haus des Fascio'. Nachmittags war er Gast von Hermann Göring in dessen pompösem Landsitz ‚Carinhall' in der Schorfheide, eine Vergünstigung, die Hitler seinem Stellvertreter auf Wunsch Mussolinis zugestanden hatte. Gemeinsam ließen sich die beiden hier mit einem jungen Löwen ablichten, eine makabre Inszenierung zweier geistesverwandter Gewaltmenschen.[175]

Nach den symbolischen Begegnungen mit der Partei und der Wehrmacht sowie der Industrie in den Vortagen trat Mussolini schließlich am Abend des 28. September auf dem Berliner Maifeld gemeinsam mit Hitler auf einer riesigen Massenversammlung auf. Es sollte die Begegnung mit dem ‚Volk' sein. Das sorgfältig inszenierte Spektakel sollte den neuen Stil faschistischer Politik darstellen, die nach den Worten von Hitlers Pressechef Otto Dietrich „heute nicht mehr hinter verschlossenen Türen, sondern vor den Augen, ja unter Mitwirkung der Völker gemacht" werde.[176] Tatsächlich war für politische Gespräche zwischen den beiden Diktatoren in München und in Berlin jeweils gerade einmal nur eine gute Stunde vorgesehen. Hitler wollte mit Mussolini keine intensiven politischen Verhandlungen führen, sondern durch den gemeinsamen öffentlichen Auftritt aktualistisch die politische Gemeinsamkeit mit dem ‚Duce' demonstrieren. Das einzige ernsthafte politische Gespräch mit Mussolini blieb wieder Göring vorbehalten, der erneut die „Anschlussfrage" anschnitt und nach seiner Behauptung Mussolinis Zustimmung dazu gefunden hat, dass Österreich nach dem Vorbild Danzigs in einen Protektoratszustand gegenüber Deutschland überführt werde, jedoch formal unabhängig bleibe.[177]

Es gibt denn auch keine schriftlichen Dokumente wie diplomatische Protokolle oder Verträge, welche den Besuch Mussolinis in Deutschlands dokumentieren, sondern nur Fotos und bewegte Bilder. Hitlers Leibfotograf Heinrich Hoffmann legte in kürzester Zeit unter dem Titel „Mussolini erlebt Deutschland" einen hundertseitigen Bildband vor, in dem die Deutschlandreise des ‚Duce' vom „ersten Handschlag auf deutschem Boden" bis zum „Abschied von Deutschland" auf Fotos verfolgt wird.[178] Hitlers Dolmetscher Schmidt glaubte, „Statist einer gigantischen Opernaufführung zu sein. Fahnentücher hingen gestaffelt die Häuserfronten auf beiden Seiten vom Dach bis zum Erdgeschoss hinab. Große Scheinwerfer holten im Abenddämmern in sogenannten Lichtdomen auch noch das Letzte an Farbwirkungen aus dem italienischen Grün-Weiß-Rot und dem nationalsozialistischen Rot der Hakenkreuzflagge heraus."[179] Die Bilder lassen erkennen, dass der Fahrweg Mussolinis sowohl in München als auch in Berlin durch riesige Pfeiler, Pylonen und Fahnenständer mit Flaggen ausgeschmückt worden war. Ganze Straßenzüge wurden dadurch in eine einzige „Kulissenwelt" für überdimensionale faschistische Symbole umgewandelt,[180] wobei möglichst darauf geachtet worden war, dass Hakenkreuze und Fasci symmetrisch nebeneinander angebracht wurden. Nur am Münchner Hauptbahnhof, wo der ‚Duce' zuerst empfangen wurde, war zur Begrüßung ein Triumphbogen aufgebaut worden, auf dem links und rechts lediglich jeweils ein Fascio und in der Mitte des Bogens ein „M" für Mussolini angebracht worden war. Besonders verschwenderisch ging man bei der Schlussveranstaltung auf dem Berliner Maifeld mit deutschen und italienischen Fahnen um, allein für die Ausschmückung dieser Massenveranstaltung sollen 2500 Fahnen verwendet worden sein. Man kann das nicht als bloße Dekoration ansehen, die ästhetische Verfremdung der Stadt war vielmehr ein wichtiges Element der politischen Inszenierung, die Nationalsozialismus und Faschismus als miteinander verschmolzen erscheinen lassen sollte.

Wie Hoffmanns offiziöser Bildband erkennen ließ, ist Hitler dem ‚Duce' während des ganzen Besuches kaum von der Seite gewichen, die beiden Diktatoren schienen geradezu wie Dioskuren miteinander verbunden zu sein. Dies galt vor allem für die Massenveranstaltungen, in denen sie sich dem „wogenden Menschenmeer" zeigten.[181] Beide traten bei diesen Gelegenheiten in ähnlichen Parteiuniformen auf und grüßten die ihnen zujubelnde Menge abwechselnd oder gemeinsam mit faschistischem Gruß. Nicht nur um besser gesehen zu werden, sondern um ihre herausgehobene Rolle als ‚Führer' sichtbar zu machen, nahmen sie dafür stets einen erhöhten Standpunkt wie etwa auf dem Balkon der neuen Reichskanzlei in Berlin ein. Abgehoben von der Masse, vereinigten sie auf diese Weise ihre persönlichen Diktaturen gewissermaßen zu einer faschistischen Doppeldiktatur.

Die Massenversammlung auf dem Berliner Maifeld war am 28. September mit angeblich fast 800.000 Teilnehmern die größte Veranstaltung während Mussolinis Besuchs in Deutschland, ja wahrscheinlich überhaupt eine der größten der Zeit. Hitler hatte aus ganz Deutschland nationalsozialistische Parteigenossen mit dem Zug oder mit Bussen herbeitransportieren lassen. Die Jubelkulisse von 70.000 Schwarzhemden, mit der Mussolini ihn in Venedig überrascht hatte, wurde dadurch um ein Vielfaches übertroffen. Hitler bewies damit, dass er, auch wenn es um die politische Mobilisierung von Menschen ging, Mussolini inzwischen übertrumpfen konnte. In ihren Reden demonstrierten die beiden Diktatoren verbal ihre politische Übereinstimmung. Fast wörtlich beschworen beide gleichermaßen die virtuelle Einheit der „115 Millionen Angehörigen zweier Völker".[182] Die Massenkundgebung wurde von Hitler nicht als „Volksversammlung" verstanden, sondern als „Völkerkundgebung", Mussolini sprach von „einer einzigen unerschütterlichen Entschlossenheit", mit der die beiden Völker zusammenstünden.[183] Es sollte sich für die beiden Diktatoren also nicht um eine einmalige Demonstration handeln, die Massenversammlung sollte vielmehr als Repräsentation einer dauerhaften faschistischen Völkergemeinschaft von Deutschen und Italienern gelten. Man könnte davon sprechen, dass damit geradezu ein faschistischer Gegenentwurf zur Idee demokratischer Völkerverbrüderung formuliert wurde.

Der Besuch Mussolinis in Deutschland kann deshalb auch nicht mit den Kriterien traditioneller Diplomatiegeschichte bewertet werden. Obwohl außer einer geheimen Absprache über das weitere gemeinsame Vorgehen im spanischen Bürgerkrieg nichts vereinbart worden war, konnte Hitler den Besuch Mussolinis durchaus als vollen Erfolg verbuchen. Auch wenn die diplomatische Ausbeute gering war, war es die spektakuläre Inszenierung der gesamten Begegnung, die keinen Zweifel mehr daran aufkommen ließ, dass Mussolini sich endgültig von Frankreich und England abgesetzt und auf die Seite Hitlers geschlagen hatte. Der Besuch erregte deshalb internationales Aufsehen und wurde in den demokratischen Ländern des Westens mit einiger Beunruhigung wahrgenommen. Die faschistische Idee einer neuen, öffentlichkeitsorientierten Außenpolitik, bei er es nicht auf die Aushandlung schriftlicher Verträge ankam, sondern auf die Zurschaustellung gegenseitigen Einvernehmens, schien erstmals Früchte getragen zu haben.

Um die faschistische Harmonie während des Besuchs nicht zu stören, hatte Hitler darauf verzichtet, das Österreichproblem, das als einziges noch politisch zwischen Deutschland und Italien stand, in den kurzen Gesprächen anzusprechen, die er mit Mussolini führte. Stattdessen hatte er es Göring überlassen, das Thema zu erörtern. Dieser beharrte gegenüber Mussolini bei dessen Besuch in Carinhall in gewohnter Manier auf einem ‚Anschluss' und zeigte dem ‚Duce' eine Karte, auf der Österreich bereits dem Deutschen Reich angegliedert war.[184] Da Mussolini dagegen keine erkennbaren Einwände erhob, sondern nur noch auf der staatlichen Unabhängigkeit Österreichs in einem „formalen Sinn" bestand, was wohl der völkerrechtlichen Stellung des Freistaats Danzig gleichkommen sollte, wurde dies von Göring als stillschweigendes Einverständnis zu einem ‚Anschluss' gedeutet.[185] Tatsächlich bekannte Mussolini König Viktor Emanuel III. nach Abschluss seiner Deutschlandreise eher resigniert, dass „das Reich den Anschluß nicht aufgegeben habe, sondern nur auf einen geeigneten Zeitpunkt warte".[186]

Obwohl er weiterhin nicht ganz sicher sein konnte, wie Mussolini auf eine Annexion Österreichs reagieren würde, trieb Hitler diese unmittelbar nach dessen Deutschlandbesuch ebenso voran wie die staatliche Zerschlagung der Tschechoslowakei. Wie wir aus der bekannten Niederschrift von Oberst Hoßbach wissen, entwarf er am 5. November 1937 in einer überraschend angesetzten Besprechung mit den militärischen Chefs aller Teilstreitkräfte ein Szenario künftiger deutscher Politik.[187] Er stellte diese bekanntlich unter den Primat einer nur gewaltsam zu erreichenden Gewinnung neuen ‚Lebensraums' im Osten. Um eine solche Ausdehnung nach Osten militärisch vorzubereiten, bezeichnete er „Angriffe auf die Tschechei und Österreich" zum Schutz der östlichen Flanke des

Reiches gegebenenfalls schon 1938 als notwendig, wobei er zynischerweise davon ausging, militärische Schwächen Großbritanniens und Frankreichs ausnutzen zu können, welche sich aus der Appeasementpolitik der Westmächte ergeben hätten. Die rassistisch begründete aber objektlose Utopie der Gewinnung von deutschem ‚Lebensraum' verband er also mit realen Annexionszielen, eine für Hitler ebenso typische wie unverantwortlich riskante politische Mischung.

Er zögerte allerdings zunächst, dem von ihm entworfenen Szenario zu folgen, was in erster Linie mit seiner Sorge zusammenhing, Mussolini zu verprellen. Jedoch wurden seine Planspiele von Hermann Göring in Erkenntnis der deutschen Rohstoffknappheit aus wirtschaftlichen Gründen ernst genommen.[188] Als ‚Beauftragter für den Vierjahresplan' übte dieser, was hier im Einzelnen nicht dargestellt werden muss, auf den bei der Umsetzung seiner Annexionspläne zögerlichen Hitler starken Druck aus. Noch am Morgen des 12. März 1938, nachdem er der Wehrmacht schon den Befehl zum Einmarsch in Österreich gegeben hatte, beunruhigte den ‚Führer' jedoch die Frage, wie Mussolini auf den Einmarsch reagieren würde. Über Philipp von Hessen ließ er Mussolini einen handschriftlich geschriebenen Brief zukommen, in dem er behauptete, sich als „Sohn dieser Scholle" gezwungen zu sehen, in seinem Heimatland die Ordnung wiederherzustellen – die er selbst mit dem österreichischen Ableger der NSDAP am meisten gestört hatte.[189] Wie Augenzeugen aus seinem engeren Umkreis berichtet haben, wartete er den ganzen Tag über voller Unruhe auf die Antwort des ‚Duce'. Erst als er von dem Prinzen am späten Abend die Nachricht bekam, dass Mussolini die Besetzung Österreichs hinnehmen würde, scheint er sich entspannt zu haben. In einem Telefongespräch mit Hessen antwortete er diesem theatralisch: „Dann sagen Sie Mussolini bitte, ich werde ihm das nie vergessen. – Nie, nie, nie, es kann sein, was will. Wenn er jemals in irgendeiner Not oder irgendeiner Gefahr sein sollte, dann kann er überzeugt sein, dass ich auf Biegen oder Brechen zu ihm stehe, da kann sein, was will, wenn sich auch die Welt gegen ihn erheben würde."[190]

Im Laufe des 13. September nahm Hitler persönlich Kontakt zu Mussolini auf, um sich zu vergewissern, ob dieser auch eine förmliche Annexion Österreichs hinnehmen würde. Als der ‚Duce' ihm auch dies zusicherte, äußerte er in einem Telegramm an den ‚Duce' erneut überschwenglich: „Mussolini, ich werde Ihnen dieses nie vergessen!"[191] Erst dann, während Gestapo und SS ihr grausames Verfolgungswerk gegen Juden sowie Oppositionelle aller Art schon begonnen hatten, startete er seine makabre Triumphfahrt durch das nunmehr ‚großdeutsche' Österreich.

Das Verhalten Mussolinis beim ‚Anschluss' ermunterte Hitler dazu, wenige Monate später in der von ihm aufgebrachten ‚sudetendeutschen Frage' ähnlich vorzugehen wie im Fall Österreichs. Nachdem Ribbentrop bei Gesprächen mit seinem Amtskollegen Ciano den Eindruck gewonnen hatte, „daß Italiener für unsere Anteilnahme am sudetendeutschen Schicksal Verständnis haben",[192] erklärte Hitler im Mai 1938: „Es ist mein unerschütterlicher Wille, daß die Tschechoslowakei von der Landkarte verschwindet."[193] Wie seit langem bekannt ist, drängte er seine zögernden Militärs dann im Laufe des Sommers dazu, unter dem Codewort „Fall Grün" eine militärische Besetzung der CSR vorzubereiten. Auch zwei Besuche des friedensbewegten englischen Premierministers Neville Chamberlain hielten ihn nicht von seiner Entschlossenheit ab, in der Tschechoslowakei auf ähnliche Weise mit der Wehrmacht einzumarschieren wie zuvor in Österreich.

Am 26. September 1938 löste er mit einer aggressiven, von Hasstiraden gegen den tschechoslowakischen Präsidenten Benesch durchzogenen Rede im Berliner Sportpalast den Countdown aus. Als sich die Krise zuspitzte, gab Hitler seinen Kriegsplan jedoch bezeichnenderweise auf, nachdem Mussolini intervenierte. Da er diesen in seiner Rede als „seltenen großen Mann" gefeiert hatte, der das deutsch-italienische Verhältnis zu „einem wirklich starken Herzensbund" gemacht habe, so dass sich die beiden Völker „weltanschaulich und politisch in einer engen unlösbaren Freundschaft gefunden" hätten, konnte Hitler sich dem Vorstoß des ‚Duce' kaum entziehen.[194] Hatte er einen Brief Chamberlains, in dem dieser direkte Verhandlungen der Großmächte über eine Abtrennung des ‚Sudetenlandes' von der Tschechoslowakei vorschlug, zunächst noch ignoriert, änderte er sofort seine Meinung, als ihm der italienische Botschafter Bernardo Attolico am Morgen des 28. September im Auftrag Mussolinis mitteilte, dass dieser hinter ihm stünde, aber die Annahme des britischen Konferenzvorschlages empfehle. Was vorher niemand erreicht hatte, bewirkte mit einem Schlag Mussolini. Hitler erwiderte dem Botschafter: „Sagen Sie dem Duce, daß ich seinen Vorschlag annehme." Dem britischen Botschafter teilte er unmittelbar darauf mit: „Auf Wunsch meines großen Freundes und Verbündeten, Signor Mussolini, habe ich die Mobilmachung meiner Truppen um vierundzwanzig Stunden verschoben."[195]

Wie bekannt, kamen Hitler, Mussolini, Chamberlain und der französische Ministerpräsident Daladier schon am nächsten Tag in München zusammen, um nach dreizehnstündiger Beratung am frühen Morgen des 30. September das sogenannte Münchner Abkommen zu unterzeichnen. Ohne bekanntlich die tschechoslowakische Regierung überhaupt zu kontaktieren, beschlossen die vier Staatsmänner darin, das überwiegend von Deutschen bewohnte „Sudetenland" von der Tschechoslowakei abzutrennen und ‚heim ins Reich' kehren zu lassen, zu dem es nie gehört hatte.

In unserem Zusammenhang ist ein meist wenig beachteter Vorgang wichtig: Der ursprüngliche Text des Abkommens wurde von Göring skizziert und anschließend im Auswärtigen Amt im Wesentlichen von Staatssekretär Ernst von Weizsäcker ausformuliert.[196] Dieser Textvorschlag wurde dem italienischen Botschafter Attolico übermittelt, der ihn an Mussolini weitergab. Der ‚Duce' legte ihn sodann bei den Verhandlungen aller Beteiligten als seinen eigenen Vermittlungsvorschlag vor. Mussolini betätigte sich damit gewissermaßen als Briefbote der deutschen Regierung, womit er eine höchst erstaunliche, weit von seinem früheren Selbstbewusstsein gegenüber Hitler entfernte Rolle spielte. Man kann sein Verhalten sicherlich nicht nur darauf zurückführen, dass er um jeden Preis eine kriegerische Auseinandersetzung um die Tschechoslowakei verhindern wollte,[197] seine Beteiligung an der diplomatischen Mimikry war vielmehr wohl erstmals der Einsicht geschuldet, dass er Hitler diplomatisch nicht mehr gewachsen war und es deshalb vorzog ihm zuzuarbeiten.

Hitler seinerseits hätte sich in der Sudetenfrage kaum mit den Westmächten arrangiert, wenn ihm dies nicht von Mussolini nahegelegt worden wäre. Immer noch erkannte er den ‚Duce' als elder statesman an, dessen politisches ‚Genie' er bewunderte und dem zu folgen er bis zu einem gewissen Grade bereit war. Über Nacht scheint ihm sein Nachgeben in München jedoch unnötig gewesen zu sein. Er fühlte sich durch das Abkommen um den militärischen Triumph über die Tschechoslowakei gebracht. Der von ihm als verantwortlich für den Friedenskurs angesehene Göring verlor seitdem stark seinen außenpolitischen Einfluss, an seine Stelle trat der ihm bedingungslos hörige Ribbentrop.[198] Erst recht verloren die Militärs, denen er ohnehin schon wenig Respekt entgegengebracht hatte, wegen ihrer Friedensbereitschaft bei Hitler an Mitspracherecht. Dass er von der deutschen Bevölkerung als Friedensbringer gefeiert wurde, verstimmte Hitler nach ‚München' schließlich besonders, sollte sie doch in seinen Augen für die Gewinnung des ‚Lebensraums' im Osten kriegsbereit und nicht friedensbewegt sein.

In diesem Zusammenhang ist besonders bemerkenswert, dass Hitler seinen Frust nicht auf seinen faschistischen Achsenfreund Mussolini zurückführte, auf dessen Bitte hin er sich überhaupt nur auf die Münchner Konferenz eingelassen hatte. Schuld an dem von ihm nachträglich als Debakel empfundenen Abkommen war in seinen Augen allein der von ihm unflätig nur noch als „Kerl" bezeichnete britische Premierminister Chamberlain.[199] Noch am 22. August 1939 klang auf dem Obersalzberg in seiner Kriegsrede vor den Oberbefehlshabern der Wehrmacht sein Zorn nach, wenn er ausrief: „Ich habe nur Angst, daß mir noch im letzten Moment irgendein Schweinehund einen Vermittlungsplan vorlegt."[200] Weit entfernt davon, damit auf Mussolini anzuspielen bezeichnete er den ‚Duce' in dieser Ansprache in anhaltender Bewunderung als „nervenstärksten Mann in Italien".[201] Er glaubte fest daran, dass Mussolini ihm vertragstreu in den Krieg folgen würde.

Allerdings sollte Hitler seinen Achsenfreund, anders als noch beim ‚Anschluss' Österreichs, nicht vorher informieren, als er im März 1939 die ‚Resttschechei' überfiel und als Protektorat Böhmen und Mähren seinem Herrschaftsbereich eingliederte. Er begnügte sich damit, Prinz Philipp von Hessen nachträglich zu Mussolini zu entsenden, um diesem den eklatanten Bruch des ‚Münchner Abkommens' erläutern zu lassen. Was er den Prinzen als Begründung für seine Gewaltaktion in Rom vortragen ließ, wurde denn dort auch nur als „Geschwätz" verstanden, das für die „Propaganda von Goebbels" taugte.[202] Irgendwelche politischen Reaktionen löste Hitlers annexionistische Provokation bei Mussolini jedoch nicht aus, obwohl Hitler damit erstmals über die Grenzen nationaler Revision hinausging, welche seine Außenpolitik bis dahin wenigstens dem Anschein nach bestimmt hatte. Nachdem er in der Österreichfrage hinhaltend taktiert hatte, um den ‚Anschluss' dann doch widerstandslos hinzunehmen und nachdem er die Teilung der Tschechoslowakei auf der Münchner Konferenz unterstützt hatte, blieb Mussolini jedoch kaum noch etwas anderes übrig, als auch die ‚Zerschlagung der Resttschechei' zu akzeptieren. Hitler konnte sich darin bestätigt sehen, seinen Achsenfreund, auf dessen bedingungslose Unterstützung er spekuliert hatte, richtig eingeschätzt zu haben.

Mussolinis politische Inszenierung. Der Besuch Hitlers in Italien

Wenn etwas hatte zeigen sollen, dass der ‚Duce' gegenüber dem inzwischen übermächtigen Hitler resigniert hatte, dann war das schon sein Einverständnis gewesen an dem Gegenbesuch des ‚Führers' in Italien festzuhalten, der nur knapp zwei Monate nach dem ‚Anschluss' Österreichs stattfinden sollte. Mussolini war sogar bereit, einige besondere Bedingungen zu erfüllen, welche der ‚Führer' zuvor für seinen Besuch gestellt hatte.[203]

Während Mussolini 1937 nur mit relativ wenigen politischen Begleitern und einigem Personal nach Deutschland gereist war, darunter nur drei Politikern aus der faschistischen Führungsriege, fiel Hitler vom 3. bis 9. Mai 1938 in drei Sonderzügen mit etwa 500 Politikern, Beamten, Geheimdienstlern, Journalisten und Diplomaten in Italien ein. Auf Verlangen der Deutschen mussten die Italiener zahlreiche, vor allem jüdische Emigranten aus Deutschland in ‚Schutzhaft' nehmen, die in Italien „Zuflucht auf Widerruf" gefunden hatten.[204]

Schließlich wollte Hitler wegen der trotz des Reichskonkordats sich zuspitzenden Konflikte mit der katholischen Kirche eine Begegnung mit Papst Pius XI. vermeiden. Die Erfüllung dieses Wunsches lag zwar nicht in der Hand Mussolinis. Ehe es deswegen zu diplomatischen Konflikten kommen konnte, zog sich Papst Pius XI. jedoch für die Zeit des Hitlerbesuches auf seine Sommerresidenz in Castel Gandolfo in den Albaner Bergen zurück. Demonstrativ ließ er nur an der Schließung der Vatikanischen Museen und der Anordnung, den Petersdom in der Zeit des Hitlerbesuchs nicht zu beleuchten, erkennen, dass es sich um eine politisch motivierte Abwesenheit handelte.²⁰⁵ Hitler ließ sich davon zwar nicht beeindrucken, jedoch soll er nach seiner Rückkehr fast sehnsüchtig davon gesprochen haben, den Vatikan nur von Ferne gesehen zu haben: „Wir fuhren am päpstlichen Hoheitsgebiet vorbei, mit dem Blick zum Vatikan. Dann sah ich von weitem den Petersplatz mit dem großartigen Schwung der Säulenfassung des Bernini, mit dem Brunnen, den Obelisken, der Fassade des Doms und dahinter, fast verschwimmend, die Kuppel des Michelangelo."²⁰⁶ Es war dies eine der sentimentalen Äußerungen, mit denen Hitler sich bis zu seinem Lebensende an die einzige seiner wenigen Auslandsreisen erinnerte, bei der er gewisse Kunsterlebnisse gehabt hatte.²⁰⁷

Schließlich wollte Hitler König Viktor Emanuel III. bei seinem Besuch in Italien aus dem Weg gehen, was aber deshalb nicht vollständig gelingen konnte, weil dieser als Staatsoberhaupt aus protokollarischen Gründen nomineller Gastgeber des ‚Führers' in dessen usurpierter Funktion als Reichspräsident sein musste. Hitler musste sich daher zu seinem Unmut dem höfischen Protokoll der Monarchie fügen. Als Autoliebhaber war er schon verärgert, als er bei seiner Ankunft an der römischen Stazione Ostiense in die altertümliche Pferdekutsche des Königs steigen musste, der weitere 13 Karossen mit den Ministern des ‚Dritten Reiches' sowie ihren italienischen Amtskollegen folgten, während Mussolini sich entfernte, um nicht allein hinterherfahren zu müssen. Im königlichen Palazzo Quirinale, in dem er während seines römischen Aufenthaltes untergebracht war, fühlte Hitler sich so deplaziert, dass er noch Jahre später seinem Unmut darüber Ausdruck gab.²⁰⁸ Wie auf vielen Fotos zu erkennen ist, suchte er den König bei öffentlichen Auftritten nach Möglichkeit zu ignorieren. Als er bei Vorführungen der faschistischen Freizeitorganisation Opera Nazionale Dopolavoro im Park der Villa Borghese zwischen dem König und der Königin Helena saß, scheint er sogar mit großer Unhöflichkeit das Protokoll durchbrochen und sich demonstrativ mit dem hinter ihm sitzenden ‚Duce' unterhalten zu haben.²⁰⁹ In Neapel musste er jedoch wegen eines zu eng geratenen Zeitplans nach einem gemeinsamen Opernbesuch im abendlichen Frack neben dem militärisch gekleideten König eine Ehrenkompanie abschreiten, was ihn unangenehm an seinen Besuch in Venedig Mussolini erinnerte. Voller Wut veranlasste er daraufhin die Entlassung des Protokollchefs Bülow-Schwante.²¹⁰ Nach Beendigung seiner Reise scheint er sich jedoch damit getröstet zu haben, dass ihm die Bevölkerung angeblich mehr zugejubelt habe als dem König: „Die Leute haben, wenn ich mit dem Duce fuhr, Duce! gerufen, wenn ich mit dem König fuhr, Führer!"²¹¹

Dass es gleichwohl zu keinem öffentlichen Eklat kam, lag daran, dass Hitler seine Begegnung mit Mussolini unbedingt erfolgreich hinter sich bringen wollte. Schon allein die Tatsache, dass er mit einem riesigen Troß von Begleitern angereist war, ließ einen offenen Konflikt nicht zu. Nachdem er endlich Mussolini ganz für sich gewonnen hatte, verbot es sich für Hitler selbstverständlich, sich mit dem ‚Duce' sofort wieder zu überwerfen. Vor allem aber wäre seine politische Unfehlbarkeit als Diktator in Frage gestellt worden, wenn sich seine ‚Freundschaft' mit Mussolini so rasch als brüchig erwiesen hätte.

Erst bei diesem Besuch scheint Hitler schließlich wohl auch begriffen zu haben, wie fragil Mussolinis diktatorische Stellung in Italien letzten Endes war. Immer wieder kam er seitdem darauf zurück, dass der ‚Duce' von der Monarchie abhängig und die Armee unbegreiflicherweise auf den Monarchen eingeschworen sei.[212] Er verwendete das Argument, dass Mussolini nicht so könne wie er wolle, auch gegenüber Kritikern in den eigenen Reihen, die dem Faschismus aufgrund seiner zunehmenden militärischen Schwäche insgesamt nicht mehr vertrauten. Was immer auch intern in den Führungskreisen des NS-Regimes an den Faschisten kritisiert wurde, Mussolini wurde dabei von Hitler stets ausgenommen.

Wie Hitler in Deutschland inszenierte auch Mussolini das Besuchsprogramm Hitlers in Italien als perfekte Show politischer Übereinstimmung. Hitler und Mussolini zeigten sich so oft wie möglich gemeinsam in der Öffentlichkeit, auch wenn sie, außer am letzten Besuchstag in Florenz, den König meist neben sich dulden mussten. Außer während der Fahrt in der Pferdekutsche bei seiner Ankunft musste Hitler jedoch nur noch selten allein mit dem König auftreten. Geschickt ließ Mussolini das Programm so einrichten, dass Hitler nicht ausschließlich dem monarchischen Protokoll folgen musste. Der Vorbeimarsch von auf den König vereidigten Heereseinheiten erfolgte im Wechsel mit Einheiten der faschistischen Miliz und der faschistischen Jugendorganisationen. Der Besuch der monarchischen Erinnerungsstätte des Pantheons wurde in Rom mit einer Kranzlegung am Grabmal des Unbekannten Soldaten und einer Totenehrung der faschistischen Märtyrer konterkariert.[213] Außerdem besuchten Hitler und Mussolini auch noch gemeinsam das faschistische „Heiligtum der Gefallenen" (*Sacrario dei caduti*) in Florenz, das 1934 in der Krypta von S.Croce eingerichtet worden war. Der ‚Duce' zelebrierte hier den faschistischen Heldenkult in gleicher Weise wie der ‚Führer' bei Mussolinis Deutschlandbesuch auf dem Münchner Königsplatz.[214]

Der nach dem militärischen Sieg über Abessinien anhaltende Partisanenkrieg und der spanische Bürgerkrieg banden so große Truppenkontingente, dass Mussolini dem deutschen Gast nur ein kleines Manöver mit Bodentruppen vorführen konnte. Stattdessen musste sich Hitler in Neapel einen ganzen Tag lang Manöver der italienischen Kriegsmarine ansehen. Auf dem Luftwaffenstützpunkt Furbara nahm er außerdem an einem Manöver der Luftwaffe teil, die der Stolz des faschistischen Regimes war. Als besondere Reverenz wurden ihm dabei 25 Jagdflugzeuge, die in der Formation eines riesigen Hakenkreuzes flogen, vorgeführt.[215] Hitler scheint davon besonders angetan gewesen zu sein, seine militärischen Begleiter monierten jedoch, dass die Vorführungen weniger die Kampfkraft der italienischen Luftwaffe als vielmehr nur deren flugsportliche Fähigkeiten gezeigt hätten.[216]

Wenn Hitler später über seinen Besuch in Italien sprach, hob er stets die Kunsterlebnisse hervor, die er auf dieser Reise gehabt habe. Es entsprach dies seinem sonderbaren Selbstverständnis als Künstler, das bekanntlich die Grundlage seines politischen Geniewahns bildete.[217] Schon während seines Romaufenthaltes behauptete er beim Verlassen der Villa Borghese, „wochenlang hier bleiben" zu können, wenn er „noch Privatmann wäre".[218] Später träumte er davon, einmal nach Italien zurückzukehren, ein Häuschen in der Nähe von Rom zu mieten und dann inkognito in aller Ruhe die Museen zu besuchen.[219] Es waren dies sicherlich oberflächliche touristische Schwärmereien, aber auch die Erinnerung daran, dass er in Rom in dieser Hinsicht für seinen Geschmack zu kurz gekommen war. Die Vatikanischen Museen waren ihm verschlossen geblieben. Von den Kunstmuseen hat man ihm in Rom nur die Kunstsammlung in der Galleria Borghese gezeigt.[220] Geführt von dem Klassischen Archäologen Ranuccio Bianchi Bandinelli, war er hier mit geradezu verzücktem Blick durch die Säle gegangen, begeistert von Bildern der Renaissance und des Barock.[221] Andere klassische Kunstsammlungen wie z. B. die im Palazzo Doria Pamphili bekam Hitler nicht zu sehen. Und selbstverständlich wurde ihm das Museum der modernen Kunst mit den Beständen der futuristischen und faschistischen Malerei vorenthalten

In Neapel bekam er, wie er sich später beklagte, kein einziges Bild zu sehen. Erst am letzten Tag seines Besuchs kam er in Florenz bei der Besichtigung der Gemäldegalerien im Palazzo Pitti und vor allem in den Uffizien voll auf seine Kosten.[222] Sachkundig geführt vom Direktor des Deutschen Kunsthistorischen Instituts in Florenz, Friedrich Kriegbaum, scheint für Hitler der Besuch der Uffizien das „Schlüsselereignis" seines Italienbesuchs gewesen zu sein, an das er sich noch später häufig erinnerte, so als ob die Italienreise für ihn in erster Linie eine Kunstreise und kein politisches Unternehmen gewesen sei.[223]

Mussolini hat den ‚Führer' dagegen nur aus protokollarischen Gründen bei seinem Besuch in der römischen Galleria Borghese begleitet und seine Begleitung unter einem Vorwand sogar vorzeitig abgebrochen, um Hitler bei seinem ihm unverständlichen Kunstgenuss allein zu lassen.[224] Wie Berichte über diesen Museumsbesuch, aber auch Fotos erkennen lassen, hatte er sich bei der stundenlangen Betrachtung von Bildern nur gelangweilt. Dass die Galleria Borghese überhaupt in Hitlers Besuchsprogramm einbezogen worden war, war eine Konzession an den deutschen Kunstliebhaber gewesen, Mussolinis Kunstgeschmack entsprach diese Besichtigung nicht. Dem ‚Duce' lag mehr daran, dem ‚Führer' die architektonische und künstlerische Überlieferung des antiken Roms vorzuführen, für dessen Repräsentation er seit Mitte der zwanziger Jahre die halbe Altstadt Roms gewaltsam umgemodelt hatte.[225] Mit dem Rückgriff auf das kaiserliche

Imperium Romanum suchte er ex post den faschistischen Imperialismus ideologisch zu rechtfertigen, der seiner Diktaturherrschaft zugrunde lag. Es war diese ‚invention of tradition‘, die er seinem Gast in erster Linie vorführen wollte.

Um Hitler nach seiner Ankunft sofort entsprechend einzustimmen, ließ er in kürzester Zeit den im Bau befindlichen Bahnhof Stazione Ostiense fertigstellen,[226] damit der ‚Führer‘ nach seiner Ankunft nicht durch die römische Neustadt, wie das vom Zentralbahnhof der Stazione Termini aus der Fall gewesen wäre, sondern durch die bedeutendsten Hinterlassenschaften der römischen Antike zu seinem Quartier im königlichen Quirinalspalast gefahren wurde. Von der Stazione Ostiense aus führte der Weg Hitlers über die (damalige) Via dei Trionfi auf das Kolosseum zu, um dort im rechten Winkel in die (damals so genannte) Via dell'Impero in Richtung der Piazza Venezia fortgesetzt zu werden. Hitler sollte auf diese Weise schon die beiden wichtigsten Aufmarschstraßen kennenlernen, welche Mussolini durch die Ruinen des kaiserlichen Roms hatte brechen lassen. Die endlosen Paraden von Militär- und faschistischen Miliz- und Parteieinheiten, die in den folgenden Tagen für Hitler abgehalten wurden, fanden auf diesen Magistralen statt. Selbstverständlich musste Hitler später auch das Kolosseum und Castel San Angelo besichtigen, eine Kundgebung der Auslandsorganisation der NSDAP für die Deutschrömer wurde in die Maxentiusbasilika gelegt.[227] Besonderen Eindruck scheint auf Hitler das Pantheon gemacht zu haben, das er ganz allein, nur begleitet von dem ihm von Mussolini zur Seite gestellten Kunsthistoriker Bianchi Bandinelli besichtigen durfte. Er verharrte hier längere Zeit in vollkommenen Schweigen, ganz offenbar überwältigt von der Wucht der einzigartigen Architektur.[228] Dass das Pantheon durch die Grablegung der ersten Könige des geeinten Italiens eigentlich zu einem monarchischen Erinnerungsort umgestaltet worden war, überspielte Hitler dadurch, dass er einen Kranz am Grab Raffaels niederlegte.

Das römische Besichtigungsprogramm war somit so angelegt, dass Hitler durch den Faschismus in das römische Kaiserreich versetzt werden sollte. Als Höhepunkt von Mussolinis Einführung in die römische Antike muss daher Hitlers Besuch in der Mostra Augustea della Romanità angesehen werden, der großen Ausstellung, die 1937 zum zweitausendsten Geburtstag des römischen Kaisers Augustus in Rom veranstaltet worden ist.[229] Auch wenn es sich scheinbar um eine rein historische Ausstellung handelte, die unter Mitwirkung bekannter Altertumswissenschaftler, aber in enger Abstimmung mit Mussolini kuratiert worden war, hatte diese einen dezidiert politischen Zweck. Sie sollte auf die imperiale Vergangenheit Roms unter Kaiser Augustus verweisen, um damit Mussolinis Gründung des ‚Impero fascista‘ als dessen angebliche Wiederherstellung zu legitimieren. Es ist nicht bekannt, wie Hitler auf diese spezifisch faschistische Geschichtskonstruktion reagiert hat, jedoch besuchte er die Ausstellung auf seinen

Wunsch hin ein zweites Mal, was freilich nur eine politische Geste gegenüber seinem Gastgeber gewesen sein mag.[230] Die auf das antike Rom bezogene faschistische Erinnerungspolitik entsprach jedenfalls weder seinen Geschichts- noch seinen Kunstvorstellungen.

Nicht anders als in Deutschland war auch in Italien nur wenig Platz für politische Gespräche zwischen Hitler und Mussolini. Das geschah erneut nicht, wie häufig behauptet wird, aus Gründen des Zeitmangels, politische Gespräche waren vielmehr bei der Programmplanung des Besuchs erneut nur am Rande vorgesehen. Hitlers Besuch sollte keinen Arbeitscharakter, sondern den eines politischen Festes haben, bei dem das Einvernehmen der beiden faschistischen Diktatoren öffentlich bekundet wurde. Hitler überließ es Ribbentrop, in Verhandlungen mit dem italienischen Außenminister Ciano Möglichkeiten eines gegen die Westmächte gerichteten Beistandsvertrages zwischen Deutschland und Italien zu eruieren. Das wenig sensible Vorpreschen des deutschen Außenministers bewirkte jedoch nur, dass die Italiener weiterhin alle weiteren Verhandlungen abblockten.

Hitler und Mussolini trafen nicht anders als 1937 in Deutschland nur ein einziges Mal zu einem politischen Gespräch zusammen, bei dem sie offenbar erstmals eine Umsiedlung der deutschsprachigen Südtiroler nach Deutschland diskutiert haben. Politische Erklärungen, die über protokollarisch notwendige Begrüßungsfloskeln bzw. unverbindliche Trinksprüche hinausgingen, gaben sie öffentlich nur am 7. Mai bei einem Abendessen in Mussolinis Residenz im Palazzo Venezia ab. Beide erinnerten hier an ihre Reden auf dem Berliner Maifeld, beide beschworen ein angeblich „ethisches Gesetz" der Freundschaft zwischen Deutschland und Italien und die Gleichheit ihrer Interessen.[231] Für Mussolini war jedoch von besonderer Bedeutung, dass Hitler eine von ihm pathetisch als „Vermächtnis an das deutsche Volk" bezeichnete Verzichterklärung auf Südtirol abgab.[232] Das entsprach zwar nur der von ihm seit Jahren vertretenen politischen Haltung, so kurz nach dem ‚Anschluss' Österreichs an das Deutsche Reich gewann die öffentlich geäußerte, über Lautsprecher nach außen übertragene Verzichtserklärung des ‚Führers' jedoch eine neue Bedeutung. Der entscheidende Abschnitt in Hitlers Tischrede lautete: „Belehrt durch die Erfahrungen zweier Jahrtausende wollen wir beide, die wir nun unmittelbare Nachbarn geworden sind, jene natürliche Grenze anerkennen, die die Vorsehung und die Geschichte unseren beiden Völkern ersichtlich gezogen haben. Sie wird dann Italien und Deutschland durch die Trennung der Lebensräume der beiden Nationen nicht nur das Glück eine friedlichen dauernden Zusammenarbeit ermöglichen, sondern auch als Brücke gegenseitiger Hilfe und Unterstützung dienen. Es ist mein unerschütterlicher Wille und mein Vermächtnis an das deutsche Volk, dass es deshalb die von der Natur zwischen uns beiden aufgerichtete Alpengrenze für immer als eine unantastbare ansieht. Ich weiß, daß sich dann für Rom und Germanien eine große und segensreiche Zukunft ergeben wird."²³³

Indem er sich auf die „Vorsehung" und die „Geschichte" berief, gab Hitler dem Verzicht auf Südtirol eine für ihn mythische Bedeutung, was von Mussolini allerdings kaum verstanden worden sein dürfte. Der pompösen Ausdrucksweise widersprach außerdem, dass Hitler für die Alpen den Begriff einer ‚natürlichen' Grenze' benutzte, war dies bekanntlich doch der politische Kampfbegriff, den die französische Politik jahrhundertelang gegenüber Deutschland für den Rhein benutzt hatte. Man interpretiert Hitler sicherlich nicht falsch, wenn man unterstellt, dass er die Alpen ebenso wenig wie den Rhein für eine ‚natürliche' Grenze hielt, sondern für eine politische, die sich irgendwann ändern ließ.

Im Anschluss an das Abendessen betraten die beiden Diktatoren gemeinsam den Balkon des Palazzo Venezia, von dem aus Mussolini sonst allein mit der Masse zu kommunizieren pflegte. Es war dies zweifellos der Höhepunkt des Italienbesuchs Hitlers. Mussolini konzedierte dem ‚Führer', gemeinsam auf dem Balkon aufzutreten, der gewissermaßen das topographische Zentrum seiner diktatorischen Herrschaft darstellte. Die Diktatoren erzielten durch diesen symbolischen Akt politischer Zweisamkeit deshalb wohl auch eine größere Wirkung als mit allen Reden.

Eine mit der Veranstaltung auf dem Berliner Maifeld vergleichbare Massenversammlung hat es bei Hitlers Besuch in Italien nicht gegeben. Vergleichbar war allenfalls die stundenlange Parade von Militär- und Parteieinheiten, welche Hitler und Mussolini zusammen mit dem König am 6. Mai auf einer Tribüne an der Via dei Trionfi entgegennahmen. Während bei Hitlers Ankunft der Zustrom von Zuschauern noch begrenzt war, strömten bei dieser Gelegenheit die Massen zu den Aufmärschen. Eine große Menschenmenge war auch schon am 5. Mai in Neapel auf der Piazza del Plebiscito zusammengekommen, wobei jedoch wohl nicht spontane Begeisterung für den Besuch des ‚Führers', sondern organisierter Jubel durch faschistische Kader die Menschen auf die Straße getrieben haben dürfte. Auch wenn Mussolinis Ausrufung der bald nur noch als ‚Achse' bezeichneten ‚Vertikale' zwischen Deutschland und Italien schon anderthalb Jahre her war, hatte die italienische Bevölkerung damit noch nicht viel anfangen können. Man sollte das jedoch nicht als grundsätzliche Ablehnung der Verbindung mit dem nationalsozialistischen Deutschland ansehen. Es war vielmehr ein Effekt der – selbstverständlich politisch gesteuerten – Massenversammlungen anlässlich des Hitlerbesuches, dass die Sympathien für den ‚Führer' und das nationalsozialistische Deutschland in der Bevölkerung Italiens, soweit das heute erkennbar ist, durchaus angestiegen sind. Die öffentliche Inszenierung der gegenseitigen Besuche trug in Italien jedenfalls mehr zur Popularisierung der ‚Achse' bei als dies politische Abmachungen oder Verträge hätten bewirken können.²³⁴

Mussolini konnte vor allem für sich verbuchen, dass die antideutsche Stimmung in den Kreisen seiner bürgerlichen Sympathisanten zurückging und er jedenfalls bis zum Beginn des Zweiten Weltkrieges freie Hand für die Achsenpolitik mit Hitler erhielt. Entgegen der Behauptung von Renzo De Felice und anderen Historikern, dass der Hitlerbesuch „de facto nichts gebracht" habe,[235] muss dieser zusammen mit dem Deutschlandbesuch Mussolinis daher als Durchbruch der faschistischen Allianz angesehen werden. Stärker als schriftliche Vereinbarungen trug ihr „visueller Vertrag" dazu bei, Mussolini und Hitler einander zu binden.[236] Die öffentliche Besuchsregie suggerierte sowohl in Deutschland als auch in Italien, das Verhältnis der beiden Diktatoren zueinander als eine harmonische Allianz gleichrangiger Partner erscheinen zu lassen, die für beide gleichermaßen von Nutzen war.

Dass das NS-Regime infolge der ungleich größeren Wirtschaftskraft und der forcierten Aufrüstung Deutschlands dem faschistischen Regime in Italien inzwischen militärisch deutlich überlegen war, blieb weitgehend unausgesprochen. Obwohl Hitler bei seinem Italienbesuch erkannte, auf welch labilem Fundament die faschistische Diktatur Mussolinis gegründet war, schätzte er deren militärische Stärke nach wie vor viel zu hoch ein. Überzeugt von der politischen Genialität Mussolinis wollte er nicht wahrhaben, dass sich dessen Verständnis für wirtschaftliche und militärische Sachverhalte noch deutlicher in Grenzen hielt als das seine. Auch Hitlers militärstrategische Fähigkeiten waren zwar bekanntlich sehr viel geringer als er in notorischer Selbstüberschätzung meinte, wie sich während des von ihm angezettelten Krieges gegen die Sowjetunion auf eine für Deutschland verhängnisvolle Weise zeigen sollte. Anders als Mussolini konnte Hitler jedoch bei seinen aberwitzigen Kriegsplänen auf ein fähiges Generalkorps und eine tatkräftige Unternehmerschaft sowie eine leistungsfähige Facharbeiterschaft zurückgreifen, welche die rüstungsmäßige Umsetzung seiner Kriegspläne in atemberaubendem Tempo ermöglichte. So etwas wie den „Vierjahresplan" von 1936, der Deutschland in wenigen Jahren „kriegsbereit" machen sollte, hat es im faschistischen Italien nie gegeben. Auch Hitler hat sich bekanntlich auf furchtbare Weise übernommen, er schaffte es jedoch, Deutschland für eine ganze Serie von kleineren Kriegen, sogenannten Blitzkriegen, aufzurüsten, um dann freilich sein Regime im großen Krieg gegen die USA und Großbritannien einerseits und die Sowjetunion andererseits in den Untergang zu reißen. Der von ihm unverändert bewunderte Mussolini war nie in der Lage, sich die für seine Kriege notwendige Ausrüstung zu beschaffen. Im Grunde hielt er die Kriegführung auch weniger für eine Frage der Ressourcen und der militärischen Strategie als vielmehr für die eine des Willens. Er glaubte tatsächlich, seine Kriege gewinnen zu können, wenn er es schaffte die Italiener zu einem Volk von Kriegern zu machen, wozu es in seinen Augen vor allem notwendig war sie entsprechend politisch zu erziehen.

Es kann kein Zweifel daran bestehen, dass Hitlers Mussolinibegeisterung mit den gegenseitigen Besuchen der beiden faschistischen Diktatoren 1937/38 ihren Höhepunkt erreichte. Beide Reisen wurden in Deutschland von der gelenkten Presse des NS-Regimes in bisher nicht vorstellbarer Weise so propagandistisch aufbereitet, dass sie als persönlicher Triumph Hitlers erschienen, in dem sich seine ‚Freundschaft' mit dem ‚Duce' optimal erfüllte.[237] Das alte Feindbild von den italienischen ‚Verrätern' wurde damit durch die Beschwörungsformel der ‚Achse Berlin-Rom' überdeckt, wenn auch nicht völlig beseitigt, wie sich nach der die Deutschen schockierenden Absetzung Mussolinis am 25. Juli 1943 zeigen sollte.

Auf bemerkenswerte Weise verbreitet wurde Hitlers Utopie transnationaler faschistischer Beziehungen dadurch, dass sie auf die engeren Führungskader Hitlers durchschlug. Je mehr der ‚Führer' bei internen Gesprächen, aber auch bei öffentlichen Gelegenheiten seine ‚Freundschaft' zu Mussolini pries, desto mehr verbreitete sich unter seinen Paladinen die Auffassung, dass sie ebenfalls ihre enge Verbindung zum ‚Duce' unter Beweis stellen müssten.[238] Da sie dem ‚Duce' selbstverständlich nicht wie Hitler von gleich zu gleich begegnen konnten, bemühten sich die nationalsozialistischen Führungskader darum, von Mussolini in Rom in Audienz empfangen zu werden. Von der Ausrufung der ‚Achse Berlin-Rom' bis weit in die Kriegsjahre hinein ist bei Mussolini ein Zustrom hochrangiger nationalsozialistischer Rompilger nachzuweisen. Kaum einer der Paladine Hitlers hat darauf verzichtet, zumindest einmal nach Rom zu fahren. Man bemühte sich zwar meist um einen aktuellen politischen Vorwand für eine solche politische Pilgerreise, das eigentliche Ziel war aber immer eine persönliche Begegnung mit dem ‚Duce'. Überliefert ist sogar, dass einige der nationalsozialistischen Führungskader eine Romreise überhaupt nur dann antreten wollten, wenn eine Audienz beim ‚Duce' gesichert war, konnte diese nicht vereinbart werden, verzichteten sie auf die Reise.[239]

Hitler hatte gegen die zeitweise hektischen Reiseaktivitäten seiner Führungskader aus dreierlei Gründen nichts einzuwenden. Die persönlichen Kontakte mit dem ‚Duce', aber auch mit anderen Parteiführern, entsprachen zum ersten seiner Vorstellung von privilegierten Beziehungen zum italienischen Faschismus. Je mehr und je häufiger seine Führungskader nach Italien reisen, um dort beim ‚Duce' gewissermaßen einen „Antrittsbesuch" zu machen,[240] aber auch um andere Führer des Faschismus zu treffen, desto mehr kam der Nationalsozialismus in seinen Augen dem Ideal einer ‚kameradschaftlichen' Verbindung mit dem italienischen Faschismus näher. Hitler konnte so den nationalsozialistischen Besucherstrom nach Italien als eine Ausweitung seiner eigenen Kontakte zum Faschismus ansehen und sich in seiner ‚Freundschaft' zu Mussolini bestätigt fühlen. Die Bemühungen der nationalsozialistischen Führungskader um eine persönliche Begegnung mit Mussolini, für die man damals eine aufwendige Reise unternehmen musste, kamen zum zweiten aber auch einer Loyalitätserklärung für Hitler gleich. Die Begegnung mit dem ‚Duce' schien unausgesprochen zu beweisen, dass man auf einer politischen Linie mit dem ‚Führer' lag, auch wenn diesem klar gewesen sein dürfte, dass mancher seiner Untergebenen eine Reise zu Mussolini nur aus reinem Opportunismus unternahm.

So lange noch Neurath Außenminister war, konnte sich Hitler schließlich drittens seiner nach Rom reisenden Kader bedienen, um an den deutschen Diplomaten vorbei mit Mussolini zu kommunizieren. Auf die Sonderrolle Hermann Görings, der von Hitler schon vor 1933 als Mittelsmann zu Mussolini benutzt wurde, ist schon verwiesen worden.[241] Auch die wichtige Funktion, die Hans Frank für Hitler in Italien spielte, wurde schon behandelt. Diese faschistische Direktpolitik änderte sich zwar 1938 mit der Ernennung Ribbentrops, der jedoch als Hitlers parteipolitischer Vertrauter in Rom weit häufiger persönliche Verhandlungen führen durfte, als dies für einen Außenminister damals üblich war. Bei besonders wichtigen Angelegenheiten bediente sich Hitler außerdem weiterhin auch anderer Parteikader. Mit ihm abgestimmt waren etwa die jährlichen Besuche Heinrich Himmlers bei Mussolini. Über Himmler ließ Hitler den ‚Duce' am 11. Oktober 1942 auch verdeckt über die Vernichtungspolitik gegenüber den Juden informieren.[242] Dieser erledigte dies in der ‚äsopischen Sprache', in der bei den Verantwortlichen im NS-Regime über den Holocaust geredet wurde, nach außen hin beschönigend, für Eingeweihte jedoch unmissverständlich. Da Mussolini auch von anderer Seite ähnliche Hinweise bekam, kann er sich über den Massenmord an den europäischen Juden seit Himmlers Besuch keine Illusionen mehr gemacht haben.[243]

Viele der nationalsozialistischen Rompilger brachen aus eigener Initiative nach Rom auf, ohne sich mit Hitler abgestimmt zu haben oder von ihm mit politischen Aufträgen versehen worden zu sein. Da Hitler grundsätzlich nichts gegen diese Reisen einzuwenden hatte, sondern sie im Gegenteil begrüßte, griff er nur gelegentlich ein, um den Besucherstrom zum ‚Duce' zu steuern. So erhielt vor seiner ersten Begegnung mit dem ‚Duce' in Venedig im Mai 1934 außer Göring nur noch Joseph Goebbels von ihm die Genehmigung zu einer Italienreise, alle anderen mussten warten bis er selbst mit dem ‚Duce' zusammengetroffen war. [244] Ähnlich ließ er im Frühjahr 1938, als sein Staatsbesuch in Italien bevorstand, bis dahin alle Einzelreisen untersagen.[245] Schon 1937, als es wegen der sich häufenden Romreisen zu Konflikten zwischen der Ministerialbürokratie und der Parteiführung gekommen war, ordnete Hitler an, dass Einladungen nach Rom nur noch nach seiner vorherigen Genehmigung angenommen werden dürften. Sehr großen Effekt scheint sein Eingreifen allerdings nicht gehabt zu haben, nur in einigen wenigen Fällen ist nachweisbar, dass Hitler eine Reise nach Rom untersagt hat. Noch 1942 musste er sich mit Mussolini darüber verständigen, dass Reisen von

Parteiführern nur noch stattfinden dürften, wenn sie unbedingt erforderlich seien, ein Zeichen dafür, dass diese immer noch unkontrolliert stattfanden.

Der Zustrom von nationalsozialistischen Besuchern aus dem engsten Kreis von Hitlers Führungskadern bewirkte, dass Mussolini sich subjektiv noch als Mentor des ‚Führers' fühlen konnte, als sich ihr Machtverhältnis umgekehrt hatte und er zwischen ihnen nicht mehr den Ton angab sondern Hitler. Das bewirkte, wie zu zeigen sein wird, dass Mussolini bis zu seinem Sturz dem ‚Führer' keineswegs bedingungslos gefolgt ist, sondern im Gegenteil immer wieder seine politische Eigenständigkeit zu beweisen versucht hat. Das gilt auch für die Rassengesetze, die er 1938 erließ und bis zu seinem Sturz 1943 unter ständiger Verschärfung umsetzte.

Niemand kann heute noch behaupten, dass die faschistische Rassengesetzgebung nichts mit der nationalsozialistischen zu tun gehabt habe,[246] aber auch die gegenteilige Annahme, dass Mussolini nur dem Vorbild Hitlers gefolgt sei, das er auf seiner Deutschlandreise von 1938 anschaulich kennengelernt habe, wird man nicht aufrechterhalten können. Will man Hitlers Einfluss auf Mussolinis Rassenpolitik bestimmen, ist vielmehr von deren eigenständigem Ursprung auszugehen. Zunächst einmal muss man sich von der Vorstellung freimachen, dass die faschistische Rassengesetzgebung schon unter dem „sengenden Strahl des Holocaust" gestanden habe.[247] Wenn Mussolini 1938 etwas von den Nationalsozialisten übernehmen konnte, dann waren es selbstverständlich nur die sogenannten Nürnberger Rassengesetze vom 15. September 1935. Durch diese ‚Gesetze' sowie auch durch ihre Verschärfung in den Folgejahren, wurden die deutschen Juden bekanntlich (noch) nicht ermordet, sondern erst diskriminiert und allmählich aus der Mehrheitsgesellschaft ausgegrenzt. Wenn man so will, wurde in Deutschland zunächst ein antijüdisches Apartheidsregime eingerichtet. Nur dieses konnte Mussolini auch schon vor Augen haben, als er 1938 mit seiner diskriminierenden Rassenpolitik begann, nicht schon der spätere Massenmord an den europäischen Juden.

Auch wenn Mussolini zu seiner antisemitischen Rassengesetzgebung durch das nationalsozialistische Vorbild bestärkt worden ist, kann diese jedoch nicht als bloße Nachahmung der nationalsozialistischen Judenverfolgung angesehen werden. Die rassendiskriminierenden Maßnahmen in Italien hatten einen anderen Ursprung als die Rassenpolitik des Nationalsozialismus, sie kamen in Italien nicht über die Juden, sondern über die Afrikaner in Gang.[248] Wie aus einer bisher wenig beachteten Quelle hervorgeht, brachte Mussolini dies bei seinem Deutschlandbesuch im September 1937 im vertraulichen Gespräch klar zum Ausdruck. Nach einer Aufzeichnung des Protokollchefs des Auswärtigen Amtes Vicco von Bülow-Schwante äußerte er diesem gegenüber im Gespräch folgendes: „Mussolini erkundigte sich eingehend nach der Entwicklung der Judenfrage vor und nach der

Machtergreifung. und über den jetzigen Stand. Er meinte, dass bei den 70.000 [sic!] Juden in Italien diese Frage für ihn kein Problem sei. Es käme aber jetzt für ihn die Rassenfrage zwischen Weiß und Schwarz in den Vordergrund."[249] Mussolini deutete damit an, dass die sogenannte Rassenfrage für ihn im faschistischen ‚Imperium' in Afrika anstand. Es waren nicht die in Italien lebenden Juden, sondern die Afrikaner im eroberten Abessinien, die Mussolini zuerst zu einer rassistischen Ausgrenzungspolitik veranlassten. Galeazzo Ciano notierte am 30. Juli 1938 in seinem Tagebuch, dass „der Duce die Rassenfrage nach der Eroberung de Impero als etwas Grundlegendes betrachtet".[250]

Im Zentrum der rassistischen Propaganda des Faschismus stand für Mussolini die Angst vor einer ‚Rassenmischung'. Das klang nach einer rassenbiologischen Phobie. Letzten Endes war es für Mussolini jedoch keine genuin rassistische Frage sondern eine sicherheitspolitische, wenn er vor einer ‚Vermischung' von Europäern und Afrikanern Angst hatte. Nach dem von ihm am 9. Mai 1936 verkündeten Ende seines Invasionskrieges hatte er, um den weiteren Widerstand der Afrikaner in Schach zu halten, in Abessinien Hunderttausende von Soldaten als Besatzung hinterlassen müssen. Das hatte zu massenhaften sexuellen Kontakten und eheähnlichen Verhältnissen von Italienern mit einheimischen Frauen geführt. Mussolini fürchtete daher, dass durch die schwindende Moral seiner Soldaten die italienische Besatzungsherrschaft in Abessinien gefährdet sein könnte. Um die Moral aufrechtzuerhalten, bediente er sich rassistischer Argumente, es ging ihm aber um die militärische Disziplin.

Erst nachträglich wurde diese Propaganda auch auf die Juden übertragen. Auch sie wurden beschuldigt, die ‚italienische Rasse' zu bedrohen. In dem die faschistische Rassenpolitik rechtfertigenden ‚Rassenmanifest' (*Manifesto della razza*) vom 14. Juli 1938, das Mussolini aller Wahrscheinlichkeit nach selbst redigiert hatte, wurde ihre Diskriminierung damit begründet, dass sie als „Orientalen" ebenso wenig zu der „reinen italienischen Rasse" gehörten wie die „Afrikaner".[251] Wie stets bei Mussolini sollte man diese rassistische Argumentation jedoch nicht ohne weiteres für bare Münze nehmen, der ‚Duce' suchte vielmehr nach einer ideologischen Rechtfertigung für eine Rassenpolitik, die im Grunde rein politisch begründet war. Die Juden wurden von Mussolini als gefährlich angesehen, weil sie wie die Afrikaner angeblich die Sicherheit des faschistischen Regimes zu unterminieren drohten, nicht aber schon an und für sich. Wenn man so will, kann man seinen Antisemitismus als einen sekundären Rassismus bezeichnen.

Der Einfluss des ‚internationalen Judentums' wurde von Mussolini für die Sanktionen des Völkerbunds gegen Italien verantwortlich gemacht, ‚Juden' waren angeblich auch an der in seinen Augen zunehmenden Gleichgültigkeit der italienischen Bevölkerung gegenüber dem Faschismus schuld. In der von ihm gestarteten Kampagne gegen die ‚Verbürgerlichung' des Faschismus spielte der Kampf gegen das ‚Judentum' aus diesem Grund eine zentrale Rolle.²⁵² Mit ihrer Ausgrenzung aus der Mehrheitsgesellschaft wollte Mussolini schließlich auch für alle diejenigen ein Exempel statuieren, welche sich seiner faschistischen Diktatur entgegenstellten oder dieser gleichgültig gegenüberstanden. Die rassistische Gesetzgebung muss deshalb im Zusammenhang mit der Radikalisierung des faschistischen Regimes gesehen werden.

Hitler hat das Thema der ‚Judenfrage' nach allem was bekannt ist bei den gegenseitigen Staatsbesuchen von 1937 und 1938 gegenüber Mussolini nicht thematisiert. Es reichte ihm offensichtlich aus, dass der ‚Duce' die in seinen Augen ‚jüdische' Freimaurerei bekämpfte. Öffentlich hat er sich zur italienischen ‚Rassenpolitik' nur ein einziges Mal geäußert, und zwar am 6. September 1938 auf dem Nürnberger Parteitag der NSDAP. Nachdem er sich über den angeblich „jüdischen Erreger" des ‚Bolschewismus' aufgeregt hatte, lobte er hier, ohne sie ausdrücklich zu benennen, die faschistische Rassengesetzgebung: „Ich darf es hier, glaube ich in meinem und in Ihrer aller Namen bekunden, wie tief innerlich glücklich wir sind angesichts der Tatsache, daß eine weitere große europäische Weltmacht aus eigenen Erfahrungen, aus eigenem Entschluß und auf eigenen Wegen die gleiche Auffassung vertritt und mit bewunderungswürdiger Entschlossenheit die weitgehendsten Konsequenzen gezogen hat."²⁵³

Wie schon vor 1933 war Hitlers Nachsicht gegenüber dem Faschismus vielen radikalen Antisemiten innerhalb des Nationalsozialismus jedoch ein Dorn im Auge.²⁵⁴ Wie sich nachweisen lässt, gab es immer wieder, wenn auch letzten Endes gescheiterte Versuche von nationalsozialistischen Ideologen, den ‚Duce' über italienische Gesinnungsgenossen zu einer rassenbiologisch begründeten Ausgrenzungspolitik gegenüber Juden zu bewegen. Diese Kontakte erhielten nach dem Beginn der rassistischen Gesetzgebung in Italien einen offiziellen Charakter. Sie gingen vom Außenpolitischen Amt Alfred Rosenbergs und vom Rassenpolitischen Amt der NSDAP aus, das von dem Mediziner Walter Groß geleitet wurde und liefen zunächst über Hans Mollier, den Verbindungsmann von Goebbels in der deutschen Botschaft in Rom.²⁵⁵

Gross ging es darum mit den verantwortlichen Akteuren der faschistischen ‚Rassenpolitik' zu einer direkten Zusammenarbeit zu kommen. Er konnte sich dabei Werner Hoppenstedts bedienen, der 1934 in Rom als ‚Alter Kämpfer' und Träger des ‚Blutordens' der Bibliotheca Hertziana als Zweiter Direktor oktroyiert worden war.²⁵⁶ Hoppenstedt glaubte fest daran, dass die italienischen Faschisten am deutschen Rassenwesen genesen könnten. Deshalb hatte er in dem Kunsthistorischen Institut der Kaiser-Wilhelm-Gesellschaft eine rassenkundliche Abteilung mit dem Ziel eingerichtet, „damit der rassenpolitischen Sache in Italien von deutscher Seite eine gewisse Hilfestellung zu geben".²⁵⁷ Im Oktober 1938 vermittelte er in Rom ein Treffen von Groß mit dem faschistischen Erziehungsminister Bottai, womit erstmals eine Verbindung der nationalsozialistischen ‚Rassepolitiker' zu einem faschistischen Regierungsmitglied hergestellt werden konnte. Schon vorher hatte er zu Guido Landra, der von Mussolini am 1. August 1938 zum ersten Direktor eines rassenwissenschaftlichen Amtes (*Ufficio studi del problema della razza*) ernannt worden war, Kontakt aufnehmen können. Landra lag ganz auf der biologischen Linie der nationalsozialistischen Rassenpolitik und schien deshalb für die deutschen Rassenpolitiker ein idealer Partner zu sein. Er wurde im September 1938 von Groß zu einer Reise nach Deutschland eingeladen, wo er in Berlin von Himmler und Rosenberg, sowie in München von Heß und allem Anschein nach auch von Hitler empfangen wurde.[258] Weitere Reisen mit Besuchen im Konzentrationslager Sachsenhausen und den Ghettos in Lodz und Warschau, in denen die jüdische Bevölkerung Polens eingepfercht worden war, folgten später. Wie wichtig Landra bei der NS-Führung genommen wurde, zeigte sich daran, dass über seinen Besuch im KZ Sachsenhausen in der Parteiillustrierten „Illustrierter Beobachter" mit einer ganzen Serie von Fotos berichtet wurde.[259]

Mussolini hatte jedoch Landra bald wieder von seinem Posten abberufen, ganz offensichtlich weil er sich von den deutschen Freunden nicht unmittelbar in seine Rassenpolitik hereinreden lassen wollte. An seine Stelle hatte er einen Professor gesetzt, der die Juden als eine kulturell, nicht biologisch definierte ‚mittelmeerische Rasse' verstand. Der Versuch der nationalsozialistischen Rassenpolitiker, Mussolini über Landra von der nationalsozialistischen Rassenpolitik zu überzeugen, war damit gescheitert. Die Nationalsozialisten hatten ihren rassenantisemitischen Hoffnungsträger in Italien verloren.

Das bedeutet nicht, dass der ‚Duce' grundsätzlich gegen eine biologisches Verständnis von ‚Rasse' gewesen wäre, wie immer handelte er pragmatisch aus der gegebenen Situation heraus. Er war, so könnte man formulieren, im Unterschied zu Hitler ein funktional motivierter, kein dogmatisch fixierter Antisemit. Auch wenn es im faschistischen Italien von Anfang an kleine antisemitische Gruppierungen gab, griff Mussolini den Antisemitismus erst auf, als er glaubte ihn bei seiner politischen Kampagne gegen die ‚Verbürgerlichung' des Regimes verwenden zu können.[260]

Die ‚Achse' im Härtetest. Mussolinis ‚Nichtkriegführung' bei Hitlers Polenkrieg

Italien spielte nach dem Abschluss des ‚Stahlpaktes' bis zum Überfall auf Polen in Hitlers Kalkül auch weiterhin eine durchaus wichtige, häufig unterschätzte Rolle.

Nachdem er bei seinem Italienbesuch feierlich erklärt hatte, dass die Brennergrenze nach dem ‚Anschluss' Österreichs an das Deutsche Reich unveränderlich sei und in der Präambel des ‚Stahlpaktes' bekräftigt worden war, dass zwischen Deutschland und Italien eine „gemeinsame, für alle Zeiten festgelegte Grenze" bestünde,[261] stand die Frage wie mit der deutschsprachigen Bevölkerung Südtirols zu verfahren sei auf der Tagesordnung. Radikale faschistische Wortführer wie Ettore Tolomei hatten in Italien schon vor 1933 für eine vollständige Aussiedlung der deutschsprachigen Südtiroler plädiert. Wie aus einem Gespräch Hitlers mit Vertretern der Südtiroler Deutschtumsverbände vom März 1932 hervorgeht, hatte auch Hitler eine Aussiedlung zur Lösung der Südtirolfrage ursprünglich für möglich gehalten.[262] Mittlerweile hatten sich die Interessenlagen jedoch auf beiden Seiten verschoben. Die faschistische Regierung wollte aus wirtschaftlichen Gründen dem Abzug der über 200.000 deutschsprachigen Südtiroler, die einen überproportional hohen Anteil am italienischen Sozialprodukt erwirtschafteten, nicht mehr ohne weiteres zustimmen. Auf deutscher Seite verband Heinrich Himmler, der am 16. Juni 1939 von Hitler offiziell zum deutschen Verhandlungsführer ernannt worden war, die Südtiroler Auswanderungsfrage mit seinen barbarischen Siedlungsplänen im ‚Osten'. Er legte sich darauf fest, die „bodengebundenen volksdeutschen Südtiroler" auszusiedeln und dort in einem „geschlossenen Siedlungsgebiet" unterzubringen.[263] Die Südtiroler Umsiedlungsfrage wurde damit von ihm letzten Endes vom Verlauf des nationalsozialistischen Eroberungskrieges im Osten abhängig gemacht. Das sogenannte Optionsabkommen, auf das sich Deutsche und Italiener schließlich am 21. Oktober 1939 einigten,[264] hatte deshalb einen weitgehend „deklamatorischen Charakter".[265] Obwohl etwa 85 % der Südtiroler für eine Umsiedlung nach Deutschland ‚optierten', entschieden sich in der langen Bedenkzeit, die ihnen für ihre endgültige Entscheidung eingeräumt wurde, nur etwa 75.000 dafür, nach Deutschland überzusiedeln. Von diesen sind bis 1943 tatsächlich nur 47.500 in das Großdeutsche Reich ausgewandert.

Noch während die deutsch-italienischen Verhandlungen über die Umsiedlung der Südtiroler liefen, steuerte Hitler auf ungleich größere und sehr viel verhängnisvollere Entscheidungen zu. Nur einen Tag nach der Unterzeichnung des ‚Stahlpaktes' kündigte er den versammelten Oberbefehlshabern der Wehrmacht am 23. Mai 1939 in einer improvisierten Geheimbesprechung unvermittelt an, dass sie sich auf einen großen Krieg vorbereiten müssten.[266] Mehrmals bezeichnete er diesen Krieg als einen „Krieg auf Leben und Tod". Als Hauptfeind hatte er nunmehr England ausgemacht, das neben Italien doch noch als Bündnispartner zu gewinnen er in seiner Verblendung allerdings immer noch hoffte. Wann Deutschland kriegsbereit sein sollte, wie dieser Krieg zu führen sei und auf eine wie lange Dauer man sich einzustellen habe, wurde von Hitler so widersprüchlich vorgetragen, dass sich Göring zu einer Nachfrage veranlasst sah. Konkret verkündete Hitler nur, „bei erster passender Gelegenheit Polen anzugreifen".[267] Dabei sollte es nicht um die Wiedergewinnung vormals deutscher Gebiete gehen. Nach der bekannten Formulierung im Protokoll des Wehrmachtsadjutanten Schmundt erklärte Hitler vielmehr: „Danzig ist nicht das Objekt, um das es geht. Es handelt sich für uns um die Erweiterung des Lebensraumes im Osten und Sicherstellung der Ernährung."[268] Es war somit eine endzielllose Expansion, der Hitler das Wort redete, jene verhängnisvolle Mischung von Utopie und scheinbarer Realpolitik, welche seine Politik generell bestimmte.

Gleich mehrmals vergatterte Hitler die anwesenden Militärs zu strikter Geheimhaltung seiner Pläne. Und dabei kam auch Italien ins Spiel. Hitler ordnete an, dass seine Ausführungen auch gegenüber Italien und Japan, den beiden Partnern des Antikominternpaktes, geheim bleiben müssten. Das wird meist so interpretiert, als ob Hitler seinem Achsenpartner, den er tags zuvor vertraglich an sich gebunden hatte, in Wahrheit nicht vertraut habe. Dem widerspricht jedoch seine euphorische Erklärung an anderer Stelle seiner Ansprache, dass Deutschland sich „im Zustand nationaler Begeisterung in gleicher Gesinnung mit zwei anderen Staaten: Italien und Japan" befände. Außerdem hielt er daran fest, dass Italien zum „Durchbruch durch die Maginotlinie" fähig sei, d. h. er ging ganz selbstverständlich davon aus, dass sich Italien gemäß den Vereinbarungen im ‚Stahlpakt' an einem Krieg gegen Frankreich beteiligen werde.[269] Wenn bei ihm noch das „München-Syndrom" nachwirkte,[270] vor einem Überfall auf Polen im letzten Moment zu einer friedlichen Lösung gezwungen zu werden, so konnte sich das deshalb nicht gegen Mussolini richten. Seine Geheimniskrämerei entsprang vielmehr, wie aus vielen Stellen der Rede hervorgeht, seinem Misstrauen gegenüber der eigenen Generalität. Mit dem Hinweis auf Italien und Japan wollte er dieser signalisieren, dass er von ihnen selbst gegenüber den besten Freunden Deutschlands Stillschweigen erwarte, um eine Aussage über die Qualität des Bündnisses mit Italien und Japan handelte es sich nicht.

In den wenigen Monaten bis zum 1. September 1939 war Hitler im vollen Umfang mit der Vorbereitung des militärischen Überfalls auf Polen beschäftigt, der den Zweiten Weltkrieg auslösen sollte. Das ist alles vielfach dargestellt worden und muss daher hier nicht im Einzelnen wiederholt werden. Zu fragen ist jedoch, welche Rolle das faschistische Italien für Hitler auf dem Weg zum Krieg spielte. Setzt man voraus, dass Hitler, wie oben dargelegt,[271] das Bündnis mit Mussolini auch deshalb angestrebt habe, weil sich die faschistische Idee des ‚Mare nostrum' nicht mit dem deutschen ‚Drang nach Osten' überkreuzte, wird man zunächst feststellen müssen, dass er die Italiener gegenüber Polen und der Sowjetunion ursprünglich nicht als Waffenbrüder eingeplant hatte. Für die Gewinnung deutschen ‚Lebensraums' im Osten glaubte er allein zuständig zu sein, die im

,Stahlpakt' zwingend vorgesehene Konsultationspflicht gegenüber Italien hielt er deshalb beim Überfall auf Polen für entbehrlich.

Einige eher symbolische Gesten, mit denen er seine unveränderte Freundschaft mit den Italienern zum Ausdruck brachte, scheinen ihm ausreichend gewesen zu sein. Am 25. Juni empfing er in München 500 Angehörige des faschistischen Frontkämpferverbandes (*Combattenti fascisti*) mit dessen blindem Präsidenten Delcroix an der Spitze, um die Gemeinsamkeit der beiden Nationen rhetorisch zu beschwören.[272] Und am 14. Juli 39 ließ er den italienischen Botschafter Alfieri wissen, dass er den Berliner „Adolf-Hitler-Platz" in „Mussolini-Platz" und die von diesem zum Bahnhof Heerstraße führende Straße, an dem Mussolini 1937 in Berlin angekommen war, in „Mussolini-Straße" umbenennen wolle.[273] Das war zwar nur ein Versprechen, die Umbenennung hat wegen des unmittelbar folgenden Kriegsbeginns auch nicht stattgefunden, allein schon ihre Ankündigung sollte jedoch als besonderes Zeichen von Hitlers ungebrochener Wertschätzung für den ‚Duce' wahrgenommen werden.

Es ist unbekannt, ob und wie diese Signale in Rom von Mussolini aufgenommen wurden. Worauf sie sich mit der vertraglichen Bindung an Deutschland eingelassen hatten, dämmerte den Italienern jedoch nachweislich beim Besuch Cianos bei Hitler auf dem Obersalzberg am 12./13. August 1939. Hitler ließ in dem Gespräch gegenüber dem italienischen Außenminister erstmals die Katze aus dem Sack und kündigte eine schnelle „Liquidierung Polens" an, da diese, wie er etwas kryptisch hinzufügte, „für die doch unvermeidbare Auseinandersetzung mit den westlichen Demokratien im jetzigen Augenblick nur von Vorteil sein" könne.[274] In seinem Tagebuch vermerkte Ciano nach dem Gespräch mit dem ‚Führer': „Ich bin mir bald klar, dass nichts mehr zu machen ist. Er hat beschlossen, zuzuschlagen, und er wird zuschlagen. Unsere Einwände vermögen ihn nicht im Geringsten davon abzuhalten."[275] Obwohl ihr die internen Weisungen Hitlers nicht bekannt geworden sind, befürchtete die faschistische Führung zwar, dass Hitler mit Polen ähnlich verfahren könnte wie zuvor mit Österreich und der Tschechoslowakei. Da der ‚Führer' jedoch dem von Cavallero nach dem Abschluss des ‚Stahlpaktes' überbrachten Memorandum nicht widersprochen hatte, hatte man angenommen, dass er nicht vor drei bis vier Jahren handeln würde. Umso größer war der Schock, als Hitler dem konsternierten Ciano unverblümt mitteilte, dass er Polen bei der nächsten „Provokation" innerhalb von 48 Stunden angreifen und damit „das Problem lösen" würde.[276] Cianos Einwand, dass sich ein Krieg nicht auf Polen beschränken ließe, wischte Hitler bei Seite, erst recht widersprach er dem vom italienischen Außenminister reflexartig vorgebrachten Vorschlag, nach dem Vorbild von ‚München' eine internationale Friedenskonferenz zur Lösung der polnisch-deutschen Probleme einzuberufen.[277] Bezeichnenderweise verwies er aber darauf, dass er das Mittelmeergebiet als italienisches Interessengebiet anerkenne. Er gab den Italienern damit zu verstehen, dass sie sich dort betätigen sollten, während die Ostpolitik ausschließlich sein Vorrecht sei.

Man kann aber nicht behaupten, dass die Gespräche Cianos mit Ribbentrop und Hitler in Salzburg und Berchtesgaden das „Ende der Illusionen Mussolinis und Cianos" bewirkt hätten.[278] Ciano notierte zwar in seinem Tagebuch, dass er nach Rom zurückgekehrt sei „angeekelt von Deutschland, von seinen Führern, von seiner Handlungsweise. Sie haben uns belogen und betrogen. Und heute sind sie im Begriff, uns in ein Abenteuer hineinzureißen, das wir nicht gewollt haben".[279] Diese distanzierende Rhetorik war jedoch mehr für die Nachwelt bestimmt, für die sich der Tagebuchschreiber auch sonst gern als Opfer stilisierte. In Wahrheit blieb er jedoch seinem Schwiegervater und dessen prodeutscher Politik bis fast zu dessen Sturz am 25. Juli 1943, bei dem er sich aus reinem Opportunismus gegen ihn stellte, politisch verpflichtet.

Mussolini reagierte auf den Bericht Cianos zwar mit „seiner üblichen Gefühlsschaukel",[280] äußerte sich jedoch weit weniger entschieden gegen einen baldigen deutschen Krieg im Osten Europas als sein Außenminister, da Hitler ihm dafür ja freie Hand im Süden gelassen hatte. Da Hitler die für einen Krieg gegen Polen mehrfach genannte Frist von drei Jahren nicht eingehalten hatte, konnte Mussolini außerdem die im ‚Stahlpakt' vorgesehene Beistandspflicht als nicht gegeben ansehen. An einen Bruch mit Hitler hat er jedoch nicht gedacht. Allem Anschein nach scheint er vielmehr sofort nach einer Möglichkeit gesucht zu haben, auf den deutschen Alleingang mit einer Politik zu antworten, „außerhalb des Konfliktes zu bleiben, ohne aber mit Deutschland zu brechen".[281]

Auf dieser Linie konnte er sich nur bestätigt sehen, als ihm am 25. August Botschafter Mackensen einen langen Brief Hitlers überreichte, in dem der ‚Führer' seinen Achsenfreund aus heiterem Himmel darüber informierte, dass die Außenminister Ribbentrop und Molotow zwei Tage zuvor in Moskau einen Nichtangriffspakt zwischen Deutschland und der Sowjetunion unterzeichnet hätten. Erneut hatte Hitler den ‚Duce' in einer für beide Länder schicksalhaften politischen Entscheidung düpiert und damit ohne Frage gegen die im ‚Stahlpakt' gegenseitig vereinbarte Konsultationspflicht verstoßen. Sich ausgerechnet mit dem bolschewistischen Erzfeind zu arrangieren, gegen den man sich im Antikominternpakt verbündet hatte und mit dessen Stoßrichtung in ideologischer Hinsicht auch der japanische Militärstaat einbezogen worden war, stieß Mussolini erneut vor den Kopf. Hitlers Begründung für seinen Alleingang war denn auch bemerkenswert defensiv. Er behauptete, Mussolini nicht über die Verhandlungen in Moskau informiert zu haben, „weil mir sowohl der Einblick in den erreichbaren Umfang dieser Besprechungen als auch überhaupt die Gewißheit der Möglichkeit des Gelingens fehlte".[282] Dass er gegenüber dem ‚Duce' gleichwohl ein schlechtes Gewissen hatte, ließ seine Versicherung erkennen, „daß ich in einer ähnlichen

Situation das volle Verständnis für Italien aufbringen werde und Sie von vorneherein in jedem solchen Falle meiner Haltung sicher sein können". In seiner Haltung gegenüber Polen wich er dennoch keinen Meter zurück: „Zur Lage an der deutsch-polnischen Grenze kann ich Eurer Exzellenz nur mitteilen, daß wir seit Wochen im Alarmzustand sind, daß sich steigend mit der polnischen Mobilmachung selbstverständlich auch die deutschen Maßnahmen entwickelten und daß ich im Falle unerträglicher polnischer Vorgänge augenblicklich handeln werde ... Niemand kann unter diesen Umständen voraussagen, was die nächste Stunde bringt. Ich kann Ihnen aber nur versichern, daß es irgendwie eine Grenze gibt, über die ich unter keinen Umständen zurückweichen kann".[283] Auch wenn Mussolini selbstverständlich keine Kenntnis vom geheimen Zusatzabkommen zum deutsch-sowjetischen Nichtangriffspakt erhielt, das bekanntlich u. a. die Aufteilung Polens zwischen Deutschland und der Sowjetunion vorsah, konnte er Hitlers Brief doch entnehmen, dass ein deutscher Angriff auf das Land unmittelbar bevorstand. Nichts anderes konnte auch die Versicherung Hitlers bedeuten, dass durch die Verhandlungen mit Sowjetrussland eine „vollkommen neue weltpolitische Situation" entstanden sei, die „als stärkster Gewinn für die Achse ausgelegt werden" müsse.[284]

Hitlers gewundenes Eingeständnis löste in Rom hektische Betriebsamkeit aus. Das Ergebnis war eine relativ kurze Antwort Mussolinis, auf die Hitler am 25. August so ungeduldig wartete, dass er den italienischen Botschafter Attolico am Vormittag deswegen sogar in die Reichskanzlei einbestellte. Der Botschafter konnte die Antwort Mussolinis jedoch erst am Abend vorbeibringen. Mussolini erinnerte Hitler in seinem Schreiben daran, dass bei ihren Absprachen bisher nicht davon die Rede gewesen sei, dass ein Krieg vor 1942 ins Auge gefasst werden könne. Zu diesem sehr viel späteren Zeitpunkt sei er selbstverständlich in der Lage, seine Bündnisverpflichtungen zu erfüllen, jetzt aber sei Italien noch nicht kriegsbereit, es sei denn, Deutschland liefere sofort das Kriegsmaterial und die Rohstoffe, welche dem Land fehlten.[285]

Für Hitler war das am 25. August der zweite Schlag, der sein illusionäres Bündnisszenario endgültig in Frage stellte. Am Nachmittag war schon die Nachricht eingetroffen, dass das britisch-polnische Militärabkommen vom 6. April 1939 noch am Abend von den Parlamenten beider Staaten ratifiziert würde. Nach Goebbels änderte das „die ganze Lage". Der Propagandaminister schrieb in sein Tagebuch: „Der Führer grübelt und sinnt. Das ist für ihn ein schwerer Schlag." [286] Schließlich ließ Hitler den schon einmal kurzfristig verschobenen Angriffsbefehl am 25. August nach hektischen Beratungen erneut stoppen, um der britischen Regierung über den schwedischen Vertrauensmann Dahlerus nochmals ein zweifelhaftes Verhandlungsangebot zu machen, das von dieser bekanntlich nach einigem diplomatischen, hier nicht weiter interessierendem Hin und Her in letzter Minute zurückgewiesen wurde.

In unserem Zusammenhang ist vor allem wichtig, dass sich Hitler wie schon 1938 vor dem Einmarsch in die CSR erneut von Mussolini in den Arm fallen ließ, einen Eingriff, den er sich sonst seit seiner Machtübernahme von niemand hatte gefallen lassen. Nachdem er im ersten Moment gebrüllt haben soll, dass „die Italiener" es „wie 1914" machten, diktierte er am Abend einen erstaunlich entgegenkommenden Brief an Mussolini, in dem er diesen bat ihm mitzuteilen, „welche kriegerischen Mittel und Rohmaterialien" er für einen sofortigen Kriegseintritt benötige.[287] Zweifellos war dies ein letzter Versuch, den einzigen ernsthaften Verbündeten, den er in Europa hatte, doch noch zum Mitmachen bewegen zu können, wobei selbstverständlich davon auszugehen ist, dass Hitler von Mussolini keine Unterstützung im Feldzug gegen Polen erwartete, sondern eine Eröffnung des Krieges im Mittelmeerraum. Erst in einem künftigen Waffengang gegen Frankreich rechnete er mit dem unmittelbaren militärischen Beistand von Mussolini.

Man kann an dem hochdramatischen Tag des 25. August auch erkennen, dass Hitler gegenüber dem ‚Duce' anders reagierte als gegenüber sonstigen Politikern. Er ließ dem ‚Duce' durchgehen, was er sonst niemand gestattet hätte. Als Botschafter Attolico am nächsten Tag die von Hitler gewünschte Liste überbrachte, war schon auf den ersten Blick zu erkennen, dass sie völlig überzogen war. Schon die exorbitanten Forderungen auf 17 Millionen Tonnen an Kohle, Mineralöl, Stahl und anderen Rohstoffen, hätten, wie man ausgerechnet hat, mehrere hundert Eisenbahnzüge erforderlich gemacht. Hitler ließ sich gleichwohl darauf ein, die Liste detailliert abzuarbeiten und dem ‚Duce' sachlich mitzuteilen, weshalb ihre vollständige Erfüllung von Seiten Deutschlands „organisatorisch und verkehrstechnisch nicht zu lösen" sei.[288] In seiner Antwort ließ Mussolini daraufhin seine überzogenen Materialforderungen fallen und leistete so etwas wie einen rüstungswirtschaftlichen Offenbarungseid. Italien, so gab er jetzt zu, sei wegen der vorausgehenden Kriege in Abessinien und Spanien nicht in der Lage, erneut einen großen Krieg zu bewältigen.[289]

Hitler anerkannte noch am selben Tag die Beweggründe, die Mussolini zu seiner Absage veranlasst hatten.[290] Er bat den ‚Duce' nur darum, die Entscheidung Italiens bis zum Kriegsausbruch geheim zu halten und zum Schein die militärischen Vorbereitungen fortzusetzen. Außerdem äußerte er die „große Bitte", ihn mit italienischen Arbeitskräften „für industrielle sowohl als landwirtschaftliche Zwecke" zu unterstützen,[291] womit er eine völlig neue Dimension in die deutsch-italienischen Beziehungen hineinbrachte, die künftig eine enorme Rolle spielen sollte.[292] Je länger der Krieg dauerte, desto mehr verschärfte sich im ‚Dritten Reich' bekanntlich der Arbeitermangel, weil immer mehr arbeitsfähige deutsche Männer an die Front mussten. Die deutschen Arbeitskräfte wurden völkerrechtswidrig durch Kriegsgefangene und durch in den besetzten Ländern Europas rekrutierte Zwangsarbeiter ersetzt, nur in den wenigen befreundeten Ländern wurden sie regulär angeworben. Bis zu Mussolinis Sturz im Juli 1943 kamen so auch italienische Fremdarbeiter mehr oder weniger freiwillig nach Deutschland, in der Zeit der Italienischen Sozialrepublik wurden sie auch in Italien von den deutschen Besatzungsbehörden mit zunehmender Rücksichtslosigkeit zwangsweise rekrutiert.[293] Dass Mussolini in der Frage italienischer Arbeitskräfte sofort ein Entgegenkommen andeutete und überdies versprach, englische und französische Flotteneinheiten im Mittelmeer militärisch zu binden, befriedigte Hitler so, dass er am 1. September, nachdem er am frühen Morgen die deutschen Truppen in Marsch gesetzt hatte und schon auf dem Sprung war, im Reichstag den Eintritt in den Krieg gegen Polen zu verkünden, noch Zeit für ein Telegramm an Mussolini fand. Darin dankte er dem ‚Duce' „auf das herzlichste" für seine „diplomatische und politische Unterstützung" und versicherte ihm, seiner militärischen Hilfe nicht zu bedürfen, weil er „die uns gestellte Aufgabe mit den militärischen Kräften Deutschlands" lösen könne. Man kann das, allein schon wegen des bemerkenswerten Zeitpunkts von Hitlers Telegramm, nicht als Spitze gegen Mussolinis ‚Nichtkriegführung' interpretieren. Wenn Hitler vielmehr im Anschluss daran die „gemeinsame Sache" von Faschismus und Nationalsozialismus beschwor, so zeigt das, dass er an eine gemeinsame militärische Zukunft mit Mussolini glaubte.[294]

Dass Hitler in der kritischen Situation Mussolini vertraute, hatte allerdings zweifellos etwas damit zu tun, dass der ‚Duce' 1939 weder das informelle Achsenbündnis noch auch den ‚Stahlpakt' aufgekündigt hatte. Er erklärte zwar Italien im Krieg für neutral, aber es handelte sich eindeutig um eine Art von bewaffneter Neutralität, bei der nur der Zeitpunkt eines militärischen Eingreifens offen war, nicht aber die Stellung Italiens an der Seite von Deutschland. Stets ein Meister beim Finden von diplomatischen Begriffen, die scheinbar alles in der Schwebe hielten, in Wahrheit jedoch deutlich die Richtung anzeigten, in der er politisch gehen wollte, bezeichnete Mussolini die Stellung Italiens zum deutschen Krieg als „Nichtkriegführung" (*Non Belligeranza*). Schon nach ein paar Monaten erklärte er am 31. März 1940 in einer geheimen Denkschrift unmissverständlich: „Italien kann nicht für die gesamte Dauer des Krieges neutral bleiben, wenn es nicht auf das Niveau einer nur zehnfach vergrößerten Schweiz herabsinken will. Das Problem ist deshalb nicht, zu wissen, ob Italien in den Krieg eintritt oder nicht, ... es handelt sich vielmehr darum, zu wissen, wann und wie."[295]

Trotz seiner Enttäuschung darüber, dass Mussolini nicht in den Krieg eingetreten war, während Großbritannien und Frankreich ihre Bündnisverpflichtungen gegenüber Polen wahrgenommen hatten, konnte Hitler daher erwarten, dass Italien sich am Krieg beteiligen werde, sobald er sich gegen die Westmächte wendete. Auf jeden Fall konnte er damit rechnen, dass Mussolini nicht ins Lager der Westmächte übergehen würde. Dass Mussolinis Eintritt in den Krieg dann 1940 eher zu einer politischen Belastung als zu einer militärischen Unterstützung für das ‚Dritte Reich' führen sollte, war im September 1939 noch nicht unbedingt abzusehen, auch wenn es vor allem bei der Wehrmachtsführung schon starke Vorbehalte gegenüber der militärischen Leistungsfähigkeit Italiens gab.[296] Die Bedeutung des Achsenbündnisses für die Kriegspolitik Hitlers kann jedoch historisch nur richtig verstanden werden, wenn man sie nicht ex post beurteilt, sondern vom Erwartungshorizont des ‚Führers' bei Kriegsbeginn ausgeht, so illusionär dieser auch sein mochte.

Vergleicht man Hitlers Kommunikation mit Mussolini, so kann man feststellen, dass Hitler vor seiner Entfesselung des Krieges mit keiner anderen ausländischen Regierung so intensiv kommuniziert hat wie mit der faschistischen in Italien. Mit der Sowjetregierung hatte er sich mit Hilfe des deutsch-sowjetischen Vertrages arrangiert, so dass keine weiteren Abstimmungen nötig waren. Auf die polnische Regierung suchte er nur noch von außen diplomatischen Druck auszuüben bzw. sie mit militärischen Drohungen einzuschüchtern. Die französische Regierung versuchte er nach Möglichkeit zu ignorieren, weil er sie ganz im Schlepptau Großbritanniens sah. Als vorgeblichem ‚Todfeind' Deutschlands glaubte er sich, gleich mit welcher Regierung, mit Frankreich ohnehin nichts zu sagen zu haben. Vielmehr stand für ihn fest, dass es zu einem Waffengang mit Frankreich kommen müsse.

Allein die britische Regierung war für ihn neben der italienischen in der gegebenen Situation nach wie vor von besonderer außenpolitischer Relevanz. Bis zuletzt wiegte er sich bekanntlich in dem Irrglauben, sie von der vertraglich garantierten Unterstützung Polens abbringen und zu einer Zusammenarbeit mit Deutschland veranlassen zu können. Erst als sich dies als große Illusion erwies, blieb nur noch das faschistische Italien als Bündnispartner übrig. Mehrfach hat Hitler dieses reduktionistische Szenario entwickelt, so etwa beim ersten Treffen mit Mussolini nach Kriegsbeginn am 18. März 1940, bei dem er zu dem Fazit kam, „für Deutschland käme nur ein Partner in Frage: Italien."[297] Die intensive Kommunikation mit Mussolini war daher für Hitler 1939 zwingend, nicht nur wenn man an die anhaltende Verehrung denkt, die er dem ‚Duce' unverändert entgegenbrachte, sondern auch deswegen, weil Hitler unbedingt verhindern wollte, dass ihm in Europa sein einziger wirklicher Bündnispartner absprang.

Es ist keine Frage, dass Hitler das militärische Gewicht seines Achsenpartners trotz ständiger Warnungen seiner Militärs erheblich überschätzte.[298] Auch die überzogene Mängelliste Mussolinis scheint ihm 1939 nicht vollständig die Augen geöffnet zu haben, sonst wäre er auf sie wohl kaum so detailliert eingegangen. Allem Anschein nach führte er Mussolinis vorübergehendes Ausscheren aus dem

Achsenbündnis vor allem auf König Viktor Emanuel III. und die von diesem abhängigen monarchischen Kreise in der Diplomatie und in der Generalität zurück, die er aufgrund seiner subjektiven persönlichen Erfahrungen bei seinem Italienbesuch als durchweg deutschfeindlich einschätzen zu können glaubte.[299] Trotz dieser Vorurteile gegenüber den monarchischen Führungskreisen ließ er nichts auf den ‚Duce' kommen, dem er zu diesem Zeitpunkt uneingeschränkt zutraute, sich in der italienischen Politik durchzusetzen und das Land an der Seite Deutschlands in den Krieg zu führen.

Schließlich muss man selbstverständlich beachten, dass ein Konflikt mit oder gar eine Trennung von Mussolini Hitlers politischer Reputation in Deutschland erheblich geschadet hätte. Jahrelang hatte er sich mit der ‚Freundschaft' Mussolinis und der darauf beruhenden deutsch-italienischen Gemeinsamkeit gebrüstet. Das ganze Gebäude der im ‚Stahlpakt' gipfelnden Achsenfreundschaft, das inzwischen durchaus nicht mehr ausschließlich nur auf der persönlichen ‚Männerfreundschaft' zwischen den beiden Diktatoren basierte, sondern in Deutschland auf einer gewissen, wenn auch weitgehend propagandistisch gesteuerten Zuwendung der Bevölkerung beruhte, wäre zusammengefallen, wenn Hitler und Mussolini bei Kriegsbeginn getrennte Wege gegangen wären. Der ‚Führer' hütete sich deshalb das Ausscheren der Italiener zu kritisieren und bat Mussolini vielmehr ausdrücklich, seine Kriegsvorbereitungen fortzusetzen. Erst in der Rückschau soll auch er die Italiener gelegentlich im kleinen Kreis wegen ihres militärischen ‚Versagens' im Krieg kritisiert haben, wobei er noch am 17. Februar 1945 erklärt haben soll, dass sich jedoch an seiner „persönlichen Verbundenheit mit dem Duce" nichts geändert habe.[300]

Nach dem intensiven Meinungsaustausch im August 1939 herrschte zwischen Hitler und Mussolini mehrere Monate lang Funkstille. Nach dem Sieg über Polen erwähnte Hitler den italienischen Verbündeten lediglich am 6. Oktober 1939 in seiner berüchtigten Siegesrede vor dem eigens zusammengerufenen Reichstag, wobei er die Einhaltung des „weltanschaulich und politischen fundierten engen Paktes" durch Mussolini er erheblich schönredete.[301] Vor den skeptischen militärischen Oberbefehlshabern zeigte er sich wenig später davon überzeugt, dass Italien in den Krieg eingreifen werde, „wenn Deutschland selbst gegen Frankreich offensiv vorgegangen" sei.[302] Umso unangenehmer berührt dürfte er gewesen sein, als Mussolini sich am 3. Januar 1940 in einem langen Brief zwar als „Reserve" Deutschlands bezeichnete und Hitler „politische, diplomatische, wirtschaftliche und militärische" Hilfe versprach, zugleich jedoch eine Wiederherstellung des polnischen Staates (bei gleichzeitiger Einweisung der jüdischen Bevölkerung in ein riesiges Ghetto bei Lublin!) empfahl, wegen eines möglichen Eingreifens der USA vor einem Angriff auf Frankreich warnte und die Aufkündigung der Zusammenarbeit mit der UDSSR verlangte, weil die Lösung der Lebensraumfrage für

Deutschland „in Rußland und nicht anderswo" läge. Sein Brief endete mit dem Hinweis darauf, dass Hitlers Übereinkunft mit der Sowjetunion für ihn in Italien große Probleme schaffe: „Ich habe die klare Pflicht hinzuzufügen, daß ein weiterer Schritt in Ihren Beziehungen zu Moskau katastrophale Auswirkungen in Italien haben würde, wo die antibolschewistische Haltung, besonders unter den faschistischen Massen, absolut, felsenfest und unangreifbar ist... Bis vor vier Monaten war Rußland der Weltfeind Nummer eins. Er kann und darf jetzt nicht der Freund Nummer eins geworden sein."[303] Mussolinis Einspruch war zweifellos vor allem taktisch gemeint, wusste er doch genau, dass er damit nicht nur alle deutschen Verratsvorwürfe konterkarieren, sondern auch Hitler ganz persönlich in Verlegenheit setzen konnte. Jedoch steckte auch eine antisowjetische Grundhaltung dahinter, die Mussolini zu dieser Zeit mit Hitler teilte.

Der ‚Führer' hatte seinen Pakt mit Stalin zwar als großen realpolitischen Erfolg gefeiert, jedoch intern als einen Verstoß gegen seine eigenen antibolschewistischen Grundsätze angesehen. Noch in Hitlers Brief vom 21. Juni 1941, in dem er dem ‚Duce' seine Entscheidung, mit dem Krieg gegen die Sowjetunion zu beginnen, mitteilte, klang seine Erleichterung nach, wieder auf der gemeinsamen Linie des Antibolschewismus zu sein: „Das Zusammengehen mit der Sowjetunion hat mich bei aller Aufrichtigkeit schwer belastet, denn irgendwie schien es mir doch ein Bruch mit meiner ganzen Herkunft, meinen Auffassungen und meinen früheren Verpflichtungen zu sein. Ich bin glücklich, daß ich diese Seelenqualen nun los bin."[304] Auch wenn er seine Erleichterung nur vorgetäuscht haben kann, spricht es doch schon für sich, dass Hitler es für notwendig hielt, sich gegenüber Mussolini zu rechtfertigen.

Den Vorschlag Mussolinis, den polnischen Staat zu restituieren konnte Hitler in Anbetracht von dessen anhaltenden Zögerns in den Krieg einzutreten, nur als anmaßend empfinden, auch wenn die Idee einer massenhaften Ghettoisierung der polnischen Juden seinen damaligen Vorstellungen entsprach und ihn überdies erkennen ließ, dass der ‚Duce' in der ‚Judenfrage' inzwischen offensichtlich mit ihm zu harmonieren schien. Nach der wohl zutreffenden Information des italienischen Botschafters Attolico soll Hitler den provokativen, wohl streitbarsten Brief, den er je von Mussolini erhalten hat, zusammen mit Ribbentrop und Göring fünf Stunden lang diskutiert haben haben – mit dem Ergebnis, ihn nicht zu beantworten.[305] Er antwortete dem ‚Duce' erst zwei Monate später am 8. März,[306] nachdem er allerdings im Februar vergeblich versucht hatte, Mussolini über den Prinzen von Hessen zu einem persönlichen Treffen zu bewegen.[307] Anlass seiner späten Antwort war jedoch noch nicht einmal die Überzeugung, seinem Achsenfreund zu Genüge seine Verstimmung demonstriert zu haben, als vielmehr wohl die Einsicht, sich mit dem ‚Duce' über die Friedensmission abstimmen zu müssen, die den amerikanischen Außenminister Sumner Welles im Auftrag von

Präsident Roosevelt nach Berlin und Rom führte.[308] Es war das erste Mal, dass er sich der Loyalität seines Achsenfreundes nicht mehr sicher zu sein glaubte.

In der Sache lenkte Hitler gegenüber Mussolini an keinem Punkt ein, sondern verteidigte seine Kriegspolitik auf der ganzen Linie. Die für ihn unerwarteten Schwierigkeiten mit Großbritannien führte er darauf zurück, dass er Mussolini im Abessinienkonflikt geholfen und sich damit gegen das Königreich positioniert habe. Mussolini wurde damit nach dieser abstrusen Logik indirekt die Schuld dafür zugeschoben, dass die Briten alle Avancen Hitlers auf ein Zusammengehen abwiesen. In einer eigenartigen Mischung aus Härte und Verständnis, wie sie für seine Sprache gegenüber Mussolini nun auch künftig charakteristisch sein sollte, schloss er sein überlanges Schreiben folgendermaßen:

„Darf ich Ihnen zusammenfassend nun noch einmal danken, Duce, für den letzten Brief und für die Darstellung, die Sie mir gegeben haben. Darf ich Sie weiter bitten, mir zu glauben, daß ich Ihre Haltung verstehe und begreife. Darf ich Ihnen endlich versichern, daß ich trotz allem glaube, daß das Schicksal uns früher oder später doch zwingen wird, gemeinsam zu kämpfen, d. h. daß Sie der Auseinandersetzung ebenfalls nicht entgehen werden, ganz gleich, wie im einzelnen die Situation sich heute entwickelt; daß Ihr Platz dann erst recht an unserer Seite sein muß, genau wie der meine an Ihrer Seite sein wird. Auch ich würde es begrüßen, wenn es sich ermöglichen ließe, über den riesenhaften Komplex der gesamten allgemeinen und besonderen Situation und ihre Probleme eine persönliche Aussprache herbeizuführen. Es gibt viele Dinge, die ja nur in längeren Ausführungen erklärlich gemacht werden können." [309]

Hitler hielt seinen Brief für so wichtig, dass er Ribbentrop damit beauftragte sofort nach Rom zu reisen, um ihn Mussolini persönlich zu übergeben. Der Außenminister traf am 10. Mai in der italienischen Hauptstadt ein und wurde noch am selben Abend vom ‚Duce' empfangen.[310] Nachdem Ribbentrop in einem zweiten Gespräch am folgenden Tag, über Hitlers Angebot hinausgehend, praktisch unbegrenzte Kohlelieferungen für Italien angeboten hatte, erklärte Mussolini, dass er nunmehr fest entschlossen sei, am Krieg teilzunehmen.[311] Scheinbar einsichtig gestand er ein, dass es „für Italien praktisch unmöglich sei, sich außerhalb des Konfliktes zu halten. Zum gegebenen Zeitpunkt werde er in den Krieg eintreten und diesen parallel mit Deutschland führen, da auch Italien seine eigenen Probleme zu lösen habe."[312]

Ribbentrop glaubte damit endlich den Durchbruch erzielt und den italienischen Achsenpartner als aktiven Waffenbruder gewonnen zu haben. Tatsächlich traf das aber so nicht zu. Mussolini hatte nicht davon gesprochen, an der Seite oder gar unter einem gemeinsamen militärischen Kommando mit Deutschland in einen kommenden Krieg mit Frankreich oder möglicherweise Großbritannien einzutreten, sondern er hatte sogar unter Hinweis auf die besonderen Interessen Italiens im Mittelmeer, von einem „parallelen Krieg" (*Guerra parallele*) gesprochen. Mit dieser Formel vom faschistischen ‚Parallelkrieg' glaubte er sich auf elegante Weise sowohl gegenüber den Deutschen als auch gegenüber seinen widerstrebenden Parteiführern und Militärs im eigenen Land durchsetzen zu können. Er zeigte sich entschlossen, in den Krieg einzugreifen, aber nicht in einen Krieg zusammen mit sondern neben den Deutschen.[313] Hitler durchschaute aufgrund eines euphorischen Berichtes Ribbentrops allem Anschein nach den Schachzug Mussolinis ebenso wenig wie sein Außenminister. Da er jedoch selbst ständig betont hatte, dass sich ein Bündnis Deutschlands mit Italien deshalb besonders problemlos realisieren ließe, weil Italien seinen ‚Lebensraum' im Mittelmeer suchen würde, konnte ihm an der Südorientierung Mussolinis auch nichts auffallen. Am wichtigsten war aber wohl für ihn überhaupt die Zusage Mussolinis, sich mit ihm am 18. März am Brenner zu treffen.

IV Mussolini im Schlepptau Hitlers

Politische Asymmetrie. Hitlers Treffen mit Mussolini im Krieg

Mit dem Treffen am Brenner begann am 18. März 1940 nach den vier Begegnungen in den dreißiger Jahren eine Serie von insgesamt 13 weiteren Treffen Hitlers mit Mussolini während des Zweiten Weltkriegs, die innerhalb von nur vier Jahren stattfinden sollten. Im Durchschnitt sollten sich die beiden Diktatoren in unregelmäßiger Folge alle paar Monate sehen, mit nur einer einjährigen Pause vom April 1942 bis zum April 1943.

Diese Unterbrechung fiel ausgerechnet in die für die ‚Achse' entscheidende Krisenzeit, in der die Entscheidungsschlachten in Stalingrad und El Alamein stattfanden, welche die Wende im Weltkrieg herbeiführten. Man kann diese Pause aber nicht so deuten, dass sich die beiden Diktatoren in dem Moment nichts mehr zu sagen hatten, als sich ihre Niederlage im Krieg erstmals deutlich abzeichnete. Die lange Unterbrechung ihrer Treffen ergab sich vielmehr aus anderen Gründen. Es war einmal die Zeit, in der Hitler im Juli 1942 seinen sogenannten Sommerfeldzug begann, durch den er den Stillstand im deutschen Vormarsch an der Ostfront durch eine gleichzeitige Offensive aller drei Heeresgruppen überwinden wollte.[1] Er hatte dafür sein Hauptquartier von der ostpreußischen Wolfschanze nach Winniza in der Ukraine verlegt. Die deutsche Offensive hatte sich im Norden zuvor an Leningrad festgefahren, die Millionenstadt sollte nach der Vorstellung Hitlers nunmehr erobert werden, was jedoch endgültig scheitern sollte. Die in der Mitte und im Süden eingeleitete deutsche Doppeloffensive blieb in Stalingrad bzw. im Kaukasus in Woronesch stecken. Die gewaltige militärische Kraftanstrengung war damit misslungen. In unserem Zusammenhang ist daran vor allem wichtig, dass Hitler mit der Planung und Ausführung der am Ende gescheiterten Großoffensive an der Ostfront so beschäftigt war, dass er die Mussolini viel mehr berührende Kriegswende in Nordafrika, die im November 1942 durch die militärische Niederlage von El Alamein und die Landung amerikanischer Truppen in Marokko besiegelt wurde, nur ungenügend wahrgenommen hat.

Das bedeutet nicht, dass Hitler den italienischen Achsenpartner ganz aus den Augen verloren hätte. Ende 1942 empfing er in Winniza nacheinander hohe faschistische Milizoffiziere, den Generalsekretär der Faschistischen Partei Aldo Vidussoni sowie den italienischen Außenminister Galeazzo Ciano und den Generalstabschef Ugo Cavallero.[2] Der Besuch der beiden letzteren war besonders wichtig, weil sie an Stelle Mussolinis, der wochenlang wegen wahrscheinlich psychosomatisch bedingter Magengeschwüre außer Gefecht gesetzt worden war, in die Ukraine kamen. Hitler hatte also 1942 trotz aller seiner Belastungen durchaus an ein weiteres Treffen mit dem ‚Duce' gedacht, dies war jedoch durch die Erkrankung Mussolinis verhindert worden.

Wie verliefen die faschistischen Führertreffen während des Weltkriegs? Selbstverständlich unterschieden sie sich grundlegend von den Vorkriegsbegegnungen. Stand bis 1939, wenn man von der Münchner Viererkonferenz von 1938 einmal absieht, die öffentliche Demonstration faschistischer Solidarität im Vordergrund, so hatten die Kriegstreffen zwischen Hitler und Mussolini einen bloßen Arbeitscharakter. Aufgrund der sich zunehmend verschärfenden Gefahrenlage waren öffentliche Masseninszenierungen mit hunderttausenden von Menschen gar nicht mehr möglich. Allenfalls wurde noch bei dem Treffen in Florenz vom 28. Oktober 1940 die Stimmung der gegenseitigen Führerbesuche von 1937 und 1938 in gewissem Umfang wiederbelebt.

Der intendierte Stil faschistischer ‚Kameradschaftlichkeit' blieb aber insofern erhalten, als Hitler und Mussolini ihre gegenseitige Kommunikation weiterhin nicht den Diplomaten und nicht einmal ihren engsten außenpolitischen Gefolgsleuten Ribbentrop bzw. Ciano überließen, sondern persönlich dafür einstanden. So lange sie sich auf der Siegerstraße wähnten, wurden ihre Treffen auch noch medial vermittelt und ins Zentrum der Achsenpropaganda gerückt. Sie fanden zwar ohne Publikum statt, wurden jedoch für eine mediale Verbreitung so inszeniert, dass sie sich nachträglich propagandistisch verwerten ließen. Dazu diente besonders die Wahl eines symbolischen Ortes wie des Brenners, auf dessen Passhöhe sich die Diktatoren am 18. März und 4. Oktober 1940 sowie am 2. Juni 1941 allein drei Mal trafen. Auch die bei ihren Treffen bei der Ankunft geübte Choreographie, durch welche ihre Sonderzüge jeweils fast gleichzeitig von zwei verschiedenen Seiten in den Bahnhof einrollten und exakt nebeneinander anhielten, sollte ‚nicht' nur die Beherrschung komplizierter technischer Abläufe, sondern vor allem die Harmonie und die Gleichrangigkeit ihrer Beziehungen sichtbar machen.

Seitdem sich Hitler nach dem Überfall auf die Sowjetunion 1941 in seinem geheimen ‚Führerhauptquartier' in Ostpreußen verbunkerte, wurde jedoch über seine Treffen mit Mussolini in der Öffentlichkeit kaum noch berichtet. Vollends war es mit jeder medialen Repräsentation vorbei, als die Diktatoren Angst vor alliierten Bombenangriffen haben mussten. Sie taten daher in den letzten Kriegsjahren alles, um ihre Treffen vor der Öffentlichkeit geheim zu halten und trafen sich nur noch an abgelegenen Orten, womit sie ihr ursprüngliches Projekt eines neuen Stils internationaler Politik notgedrungen zu den Akten legten.

Für Hitler war bei seinem anhaltenden Drängen auf persönliche Begegnungen zweifellos auch eine gewisse Nostalgie im Spiel, hatte sich doch seine Beziehung zu Mussolini über seine Machtübernahme hinaus bis zum ersten Treffen in Venedig 1934 vorwiegend um die Frage gedreht, mit dem ‚Duce' persönlich zusammenzutreffen. Es waren nach Hitlers Überzeugung der Staatsbesuch Mussolinis in Deutschland 1937 und sein eigener in Italien 1938, welche die ‚Freundschaft' zum faschistischen Italien hergestellt hatten. Diese gegenseitigen Besuche stellten für ihn die politischen Höhepunkte der transnationalen Beziehungen zwischen Deutschland und Italien dar, sie waren ihm wichtiger als alle schriftlichen Vereinbarungen. Diese hatte er nur angestrebt, weil er die persönliche Stellung Mussolinis als faschistischer Diktator für zerbrechlich hielt und sich für den Fall eines Ausfalls des ‚Duce' gegen seine eigentliche Überzeugung vertraglich absichern wollte.[3]

Seit seiner Italienreise und den für ihn unerfreulichen Begegnungen mit dem italienischen König hatte Hitler erkannt, dass Mussolinis diktatorische Stellung im Unterschied zu der seinen auf einem fragilen Gleichgewicht zwischen faschistischer Partei und Monarchie beruhte, wobei ihn vor allem die Abhängigkeit des ‚Duce' vom König störte, aber auch die Eigenständigkeit hoher Parteiführer wie Balbo, Grandi, Ciano, Bottai oder Federzoni irritierte. Hohen italienischen Diplomaten wie Cerruti, Suvich, Magistrati oder Attolico traute er sowieso nicht über den Weg, weil er sie, aus seiner Sicht nicht zu Unrecht, für eine antinationalsozialistisch eingestellte Kamarilla hielt. Die persönlichen Treffen mit Mussolini dienten Hitler deshalb auch dazu, diese Einflüsse auszuschalten und den ‚Duce' unmittelbar zu beeinflussen und auf gemeinsamen Kurs zu halten.

Weiterhin hatte die Besuchspolitik für Hitler auch einen regimepolitischen Aspekt. Indem er seine Freundschaft zum ‚Duce' nicht nur proklamierte, sondern periodisch durch persönliche Treffen bekräftigte, nahm er den Kritikern in der nationalsozialistischen Parteispitze und vor allem in der Wehrmachtsführung mit ihrer kontinuierlich anschwellenden Kritik an der militärischen Unzuverlässigkeit des italienischen Verbündeten den Wind aus den Segeln. Sich gegen den ‚Freund des Führers' zu stellen, kam einer Kritik an der politischen Unfehlbarkeit des Diktators gleich und grenzte deshalb beinahe an Hochverrat. Tatsächlich wurde das Achsenbündnis daher auch innerhalb der NS-Führung nie ernsthaft in Frage gestellt, ungeachtet aller Kritik, welche von Hitlers Paladinen an den ungenügenden militärischen Leistungen und am angeblichen Versagen der italienischen Truppen ständig geübt wurde.

Da fast alle Treffen auf seinen Wunsch, ja geradezu auf seine Veranlassung hin stattfinden sollten, spielte für Hitler schließlich eine entscheidende Rolle, dass er bei jedem persönlichen Tete-à-tete mit dem ‚Duce' zunehmend seine politische Dominanz ausspielen konnte. Sollten die ersten Begegnungen 1940 noch ein Bild harmonischer Gleichrangigkeit vermitteln, wie es durch den Mythos der ‚Achse' vorgezeichnet war, ließ Hitler schon am 21. Mai 1940 seinen Achsenfreund barsch wissen, dass er ihn sofort sprechen müsse.[4] Mussolini konnte gerade noch erreichen, dass das Treffen nicht schon am ersten, sondern erst am zweiten Juni am

Brenner angesetzt wurde, Hitler abzusagen wagte er jedoch nicht mehr, auch wenn er seinem Ärger gegenüber Ciano Luft machte: „ Ich habe es satt, mit einem Pfiff gerufen zu werden."[5] Danach machte sich die Asymmetrie der Beziehungen immer stärker bemerkbar, die letzten Treffen standen 1943/44 schließlich ganz im Zeichen der politischen Hörigkeit Mussolinis gegenüber Hitler. Erst die allerletzte Begegnung der beiden Diktatoren in Hitlers ‚Führerhauptquartier' am Tage des Attentats vom 20. Juli 1944 verschaffte dem attentatserfahrenen Mussolini noch einmal die Genugtuung, dass auch der scheinbar allmächtige Hitler nicht unverwundbar war.[6]

Hitlers faktische Dominanz bei den Treffen mit Mussolini wurde durch ihren im Grunde immer gleichen Ablauf gesteigert. Der ‚Duce' machte, wie auch schon bei den ersten Begegnungen in den dreißiger Jahren im Grunde aus reiner Eitelkeit, aber auch um dem ‚Führer' wenigstens in sprachlicher Hinsicht seine Überlegenheit zu beweisen, weiterhin den Fehler, auf einen Dolmetscher zu verzichten. Das verstärkte zwar das beiderseitige Gefühl der Diktatoren, exklusiv miteinander verbunden zu sein, diese Art der Gesprächsführung war für Mussolini jedoch von großem Nachteil. War es für ihn schon schwierig, das dialektgefärbte Deutsch des ‚Führers' ohne weiteres zu verstehen, wurde dies Problem regelmäßig noch dadurch verschärft, dass Hitler selbstverständlich keine Rücksicht auf das beschränkte fremdsprachliche Hörverständnis des ‚Duce' nahm, sondern vielmehr entsprechend seiner Gewohnheit stundenlang auf seinen Gesprächspartner einredete. Es ist deshalb anzunehmen, dass Mussolini die Suada des ‚Führers' häufig nur teilweise verstanden hat.

Dem steht nicht entgegen, dass er sich bei den Treffen in den Kriegsjahren, wie verbürgt ist, immer wieder aus seinen Depressionen reißen und von Hitler aufrichten ließ. Es waren nicht oder nicht nur die Inhalte der Monologe Hitlers, die ihre Wirkung auf den ‚Duce' ausübten, sondern es war schon die schiere Präsenz des ‚Führers'. Wenn Hitlers Charisma irgendwo eine anhaltende Wirkung gehabt hat, dann nachweislich bei seinem Diktatorenfreund Mussolini. Wie ein Blick in die Tagebücher Cianos zeigt, wurde Mussolini vor den Treffen mit Hitler von seinen engeren Mitarbeitern intensiv daraufhin gebrieft, was er Hitler alles vortragen sollte. Kaum war er jedoch mit Hitler allein, vergaß er fast immer zu sagen, was er sich vorgenommen bzw. um dessen Vortrag seine Gefolgsleute ihn eindringlich gebeten hatten.[7] Der ‚Führer' wirkte aber allein schon durch seine schiere Präsenz fast wie eine Droge auf den im Laufe der Zeit immer mehr resignierenden ‚Duce'.

Beim ersten Treffen im Krieg konnte Mussolini am 18. März 1940 noch angenehm überrascht sein, dass Hitler die Passhöhe des Brenners für ein Treffen vorgeschlagen hatte. Ein unwirtlicherer Ort ließ sich zwar kaum finden, der ‚Duce' konnte dessen Wahl jedoch so interpretieren, dass Hitler nicht nach Italien kommen, ihn aber auch nicht zu einem Besuch in Deutschland zwingen, sondern sich mit ihm gewissermaßen auf Augenhöhe in einer Art Niemandsland zwischen beiden Ländern treffen wollte. Zugleich war damit ohne Frage eine symbolische Anerkennung der Brennergrenze verbunden, für die Hitler mehrfach eine Art Ewigkeitsgarantie abgegeben hatte. Und schließlich ließen sich in der Öffentlichkeit aufgrund der Abgelegenheit des Brenners auch die näheren Umstände des Treffens, soweit sie nicht propagandistisch zu nutzen waren, verschweigen.[8]

Die Begegnung verlief so wie auch meist die späteren ablaufen sollten. Hitler bestritt die zweieinhalb Stunden fast alleine mit monologisierenden Ausführungen. In allen Einzelheiten schilderte er zunächst selbstgefällig die militärischen Erfolge der Wehrmacht im Polenfeldzug, um Mussolini sodann auf die Auseinandersetzung mit den Westmächten einzustimmen. Wie schon bei seinen früheren militärischen Überfällen verheimlichte er dabei seine schon feststehenden Pläne, nämlich zunächst Dänemark und Norwegen und im Anschluss daran die Beneluxstaaten anzugreifen, ehe er zum Schlag gegen Frankreich ausholen werde. Mussolini soll ihm dabei „aufmerksam und fast bewundernd zugehört" haben.[9] Am Tag darauf war er jedoch verärgert, Hitler vieles von dem, was er sich vorgenommen hatte, nicht gesagt zu haben. Auch das sollte sich stets erneut wiederholen.

Hitler setzte Mussolini nicht direkt unter Druck, in den Krieg einzutreten. Er pries das Achsenbündnis zwischen Deutschland und Italien jedoch in einer Weise an, die es dem ‚Duce' schwermachen sollte, sich noch länger zurückzuhalten. Gezielt auf Mussolinis Kritik an dem deutsch-sowjetischen Vertrag eingehend, spielte er diesen herunter und rückte das Achsenbündnis ausdrücklich in die Mitte seiner Politik. Nach dem Protokoll dieses Treffens äußerte er sich dazu folgendermaßen: „In Europa gebe es nur zwei Partner: Deutschland und Italien. Italien und Deutschland stellten zwei Systeme dar, die dauern würden, während die demokratische Welt entweder dem Bolschewismus anheimfallen oder sonst langsam in sich selbst zerfallen würde. Für Deutschland käme nur ein Partner in Frage: Italien. Rußland sei nur die Rückendeckung."[10]

Wenn er nicht seine Strategie der ‚Nonbelligeranza' in Frage stellen wollte, blieb Mussolini daraufhin kaum etwas anderes übrig als Hitler seinen baldigen Kriegseintritt zuzusagen. Hitler war mit dem Treffen am Brenner deshalb sehr zufrieden, obwohl Mussolini sein „Versprechen, mit Deutschland zu marschieren" nicht genauer präzisiert hatte.[11] Da der ‚Duce' es außerdem nicht gewagt hatte, sich zu seinem Konzept eines ‚Parallelkrieges' zu bekennen, musste Hitler auch annehmen, dass er an seiner Seite gegen Frankreich in den Krieg eingreifen werde. Trotz aller Warnungen der deutschen Verbindungsoffiziere in Rom ging Hitler daher wie selbstverständlich davon aus, für den kommenden Westfeldzug italienische Truppen einzuplanen.[12] Nicht weniger als zwanzig italienische Divisionen sollten an der italienisch-französischen Alpengrenze eingreifen sowie von deutschem Territorium aus im Elsass einmarschieren.

Der von Hitler am 5. Mai 1940 ausgelöste Feldzug gegen Frankreich ging bekanntlich aufgrund eines strategisch riskanten, aber sich als überraschend effizient erweisenden kombinierten Einsatzes der Luft- und der Panzerwaffe unerwartet schnell seinem für die Wehrmacht siegreichen Ende entgegen. Hitler hatte deshalb angesichts des bevorstehenden deutschen Sieges gar nicht mehr damit gerechnet, dass Mussolini sich noch an dem Krieg beteiligen könnte. Mussolini hatte jedoch Angst, dass ihm im Westkrieg die Felle davon schwimmen könnten und er gegenüber seiner Bevölkerung nicht als siegreicher Gladiator auftreten könnte. Wie wichtig ihm dies war, lässt sich an seiner zynischen Anweisung gegenüber seinen Generälen ablesen, er brauche „einige tausend Tote", um sich mit den Deutschen bei den Friedensverhandlungen mit an einen Tisch setzen zu können.[13]

Für Hitler war es eine eher unangenehme Überraschung, dass Mussolini am 30. Mai plötzlich ankündigte, am 5. Juni an der Seite der Deutschen militärisch in den Krieg eintreten zu wollen.[14] Damit die deutschen Angriffsplanungen nicht gestört würden, brachte er den ‚Duce' mit einigem Nachdruck dazu, seine Kriegserklärung auf den 10. Juni zu verschieben, was ihn selbstverständlich nicht daran hinderte, ihm dann mit einem Telegramm zum Kriegseintritt zu gratulieren, in dem von einer „weltgeschichtlichen Entscheidung" und von einer „unlösbaren Kampfgemeinschaft" des deutschen und des italienischen Volkes die Rede war.[15] Hitler glaubte aber wohl wirklich immer noch an die militärische Stärke Italiens, wenn er hinzufügte: „Unsere beiden Regime werden nicht nur das Antlitz des neuen Europa formen, sondern sie werden vor allem gemeinsam auch stark genug sein, die Ergebnisse ihres Kampfes auf lange Zeit hin sicherzustellen und zu bewahren."

Wie sich jedoch herausstellte, war das italienische Heer aber gar nicht kriegsbereit. Die Geschütze stammten noch aus der Zeit des Ersten Weltkrieges, die Panzer waren ebenfalls veraltet, am ehesten war noch die Luftwaffe einsatzfähig, sie litt aber unter Treibstoffmangel. Italien konnte seine Kampfhandlungen daher erst am 21. Juni beginnen – einen Tag bevor der neue französische Regierungschef Pétain mit dem Deutschen Reich einen Waffenstillstand vereinbarte.[16]

Eine gemeinsame Waffenstillstandszeremonie wurde den Italienern von Hitler verweigert, der ‚Führer' bemühte sich jedoch, seinen Achsenfreund nicht zu stark zu demütigen. Er konzedierte Mussolini deshalb, dass der deutsch-französische Waffenstillstandsvertrag erst nach einer italienisch-französischen Waffenruhe in Kraft treten sollte. Damit übte er allerdings auch Druck auf die Italiener aus, ihren Waffengang nicht zu lange hinauszuziehen. Nach der Unterzeichnung des deutsch-französischen Waffenstillstandes blieben ihnen infolge dessen nur ganze drei Tage bis sie am 24. Juni auf ein Waffenstillstandsangebot der Franzosen eingehen mussten.[17] Sie erzielten in dieser Zeit trotz vergleichsweise hoher Verluste nur minimale militärische Erfolge, was sich trotz großen Propagandaaufwands auch nicht verheimlichen ließ.

Im Überschwang des Kriegseinritts hatte Mussolini mit seinen engsten Beratern völlig überdimensionierte Pläne für die italienische Beteiligung an der Besetzung Frankreichs nach dem Waffenstillstand geschmiedet. Hitler scheint dies geahnt zu haben, er setzte deshalb unter dem Vorwand, sich für die bevorstehenden Waffenstillstandsverhandlungen abstimmen zu müssen, kurzfristig ein neues Treffen mit Mussolini an, das am 18. Juni in München stattfand. Er nahm sich hier den ‚Duce' persönlich vor, während die Außenminister Ribbentrop und Ciano sowie die Militärs Wilhelm Keitel und Mario Roatta jeweils gesondert verhandelten. Um seinen vermeintlichen Friedenswillen zu demonstrieren, aber auch aus Sorge, die von ihm immer noch umworbenen Briten zu provozieren, bestand der ‚Führer' auf einer schonenden Behandlung der Franzosen. Er informierte Mussolini freilich nicht über seinen Entschluss, sie dadurch zu demütigen, dass die Unterzeichnung des Waffenstillstandes im Wald von Compiegne am selben Ort und im selben Eisenbahnwagen vollzogen werden sollte, in dem die deutsche Delegation 1918 die französischen Waffenstillstandsbedingungen in Empfang nehmen musste.

Mussolini konnte seine exzessive territoriale Wunschliste nicht einmal vortragen, da ihn Hitler in der mehrstündigen Unterredung kaum zu Wort kommen ließ. In einem nur einen Satz umfassenden Kommuniqué sollte nach außen hin zwar der Eindruck erweckt werden, dass sich ‚Führer' und ‚Duce' „in München über die Stellungnahme der beiden Regierungen zu dem französischen Waffenstillstandsgesuch geeinigt" hätten.[18] In Wahrheit hatten sie jedoch nicht mehr gleichberechtigt entschieden, Hitler hatte vielmehr mehr oder weniger allein festgelegt, wie gegenüber den Franzosen verfahren werden sollte. Den Italienern wurde nur das winzige Gebiet um die Stadt Menton als Besatzungsgebiet zugestanden, das sie mühsam erobert hatten. Erst nach der Landung der Alliierten in Nordafrika sollten sie die bisher nicht besetzte Provence und die Insel Korsika dazu erhalten. Mussolini konnte daher eigentlich nicht darüber hinwegsehen, dass er nur noch „die zweite Geige" spielte.[19] Wenn Mussolini der Mentor des aufstrebenden nationalsozialistischen ‚Führers' gewesen war, konnte Hitler sich nunmehr als Schutzpatron des ‚Duce' fühlen, wie eine kleine Episode nach dem Ende des Münchner Treffens zeigte. Bei der Abfahrt aus München wurde Mussolinis Zug durch einen Fliegeralarm gestoppt. Als Hitler davon erfuhr, schenkte er Mussolini als „Zeichen der Besorgtheit eines Freundes" zu seinem Schutz spontan zwei Eisenbahnwagen mit Flakgeschützen.[20]

Hitlers ganzes Denken kreiste in den folgenden Monaten um eine militärische Invasion Großbritanniens, ein Vorhaben, von dem er sich bekanntlich sukzessive verabschieden musste, da weder die Marine noch die Luftwaffe für dieses gewaltige Landungsunternehmen ausreichende Kapazitäten besaßen und sich der britische Durchhaltewille als sehr viel stärker erwies als Hitler sich das in seinem Bündniswahn je hatte vorstellen wollen. Das zwang ihn allerdings, in seiner von ihm als Friedensangebot verstandenen Rede vom 19. Juli 1940, mit der er unsinnigerweise noch hoffte Großbritannien umstimmen zu können, vor dem eigens zusammengerufenen Reichstag die „Herbeiführung einer wahren Verständigung und Freundschaft mit Italien" besonders anzupreisen. Er führte diese erneut allein auf die Zusammenarbeit mit dem „Genius" zurück, der „heute an der Spitze des italienischen Volkes" stehe. „Denn nur dank seinem säkularen Wirken wurde es möglich, die beiden geistig einander so verwandten Revolutionen zusammenzuführen, um nun am Ende durch das gemeinsam vergossene Blut einen Bund zu besiegeln, der bestimmt ist, Europa ein neues Leben zu erschließen. Daß ich persönlich die Ehre habe, der Freund dieses Mannes sein zu können, beglückt mich angesichts der Eigenart eines Lebensschicksals, das eben so viel Gemeinsames mit dem meinen aufzuweisen hat wie unsere beiden Revolutionen, ja darüber hinaus sogar die Geschichte der Einigung und des Emporstieges unserer beiden Nationen." [21]

Hitler beließ es dieses Mal nicht bei dem von ihm gewohnten überzogenen Freundschaftspathos, sondern hob hervor, dass die deutsch-italienische Interessengemeinschaft inzwischen auf einem breiten, durch Verträge abgesicherten Fundament stünde. Zweifellos wider besseres Wissen lobte er den italienischen Kriegseintritt in den höchsten Tönen. Er habe „starke Kräfte unserer Feinde" gebunden und mitgeholfen, den Franzosen die Auswegslosigkeit eines weiteren Widerstandes vor Augen zu führen. Es lag auf der Hand, dass er damit das Bündnis mit Italien gegenüber allen Skeptikern in der politischen und militärischen Führung des NS-Regimes schönreden und einer aufkommenden antiitalienischen Stimmung in der Bevölkerung den Boden entziehen wollte. Angesichts der verunglückten ersten Kampfhandlungen der Italiener musste es zwar unfreiwillig komisch klingen, wenn er abschließend darauf hinwies, dass die „heutigen Luftangriffe und die Kämpfe zur See" von dem italienischen Verbündeten in dem „Geist" geführt würden, „der der faschistischen Revolution zu eigen" sei. Hitler legte sich jedoch mit seiner Reichstagsrede so deutlich wie noch nie zuvor öffentlich auf das Kriegsbündnis mit Italien fest, jede Kritik daran musste künftig auch als Kritik an der Haltung des ‚Führers' angesehen werden, ein entscheidender Grund dafür, dass das Achsenbündnis trotz aller gegenseitigen Irritationen bis zum Sturz von Mussolini am 25. Juli 1943 halten sollte.

Einen Tag nach der Reichstagsrede hatte Hitler die Genugtuung, dass Mussolini ihm in einem Telegramm zu der „großen Reichstagsrede" gratulierte und ihm versicherte, „daß das italienische Volk, was auch immer kommen mag, mit dem Ihrigen marschieren wird bis an das Ende, d. h. bis zum Siege". Hitler konnte das als Beleg dafür nehmen, dass er mit seiner Einschätzung des faschistischen Verbündeten nach wie vor richtig lag. Höchst befriedigt antwortete er Mussolini pathetisch: „Ich danke Ihnen, Duce, für Ihr freundschaftliches Telegramm. Vereint in unserer Weltanschauung und verbündet in der Kraft unserer Waffen, werden das faschistische Italien und das nationalsozialistische Deutschland die Freiheit unserer Völker siegreich erkämpfen."[22]

Das hinderte ihn jedoch nicht, Mussolinis Wunsch, sich mit zehn Divisionen und vielen Flugzeugen an der unter dem Codewort „Seelöwe" geplanten Invasion Großbritanniens zu beteiligen, höflich abzulehnen. Stattdessen schlug er neuerlich vor, dass die Italiener die Engländer im Mittelmeer bekämpfen sollten.[23] Es mag sein, dass Mussolini vor allem deshalb in Großbritannien dabei sein wollte, weil er eine Einigung Hitlers mit London ohne ihn befürchtete.[24] Sehr viel wahrscheinlicher ist jedoch, dass er die Blamage in Frankreich durch ein sofortiges militärisches Engagement wiedergutmachen wollte. In jedem Fall war er über die Ablehnung Hitlers nach dem Zeugnis Cianos „ziemlich betroffen", da sie ihm zeigte, dass er im Achsenbündnis nur noch die zweite Geige spielte.[25] Das Problem löste sich bekanntlich von selbst, da Hitler nicht in der Lage war, seine Invasionspläne in die Tat umzusetzen.

Mussolini hatte sich jedoch schon dadurch besänftigen lassen, dass der Antikominternpakt mit Japan am 27. September 1940 durch den sogenannten Dreimächtepakt in ein regelrechtes Militärbündnis verwandelt wurde. Er glaubte tatsächlich, dass der Abschluss dieses Paktes „wie eine Bombe" einschlagen würde.[26] In dem auf zehn Jahre abgeschlossenen Vertrag erkannte Japan die „Führung Deutschlands und Italiens bei der Schaffung einer neuen Ordnung in Europa" an, während Italien und Deutschland dem japanischen Kaiserreich die gleiche Zusage für den „großasiatischen Raum" machten.[27] Die drei autoritären Staaten sagten sich gegenseitig ihre Unterstützung zu, wenn einer von ihnen „von einer Macht angegriffen wird, die gegenwärtig nicht in den europäischen Krieg oder in den chinesisch-japanischen Konflikt verwickelt ist". Dahinter verbarg sich kaum verhüllt eine gegenseitige Beistandsverpflichtung im Falle eines Eingreifens der USA in den Weltkrieg.

Kurz darauf trafen sich Hitler und Mussolini am 4. Oktober erneut am Brenner. Es war das letzte Treffen der Diktatoren, bei dem sich beide militärisch auf der Siegerstraße zu befinden wähnten.[28] Hitler musste zwar gegenüber dem ‚Duce' erstmals eingestehen, dass eine Landung auf den britischen Inseln, wenn auch, wie er behauptete, nur aufgrund widriger Wetterbedingungen im Augenblick nicht in Frage käme, er zeigte sich aber weiterhin zuversichtlich, dass eine deutsche Invasion bald möglich sein werde. Für Mussolini, der sich an dem vorgeblichen ‚Endkampf' gegen England nicht beteiligen sollte, war das jedoch keine schlechte Nachricht, da Hitler dafür, wie er hoffte, dem Krieg im Mittelmeer größere Bedeutung geben müsste. Die Diktatoren berauschten sich außerdem gegenseitig daran, welche Teile Frankreichs und des französischen Kolonialreiches sie bei einem künftigen Friedensvertrag jeweils beanspruchen könnten, nachdem Hitler dieses Thema beim letzten Treffen noch für Tabu erklärt hatte. Kein Wunder, dass der ‚Duce' nach dem Bericht Cianos „in so guter Laune und in so guter Form" gewesen sein soll, wie ihn dieser nur selten gesehen hatte.[29]

Militärische Schieflagen. Hitlers ‚Blitzkriege', Mussolinis ‚Parallelkriege'

Schon wenige Tage später war es jedoch mit der faschistischen Harmonie erst einmal wieder vorbei. Hitler ließ am 12. Oktober in Absprache mit General Antonescu die rumänischen Ölfelder von der Wehrmacht besetzen. Die militärische Blitzaktion war nicht von langer Hand geplant, sondern war eine spontane Reaktion Hitlers auf eine vermeintlich akute Bedrohung Rumäniens durch die Sowjetunion. Sie diente allerdings auch bereits der Vorbereitung des deutschen Überfalls auf die Sowjetunion, über dessen Planung Hitler am Brenner kein Wort verloren hatte. Da Mussolini somit nichts von Hitlers weiterreichenden Aggressionsplänen wusste, hielt er den rumänischen Coup für einen Versuch, ihm in seinem südosteuropäischen Einflussgebiet in die Quere zu kommen. Er war darüber so empört, dass er nach der Darstellung Cianos trotzig äußerte: „Hitler stellt mich immer vor vollendete Tatsachen. Diesmal werde ich es ihm in der gleichen Münze heimzahlen: er wird aus den Zeitungen erfahren, daß ich in Griechenland einmarschiert bin. So wird das Gleichgewicht wiederhergestellt sein."[30] Wie so häufig dramatisierte Ciano damit aber wohl die Reaktion Mussolinis. Der deutsche Überraschungscoup in Rumänien war für Mussolini nicht die Ursache, sondern lediglich der Anlass, seine schon länger bestehenden Pläne eines militärischen Überfalls auf Griechenland ins Werk zu setzen.[31]

Aufgrund seiner prekären innenpolitischen Stellung als faschistischer Diktator benötigte Mussolini nach dem missglückten Frankreichfeldzug für die politische Heimatfront dringend wieder einen militärischen Erfolg. Da er das Achsenbündnis keinesfalls aufweichen wollte, wagte er es jedoch nicht nach der Methode Hitlers einfach einen ‚Blitzkrieg' vom Zaun zu brechen. Seit dem Waffenstillstand mit Frankreich hatte er sich daher darüber Gedanken gemacht, wie er ganz auf eigene Rechnung einen Krieg führen konnte, ohne Hitler zu verprellen und das deutsch-italienische Bündnis zu gefährden. Dafür benutzte er, ähnlich wie 1939 mit seiner semantischen Prägung der ‚Nichtkriegführung', den Begriff des „Parallelkrieges". Er gab vor, keinen eigenen Krieg führen zu wollen, sondern nur einen, der im Zusammenhang mit dem gemeinsamen Krieg der ‚Achse' stünde. Damit wollte er seine militärische Eigenständigkeit demonstrieren, aber am politischen Bündnis mit Hitler festhalten.[32] In der Realität liefen Mussolinis ‚Parallelkriege', da sie nicht mit Hitler abgesprochen waren, freilich letzten Endes auf „Separatkriege" hinaus.[33] Da sie überdies als solche durchweg scheiterten, endeten sie schließlich jeweils in vom deutschen Bündnispartner dominierten „Subalternkriegen".[34]

Den ersten seiner ‚Parallelkriege' begann Mussolini im September 1940 in Nordafrika mit dem im Dezember unter enormen Verlusten gescheiterten Versuch, die Briten vom italienischen Kolonialgebiet in Libyen aus über den Suezkanal zu drängen und Ägypten zu vereinnahmen. Anders als Hitler, der seine ‚Blitzkriege' stets begonnen hatte, ohne den ‚Duce' vorher zu informieren, wurden die Deutschen von Mussolini von seinen Plänen zuvor ins Bild gesetzt. Da das Vorhaben ganz der auf das Mittelmeer konzentrierten Rolle entsprach, die Hitler dem faschistischen Bündnispartner zugeteilt hatte, hatte der ‚Führer' ursprünglich nichts gegen den Afrikakrieg einzuwenden. Dass Mussolini seine eigenen Wege gehen wollte, wurde ihm aber klar, als der ‚Duce' noch vor Beginn der Kampfhandlungen und im September 1940 neuerlich das Angebot ausschlug, sich in Nordafrika von deutschen Panzerdivisionen unterstützen zu lassen.[35] Auch bei dem Treffen mit Hitler am 4. Oktober lehnte er eine sofortige Hilfe ab, obwohl sich inzwischen schon das militärische Desaster abzeichnete, welches im Dezember des Jahres zur „schlimmsten der italienischen Niederlagen" führen sollte.[36] Der nordafrikanische Krieg Mussolinis war damit als ‚Parallelkrieg' gescheitert.

Für ihn noch demütigender sollte der zweite ‚Parallelkrieg' verlaufen, den Mussolini wenig später in Griechenland angezettelt hatte. Wenige Tage vor Beginn der Invasion schrieb er am 22. Oktober 1940 einen Brief an Hitler, in dem er eine militärische Aktion in Griechenland ankündigte, jedoch keine Angaben über die Art und Weise sowie vor allem das Datum eines Eingreifens machte.[37] Hitler scheint die vagen Ankündigungen des ‚Duce' denn auch nicht besonders ernst genommen zu haben. „Nie werden die Italiener im Herbstregen und im Winterschnee in den Balkanbergen etwas gegen die Griechen ausrichten", soll er auf der Fahrt durch Frankreich gegenüber Ribbentrop geäußert haben.[38] Er befand sich seit zwei Tagen auf einer langen Zugreise, bei der er in Hendaye an der spanisch-französischen Grenze den ‚Caudillo' Franco und in der französischen Kleinstadt Montoire den Präsidenten Vichy-Frankreichs Philippe Pétain getroffen hatte, um sie, wie sich herausstellen sollte, vergeblich zu einem Kriegseintritt an der Seite der Achsenmächte zu bewegen.

Umso alarmierter war Hitler, als er bei der Rückfahrt von dieser für ihn ohnehin schon enttäuschenden Reise am 25. Oktober im Zug noch auf dem Gebiet des besetzten Belgiens von der deutschen Botschaft in Rom erfuhr, dass ein italienischer Einmarsch in Griechenland unmittelbar bevorstünde.³⁹ Ribbentrop wurde von ihm sofort angewiesen, nur gut drei Wochen nach dem vorigen am Brenner für den 28. Oktober in Florenz ein erneutes Treffen mit dem ‚Duce' zu vereinbaren, das damit erstmals den Charakter eines ausgesprochenen Krisentreffens erhielt. Hitler glaubte, mit seiner überstürzten Reise nach Florenz Mussolini noch von einem Überfall in Griechenland abhalten zu können. Schon vor seiner Ankunft in Florenz musste er jedoch erfahren, dass italienische Truppen am Morgen in Griechenland eingedrungen seien.⁴⁰ Hitler blieb nichts anderes übrig, als gute Miene zum bösen Spiel zu machen und sich mit Mussolinis Angriff einverstanden zu erklären. Wie sein Dolmetscher Schmidt feststellte, beherrschte er sich „erstaunlich gut". Von seinem „innerlichen Zähneknirschen" sei „nicht das geringste zu merken" gewesen.⁴¹ Zur Untermauerung seiner Solidarität bot Hitler dem ‚Duce' sogar die Entsendung deutscher Fallschirmjäger an, welche Kreta vor einem englischen Angriff schützen sollten, was von Mussolini jedoch ebenso selbstbewusst abgelehnt wurde wie alle bisherigen deutschen Hilfsangebote.⁴²

Im Übrigen vermied es Hitler, über Griechenland zu sprechen und räsonierte stattdessen, ganz noch unter dem Eindruck der Gespräche mit Franco und Pétain, ausführlich über die Möglichkeiten, Frankreich, aber auch Spanien doch noch in eine antienglische Allianz hineinzuziehen. Kein Wunder, dass Mussolini nach dem Treffen in „ausgezeichneter Laune" war,⁴³ während Hitler sich nach den Gesprächen mit Franco und Pétain zum dritten Mal düpiert fühlte. Nur einen Monat später machte er deshalb dem Duce' offen zum Vorwurf zu spät gekommen zu sein: „Als ich Sie bat, mich in Florenz zu empfangen, trat ich die Reise an in der Hoffnung, Ihnen noch vor dem Beginn der drohenden Auseinandersetzung mit Griechenland, von der ich nur im allgemeinen Kenntnis erhalten hatte, meine Gedanken darlegen zu können. Ich wollte Sie zunächst bitten, die Aktion noch hinauszuschieben, wenn möglich bis zu einer günstigeren Jahreszeit, auf alle Fälle aber bis nach der amerikanischen Präsidentenwahl."⁴⁴

Im Ergebnis kann man festhalten, dass Hitler bei dem Florentiner Treffen seine Einflussmöglichkeiten auf Mussolini erheblich überschätzt hat. Mussolini ist es noch einmal gelungen, seine Entscheidungsfreiheit im Achsenbündnis zu beweisen, nachdem er sich seit Kriegsbeginn von Hitler immer stärker bevormundet gefühlt hatte. Auch wenn sich ihr politisches Verhältnis in starkem Maße umgedreht und Hitler sich als Zauberlehrling erwiesen hatte, der sein großes Vorbild machtpolitisch übertrumpfte, war der ‚Duce' noch nicht so vom ‚Führer' abhängig, dass er von ihm einfach als Satrap behandelt werden konnte, der nur seinen Anweisungen folgte. Anders als etwa Tiso in der Slowakei, Pavelic in

Kroatien oder besonders Vidkun Quisling in Norwegen war Mussolini trotz aller Abhängigkeit von Hitler nicht bloß der Führer eines faschistischen Kollaborationsregimes, er blieb vielmehr bis zu seinem Sturz am 25. Juli 1943 ein eigenständiger Bündnispartner. Erst mit seiner von Hitler bewirkten Einsetzung als Regierungschef der Italienischen Sozialrepublik (*Repubblica Sociale Italiana*) sank er im Herbst 1943 auf den Status eines politischen Vasallen herab.

Als positiv konnte Hitler das Treffen in Florenz nur insofern bewerten, als es noch einmal öffentlich inszeniert werden konnte. Vor dem Palazzo Pitti versammelte sich nach dem Ende der Gespräche eine von Mussolini zusammengetrommelte große Menschenmenge, der sich Hitler und Mussolini in bewährter Manier als faschistische Dioskuren vom Balkon zeigen konnten. Hitler konnte daher den angeblich „stürmischen Jubel der Florentiner Bevölkerung" in seinem Dankesschreiben an Mussolini als Beweis dafür ausgeben, „daß die Politik des deutsch-italienischen Bündnisses, deren völlige Übereinstimmung wir in diesen Besprechungen erneut feststellen konnten, im Herzen Ihres Volkes verankert ist".[45] Es sollte jedoch das letzte Mal sein, dass die öffentliche Zurschaustellung eines Treffens der beiden faschistischen Diktatoren möglich war. Die weiteren neun Begegnungen Hitlers und Mussolinis bis 1944 müssen als reine Geheimtreffen angesehen werden, bei denen eine öffentliche Inszenierung nicht mehr in Frage kam. Sie fanden infolge des Bombenkrieges fast nur noch an versteckten Orten wie dem österreichischen Schloss Kleßheim oder in Hitlers ‚Wolfschanze' in der Nähe des ostpreußischen Rastenburg statt, die in der Öffentlichkeit nicht wahrgenommen werden konnten, aus Sicherheitsgründen zunehmend auch nicht bekannt werden sollten.

Die Griechenlandfrage sollte Hitler nach dem Treffen mit Mussolini in Florenz erst richtig beschäftigen. Nachdem die Italiener am 28. Oktober, nicht zufällig dem Jahrestag des ‚Marschs auf Rom', von Albanien aus in Griechenland eingefallen waren, kam ihre Offensive schon am 4. November ins Stocken und musste am 8. November ganz eingestellt werden.[46] Die Griechen gingen sogar zur Gegenoffensive über und drängten die italienischen Truppen schließlich weit nach Albanien hinein zurück, ehe diese die Front wenigstens zum Stillstand bringen konnten. Hitler war entsetzt, als er am 18. November in Berlin von Ciano über das Desaster informiert wurde. Im verschlossenen Umschlag gab er dem Außenminister einen in „belehrendem Tonfall" geschriebenen Brief an Mussolini mit,[47] in dem er diesem seine militärischen Fehler in Afrika und in Griechenland vorhielt und „in kürzester Frist die Krise zu überwinden" verlangte.[48] Man hat diesen Brief als die eigentliche Wende im Verhältnis Hitlers zu Mussolini bezeichnet,[49] was aber nur insoweit zutrifft, als Hitler dem ‚Duce' erstmals tatsächlich keine Ratschläge gab, sondern ihm ungeschützt „die Leviten" las.[50]

Eine wirkliche ‚Wende' im inszenierten Freundschaftsverhältnis zwischen den beiden faschistischen Diktatoren hat es jedoch nicht gegeben. Wenn Hitler seinen langen Brief mit der Beteuerung schloss, dass er diesen „mit der wärmsten Herzlichkeit eines Freundes" geschrieben habe, war das keine Floskel, sondern er brachte damit zum Ausdruck, dass er trotz seiner Erregung weiter an seiner engen politischen Beziehung zum ‚Duce' festhalten wollte.[51] Im nächsten Brief versicherte er Mussolini am 31. Dezember 1940, dass er sich ihm „in guten und bösen Tagen auf Gedeih und Verderb" verbunden fühle und sicherte ihm weiterhin seine „aufrichtige Kameradschaft" zu.[52] Das war nicht etwa „Mitleid",[53] sondern wieder der alte Ton, den Hitler dem ‚Duce' gegenüber auch weiterhin durchhalten sollte. Intern regte er sich zwar nach dem Bericht von Goebbels darüber auf, dass die Italiener „das ganze militärische Prestige der Achse ruiniert" hätten, aber er machte Mussolini deshalb keine persönlichen Vorwürfe.[54] Allerdings zögerte er nicht, nunmehr die politische und militärische Führung im Achsenbündnis entschieden in die Hand zu nehmen. Goebbels notierte insofern zutreffend, dass nun kein Zweifel mehr darüber bestehe, „wer Europa führen soll, Hitler oder Mussolini".[55]

Mussolini konnte dem Brief endgültig entnehmen, dass Hitler ihn machtpolitisch überflügelt und die Führung im Achsenbündnis übernommen hatte, die üblichen Freundschaftsbeteuerungen des ‚Führers' scheint er deshalb nicht richtig wahrgenommen zu haben. Zu Ciano soll er jedenfalls gesagt haben: „Er hat mir mit dem Lineal auf die Finger geschlagen."[56] Wenn Hitler, wie es scheint, erwartet hatte, dass Mussolini seinen strategischen Anweisungen folgen würde, so hatte er mit diesen zunächst das Gegenteil bewirkt. Der ‚Duce' sträubte sich trotz der sowohl in Libyen als auch in Griechenland für die italienischen Truppen sich ständig verschlechternden militärischen Lage noch ein letztes Mal, sich von Hitler in seine ‚Parallelkriege' hineinreden zu lassen. Allenfalls wollte er indirekte Hilfe wie die Bereitstellung von Transportkapazitäten in Anspruch nehmen. Ausdrücklich ließ er den Deutschen mitteilen, dass er den Feldzug gegen Griechenland alleine weiterführen wolle.[57] Am 20. Dezember sah er sich dann jedoch gezwungen, Hitler sowohl für Libyen als in Griechenland um militärische Hilfe zu bitten, womit es mit seinen ‚Parallelkriegen' endgültig vorbei war.

Hitler reagierte auf die Hilferufe seines Achsenfreundes, wie inzwischen zu erwarten, mit der Einladung zu einem neuerlichen Treffen, das dann am 19./20. Januar 1941 in Salzburg und Berchtesgaden im Kreis der engeren Mitarbeiter unter strikter Geheimhaltung stattfand. Zur Erleichterung der Italiener gab sich Hitler äußerst liebenswürdig und machte ihnen keinerlei Vorwürfe über die militärischen Niederlagen in Libyen und Griechenland. Wieder wirkte sich Hitlers Nachsicht gegenüber Mussolini positiv auf die Begegnung aus, wenngleich der ‚Führer' einen schulmeisterlichen Ton anschlug, mit dem er dem ‚Duce' nun auch künftig entgegentreten sollte. Da er mit seinen konkreten militärischen Planungen bisher immer hinter dem Berg gehalten hatte, waren die Italiener aber davon beeindruckt, dass Hitler sie zwei Stunden lang über die Operation „Marita" informierte, mit der die Wehrmacht die Griechen besiegen wollte.[58] Ciano konnte deshalb in seinem Tagebuch notieren: „Bei der Rückkehr ist Mussolini berauscht, wie nach jeder Unterredung mit Hitler."[59]

Auch wenn Hitler dem ‚Duce' seine Alleingänge nicht übelnahm, war er Anfang 1941 schon viel zu sehr mit der Vorbereitung seines Überfalls auf die Sowjetunion beschäftigt, um den Italienern in Griechenland, aber auch in Nordafrika sofort militärisch beispringen zu können. Er sah sich erst zum Handeln gezwungen, als am 25. März 1941 in Jugoslawien Gegner des zwei Tage zuvor vollzogenen Beitritts des Landes zum ‚Dreimächtepakt' durch einen Staatsstreich an die Macht kamen und damit die Stellung der ‚Achse' auf dem Balkan gefährdeten. In einem Schreiben an Mussolini kündigte er daraufhin einen gleichzeitigen Feldzug der Wehrmacht gegen Jugoslawien und Griechenland an, bei dem er persönlich den militärischen Oberbefehl übernehmen werde.[60] Der deutsche Balkanfeldzug begann am 6. April, am 17. April kapitulierte Jugoslawien, am 21. April Griechenland. Es war nochmals ein ‚Blitzkrieg', durch den Mussolini gleich doppelt bloßgestellt wurde, zum einen, weil sein Invasionsheer die Griechen nicht hatte besiegen können, sondern selbst in höchste Bedrängnis gebracht worden war und zum anderen, weil die Wehrmacht die Griechen auch noch in kürzester Zeit zum Waffenstillstand hatte zwingen können. Wie schon 1940 in Frankreich sorgte Hitler jedoch dafür, dass auch die Griechen entgegen ihrem Verlangen nicht nur gegenüber Deutschland, sondern gesondert auch gegenüber den Italienern kapitulieren mussten. Dem Achsenfreund wurde zwar von Hitler demonstriert wie man erfolgreich Krieg führte, er sollte aber in seinem Ansehen nicht weiter beschädigt werden.

Auch in Nordafrika versuchte Hitler dafür zu sorgen, dass auf die Empfindlichkeiten der Italiener Rücksicht genommen wurde. In einer Weisung über die „Mithilfe deutscher Kräfte bei den Kämpfen im Mittelmeerraum" wies er daraufhin, dass die italienischen Truppen infolge der „beschränkten kriegswirtschaftlichen Leistungsfähigkeit" des Landes „nur unzureichend mit neuzeitlichen Waffen ausgerüstet" seien. Die deutschen Truppen müssten daher ihnen gegenüber „frei von jeder verletzenden Überheblichkeit" sein.[61] Damit wurden von ihm nicht nur Mussolini, sondern sogar die italienischen Soldaten generell verteidigt. Es war deshalb mit Sicherheit kein Zufall, dass diese Anweisung bei der Wehrmacht, anders als alle nur die Person von Mussolini betreffenden Weisungen, nur wenig beachtet wurde. Auch wenn man es nicht wagte, Hitlers Fixierung auf den ‚Duce' zu kritisieren, hieß das noch lange nicht, dass man die Rücksichtnahme auf die italienischen Waffenbrüder ausdehnte. So wurde Erwin Rommel als Kommandeur des nach Nordafrika entsandten deutschen ‚Afrikakorps' zwar formal dem italienischen Comando Supremo in Tripolis unterstellt, er erhielt jedoch vom Oberkommando der Wehrmacht einen Freibrief auf „volle Handlungsfreiheit", die er auch exzessiv wahrzunehmen wusste.[62] So lange die Truppen der ‚Achse' in Nordafrika auf der Siegerstraße waren, wurden die Eigenmächtigkeiten Rommels von den italienischen Militärs zähneknirschend hingenommen, zumal es der ungebärdige General verstand, sich bei Mussolini persönliche Rückendeckung zu holen. Nach der kriegsentscheidenden Niederlage von El Alamein im Herbst 1942 wurde Rommel jedoch in Italien auch von Mussolini zunehmend kritisiert.[63] So wie die Kritik an den italienischen Waffenbrüdern in Deutschland inzwischen Gang und Gebe war, distanzierten sich nun auch die Italiener von den Deutschen. Und so wie Hitler sich intern über das militärische Versagen der italienischen Soldaten erregte, war auch Mussolini über die Deutschen enttäuscht, weil sie die Niederlage gegen die Engländer in Nordafrika nicht verhindern konnten. Das bedeutet nicht, wie häufig behauptet wird, dass die ‚Achse' damit zerbrochen sei oder dass es keine politischen Gemeinsamkeiten mehr zwischen den beiden Diktatoren gegeben habe. Zu betonen ist vielmehr, dass Hitler, um seine politische Unfehlbarkeit nicht in Frage zu stellen, auch weiterhin eisern an seiner ‚Männerfreundschaft' mit Mussolini festhielt und dass der ‚Duce' sich, aus Gründen des persönlichen Machterhalts, umso mehr der Führung Hitlers unterwarf je mehr seine labile Diktaturstellung von diesem gestützt wurde. Beide waren deshalb in der sich abzeichnenden Niederlage im Krieg erst recht aneinandergekettet, die ‚Achse' wurde zum Symbol des gemeinsamen Untergangs.

Das Debakel. Hitler und Mussolini in der Sowjetunion

Nach der vorläufigen Stabilisierung der Front in Nordafrika und den militärischen Erfolgen auf dem Balkan konnte sich Hitler im Frühjahr 1941 ganz dem Angriff auf die Sowjetunion konzentrieren, dessen Planung er schon am 18. Dezember 1940 unter dem Stichwort ‚Barbarossa' durch einen ‚Führerbefehl' in Gang gesetzt hatte.[64] Später hat er die verheerenden Niederlagen im Krieg gegen die Sowjetunion jedoch auf die durch den Balkankrieg bedingten Verzögerungen zurückgeführt und damit indirekt auch Mussolini eine Mitschuld daran gegeben. In Wahrheit beruhte die deutsche Niederlage bekanntlich jedoch darauf, dass Hitler, wie auch seine Generäle, die militärische Stärke der Sowjetunion sträflich unterschätzt hatten. Hitler wurde dabei Opfer seiner ideologischen Vorurteile. Da die sowjetischen Völker in seinen Augen als ‚minderwertig' anzusehen waren, wurde die Kampfkraft der Roten Armee von ihm nur gering eingeschätzt. Er glaubte bekanntlich, auch die Rote Armee ebenso in einem ‚Blitzkrieg' militärisch besiegen zu können wie zuvor Polen oder Frankreich. Über die Weite des Raumes, die dadurch für eine Invasionsarmee entstehenden logistischen Probleme sowie vor allem auch die klimatischen Bedingungen, unter denen im russischen Winter Krieg geführt werden musste, hat er sich kaum Gedanken gemacht. Schon gar nicht konnte er sich vorstellen, dass Stalin Millionen von einfachen Soldaten dazu bringen könnte, die Sowjetunion gegen eine militärische Invasion, die als totaler Vernichtungskrieg angelegt war, in einem ‚Großen Vaterländischen Krieg' aufopferungsvoll zu verteidigen.

Wie sicher sich Hitler seiner Sache war, zeigte sich auch daran, dass er den Italienern wegen des durch den Balkankrieg verzögerten Kriegsbeginns keine Vorwürfe machte. Er war davon überzeugt, Stalin in kürzester Zeit auch ohne die Hilfe seines Achsenfreundes zu besiegen.[65] Bezeichnend dafür war die elfte, wohl merkwürdigste Begegnung Hitlers mit dem ‚Duce', die am 2. Juni 1941 letztmals auf der Passhöhe des Brenners stattfand. Hitler setzte das Treffen am 31. Mai sehr zum Ärger Mussolinis wieder einmal ganz kurzfristig an, ohne – wie inzwischen üblich – mitzuteilen, worüber gesprochen werden sollte.[66] Aus der Sicht Mussolinis bestand kein aktueller Anlass für die Begegnung, so dass er sich wieder darüber ärgerte einfach zitiert zu werden, ohne jedoch zu wagen dem ‚Führer' abzusagen. Was Hitler eigentlich mit dem Treffen bezweckte, kann letzten Endes auch nicht vollkommen geklärt werden. Er monologisierte in gewohnter Weise stundenlang über zweierlei: den Untergang des deutschen Schlachtschiffs „Bismarck" im Atlantik und den Flug seines Stellvertreters Heß nach Schottland. Beides waren für Hitler peinliche, aber nicht kriegsentscheidende Ereignisse, über die er Mussolini nicht besonders zu unterrichten brauchte. Möglicherweise wollte Hitler seinem Achsenfreund nur demonstrieren, dass er durch diese Ereignisse politisch und militärisch nicht geschwächt worden sei. Wahrscheinlicher ist jedoch, dass er Mussolini mit seinem „reichlich langweiligen und nutzlosen Monolog" nur Sand in die Augen streuen wollte.[67] Von seinen Angriffsabsichten auf die Sowjetunion ließ er jedenfalls „kein Sterbenswörtchen" erkennen.[68]

Erst am 21. Juni informierte Hitler den ‚Duce' in einem längeren Brief über den angeblich „härtesten Entschluß meines Lebens".[69] Schon diese Behauptung traf nicht zu, da Hitler dem Überfall auf die Sowjetunion seit langem fieberhaft entgegengearbeitet hatte. Erst recht entsprach es nicht der Wahrheit, dass er „die endgültige Entscheidung selbst erst heute um 7 Uhr abends" fällen werde.[70] Es war auch bloßer Aktionismus, wenn Hitler seine Aufrichtigkeit gegenüber dem ‚Duce' dadurch zu unterstreichen versuchte, dass der römische Botschaftsrat von Bismarck den Brief mitten in der Nacht vom 21. zum 22. Juni Ciano überbringen und von diesem verlangen musste, ihn sofort an den am Meer befindlichen Mussolini zu übermitteln. Und schließlich war es reine Heuchelei, wenn er behauptete, sich „innerlich wieder frei" zu fühlen, seit er sich zu dem Angriff auf die Sowjetunion durchgerungen habe: „Das Zusammengehen mit der Sowjet-Union hat mich bei aller Aufrichtigkeit des Bestrebens, eine endgültige Entspannung herbeizuführen, doch oft schwer belastet, denn irgendwie schien es mir doch ein Bruch mit meiner ganzen Herkunft, meinen Auffassungen und meinen früheren Verpflichtungen zu sein. Ich bin glücklich, daß ich diese Seelenqualen nun los bin." [71] So zynisch wie er die Vereinbarungen mit Stalin brach, hatte er mit diesem zuvor kooperiert. Nur deshalb sprach er gegenüber Mussolini von angeblichen ‚Seelenqualen', weil er genau wusste, dass dieser den Abschluss des deutsch-sowjetischen Nichtangriffpaktes vom 23. August 1939 von Anfang an als fragwürdig angesehen hatte, er dessen Bruch daher begrüßen würde. Bemerkenswert war Hitlers Brief allerdings, weil er seine Aggression gegen die Sowjet-Union sonst gegenüber niemand so ausführlich zu begründen für notwendig hielt. Auch wenn er seine Kriegsabsichten dem Achsenfreund gegenüber bis zuletzt geheim gehalten, den japanischen Botschafter Oshima und den rumänischen Regierungschef Antonescu sogar schon früher über den bevorstehenden Überfall auf die Sowjetunion informiert hatte als Mussolini, sah sich Hitler nur gegenüber dem ‚Duce' verpflichtet, sich zu rechtfertigen.

Mussolini soll angeblich über die nächtliche Ruhestörung zunächst aufgebracht gewesen sein, nahm jedoch Hitlers Botschaft dann geradezu enthusiastisch auf.[72] Hitlers Überfall auf die Sowjetunion habe, so behauptete er, „in Italien und besonders bei der alten Garde einen begeisterten Widerhall" gefunden.[73] Kaum hatte er den Brief des ‚Führers' erhalten, veranlasste er König Viktor Emanuel, der Sowjetunion den Krieg zu erklären. Am 30. Juni bot er Hitler an, italienische Truppen nach Russland zu entsenden.[74] Die Eile, mit der er sich an die Seite des Achsenpartners stellte, kontrastierte deutlich mit seinem Verhalten bei Beginn des Weltkrieges, obwohl er seinerzeit aufgrund des ‚Stahlpaktes' ebenfalls schon zum Eingreifen in den Krieg verpflichtet gewesen wäre. Nach den militärischen Niederlagen in Griechenland und Nordafrika, die seine Vorstellung von ‚Parallelkriegen' ad absurdum geführt hatten, sah Mussolini die Chance, durch eine Beteiligung am Krieg gegen die Sowjetunion endlich die militärische Reputation wiederzugewinnen, die seine Stellung gegenüber dem übermächtigen Hitler aufwertete. Nach Giuseppe Bottais Erinnerung rechtfertigte er seinen übereilten Entschluss, in den Krieg gegen die Sowjetunion einzutreten, vor seinen Ministern am 7. Juni 1941 folgendermaßen: „Die Deutschen dürfen sich nicht daran gewöhnen, daß wir ihnen als Arbeiter, aber nicht als Soldaten nützlich sind, daß sie sich als ein Volk ansehen, das Waffen tragen kann gegenüber unserem Volk, das nur für die anderen knechten und sich verbluten kann. Sie ein Herrenvolk, wir ein Sklavenvolk."[75]

Hitlers Begeisterung über das militärische Kooperationsangebot Mussolinis in der Sowjetunion hielt sich in Grenzen. Ungeachtet seiner Verehrung für den ‚Duce' hatte der ‚Führer' das Versagen des italienischen Militärs in Frankreich, Nordafrika und auf dem Balkan zweifellos noch vor Augen, auch wenn er Mussolini persönlich daran keine Schuld gab. Der ‚Osten' sollte im Übrigen nach seinem ideologischen Konzept außerdem allein dem deutschen Volk zu neuem ‚Lebensraum' verhelfen, während die Italiener ihren Siedlungsraum im ‚Süden' suchen sollten. Jedoch konnte er Mussolinis Angebot nicht zurückweisen, zumal er bekanntlich auch finnische, ungarische, slowakische und vor allem rumänische Militärhilfe in Anspruch nahm. Am 30. Juni dankte er deshalb Mussolini für sein „großherziges Angebot", ein italienisches Militärkorps sowie eine Anzahl von Jagdfliegern an die Ostfront zu entsenden. Dass es Hitler in der Sowjetunion nicht nur um die Gewinnung von deutschem ‚Lebensraum' ging, sondern auch um seine sich seit der Besetzung Polens entfaltenden genozidalen Vernichtungspläne gegenüber dem Judentum, ließ er nicht erkennen. Er verständigte sich mit Mussolini ausschließlich über den gemeinsamen Kampf gegen den ‚Bolschewismus': „Daß unsere verbündeten Armeen gerade gegen den bolschewistischen Weltfeind Seite an Seite marschieren, scheint mir ein Sinnbild des von Ihnen, Duce, und mir durchgeführten Befreiungskampfes."[76] Mussolini war geradezu beglückt über Hitlers Zustimmung, am Krieg gegen die Sowjetunion teilnehmen zu dürfen und stellte in seiner Antwort postwendend die Entsendung eines Armeekorps von drei Divisionen in Aussicht. Zwischen dem 10. Juli und dem 5. August wurde ein einigermaßen ausgerüstetes und bewaffnetes, wenn auch ungenügend vorbereitetes italienisches Expeditionskorps von 62.000 Mann unter der Bezeichnung Corpo di Spedizione Italiano in Russia (CSIR) an die Ostfront entsandt.[77]

Von Hitler ließ sich Mussolini darin bestärken, dass es sich auch bei dem Feldzug gegen die Sowjetunion wiederum nur um einen ‚Blitzkrieg' handeln könne. „Mehr noch als früher", schrieb der ‚Führer' am 20. Juli an den ‚Duce', „erfüllt mich dieses Mal die Überzeugung, daß der Krieg gewonnen ist".[78] Schon früher hatte er die deutsche Überlegenheit mit abstoßend rassistischen Bemerkungen über den „stupiden Fanatismus" des russischen Soldaten begründet, der „mit der primitiven Brutalität eines Tieres, das sich eingeschlossen fühlt und nun in wilder Wut gegen die Mauern seines Käfigs rennt", kämpfe.[79] Mussolini gewann daher die „mathematische Überzeugung"[sic!], dass Hitlers Heere rasch die russischen vernichten würden.[80] Es war dies der letzte Höhepunkt der gemeinsamen Kriegseuphorie der beiden Diktatoren, schon wenig später sollte sich zeigen, dass es sich um eine große Illusion handelte, die Sowjetunion blitzkriegartig in die Knie zu zwingen, ganz davon abgesehen, dass das riesige Land auch nach einer Niederlage von den Achsenmächten niemals problemlos hätte besetzt gehalten und gegen einen unweigerlich ausbrechenden Partisanenkrieg stillgestellt werden können. Die ‚Achsenmächte' waren ja schon in Jugoslawien und Griechenland nicht in der Lage, eine kontrollierte Besatzungsherrschaft auszuüben.

Siegesgewiss trafen sich die beiden Diktatoren am 25. August in Hitlers ‚Führerhauptquartier' im ostpreußischen Rastenburg zu einem bis zum 29. August dauernden Treffen, überhaupt dem längsten neben der Deutschlandreise Mussolinis von 1937 und der Italienreise Hitlers von 1938. Wie immer war Mussolini auch dieses Mal wieder Hitlers Monologen ausgesetzt, anders als bisher, flogen die beiden Diktatoren jedoch auch in Hitlers Flugzeug gemeinsam zum Truppenbesuch in die Ukraine. Wie sie hier feststellen mussten, waren die Soldaten, die sie besuchten, mit ihren Fahrzeugen im Schlamm steckengeblieben, womit Hitlers euphorische Siegesphantasien sinnfällig in Frage gestellt wurden. Dass dies nicht nur für die italienischen, sondern auch für die deutschen Soldaten galt, versetzte Mussolini in eine schadenfrohe Stimmung. Beim Rückflug nach Rastenburg war er jedenfalls so guter Laune, dass er sich zum Entsetzen Hitlers zeitweise als Kopilot in das Cockpit des Flugzeugs setzte, um auf diese Weise ein letztes Mal zu demonstrieren, dass er dem ‚Führer' immer noch in mancher Hinsicht überlegen war.[81]

Hatte Mussolini dem ‚Führer' im Sommer 1941 noch seine Soldaten aufdrängen müssen, so stellte sich das im Dezember ganz anders dar. Nach den ersten großen Niederlagen der Wehrmacht vor Moskau bat Hitler den ‚Duce' um die Entsendung weiterer Truppen. Unter der Bezeichnung *Armata Italiana in Russia* (ARMIR) wurden die italienischen Einheiten von Mussolini im Laufe des Jahres 1942 auf eine Armee von zehn Divisionen mit etwa 230.000 Mann verstärkt.[82] Dieser für Italien enorme Ausbau der militärischen Präsenz des Faschismus in der Sowjetunion wurde Hitler von Mussolini bei ihrem 13. Treffen am 29. April 1942 versprochen. Das Treffen fand erstmals im barocken Schloss Kleßheim bei Salzburg statt, das Hitler von seinem Architekten Giesler als Gästehaus für Staatsbesucher hatte ausbauen lassen. Hitler hatte den ‚Duce' und seine Begleitung am 14. März wie gewöhnlich eingeladen, ohne den Italienern „die geringste Andeutung der Tagesordnung" zu geben.[83] Der Besuch lief nach Cianos Bericht in derselben Routine ab wie bisher: „Hitler spricht und spricht und spricht. Mussolini, der gewöhnt ist, selber zu sprechen, und nun eigentlich die ganze Zeit über schweigen muss, leidet. Am zweiten Tage, nach dem Frühstück, als wir uns eigentlich schon alles gesagt hatten, hat Hitler ununterbrochen eine Stunde und vierzig Minuten gesprochen."[84] Was der italienische Außenminister als bloßen Leerlauf empfand, hatte für Hitler jedoch durchaus einen Sinn: er wollte dem ‚Duce' zum einen klarmachen, dass die deutsche Offensive trotz der Niederlagen vor Moskau weitergehen werde. Mussolini sollte damit aus den Depressionen gerissen werden, die der fortschreitende Verlust seines afrikanischen ‚*Impero*' ihm bereitete. Hinweise auf die Tapferkeit der rumänischen und ungarischen Hilfstruppen sollten Mussolini aber zweitens dazu bringen, eine Aufstockung des kleinen italienischen Kontingents im Ostkrieg zu versprechen. Und eben dies ist dem ‚Führer' mit einer Mischung aus vorgetäuschter Siegeszuversicht und massiver Druckausübung auf den ‚Duce' gelungen.

Im Herbst widerstand die ARMIR am Don zunächst mehrfach dem Ansturm der Roten Armee, was angesichts der mangelhaften militärischen Ausbildung der Truppe, der schlechten militärischen Führung und der unzureichenden Bewaffnung durchaus bemerkenswert war.[85] Erst nach dem Fall Stalingrads ging die ARMIR ihrem Untergang entgegen. Etwa 70.000 Italiener gerieten in Kriegsgefangenschaft, weitere 25.000 wurden getötet oder blieben vermisst.[86] Die Reste der italienischen Armee in Russland begaben sich auf einen fluchtartigen Rückzug vor der vordringenden Roten Armee. Die überlebenden italienischen Soldaten wurden schließlich von Mussolini bis Anfang Mai 1943 nach und nach zurückgeholt. Der letzte und größte Versuch des ‚Duce', gegenüber Hitler seine militärische Reputation wiederherzustellen, war damit vollständig gescheitert.

Auf italienischer Seite wurde die militärische Katastrophe in der Sowjetunion auf die verfehlte militärische Strategie der Deutschen und die rücksichtslose Behandlung des italienischen Armeekorpses durch die Wehrmachtsführung zurückgeführt.[87] In Deutschland machte man seit der Schlacht um Stalingrad die Italiener für den negativen Kriegsverlauf verantwortlich. Man hat deshalb auch von einem „bündnispolitischen Desaster" der ‚Achse' gesprochen.[88] In Wahrheit zeigte die Niederlage von Stalingrad, wenn man die die nur wenige Monate vorausgehende militärische Niederlage bei El Alamein in Nordafrika hinzunimmt, den gemeinsamen Untergang der ‚Achse' an. In der Niederlage waren die Achsenmächte gezwungenermaßen mehr vereint, als zuvor auf der Siegerstraße. Militärisch war die Niederlage von Stalingrad selbstverständlich der deutschen Militärführung und ihrem obersten Kriegsherrn Hitler anzulasten. Wie die anderen Einheiten von Verbündeten des ‚Dritten Reiches' waren die Italiener weder an der strategischen Planung des Krieges in der Sowjetunion beteiligt gewesen noch hatten sie selbständig agieren können. Im Kampf um Stalingrad waren sie im Grunde nur als Hilfstruppen der Wehrmacht zur Absicherung der 6. Armee eingesetzt worden. Das heißt jedoch nicht, dass sich das italienische Expeditionskorps nur als Opfer von Hitlers Größenwahn ansehen durfte. Es war Mussolini, der Hitler die italienischen Soldaten ursprünglich geradezu aufgedrängt hatte, der faschistische Diktator war deshalb letzten Endes für Gefangenschaft und Tod seiner Soldaten in der Sowjetunion verantwortlich.

Für die deutsche Propaganda war es ein leichtes, den Italienern die Schuld an den militärischen Niederlagen in die Schuhe zu schieben, weil der Mythos vom italienischen ‚Verrat' im Ersten Weltkrieg in Deutschland noch allgegenwärtig war. Hitler gab hier persönlich die Richtung an, was auch damit zu erklären war, dass sein Image als genialer ‚Feldherr' seit Stalingrad in Frage gestellt wurde. Er brauchte dringend einen Sündenbock, den er für die verheerende Kriegswende im

Osten verantwortlich machen konnte. Zwar entrüstete er sich auch über seine eigenen Generäle, die er beginnend bei dem kommandierenden General in Stalingrad, Friedrich Paulus, als Feiglinge und Versager ansah. Weniger riskant war es jedoch für ihn, seinen ausländischen Hilfstruppen, den Rumänen und vor allem den Italienern, die Schuld an dem militärischen Desaster zu geben. Dabei steigerte sich Hitler in mehreren Stufen bis in die totale Verurteilung der Italiener hinein. Zunächst machte er sie nur für die Niederlage von Stalingrad verantwortlich. Die bei Stalingrad eingesetzten italienischen Soldaten nannte er intern „eine feige Bande". Er verfluchte den Tag, „an dem er Mussolini gebeten hatte, italienische Truppen an die Ostfront zu schicken".[89] Dann machte er den Italienern wegen ihres militärischen Scheiterns in Griechenland den Vorwurf, den deutschen Überfall auf die Sowjetunion so stark verzögert zu haben, dass die Offensive in den russischen Winter geraten sei. Er erfand damit so etwas wie eine neue Dolchstoßlegende, nach der die Wehrmacht den Krieg in der Sowjetunion gewonnen hätte, wenn ihr nicht die faschistischen Soldaten durch ihr Versagen auf dem Balkan in den Rücken gefallen wären. Am Ende waren für Hitler die Italiener überhaupt an der Niederlage in der Sowjetunion schuld. Er wiederholte diese Kriegslegende bis zum Sturz Mussolinis am 25. Juli 1943 in immer neuen Varianten. Das hatte zur Folge, dass diese sich, kräftig unterstützt von der Goebbelsschen Propagandamaschine, bei der Wehrmacht und schließlich innerhalb der deutschen Bevölkerung festsetzte, obwohl sie, schon angesichts der Größenverhältnisse der beiden Invasionsarmeen, der historischen Realität in keiner Weise entsprach.[90] Es war Hitlers Millionenheer, das den Krieg gegen die Sowjetunion verlor, die italienischen Hilfstruppen hatten daran schon aufgrund ihrer vergleichsweise kleinen Zahl nur einen ganz geringen Anteil.

Für Hitlers geschichtspolitische Verdrängungsstrategie war es jedoch bezeichnend, dass er den ‚Duce' von seinen Tiraden gegen die Italiener wiederum beharrlich ausnahm. Dabei hatte Mussolini vor seinem Eingreifen in den Frankreichfeldzug König Viktor Emanuel III. genötigt, ihm das Oberkommando des Heeres für den anstehenden Kriegsfall zu übergeben, er war seitdem deshalb persönlich für die italienische Kriegführung verantwortlich. Da er sich jedoch für Fragen der Militärstrategie kaum interessierte, hatte er auch für den Russlandfeldzug die gesamte generalstabsmäßige und logistische Planung seinem Generalstab überlassen. Genau das gab aber Hitler die Möglichkeit, Mussolinis Versagen mit seiner militärischen Ignoranz zu entschuldigen und wie schon früher seine königstreuen Generäle, auf die er keinen Einfluss gehabt habe, dafür verantwortlich zu machen. Schon 1941 hatte Hitler festgestellt, dass der ‚Duce' bei seiner Kriegspolitik Schwierigkeiten habe, „weil seine Wehrmacht royalistisch denkt, weil in Rom die vatikanische Internationale ihren Sitz hat und weil der Staat im Gegensatz zum Volk nur zur Hälfte faschistisch eingestellt ist".[91] Im August 1942 dozierte er bei seinen ‚Tischgesprächen': „Der Unterschied zwischen Italien und uns: Der Duce ist nicht zum alleinigen Diktator des Staates geworden. Es gibt immer wieder die Ausweichstellen, besonders im Offizierskorps. Sobald von ihm eine besondere Anstrengung gefordert wird, weicht es zum König aus."[92] Mussolini wurde so von Hitler vom militärischen ‚Versagen' der Italiener in der Sowjetunion freigesprochen, schuld waren für ihn der Monarch und das königstreue Offizierskorps Italiens.

Wenn Mussolini für Hitler ursprünglich die Italiener oder zumindest die italienischen Faschisten repräsentierte, begann er ihn seit seinem Sturz im Juli 1943 als „einzigen Römer" bzw. einzigen „echten Römer" zu bezeichnen.[93] Hitler schrieb ihm damit die „moralische Härte und die materielle Kraft" der antiken Römer zu, die er bei den modernen Italienern vermisste. Er drückte mit dieser Fiktion einerseits seine Enttäuschung über das militärische Versagen der Italiener aus, rechtfertigte aber damit andererseits zugleich auch sein Festhalten an Mussolini. Der ‚Duce' blieb sein ‚Freund', weil er als einziger Italiener ein ‚Römer' war. Mit dieser Konstruktion wurde bekräftigt, dass Hitler mit ihm die richtige Wahl getroffen, er sich also nicht geirrt hatte.

Nach dem Treffen in Kleßheim im April 1942 sahen sich Hitler und Mussolini erst ein Jahr später am gleichen Ort wieder.[94] Die beiden Diktatoren wechselten in dieser längsten Pause ihrer Kriegsbegegnungen, abgesehen von einigen formalen Glückwunschschreiben zu offiziellen Gedenktagen, auch nur wenige Briefe.[95] Und in diesen hatten sie sich nicht viel zu sagen. In einem Handschreiben, das Robert Ley mit einer großen Delegation der NSDAP zum zwanzigsten Jahrestag des ‚Marschs auf Rom' am 28. Oktober 1942 nach Rom mitbrachte, bezeichnete Hitler Mussolinis Machtübernahme nur wieder einmal als „Wende der Weltgeschichte", aus der sich die „unlösbare Verbundenheit" zwischen Faschismus und Nationalsozialismus ergeben habe. Wie immer feierte er pathetisch die „historische Größe" Mussolinis sowie seinen „heroischen Kampf um die Macht" und beschwor den „gemeinsamen Kampf um Sein oder Nichtsein unserer beiden Revolutionen".[96] Erst am 16. Februar 1943 meldete er sich dann wieder in einem überlangen Schreiben mit einer Art Kriegsberichterstattung zu Wort, ohne auf Mussolini in irgendeiner Weise einzugehen.

Für Hitler stand in dieser Zeit selbstverständlich der Krieg in der Sowjetunion im Zentrum seiner Aktivitäten. Je länger dieser andauerte und je weniger er zu gewinnen war, desto mehr erhielt für ihn der kalte Genozid an den europäischen Juden Vorrang, mit dem er sich noch in der Niederlage an seinen vermeintlich unerbittlichen Gegnern rächen zu können glaubte. Die Pflege der Achsenbeziehungen konnte demgegenüber von ihm nur noch als sekundär angesehen werden. Der Krieg im Süden war für ihn ohnehin schon immer zweitrangig gewesen, weil er „bis weit in den Krieg hinein bemüht blieb, den Mittelmeerraum als autonomes italienisches Interessengebiet zu respektieren".[97] Die Entsendung des ‚Afrikakorps' unter der Führung von General Rommel war nicht zur Durchsetzung eigener territorialer Eroberungen erfolgt, sondern um den Achsenpartner vor einem militärischen Kollaps zu bewahren und vor allem um britische Truppen in Nordafrika zu binden. So lange die Alliierten noch nicht in Italien gelandet waren, was bekanntlich erst im Juli 1943 der Fall sein sollte, bestand für Hitler daher hier kein unmittelbarer militärischer Handlungsbedarf. Dass Mussolini von der Fahne gehen und sich allein um einen von ihm tatsächlich mehrfach ventilierten Sonderfrieden mit der Sowjetunion bemühen könnte, glaubte Hitler als ausgeschlossen ansehen zu können. Da die Treffen aufgrund des alliierten Bombenkrieges mehr oder weniger im Geheimen stattfinden mussten, konnte aus diesen schließlich auch kein propagandistisches Kapital mehr geschlagen werden. Anders als in den ersten Jahren des Krieges hatte Hitler daher kein besonderes Bedürfnis, Mussolini zu sehen. Zwar machte er zwischendurch einmal den Versuch, den Italiener zu sehen, was aber an dessen schlechtem Gesundheitszustand scheiterte.[98] Da es eigentlich keinen besonderen Anlass für ein Treffen gab, sich Hitler vielmehr mit dem ‚Duce' nur über die verheerende Niederlage in Stalingrad und den Rückzug der Wehrmacht an der gesamten Ostfront hätte austauschen können, wiederholte er seinen Versuch jedoch bezeichnenderweise nicht.

Es war dieses Mal denn auch Mussolini, der am 8. März 1943 auf eine Zusammenkunft mit dem ‚Führer' drängte. Der ‚Duce' fragte, ob es noch erfolgversprechend sei, noch einmal den „Kampf gegen die grenzenlosen Räume Rußlands aufzunehmen", während gleichzeitig die „angelsächsische Gefahr" im Westen heraufziehe.[99] Damit schlug er einen grundlegenden Politikwechsel vor, der zur Beendigung des Zweifrontenkrieges und, natürlich in seinem Interesse, im Mittelmeerraum zu einem Krieg allein gegen die Westmächte führen sollte. Dass Churchill und Roosevelt sich im Januar 1943 bei einem Geheimtreffen in Casablanca gegenüber den Achsenmächten, also auch gegenüber Italien, auf eine ‚bedingungslose Kapitulation' festgelegt hatten, war Mussolini zu diesem Zeitpunkt noch nicht bekannt. Sein Vorstoß war daher nicht ganz unrealistisch, zumal Stalin der Casablancaformel erst auf der Konferenz von Jalta im Januar 1945 förmlich beitreten sollte. Mussolini diskreditierte seinen vorsichtigen Versuch, einen Sonderfrieden mit der Sowjetunion anzustreben, jedoch schon dadurch, dass er wenig später vorschlug, einen „gewaltigen Ostwall" zu errichten, der Europa künftig vor einem Vordringen der Bolschewisten schützen sollte.[100] Irgendwelche konkreten Vorschläge dazu, wie der Sonderfrieden eingefädelt und wie die riesige Kriegsmaschine der ‚Achsenmächte' überhaupt angehalten werden konnte, machte er im Übrigen nicht. Im Grunde wollte er sich mit dem vagen Vorschlag eines Sonderfriedens mit der Sowjetunion nur ein innenpolitisches Alibi gegenüber monarchischen Fronde verschaffen, welche dem italienischen

Eingreifen in den Krieg gegen die Sowjetunion von Anfang an skeptisch gegenübergestanden hatte.

Es fiel Hitler daher leicht, Mussolinis Erwägungen bei dem Treffen in Kleßheim vom 7./8. April 1943 kurzerhand vom Tisch zu wischen, indem er sich entgegen aller Vernunft siegessicher gab und die Sowjetunion mit Hilfe neuer Geheimwaffen besiegen zu können behauptete. Mussolini, durch Krankheit geschwächt, war nicht in der Lage, dem ‚Führer' zu widersprechen und sah sich wie bei allen Treffen zuvor gezwungen, sich endlose Monologe Hitlers anzuhören. Gleichwohl ist die Behauptung von Goebbels, dass Mussolini als „gebrochener Greis" nach Kleßheim gekommen und als „gehobener tatenfreudiger Mensch" wieder abgefahren sei, nicht ganz von der Hand zu weisen.[101] Hitler wirkte auf ihn immer noch wie eine medizinische Heilkur. Kaum wieder in Rom angekommen, setzte Mussolini tatkräftig eine seiner Ämterrotationen an, mit denen er seine persönliche Stellung als ‚Duce del fascismo' schon immer abzusichern suchte. Es sollte allerdings das letzte Mal sein, dass er sich auf diesem Wege innenpolitisch Luft verschaffen konnte.[102]

Am 13. Mai mussten die Truppen der ‚Achse' in Tunesien, ihrem letzten afrikanischen Brückenkopf, kapitulieren, Nordafrika ging damit für sie endgültig verloren. Während in Stalingrad am Ende etwa 110.000 von ursprünglich 220.000 Mann der Achsenmächte in die Gefangenschaft gingen, waren es bei dieser größten gemeinsamen Niederlage über 250.000, von denen etwa die Hälfte deutsche Soldaten waren. Wenn Hitler sich in den vorausgehenden Jahren fast ausschließlich mit seinem Vernichtungskrieg im Osten beschäftigt hatte, so zwang ihn die afrikanische Niederlage, sich auch wieder intensiv dem Krieg im Mittelmeerraum zuzuwenden, dies ausgerechnet in dem Augenblick, in dem er am 5. Juli bei Kursk die unter dem Namen „Zitadelle" laufende Gegenoffensive, die zur „größten Panzerschlacht der Geschichte" werden sollte, auslösen wollte.[103] Dass diese Panzerschlacht verlorenging, hatte direkt nichts mit der Niederlage in Tunis zu tun, wohl aber kann man davon ausgehen, dass Hitler die Nachrichten vom Mittelmeer nur mit halbem Ohr wahrnahm. Fast panikartig beriet er nach der Aufgabe Nordafrikas mit dem deutschen Oberbefehlshaber Süd, General Kesselring, mit General Warlimont, General Dönitz und anderen Generälen, wie Italien am besten vor einer Invasion der Alliierten zu schützen sei. Obwohl der Sprung über die Meerenge von Tunis nach Sizilien mehr als nahelag, steigerte sich Hitler entgegen den Überlegungen der Generäle in ganz abwegige Szenarien hinein, wonach die Alliierten entweder auf der Peloponnes oder in Sardinien landen würden, um von dort aus nach dem italienischen Festland zu greifen. Als die Alliierten in der Nacht vom 9. zum 10. Juli auf Sizilien landeten, war Hitler konsterniert. Wie inzwischen von ihm schon gewohnt, gab er den italienischen Verteidigern die Schuld daran, dass die alliierte Invasion mühelos gelungen sei. In

Wahrheit hatte er nach der alliierten Landung nicht einmal die von Mussolini dringend erbetenen zwei deutschen Divisionen zur Verteidigung der Insel bereitgestellt. Jedoch hatte er eine Division in den Raum von Livorno und eine weitere nach Griechenland beordert, beides militärisch sinnlose Entscheidungen, die nur zu einer Verzettelung der militärischen Kräfte führten. Mussolini konnte ihm daher nicht zu Unrecht vorhalten, dass „angesichts der Größe und der ständigen Verschärfung des Kampfes im Mittelmeer" die deutsche Hilfe „bei aller Großzügigkeit" nicht ausreichend gewesen sei. Resigniert fügte er hinzu: „Das Opfer meines Landes kann nicht in erster Linie den Sinn haben, einen direkten Angriff auf Deutschland hinauszuzögern."[104] Exakt darum ging es Hitler freilich, für ihn kam alles nur noch darauf an, die Alliierten in Italien so lange wie möglich aufzuhalten, das Schicksal Italiens lag ihm nicht am Herzen. Die faschistischen Soldaten waren in seinen Augen, wie schon in der Sowjetunion, auch in ihrem eigenen Lande nur noch Hilfstruppen, die für Deutschland einen Subalternkrieg unter der Aufsicht der Wehrmacht zu führen hatten.

Obwohl es noch über einen Monat dauern sollte, bis die Alliierten ganz Sizilien in ihre Hand gebracht hatten, war Hitler allerdings, nachdem ihn zunehmend Nachrichten über einen bevorstehenden Putsch erreichten, sehr besorgt, dass Mussolinis politische Stellung in Italien gefährdet sein könnte. Der vorwurfsvolle Ton von Mussolinis letztem Schreiben dürfte ihn zusätzlich beunruhigt haben. Er drängte deshalb über den deutschen Botschafter in Rom darauf, sich erneut mit dem ‚Duce' zu treffen. In aller Eile einigte man sich darauf, einen Tag später in der Villa des Unternehmers Gaggia in Feltre bei Belluno in Venezien zusammenzukommen. Wie immer hatte Mussolini dem Begehren Hitlers widerstandslos entsprochen, er hatte nur auf einem Treffpunkt in Italien bestanden. Der Ort war vor allem aus Sicherheitsgründen gewählt worden, er war jedoch extrem schwer zu erreichen. Das 15. und letzte Treffen Hitlers mit Mussolini, bei dem dieser noch an der Macht war, war deshalb sicherlich das am meisten chaotische, vor allem aber „eine der deprimierendsten" Begegnungen, welche die beiden Diktatoren absolviert haben.[105] Mussolini kam aus Rom mit dem Flugzeug, Hitler aus Berchtesgaden mit dem Zug nach Treviso, beide mussten jedoch mit ihren militärischen Delegationen von dort aus mit dem Auto noch mehrere Stunden bei großer Hitze fahren, um Feltre zu erreichen.[106] Da Hitler schleunigst wieder in sein ‚Führerhauptquartier' an der Ostfront zurückkommen wollte, wurde das Treffen auf eine einzige Sitzung verkürzt, die der ‚Führer' nach seiner Gewohnheit auch noch mit einem mehrstündigen Monolog über die Kriegslage einleitete. Das obligatorische Vieraugengespräch zwischen ‚Führer' und ‚Duce' fand erst, angeblich wie „immer sehr freundschaftlich", auf der Rückreise nach Treviso im Auto statt, man trennte sich „in kameradschaftlicher Form".[107]

Der freundliche Umgang miteinander konnte jedoch nicht darüber hinwegtäuschen, dass die entscheidenden Themen, welche auf dem eilig einberufenen Treffen eigentlich behandelt werden sollten, gar nicht zur Sprache gekommen waren. Auf italienischer Seite hatte Generalstabschef Vittorio Ambrosio in Übereinstimmung mit den übrigen Mitgliedern der Delegation Mussolini zuvor nachdrücklich aufgefordert, das Einverständnis Hitlers zu einem einseitigen Kriegsaustritt Italiens einzuholen. Das war ein Strategiewechsel gegenüber der bisherigen italienischen Linie, gemeinsam mit Deutschland einen Sonderfrieden mit der Sowjetunion anzustreben, den Mussolini dem ‚Führer' schon beim vorigen Treffen mit Hitler vergeblich vorgetragen hatte. Auge in Auge mit dem ‚Führer' hatte der ‚Duce' jedoch nicht einmal gewagt, dies auch nur andeutungsweise zur Sprache zu bringen, es hätte ja auch bedeutet, dem übermächtigen ‚Führer' einzugestehen, dass Italien militärisch endgültig am Ende sei. Auf deutscher Seite hatte man den Plan entwickelt, der Wehrmachtsführung die volle Kommandogewalt auch über sämtliche königlich-faschistische Einheiten auf dem italienischen Kriegsschauplatz zu verschaffen, Mussolini sollte nur formal die Oberleitung über seine Truppen behalten. Das wollte Hitler jedoch wiederum seinem Achsenfreund nicht zumuten, weil er fürchten musste, damit die innenpolitische Stellung des ‚Duce' völlig zu untergraben. Ein letztes Mal zeigte sich, dass Hitler gegenüber Mussolini gewissermaßen eine latente politische Beißhemmung hatte, die es ihm unmöglich machte, mit seiner sonstigen Skrupellosigkeit zu handeln.[108]

Es ist freilich unwahrscheinlich, dass er mit einem härteren Vorgehen gegen den ‚Duce' dessen Sturz verhindert hätte, eher wäre wohl das Gegenteil der Fall gewesen und er wäre früher gestürzt worden. Die zum Ausstieg aus dem gemeinsamen Krieg der ‚Achse' entschlossenen Kräfte Italiens hatten den Monarchen nämlich inzwischen auf ihre Seite gebracht. Eine von den Deutschen gewünschte einheitliche Kommandostruktur der italienischen und der deutschen Truppen in Italien hätte die italienischen Kriegsgegner erst recht zum Handeln bringen müssen, da sie befürchten mussten militärisch mit leeren Händen dazustehen. Mit dem Treffen von Feltre hatte man Mussolini eine letzte Chance gegeben Hitler davon zu überzeugen, dass Italien nicht weiterkämpfen könne. Da er diese nicht genutzt hatte, war sein Schicksal so oder so besiegelt. Das gescheiterte Treffen von Feltre kann deshalb als der eigentliche Anfang vom Ende der ‚Achse' angesehen werden.

Die Entführung. Mussolini in Hitlers Gewalt

Nur sechs Tage nach Feltre wurde Mussolini am 25. Juli 1943 in einer politischen Parallelaktion von einer Fronde, die sich aus Monarchie und Heeresführung einerseits sowie der Mehrheit des Großrats des Faschismus andererseits zusammensetzte, gestürzt und durch den Marschall Pietro Badoglio, der bisher nicht nur alle Kriege, sondern auch alle Kriegsverbrechen Mussolinis bereitwillig unterstützt hatte, als Regierungschef ersetzt. Die verschlungene Entstehungsgeschichte dieses ‚25 luglio' gehört zu den spektakulärsten Ereignissen der faschistischen Ära in Italien.[109] Ihr atemberaubender Ablauf muss hier nicht im Einzelnen interessieren. Festzuhalten ist jedoch, dass die Regierung Badoglio die große Sorge hatte, Hitler könnte den vom König inhaftierten Mussolini befreien und seine politische Wiederkehr herbeiführen. Geradezu panikartig wurde der ‚Duce' deshalb von einem Versteck zum anderen verbracht, um am Ende doch im Auftrag Hitlers entführt zu werden.

Nach seiner Festnahme in einer römischen Carabinieri-Kaserne inhaftiert, wurde Mussolini am darauffolgenden Tag auf die Insel Ponza vor der napolitanischen Küste verbracht, auf die der ‚Duce' pikanterweise bis dahin antifaschistische Politiker wie Pietro Nenni verbannt hatte. Ein Marineboot brachte ihn von hier aus wenig später zu einem Marinestützpunkt auf der Insel La Maddalena nördlich von Sardinien, wo er etwa einen Monat in einer gut bewachten Villa verbrachte. Mit einem Flugzeug des Roten Kreuzes wurde er von dort an den Lago Bracciano nördlich von Rom geflogen, von wo ihn wiederum ein Krankenwagen an den Fuß des Gran Sasso im Appenin brachte. Von hier aus wurde er schließlich zu einem Hotel in über 2000 m Höhe gebracht, dem „höchsten Gefängnis der Welt", wie er seiner Frau schrieb.[110]

Obwohl die Deutschen unter dem Codewort „Alarich" schon seit dem Frühjahr eine militärische Besetzung Italiens vorbereitetet hatten, falls der Verbündete abfallen sollte, wurde Hitler vom Sturz Mussolinis völlig überrascht. In der ersten Erregung schwadronierte er in höchst vulgärer Weise darüber, Fallschirmjäger nach Rom zu entsenden, um den König, Badoglio und dessen ganze Regierung zu verhaften. Er dachte sogar daran, den Vatikan zu besetzen, um das dortige „Pack" in die Hand zu bekommen.[111] Gezielt sprach er in Erinnerung an den Ersten Weltkrieg von italienischen ‚Verrätern' und gab damit die Leitlinie für die propagandistische Deutung des ihn zutiefst beunruhigenden Vorgangs vor. Erst nach Tagen beruhigte er sich unter dem Einfluss seiner engsten militärischen Berater.

Da die Regierung Badoglio offiziell am Achsenbündnis festhielt, gab es weiterhin auf höchster Ebene Kontakte zwischen deutschen und italienischen Diplomaten und Militärs. Die deutsch-italienischen Beziehungen waren jedoch von gegenseitigem Misstrauen und Täuschungsmanövern geprägt. Nach dem Zeugnis des deutschen Verbindungsoffiziers beim italienischen Heer ging das so weit, dass deutsche Offiziere, die sich in Italien zu Gesprächen mit ihren italienischen Partnern trafen, auf Hitlers Anweisung einem gemeinsamen Frühstück entziehen mussten, damit sie nicht vergiftet werden konnten.[112] Während Badoglio in der Schweiz mit den Alliierten über einen Waffenstillstand verhandeln ließ, wurden durch die Wehrmachtsführung so viele deutsche Soldaten nach Italien eingeschleust, dass das formal immer noch verbündete Land de facto vom Norden bis zum Ausgang des Apennin militärisch besetzt wurde. Während Hitler nach dem Versteck Mussolinis fahnden ließ, weigerte sich Badoglio, dessen Aufenthaltsort preiszugeben. Er war nur seltsamerweise bereit, Mussolini zu seinem 60. Geburtstag als Geschenk Hitlers eine kostbar gebundene Ausgabe der gesammelten Werke von Friedrich Nietzsche mit der handschriftlichen Widmung „Adolf Hitler seinem lieben Benito Mussolini" übermitteln zu lassen.[113] Tatsächlich erreichte die unzeitgemäße Freundesgabe Mussolini auf La Maddalena.

Mit der Verkündung der bedingungslosen Kapitulation Italiens gegenüber den Alliierten wurde am 8. September der Bruch der ‚Achse' offen vollzogen. Alle Angehörigen des Königshauses und der Regierung Badoglio flohen nahezu panikartig aus Rom und begaben sich im Süden in die Obhut der Alliierten. Die faschistischen Soldaten, die eben noch die engsten Waffenbrüder der Wehrmacht gewesen waren, wurden in Italien, auf dem Balkan und in Frankreich auf brutale Weise entwaffnet, etwa 600.000 von ihnen wurden zwangsweise nach Deutschland verbracht, wo sie als ‚Verräter' gebrandmarkt in einem fragwürdigen völkerrechtlichen Status als sogenannte Italienische Militärinternierte (*Internati Militari Italiani*) mit Ausnahme der Offiziere als Zwangsarbeiter rücksichtslos ausgebeutet wurden.[114]

Schon zwei Tage nach der Verkündung der italienischen Kapitulation hatte Hitler nach intensiven Beratungen mit seiner militärischen und politischen Entourage am 10. September in einem ‚Führerbefehl' festgelegt, wie die deutsche Besatzungsherrschaft in Italien gesichert werden sollte.[115] Das OKW hatte über den „Oberbefehlshaber Süd" (zunächst Erwin Rommel, seit 6. November 1943 Albert Kesselring) darauf gedrängt, das gesamte besetzte Gebiet einer reinen Militärverwaltung zu unterwerfen, Hitler entschied sich jedoch wohl aus Rücksicht auf Mussolini in seinem ‚Führerbefehl' für eine Zivilverwaltung, die ursprünglich auch für das gesamte von der Wehrmacht besetzte Gebiet vorgesehen war.[116] Er bestellte den Diplomaten Rudolf Rahn zum „Bevollmächtigten des Großdeutschen Reiches bei der Italienischen Faschistischen Nationalregierung", womit er nicht nur die Konstituierung dieser Regierung unter einem befreiten Mussolini vorwegnahm, sondern den Aufbau einer zivilen Besatzungsverwaltung anordnete. Rahn wurde de facto zum politischen Statthalter der künftigen Regierung Mussolinis bestellt.

Damit hatte sich im Prinzip zunächst Außenminister Ribbentrop bei Hitler durchgesetzt, der für eine deutsche Zivilverwaltung plädiert hatte. Das OKW ließ jedoch nicht locker bis Hitler am 10. Oktober 1943 in einem zweiten ‚Führerbefehl' den Aufbau einer parallelen Militärverwaltung anordnete. Außerdem gelang es der Wehrmacht, das gesamte Gebiet südlich des Apennin, also ganz Mittel- und

Süditalien, als militärische „Operationszone" des Oberbefehlshabers Süd vom Gebiet der Zivilverwaltung abzutrennen. Und damit nicht genug, wurden auch noch in vorweggenommener Annektion eine „Operationszone Adriatisches Küstenland" und eine „Operationszone Alpenvorland" geschaffen und den nationalsozialistischen Reichstatthaltern Hofer in Tirol (für das Alpenvorland) und Rainer in Kärnten (für das Adriatische Küstenland) verwaltungsmäßig unterstellt. Hitler nahm sich überschneidende Kompetenzen und daraus sich ergebende Machtkämpfe seiner Paladine aller Wahrscheinlichkeit nach bewusst in Kauf. Unbestritten konnte die Zivilverwaltung am Ende nur in einem „übrigen besetzten Gebiet" ausgeübt werden, das im Wesentlichen das Gebiet der Poebene umfasste.[117]

Die Reanimierung des ‚Duce' als Regierungschef ganz Italiens war außerdem auch aufgrund des Kriegsverlaufs nur sehr bedingt möglich. Da die alliierten Truppen nach ihrer Inbesitznahme Siziliens auf dem italienischen Festland von Süden vorrückten, konnte Mussolinis territoriale Herrschaft sich von vorneherein nicht auf das ganze Land beziehen, sondern nur auf das allmählich schrumpfende Gebiet, das von der Wehrmacht in Mittel- und Norditalien gehalten wurde. Je weiter die Alliierten vordrangen, desto mehr verschob sich die militärische Operationszone nach Norden. Außerdem konnten sich in der RSI auch noch Repräsentanten von Heinrich Himmler als oberster Polizeiführer, Fritz Sauckel als Generalbevollmächtigter für den Arbeitseinsatz und Albert Speer als Rüstungsminister etablieren.

Wie Lutz Klinkhammer nachgewiesen hat, ergab sich dies komplizierte Besatzungssystem in der Hauptsache aus der für das ‚Dritte Reich' charakteristischen ungeregelten Ämterkonkurrenz.[118] Zivile und militärische Dienststellen der deutschen Besatzungsmacht konkurrierten miteinander und griffen in alle Lebensbereiche der italienischen Bevölkerung ein. Die neofaschistische Regierung Mussolinis hatte daher anhaltend um ihre Glaubwürdigkeit zu kämpfen.

Wenn Hitler seinen neubelebten Achsenfreund diesem nationalsozialistischen Gerangel aussetzte, so zeigte das, dass ihm die Befindlichkeit Mussolinis inzwischen ziemlich gleichgültig war. Für ihn hatte die Wiederherstellung des faschistischen Regimes unter Mussolinis formaler Führung oberste Priorität, wie dieses aussah, interessierte ihn nicht übermäßig. Schon in der Nacht vom 8. zum 9. September ließ er im Radio die Proklamation einer „Faschistischen Nationalregierung" bekanntgeben, die aus einer kleinen Gruppe von deutschfreundlichen Radikalfaschisten bestand, welche sich ins ‚Führerhauptquartier' durchgeschlagen hatten.[119] Hitler hielt jedoch keinen von diesen dubiosen Gestalten für fähig, die faschistische Partei wieder neu aufzubauen, auch nicht Roberto Farinacci, den alten innerparteilichen Widersacher des ‚Duce', auf den er zunächst gesetzt hatte. Die faschistische Phantomregierung sollte insofern nur als eine Art Platzhalter für

Mussolini dienen, dessen Aufenthaltsort den Deutschen noch unbekannt war. Gegenüber der königlichen Regierung, die sich in Salerno im Schutz der Alliierten etabliert hatte, sollte die neofaschistische eine Gegenregierung darstellen und wie diese den Anspruch auf politische Alleinvertretung erheben. Italien wurde damit zu einem geteilten Land, in dem, ähnlich wie z. B. auch in Frankreich, auswärtige Mächte gegeneinander Krieg führten. Eine von den Alliierten unterstützte Widerstandsbewegung (*Resistenza*) führte gleichzeitig einen heftigen Partisanenkrieg gegen die deutsche Besatzung, der wiederum von dem italienischen Kollaborationsregime im Norden bekämpft wurde, so dass man auch von einem inneritalienischen ‚Bürgerkrieg' sprechen konnte.[120]

Solange Hitler im Dunkeln tappte, was mit Mussolini geschehen war und wo er versteckt gehalten wurde, konzentrierten sich seine besonderen Anstrengungen darauf, den ‚Duce' aufzufinden und in seine Gewalt zu bringen. Nach Speer entwickelte er für Mussolini „eine Art Nibelungentreue". Immer wieder habe er gefordert, „alles zu unternehmen, um den Vermißten ausfindig zu machen".[121] In dieser Obsession mischten sich verschiedene Motive. Selbstverständlich versprach sich Hitler zunächst einmal von einer Wiederauffindung Mussolinis keinen militärischen Nutzen. Die faschistischen Soldaten waren ja gerade erst entwaffnet worden, neuen stand er, wie Mussolini erleben sollte, äußerst misstrauisch gegenüber. Auch für die wirtschaftliche Ausbeutung des besetzten Italiens brauchte Hitler nicht den ‚Duce', wie in anderen von der Wehrmacht besetzten Ländern ließ sich das über die deutsche Besatzung regeln.

Nur Mussolini wurde aber von Hitler zugetraut, die faschistische Partei in neuer Form wieder ins Leben zu rufen und eine faschistische Regierung zu bilden. Diese Regierung sollte selbstverständlich von der deutschen Besatzungsmacht vollständig kontrolliert werden. Wie in anderen von den Nationalsozialisten besetzten Ländern sollte sie als Kollaborationsregierung jedoch zahlreiche Verwaltungs- und vor allem Polizeifunktionen ausüben, mit denen sich die deutsche Besatzungsmacht nicht die Hände schmutzig machen wollte, für welche sie aber auch nicht genug Personal bereitstellen konnte.[122]

Vor allem aber glaubte Hitler wohl, mit der Wiedereinsetzung Mussolinis seine politische Glaubwürdigkeit beweisen zu können. Zu seinem Diener Heinz Linge soll er nach der Befreiung Mussolinis gesagt haben: „Wenn die Befreiung herauskommt, wird es die Welt wie eine Bombe treffen – am meisten die Engländer. Das wird den Engländern zeigen, daß ich niemals einen Freund fallen lasse, daß ich ein Ehrenmann bin."[123] Nachdem Hitler ständig betont hatte, dass das Bündnis der ‚Achse' in erster Linie auf seiner angeblich einzigartigen ‚Freundschaft' mit Mussolini beruhe, konnte dessen Weiterbestand nur behauptet werden, wenn der ‚Duce' wieder als Chef einer faschistischen Regierung im Amt war.

Wenn Hitler schließlich den italienischen ‚Verrätern' nicht das Feld überlassen wollte, so ging es ihm dabei zweifellos auch um eine Warnung an potentielle Gegner in den eigenen Reihen. In der Rundfunkrede, in der er am 10. September auf Drängen von Goebbels den Deutschen zu erklären versuchte, wie es zu dem ‚Verrat' der Italiener kommen konnte, betonte er ausdrücklich, dass es auf einem Irrtum beruhe, „in Deutschland auch einen 25. Juli herbeiführen zu können".[124] Nicht ganz zufällig scheint der Schock, den Mussolinis Entmachtung auf Hitler ausgeübt hat, auch zur Entlassung von Innenminister Wilhelm Frick im August 1943 beigetragen zu haben, der von Hitler durch seinen unbedingten Gefolgsmann Heinrich Himmler ersetzt wurde.

Bis heute ist nicht vollkommen geklärt, wie es den Deutschen gelungen ist, Mussolini zu finden. In unserem Zusammenhang ist jedoch nur bemerkenswert, dass Hitler die Suche nach dem ‚Duce' zur Chefsache machte und sich ständig über deren Ergebnisse berichten ließ.[125] Um Mussolini aufzufinden beauftragte er außerhalb der militärischen Befehlskette und hinter dem Rücken des Wehrmachtsbefehlshabers in Italien, Albert Kesselring, den General der Fallschirmjäger Kurt Student mit der Suche. Student unterstand auch eine SS-Sondereinheit, die von dem zwielichtigen SS-Sturmbannführer Otto Skorzeny geführt wurde. Der erste belastbare Hinweis auf Mussolinis Aufenthaltsort kam jedoch von Herbert Kappler, der als römischer Polizeichef einen Brief von Mussolinis Tochter Edda Ciano an ihren Vater abgefangen hatte. Skorzeny umkreiste daraufhin am 18. August mit einem Flugzeug im Tiefflug die Inselgruppe von Maddalena und glaubte die Anwesenheit von Mussolini bestätigen zu können. Das Flugzeug war jedoch auch Mussolinis Bewachern aufgefallen.[126] Aus diesem Grunde wurde der ‚Duce' in aller Eile auf den Gran Sasso verlegt. Die deutschen Verfolger hatten damit zum Ärger Hitlers zunächst die Spur verloren. Es war wahrscheinlich wiederum Kappler, der durch Abhören des Funkverkehrs Mussolinis neuen Unterbringungsort entdeckte. In einer waghalsigen Aktion wurde Mussolini durch die von Skorzeny befehligte SS-Einheit, die von einem achsentreuen italienischen General begleitet wurde, am 12. September mit einem Leichtflugzeug aus seinem Versteck entführt, vier Tage nachdem der Waffenstillstand Italiens mit den Alliierten bekannt geworden war. Für Hitler war das ein Anlass, die ‚Befreiung' Mussolinis wie einen großen militärischen Sieg zu feiern. In Wahrheit handelte es sich um eine regelrechte Entführung, durch welche Mussolini aus der Hand Badoglios in die Hitlers wechselte. Hitler wiegte zwar Mussolini bei der Wiederbegegnung in der Illusion, dass die ‚Achse' wieder auflebe, als Regierungschef der Italienischen Sozialrepublik stand der ‚Duce' jedoch von nun an unter der Kuratel der deutschen Besatzungsmacht. Politische Handlungsfreiheit sollte er nur noch dort haben, wo er von vornehere in im Einverständnis mit der deutschen Besatzung handelte: bei der massiven Unterdrückung der Bevölkerung.

Epilog. Mussolini als ‚Duce' von Hitlers Gnaden

Auf Anordnung Hitlers wurde Mussolini, ohne zunächst zu wissen, wohin die Reise gehen sollte, nach Wien ausgeflogen, von wo aus er erstmals mit dem ‚Führer' telefonierte. Am Tag darauf brachte man ihn nach München, wo er seine Familie begrüßen durfte, jedoch ohne seinen bei den Deutschen inzwischen missliebigen Schwiegersohn Galeazzo Ciano, der am 25. Juli im Großen Rat des Faschismus gegen ihn gestimmt hatte.[127] Am 14. September landete er auf dem Flugplatz des ostpreußischen Rastenburg und stand am Abend dieses Tages im ‚Führerhauptquartier' erstmals wieder Hitler gegenüber. Wie Hitler wenige Tage später gegenüber seinem Propagandaminister behauptete, hatte er sich angeblich auf das Wiedersehen mit Mussolini sehr gefreut.[128] Die Begrüßung sei „außerordentlich herzlich und freundschaftlich" gewesen, man habe sich „nach so langer Trennung umarmt".[129] Es war die fünfzehnte Begegnung der beiden faschistischen Führer, sie stand selbstverständlich unter einem ganz anderen Stern als alle früheren.

In ein ziviles Outfit mit einem langen schwarzen Mantel gehüllt anstatt in der gewohnten faschistischen Miliziuniform, erheblich abgemagert und noch von der Haft erschöpft, zudem von Depressionen geplagt, war Mussolini in einem ersten Gespräch kaum in der Lage, Hitlers Vorhaltungen zu folgen. Ohne Rücksicht auf seinen physischen Zustand und ohne jedes Verständnis für seine resignierte Stimmung machte der ‚Führer' Mussolini jedoch zunächst einmal Vorwürfe, weil er seine Absetzung tatenlos hingenommen und damit die Existenz der ‚Achse' gefährdet habe. „Was ist das für ein Faschismus, der wie Schnee in der Sonne schmilzt?", warf er Mussolini an den Kopf. Hitler war vor allem konsterniert, dass das faschistische Regime nach Mussolinis Verhaftung ohne Widerstand zusammengebrochen war: „Jahrelang habe ich meinen Generälen erklärt", warf er Mussolini vor, „daß der Faschismus der zuverlässigste Bundesgenosse für das deutsche Volk sei. Mein Mißtrauen gegenüber der italienischen Monarchie habe ich nie verhehlt; auf Ihren Wunsch habe ich jedoch der Arbeit, die Sie zum Nutzen des Königs leisteten, nichts in den Weg gelegt. Aber ich muß gestehen, daß wir Deutschen Ihre Haltung in dieser Hinsicht nie verstanden haben."[130]

So groß die persönliche Enttäuschung Hitlers über seinen italienischen Freund jedoch war, darf man nicht übersehen, dass Hitler trotz allem an Mussolini festhielt, ja eigentlich aus seiner Sicht festhalten musste. Hätte er ihn fallenlassen, hätte er sich selbst nach seinen jahrelangen Freundschaftsbeteuerungen desavouiert, er hätte damit nämlich faktisch eingestanden, dass er sich in Mussolini getäuscht hatte. Dabei ist vor allem auch zu berücksichtigen, dass Hitler zwar gegenüber Mussolini erstmals kein Blatt vor den Mund nahm, seine Enttäuschung über den ‚Duce' aber nur im kleinen Kreis ausgesprochen hat. Vor einem größeren Publikum hat sich Hitler auch weiterhin nicht negativ über Mussolini geäußert.

Ungeachtet seiner Vorhaltungen bedrängte Hitler Mussolini nach seiner Ankunft im ‚Führerhauptquartier' massiv, sich für den Wiederaufbau des Faschismus in einer Italienischen Sozialrepublik" (*Repubblica Sociale Italiana*, abgekürzt *RSI*) als Regierungschef zur Verfügung zu stellen. Hitler ging es dabei kaum um eine Ehrenrettung Mussolinis, dieser war für ihn nur noch ein Spielball in einem Szenario, bei dem es nur noch um den Erhalt der deutschen Stellung in Italien ging.[131] Die Rekonstruktion eines faschistischen Regimes war für ihn aber insofern wichtig, als damit die militärische Besetzung Italiens durch die Wehrmacht als Hilfeleistung für einen nach wie vor als verbündetet angesehenen Achsenpartner hingestellt werden konnte. Mussolini sollte aber in der RSI nur einen begrenzten politischen Freiraum erhalten.

Da die königliche Regierung Marschall Badoglios und seiner unmittelbaren Nachfolger unter dem Schutz der Alliierten Bestand hatte und deshalb in völkerrechtlichem Sinne als legale Regierung Italiens anzusehen war, konnte Mussolini von den Deutschen nur als Chef einer Gegenregierung aufgebaut werden, der es an einer eigenen Legitimität fehlte. Mussolini hatte deshalb in der *RSI* erheblich dagegen anzukämpfen, dass er nur einer Regierung von Hitlers Gnaden vorstand, aber keiner auf eigener Souveränität und aus eigener Kraft gebildeten. Diplomatische Anerkennung erhielt er nur durch einige der deutschen Satellitenregime in Europa, selbst geistesverwandte neutrale Staaten wie Portugal oder Spanien verweigerten ihm die Anerkennung. Allein die Tatsache, dass Viktor Emanuel III. den Marschall Badoglio am 25. Juli 1943 ohne jede nachträgliche parlamentarische Billigung ernannt hatte und zudem nach der Ankündigung des Waffenstillstandes im September aus Rom in wilder Flucht zu den alliierten Truppen in Süditalien entwichen war, gab Mussolinis Regierung in der *RSI* den Anschein einer gewissen Legalität. Unabhängig von diesen völkerrechtlichen Statusfragen war Italien nach der Bildung der *RSI* de facto als geteiltes Land anzusehen, in dem ausländische Mächte, Briten und Amerikaner auf der einen sowie Deutsche auf der anderen Seite, miteinander über die Italiener hinweg Krieg führten.

Es ist nicht anzunehmen, dass Hitler seinem Achsenfreund bei ihrem Wiedersehen in der ‚Wolfschanze' sofort reinen Wein darüber eingeschenkt hat, wie seine politische Zukunft aussehen würde. Um das Wiederaufleben der ‚Achse' einigermaßen glaubwürdig inszenieren zu können, setzte Hitler alles daran, die vorgesehene deutsche Besatzungsherrschaft als Voraussetzung für eine einfache Fortsetzung des deutsch-italienischen Bündnisses erscheinen zu lassen. Wie gewohnt dürfte er Mussolini schließlich erneut den Einsatz von ‚Wunderwaffen' vorgegaukelt und damit seinen Glauben an einen gemeinsamen ‚Endsieg' wiedererweckt haben. Gleichwohl bedurfte es in der ‚Wolfsschanze' in den folgenden Tagen zweier weiterer Gespräche, bis Hitler seinen faschistischen ‚Freund' soweit hatte, sich ihm als Galeonsfigur einer Kollaborationsregierung zur Verfügung zu stellen.

Da Mussolini sich aber offenbar dagegen gewehrt hat, die Rolle eines bloßen ‚Quisling' zu spielen,[132] muss Hitler ihm einige Versprechungen gemacht haben. Offensichtlich erhob der ‚Führer' keine Einwände gegen die improvisierten Aufbaupläne für die *RSI*, die ihm der ‚Duce' vortrug. Mussolini wollte zuerst die faschistische Partei und dann die staatlichen Verwaltungsorgane wiederaufbauen. Am Ende sollte eine verfassungsgebende Versammlung einberufen werden, die das Königshaus Savoyen abschaffen und eine faschistische Republik ausrufen sollte.[133]

In der Forschung ist lange darüber gerätselt worden, weshalb Mussolini sich Hitler überhaupt zur Verfügung gestellt hat. Die beschönigende These von Mussolinis Biographen Renzo De Felice, dass Mussolini sich geopfert habe, um eine Unterdrückung seiner italienischen Landsleute zu verhindern oder mindestens abzumildern, kann heute als widerlegt gelten.[134] Dagegen spricht allein schon, dass der ‚Duce' die *RSI* ohne großen deutschen Druck zu einem nahezu rechtlosen Polizeistaat ausbaute, unter dem die Masse der Bevölkerung schwer zu leiden hatte. Radikalfaschistische Milizeinheiten beteiligten sich auch intensiv am Kampf der deutschen Besatzer gegen die antifaschistische Widerstandsbewegung (*Resistenza*). Ohne die logistische Unterstützung neofaschistischer Polizeiapparate wäre schließlich die Deportation italienischer und ausländischer Juden durch die deutsche Besatzungsmacht nicht möglich gewesen. Von einer Abmilderung der deutschen Besatzungsherrschaft konnte also keine Rede sein.

Eher kommt man Mussolinis Motiven auf die Spur, wenn man beachtet, dass es für ihn auch eine Frage der Selbstachtung war, aufs Neue an der Seite Hitlers in den Krieg einzutreten. So wie er zuvor nach jedem verlorenen ‚Parallelkrieg' beweisen wollte, dass er mit dem nächsten seine Niederlage wiedergutmachen könne, glaubte er offensichtlich noch einmal, die Schmach seiner widerstandslosen Absetzung am 25. Juli 1943 durch einen radikalen Neuanfang auslöschen zu können. Er hatte die Illusion, als Regierungschef der *RSI* ein eigenes Heer aufbauen und mit diesem die ‚Waffenbrüderschaft' mit Hitler auf Augenhöhe wiederbeleben zu können. Dass ihm der ‚Führer' nach seinen Erfahrungen mit den italienischen Soldaten eben dies nur begrenzt zugestehen würde, hat er wohl nicht geahnt.

Vor allem aber muss man, worauf bisher nicht geachtet worden ist, berücksichtigen, dass Mussolini eigentlich keine Alternative dazu hatte, Hitlers Angebot anzunehmen. Im Waffenstillstandsvertrag zwischen der Regierung Badoglios und den Alliierten war seine Auslieferung verlangt worden. Badoglio hatte von dieser nur abgesehen, weil er bei einem Vollzug einen Aufstand der faschistischen Partei befürchtet hatte. Ein zweites Mal hätte Mussolini, wenn er erneut in die Hände der königlichen Regierung geraten wäre, eine solche Rücksichtnahme nicht erwarten können. Entscheidender als diese nur theoretische Möglichkeit war für Mussolini die Tatsache, dass er nach seiner Entführung vom Gran Sasso unter ständiger deutscher Bewachung stand und deshalb gar nicht frei in seiner Entscheidung war. Hätte er sich nicht zu politischer Kollaboration bereit erklärt, wäre er von den Deutschen ohne Zweifel in festen Gewahrsam genommen worden, da Hitler unmöglich riskieren konnte, nach der spektakulären Entführung des ‚Duce' das Ende der ‚Achse' publik werden zu lassen. Da Hitler ihn unbedingt brauchte, um die Fiktion der ‚Achse' aufrechtzuerhalten, hatte Mussolini somit immerhin einen gewissen Spielraum, um die Abhängigkeit von seinem Achsenfreund in manchen Bereichen zu verringern.

Für diese Interpretation spricht allein schon, dass Mussolini nach seinen Gesprächen im ‚Führerhauptquartier' nicht selbst entscheiden durfte, wohin er sich begeben konnte. Er wurde von Ostpreußen erneut nach München gebracht, wo er am 18. September in einer Radioansprache die Gründung seiner republikanisch-faschistischen Regierung verkünden durfte. Ohne dass er dabei mitentscheiden konnte, wurde ihm in dem kleinen Ort Gargnano am Gardasee eine Villa als Residenz zugewiesen, deren Zugang von der deutschen Besatzungsmacht vollständig überwacht werden konnte. Die Ministerien seiner Regierung wurden in weitem Umkreis auf kleine Orte verteilt, so dass sie nur schwer miteinander kommunizieren konnten. Die willkürlich nach einem dieser Orte benannte Regierung von Salò war damit im Grunde als solche kaum handlungsfähig, was Mussolini zwar in einen gewissen Umfang ermöglichte, gegenüber seinen Ministern in seine alte autoritäre Führerrolle zu schlüpfen, letztlich aber nur dem Interesse der deutschen Besatzungsmacht diente. In einem Bericht eines Vertrauten, den Martin Bormann nach Italien entsandt hatte, wurde das politische System der RSI am 15. Februar 1944 treffend damit gekennzeichnet, dass Rahn die „Zentralfigur" sei: „Er regiert Italien unter Ausnutzung Mussolinis und der italienischen Regierung. Sein Bestreben ist, diese Herrschaft mit einem Mindestaufwand von Menschen zu bewältigen".[135] Um seine Stellung zu festigen, konnte Mussolini unter diesen Umständen nur versuchen, wieder an Hitler persönlich heranzukommen, wenn er nicht zwischen den zivilen und militärischen Repräsentanten der deutschen Besatzung zerrieben werden wollte. Dies ist ihm jedoch nur mit begrenztem Erfolg gelungen.

Nachdem es Hitler geschafft hatte, Mussolini aus dem Gewahrsam des Badoglioregimes zu entführen und ihn davon zu überzeugen, an die Spitze einer neofaschistischen Regierung zu treten, welche nach außen den Fortbestand der ‚Achse' simulieren und im Innern für eine polizeistaatliche ‚Ordnung' sorgen sollte, interessierte er sich im Grunde nur noch wenig für seinen italienischen ‚Freund'. Da die Alliierten Italien als Nebenkriegsschauplatz ansahen und die Wehrmacht daher die italienische Front über Erwarten lange militärisch halten konnte, konzentrierte Hitler sich als oberster deutscher Kriegsherr verbissen auf die Fronten im Osten und Westen des Deutschen Reiches. Italien spielte, nachdem die deutsche Besatzungsherrschaft dort in seinem Sinne kompetitiv geregelt war, für ihn keine besondere Rolle mehr. Er griff nur punktuell in das Besatzungsgeschehen ein, wenn interne Konflikte zwischen zivilen und militärischen Behörden eskalierten oder wenn er die deutsche Besatzungsautorität aufgrund von Angriffen der italienischen Partisanen, wie z. B. dem Attentat in der römischen Via Rasella, das zu dem Massaker der SS in den Fosse Ardeatine führte, oder den großen Arbeiterstreiks in Oberitalien vom März 1944 in Gefahr sah.[136]

Die dramatische Wiederbegegnung mit Mussolini im September 1943 hatte bei Hitler jedoch zu keiner dauerhaften Entfremdung von Mussolini geführt. „Die alten Treuebande" waren zwar, wie Deakin treffend formuliert hat, „einer Belastung ausgesetzt worden, aber nicht gerissen".[137] Die in der Forschung häufig anzutreffende Auffassung, Hitler sei nach einer ernüchternden Wiederbegegnung mit Mussolini im ‚Führerhauptquartier' von diesem abgerückt und habe ihn seitdem in seine schon länger anhaltende Enttäuschung über die Italiener einbezogen, trifft nicht zu. Wie schon so oft zuvor war es Hitler ja gelungen, den ‚Duce' aus seiner Apathie zu reißen und für einen politischen Neuanfang zu gewinnen. Auch wenn ihm klargeworden sein dürfte, dass Mussolini nach der ihn verstörenden Gefangenschaft nicht mehr der Alte war, konnte er sich zugutehalten, ihn wie stets zuvor wiederaufgerichtet zu haben. Dass Mussolini in totale politische Abhängigkeit von ihm geraten war, verschob ihr schon seit längerem asymmetrisches Verhältnis allerdings ganz erheblich. Wenn Mussolini als faschistischer Diktator schon schwächer gewesen war als Hitler im NS-Regime, so hatte er nunmehr überhaupt keine eigene Machtbasis mehr, sondern war nur noch ein Vasall Hitlers in dessen freilich rapide schwindenden europäischen Imperium.

Besonders schmerzte Mussolini, dass die nationalsozialistischen Gauleiter Tirols und Kärntens in den ihnen zugewiesenen ‚Operationsgebieten' ungeniert die italienischen Behörden ausschalteten und einen neofaschistischen Wiederaufbau vereitelten. Der ‚Duce' beschwerte sich darüber am 3. Oktober 1943 in einem Brief an Hitler, den sein Verteidigungsminister Rodolfo Graziani bei einem Besuch in Deutschland dem ‚Führer' überbrachte. Er erhielt darauf von Hitler ebenso wenig eine Antwort wie auf seinen Brief vom 1. November 1943, in dem er sich bitter über die separatistische Politik in den beiden nördlichen Operationszonen beklagte.[138] Hitler dachte nicht daran, sich wegen der Empfindlichkeiten Mussolinis mit seinen beiden Gauleitern anzulegen, in der ‚Freundschaft' mit dem ‚Duce' bestimmte seit dessen Entführung nur er allein noch darüber, wann und worüber er sich mit ihm persönlich austauschte. Wenn er früher dem ‚Duce' auch dann noch die Stange gehalten hatte, wenn in seiner Umgebung überwiegend Kritik zu hören war, galt dies für die Zeit der RSI nur noch bedingt. Mussolini diente Hitler lediglich als Aushängeschild für ein Achsenbündnis, das zwar immer weniger eine reale Basis hatte, aber nach außen hin einen propagandistischen Wert behielt.

In eine besonders schwierige Lage sah sich Mussolini durch den Prozess von Verona gebracht, in dem die faschistischen Führer, die am 25. Juli 1943 im Faschistischen Großrat gegen ihn gestimmt hatten und derer man zufällig habhaft geworden war, in einem Schauprozess vor ein politisches Parteigericht gestellt worden waren. Hitler hatte ihm schon bei ihrer ersten Begegnung nach seiner Entführung vom Gran Sasso nahegelegt, „ein groß angelegtes Strafgericht an seinen Verrätern" abzuhalten, wohl wissend, dass Mussolini sich damit schwertun würde, weil sein Schwiegersohn Galeazzo Ciano zu den ‚Verrätern' gehörte.[139] Um nicht allzu sehr zu drängen, hatte er zwar einlenkend hinzugefügt, „ich verstehe Ihre Familiengefühle, Duce",[140] doch Mussolini wusste seitdem, was man in Berlin von ihm erwartete. Hitler hat sich dann zwar im Januar 1944 nicht in den Prozess eingemischt. Ribbentrop teilte Rahn ausdrücklich mit, „daß der Führer sich geäußert hat, der Prozeß gegen Ciano sei ausschließlich eine Angelegenheit des Duce, von unserer Seite solle nicht irgendein Druck im Sinne einer Verurteilung ausgeübt werden".[141] Die Situation spitzte sich dann aber dadurch zu, dass Cianos Frau, Mussolinis Tochter Edda, damit drohte, die Tagebücher des Grafen ins Ausland zu verbringen, wenn ihr Mann nicht freigelassen würde – eine Drohung, die sie dann nach der Hinrichtung Cianos durch die Flucht in die Schweiz auch wahrgemacht hat. Mussolini hätte damit gegenüber Hitler ein Alibi gehabt, seinen Schwiegersohn vor dem Tod zu retten. Wenn er diese Möglichkeit nicht genutzt hat, so beruhte das sicherlich auch auf der Gefühlskälte des politischen Gewaltmenschen, es zeigte aber vor allem an, dass Mussolini gegenüber dem ‚Führer' keine Handlungsfreiheit mehr hatte, sondern ihm auch ohne direkte Einflussnahme gefügig war.

Allem Anschein nach ist das auch so bei Hitler angekommen. Mussolini hatte für den ‚Führer' seine Nagelprobe bestanden und sich durch rücksichtslose Härte Respekt erworben. Er fühlte sich daraufhin stark genug, am 11. Februar 1944 in einem für Hitler bestimmten Schreiben an Rahn die „volle italienische Verwaltungshoheit" in den Operationszonen" zu verlangen.[142] Außerdem wünschte er künftig „die industrielle Produktion einschließlich der Kriegsproduktion selbst zu steuern". Schließlich kam er auf das Thema zu sprechen, das ihn inzwischen am meisten beschäftigte, nämlich den Aufbau einer eigenen italienischen Armee. Für Mussolini war dies eine Statusfrage, die seinem Bedürfnis nach zumindest begrenzter Autonomie Ausdruck gab. Bezeichnenderweise wagte er nicht, von Hitler einen Termin zu erbitten, an dem er mit ihm über diese Themen sprechen könne – so schwach war inzwischen sein Selbstbewusstsein gegenüber dem übermächtigen Hitler. Vielmehr schlug er Rahn lediglich vor, für ein solches Treffen einen günstigen Augenblick abzupassen. Von Rahn wurden dieses Ansinnen mehr oder weniger negativ kommentiert, er empfahl jedoch in Berlin, „das italienische Selbstgefühl wieder etwas mehr zu stützen und die noch immer wiederkehrenden depressiven Neigungen des Duce durch gewisse persönliche oder sachliche Genugtuungen zu mildern".[143] Deshalb hielt er ein erneutes Treffen Hitlers mit Mussolini für sinnvoll.

Hitler nahm Rahns Vorschlag angeblich „mit Vergnügen" an,[144] nachdem er sich seit Anfang November 1943 rar gemacht und sich lediglich am Jahrestag des Dreimächtepaktes von 1941 mit einem förmlichen Schreiben bei Mussolini in Erinnerung gebracht hatte.[145] Vom 22. bis 23. April 1944 trafen sich Hitler und Mussolini zum sechzehnten Male, und zwar wie schon zwei Mal zuvor in Schloss Kleßheim bei Salzburg.[146] Während fast alle bisherigen Treffen in der Kriegszeit von Hitler gefordert worden waren und Mussolini nolens volens hatte zustimmen müssen, war das Treffen nicht nur auf Wunsch Mussolinis zustande gekommen, der ‚Duce' durfte auch erstmals als erster sprechen und einen Bericht über die Lage in der RSI abgeben. Um bei Hitler unmittelbar Gehör zu finden, trug er mit Hilfe eines vorbereiteten Manuskriptes auf Deutsch vor, wobei ihn jedoch der ‚Führer' dadurch irritierte, dass er ununterbrochen Pillen lutschte, die ihm sein Leibarzt Morell verschrieben hatte.[147]

Man möchte denken, dass Mussolini die Chance genutzt hätte, um endlich einmal alles vorzutragen, was ihn zuvor bedrückt hatte, anstatt sich stundenlang von Hitlers Tiraden einlullen zu lassen. Wie sein Verteidigungsminister Graziani enttäuscht feststellte, war dies jedoch nicht der Fall. Ausgerechnet die unklare Situation in den Operationszonen, in denen die nationalsozialistischen Gauleiter gegen Hitlers Anordnung eine schleichende Annexion betrieben, wagte er nicht direkt anzusprechen. Auf die Lage der Italienischen Militärinternierten in Deutschland wies er nur ganz vorsichtig hin, indem er behauptete, dass die Stimmung im italienischen Volk wesentlich gehoben würde, wenn „eine Verbesserung in der Lage der Militärinternierten eintreten könne".[148] Über die für ihn so zentrale Prestigefrage des Aufbaus einer eigenständigen faschistischen Armee zu sprechen, überließ er schließlich seinem Verteidigungsminister. Graziani musste begründen, weshalb von den vier italienischen Divisionen, deren Aufbau an deutschen Standorten und unter der Führung deutscher Ausbilder schon im Oktober 1943 zugesagt worden war, noch nicht einmal eine ihren Sollstand erreicht hatte. Obwohl die Ursachen dafür in erster Linie auf deutscher Seite zu suchen waren (Ausbleiben der Lieferung von Waffen, Ausrüstung und Fahrzeugen, Behinderung von Anwerbeaktionen bei den Militärinternierten), musste er auf die eigenen Defizite verweisen, die bei der mangelnden Bereitschaft der Militärinternierten, sich erneut für einen Kriegseinsatz zur Verfügung zu stellen und der massenhaften Dienstverweigerung und Desertion in Italien einberufener männlicher Jahrgänge lagen.

Hitler scheinen selbst diese zaghaften Bitten noch zu weit gegangen zu sein. Mit der Begründung, eine wichtige militärische Besprechung zu haben, vertagte er nach den Vorträgen von Mussolini und Graziani kurzerhand die Sitzung auf den späten Nachmittag – ein bemerkenswerter Affront gegenüber den italienischen Gästen. Bei der Fortsetzung des Treffens am Nachmittag des 22. April begann er seine Antwort auf die Vorträge der Italiener scheinbar mit einer Art Entschuldigung. „Viele Monate habe er nichts von sich hören lassen, denn er habe sich in der schwersten Arbeit seines Lebens befunden".[149] Deutschland stünde praktisch allein den Russen gegenüber und müsse ständig mit einer Invasion der Westalliierten rechnen, ohne zu wissen, wann und wo. Hitler begründete mit diesen Ausführungen aber nicht sein monatelanges Schweigen, sondern vielmehr die harten Maßnahmen, die gegen Italien hätten getroffen werden müssen: die Entwaffnung der italienischen Soldaten und ihre zwangsweise Überführung nach Deutschland, wo sie „wenigstens arbeiteten". Eine Entschuldigung gegenüber den Italienern hätte anders aussehen müssen. Auf alle Bitten Mussolinis reagierte Hitler zudem negativ: Nichts sei an der Struktur der Operationszonen zu ändern, die Militärinternierten könnten nicht bessergestellt werden und an eine Beschleunigung des Aufbaus der italienischen Divisionen sei erst zu denken, wenn das faschistische Regime der RSI stabilisiert sei. Es musste in den Ohren von Mussolini daher wie Hohn klingen, wenn Hitler abschließend versicherte, dass Italien für ihn immer noch „der erste und auch heute noch der einzige uns durch seine Weltanschauung eng verwandte Verbündete", weshalb es für ihn „schon aus eigenem Interesse" selbstverständlich sei, „alle Wünsche des ‚Duce' zu erfüllen".

Nur der Schluss von Hitlers Ausführungen hat den ‚Duce' möglicherweise aufhorchen lassen, in dem Hitler das Achsenbündnis nur noch mit melancholischen, ja geradezu defätistischen Beschwörungen zu erhalten beschwor: „Man müsse auch an das eigene Ende denken." Der ‚Duce' und er seien ja „die beiden bestgehaßtesten Menschen der Welt", und „im Falle die Feinde des ‚Duce' habhaft werden könnten, würden sie ihn mit Triumphgeschrei nach Washington schleifen."[150] Nachdem Hitler in allen vorausgehenden Kriegstreffen mit Mussolini sich immer siegesgewiss gegeben und den, wenn am Ende auch nur noch mit Hilfe imaginärer Wunderwaffen zu erringenden, Endsieg versprochen hatte, bereitete er damit Mussolini erstmals auf beider mögliches Ende vor. Noch immer hielt er zwar einen gemeinsamen Sieg für denkbar, aber erstmals brachte er gegenüber dem ‚Duce' das bisher Unsagbare zum Ausdruck: die Niederlage und den Tod.

Hitler hatte dann den Sommer über mit Mussolini erneut keinerlei Kontakt. Die sich im Krieg gegen die Sowjetunion abzeichnende Niederlage der Wehrmacht beanspruchte seine gesamte Aufmerksamkeit, die Front in Italien und damit auch der ‚Duce' waren für ihn sekundär, er beschäftigte sich damit nur noch wenig. Lediglich am 22. Mai fand er einmal Zeit, Mussolini anlässlich des fünften Jahrestages des ‚Stahlpaktes' ein Telegramm zu schicken, in dem er seiner „unbeirrbaren Gewissheit" Ausdruck geben zu können glaubte, dass der Sieg der „Dreipaktmächte" am Ende ihres „schicksalhaften Kampfes" stehen werde.[151] Der nur noch formelhafte Text lässt erkennen, wie wenig sich Hitler noch seiner Sache sicher war. Mussolini konnte er damit mit Sicherheit nicht mehr, wie bisher stets bei ihren persönlichen Begegnungen, aus seinen Depressionen reißen. Auch wenn Mussolini seinem Bewacher Rahn ständig in den Ohren lag, ist allerdings nicht einmal sicher, inwieweit Hitler überhaupt noch von den aktuellen Sorgen des ‚Duce' erfahren hat. Mussolini sah sich dem ständigen Zerfall seiner Autorität in einem sich dramatisch verschärfenden Bürgerkrieg zwischen der *RSI* und der seit der Landung der Alliierten in Nordfrankreich erheblich erstarkten italienischen Widerstandsbewegung gegenüber. Obwohl die Resistenza nicht in der Lage war, im Kampf gegen die deutsche Besatzungsmacht zu obsiegen, führte sie mit ihren sich steigernden Propaganda- und Sabotageaktivitäten sowie schließlich ihren flächendeckenden militärischen Aktionen in der *RSI* zur allmählichen Auflösung aller faschistischen Herrschaftsstrukturen. Mussolini konnte sich schließlich nur noch als ein König ohne Land vorkommen, der auch noch deshalb in eine ausweglose Situation geraten war, weil er nirgendwohin ins Exil gehen konnte.

Als die Wehrmacht am 4. Juni nach der Landung der Alliierten bei Nettuno Hals über Kopf die Stadt Rom und anschließend das gesamte Gebiet nördlich der italienischen Hauptstadt bis zu einer Verteidigungslinie im Apennin südlich von Bologna (sogenannte Gotenlinie) aufgeben musste, versetzte das Mussolini regelrecht in Torschlusspanik. Er entschloss sich zu einer Inspektionsreise nach Deutschland aufzubrechen, um den militärischen Ausbildungsstand der vier italienischen Divisionen in Grafenwörth, Sennelager, Heidelberg und Münzingen zu erkunden, in der vagen Hoffnung, sie doch noch an der Seite der Wehrmacht an die Front schicken, hauptsächlich aber wohl in der Illusion, sie bei einem Endkampf in Italien zu seinem persönlichen Schutz einsetzen zu können.

Die Paniktour im Sonderzug sollte mit einem Besuch Hitlers in der ‚Wolfsschanze' abgeschlossen werden. Sie war infolge von Bombenalarm und Luftangriffen durch ständige Fahrtunterbrechungen geprägt, scheint Mussolini jedoch nochmals in eine euphorische Stimmung versetzt zu haben, da ihn seine Soldaten an allen Standorten mit Begeisterung begrüsst hatten. Während Mussolini von diesem Zuspruch getragen wurde, setzte sich der Sonderzug nach der letzten Begegnung mit Soldaten im Sennelager in Richtung Ostpreußen in Bewegung. Vor der Ankunft auf dem kleinen Bahnhof von Rastenburg musste der Zug am Nachmittag des 20. Juli 1944 plötzlich unplanmäßig auf offener Strecke mit verhängten Fenstern längere Zeit warten, womit Mussolini, ohne zu wissen warum, drastisch demonstriert wurde, dass für das NS-Regime das Ende begonnen hatte. Vollends wurde das bestätigt, als bei Mussolinis Ankunft auf dem von der SS vollständig besetzten Bahnhof Hitler auf seinen Achsenfreund mit dem aufgeregten Ruf zustürzte: „Duce, man hat eben eine Höllenmaschine auf mich losgelassen."[152] Bei allen Begegnungen mit Mussolini während des Krieges hatte Hitler zuvor stets, obwohl das zunehmend unglaubwürdig war, grenzenlosen Optimismus ausgestrahlt, jetzt aber begrüßte er Mussolini geprägt von blankem Entsetzen.

In einer zufälligen Koinzidenz der Ereignisse war Mussolini ausgerechnet an dem Tag im ‚Führerhauptquartier' angekommen, an dem Graf von Stauffenberg dort sein Attentat auf Hitler verübt hatte. Da dieses misslungen war und die führenden Verschwörer in Berlin von linientreuen SS-Einheiten sofort ermordet worden waren, war im ‚Führerhauptquartier' bei Mussolinis Ankunft schon eine gewisse Ruhe eingekehrt, die Erregung aller Anwesenden war jedoch selbstverständlich noch groß. Hitler hatte jedoch persönlich entschieden, den ‚Duce' und seine Begleiter auf jeden Fall zu empfangen, wenn auch nur zu einem Kurzbesuch von drei Stunden. Was als für ihn glücklicher Zufall anzusehen war, war in Hitlers Augen ein Geschenk der ominösen ‚Vorsehung', deren Wirken Hitler in seiner notorischen Egozentrik ständig für sich in Anspruch nahm. Auch Mussolini davon zu überzeugen, wollte er sich nicht entgehen lassen. Das „fehlgeschlagene Attentat" sei ihm, trug er dem ‚Duce' vor, „ein erneuter Beweis für seine seit langem gehegte feste Überzeugung, dass „die Vorsehung die Menschen prüfe und den Lorbeer denjenigen gäbe, die unverzagt und ohne Schwierigkeiten auszuweichen, ihren Weg verfolgten".[153] Mussolini, der sich nie eine private Religion zurechtgelegt hatte, ließ sich jedoch nicht davon beeindrucken. Dass Hitler das Attentat überlebt hatte, hielt er trotz seiner antiklerikalen Grundeinstellung für „einen deutlichen Fingerzeig des Allmächtigen".[154]

Obwohl er begreiflicherweise nicht ganz bei der Sache war, begann Hitler wie üblich als Erster zu reden, er gestand militärische Rückschläge an der Ostfront ein, führte diese aber ausschließlich auf das Versagen einiger deutscher Generäle zurück. Um zurückschlagen zu können, kündigte er an auch auf die Soldaten von zwei der in Deutschland in der Ausbildung befindlichen italienischen Divisionen zeitweise zurückgreifen zu müssen, auf dieselben Soldaten also, denen man bisher auf deutscher Seite so misstraut hatte. Mussolini konnte in seiner Antwort wagen, auf der Rückführung der zwei Divisionen nach Italien zu beharren, weil er sie zur Stützung des neofaschistischen Regimes dringend benötigte.

Und noch einen überraschenden Erfolg konnte er bei Hitler verbuchen. Er nutzte die Gunst der Stunde, um erneut eine vom ‚Führer' bisher stets abgelehnte Verbesserung des Status der Italienischen Militärinternierten anzumahnen.[155] Dazu legte er ein kurzes Memorandum vor, das er während der Zugfahrt mit Hilfe seines Kriegsministers formuliert hatte. Zentraler Punkt war darin die Versetzung der Militärinternierten in den Status von regelrechten Zwangsarbeitern. Das sollte ihnen ermöglichen, für ihre Arbeit regulär entlohnt zu werden und eine minimale medizinische und soziale Versorgung zu erhalten. Nicht ungeschickt versprach Mussolini sich von der Statusveränderung nicht nur eine Stärkung der faschistischen Regierung in der *RSI*, sondern vor allem auch eine Steigerung der Produktivität der Militärinternierten in der deutschen Industrie und Landwirtschaft. Ständige Unterernährung, miserable hygienische Bedingungen und eine menschenunwürdige, durch den Bombenkrieg der Alliierten zusätzlich lebensgefährliche Unterbringung hatten die Militärinternierten so stark dezimiert, dass trotz ihrer seit dem 1. August 1944 tatsächlich verbesserten Lebensbedingungen nicht weniger als etwa 50.000 von ihnen die Haftzeit in Deutschland nicht überleben sollten.

Mussolini hat nach seinen bisherigen Erfahrungen nicht damit gerechnet, dass Hitler seinem Vorschlag ohne weiteres zustimmen würde. Umso überraschter war er, als dieser nach der Lektüre des Memorandums erklärte: „Ich stimme den darin enthaltenen Vorschlägen vollständig zu."[156] Es ist schwer zu sagen, ob Hitlers ungewohnte Nachgiebigkeit gegenüber Mussolini seinem angeschlagenen Zustand zuzuschreiben war oder ob er sich tatsächlich von dem Argument, die Militärinternierten mehr ausbeuten zu können, wenn man sie besser versorgte, überzeugen ließ.

Nach dem Ende der kurzen Gespräche führte Hitler den ‚Duce' noch zu der Baracke, die durch das Attentat vollständig zerstört worden war. Wie mehrere Fotos zeigen, standen die beiden faschistischen Diktatoren fassungslos vor den Trümmern. Mit einer gewissen Befriedigung konnte Mussolini offenbar feststellen, dass nicht mehr nur er, sondern auch der scheinbar übermächtige Hitler gleichermaßen von ‚Verrätern' umgeben war.[157] Gravierender noch dürfte aber gewesen sein, dass ihn das Zerstörungswerk im ‚Führerhauptquartier' ebenso wie Hitler an ein mögliches baldiges Ende erinnerte. Beim Abschied von diesem ihrem letzten Treffen soll sich Hitler von Mussolini denn auch mit bemerkenswerter Sentimentalität verabschiedet haben. „Ich weiß", soll er gesagt haben, „daß ich auf Sie zählen kann. Ich bitte Sie, mir zu glauben, daß ich Sie als meinen besten und einzigen Freund ansehe, den ich in der Welt habe."[158]

Auch wenn sich die beiden faschistischen Diktatoren nach dieser siebzehnten Begegnung nie mehr persönlich wiedersehen sollten, blieben sie bis zu ihrem parallelen Tod Ende April 1945 noch in einem gewissen Kontakt. Mussolini erfuhr aus Berlin jedoch fast nur noch etwas durch die Berichte seines Botschafters Anfuso. Hitler wurde weiterhin von Rahn oder auch von Kesselring über Mussolini informiert, mit denen der ‚Duce' weisungsgemäß allein noch im direkten Gespräch war. Die wenigen Briefe bzw. Telegramme, welche Hitler und Mussolini noch persönlich aneinander richteten, lassen, wenn sie denn überhaupt noch angekommen sind, erkennen, dass sie eigentlich nicht mehr wirklich miteinander kommunizierten, sondern nur noch mit sich selbst und ihren Albträumen beschäftigt waren. Hitler interessierte sich kaum noch für Italien, während Mussolini in zunehmender Endzeitstimmung nur noch auf seine schrumpfende Republik fixiert war.

Im Herbst 1944 schickte Mussolini an Himmler, Goebbels und schließlich auch an Hitler vollkommen irreale Telegramme, um das Placet für die Einrichtung einer Alpenfestung in Südtirol, in Sondrio oder im Veltlin zu bekommen, die für den bevorstehenden Endkampf ausgebaut werden sollte.[159] Kein Wunder, dass er darauf aus Deutschland keine Antwort bekam. Im Oktober beschwerte er sich bei Rahn und bei Kesselring über alle möglichen, angeblich von Deutschen verschuldeten Vorfälle in der *RSI*, welche die Autorität seiner Regierung gemindert hätten.[160] Beide können ihm allenfalls mündlich auf seine Beschwerden geantwortet haben, nach Berlin weitergeleitet wurden Mussolinis Klagen mit Sicherheit nicht. Im November schließlich wandte er sich mit einem längeren Schreiben, das er seinem Sohn Vittorio nach Deutschland mitgeben wollte, an Hitler persönlich. Um wieder die militärische Oberhand zu gewinnen, schlug er darin allen Ernstes eine Großoffensive an der italienischen Front vor, der einzigen, an der eine „Wiederaufnahme der Initiative möglich" sei.[161] Es erübrigt sich, nach einer Antwort Hitlers zu fragen.

Hitler beschränkte sich wie auch schon oft zuvor darauf, den ‚Duce' mit förmlichen Telegrammen an gemeinsame Jahrestage zu erinnern. So wies er etwa am 27. September 1944 darauf hin, dass vor vier Jahren der Dreimächtepakt abgeschlossen worden sei. Am 28. Oktober 1944, dem 22. Jahrestag des ‚Marschs auf Rom' brachte er seinen „unerschütterlichen Glauben" zum Ausdruck, dass Faschisten und Nationalsozialisten „im Kampf gegen die plutokratischen, jüdischen und bolschewistischen Systeme" den „Endsieg erringen" würden.[162] Selbst noch am 22. April 1945 ließ er es sich nicht nehmen, sich bei Mussolini für seine Glückwünsche zu seinem Geburtstag zu bedanken: „Der Kampf, den wir um unsere nackte Existenz führen, hat seinen Höhepunkt erreicht. Mit unbeschränktem Materialeinsatz setzen der Bolschewismus und die Truppen des Judentums alles daran, ihre zerstörerischen Kräfte in Deutschland zu vereinen und so unseren Kontinent in ein Chaos zu stürzen. Im Geiste zäher Todesverachtung werden das deutsche Volk und alle, die gleichen Geistes sind, diesen Ansturm zum Halten bringen, wie schwer auch der Kampf sein mag, und durch ihren einzigartigen Heldenmut den Verlauf des Krieges ändern. In diesem historischen Augenblick, in dem das Schicksal Europas auf Jahrhunderte hinaus entschieden wird, sende ich Ihnen meine herzlichsten Grüße."[163] Es waren dies nur noch Worthülsen, mit denen Hitler nicht einmal mehr beschönigte, dass sich das NS-Regime kurz vor dem Zusammenbruch befand. In seinem apokalyptischen Untergangsszenario kam Mussolini nicht vor, es drehte sich alles nur noch um Deutschland. Nach Hitlers Wahnvorstellungen würde Europa mit dem Untergang Deutschlands in das Chaos gestürzt. Weit entfernt davon, dem ‚Duce' nochmals Mut zu machen, gab Hitler ihm mit diesem letzten Lebenszeichen, das er ihm geben sollte, vielmehr nur noch zu verstehen, dass mit dem Untergang Deutschlands das Schicksal ganz Europas in Frage gestellt sei.

Nur eine Woche später folgte Hitler seinem einstigen politischen Mentor in einen schimpflichen Tod, wobei sich ihr Ende in seltsamer Weise verschränkte. Mussolini wurde am 27. April 1945 von antifaschistischen Widerstandskämpfern in Dongo am Comer See auf einer ziellosen Flucht gefangengenommen und einen Tag später gemeinsam mit seiner langjährigen Geliebten Clara Petacci erschossen. Die Leichen wurden in Mailand auf der Piazza Loreto zur Schau gestellt und von einer wütenden Menge geschändet. Der Sender des Italienischen Nationalen Befreiungskomitees (*Comitato di Liberazione Nazionale*), dem schon große Teile Oberitaliens unterstanden, meldete am 29. April den Tod des Paares.[164] Es ist nicht ausgeschlossen, wenn auch nicht eindeutig nachweisbar, dass Hitler in seinem Berliner Bunker noch per Funk von dieser Radiomeldung erfahren hat, auch wenn Nachrichten über Mussolini für ihn keine Priorität mehr hatten.[165] Um nicht in ähnlicher Weise von fremder Hand zu sterben, brachte er sich jedenfalls am 30. April 1945 selbst um, nachdem er zuvor seine langjährige Geliebte Eva Braun, die er in einer gespenstischen Zeremonie am Tag zuvor noch geheiratet hatte, erschossen hatte.[166] Beide Leichen wurden außerhalb des Bunkers von Untergebenen verbrannt, womit Hitler dem Schicksal Mussolinis entging. Dass er seinem großen Vorbild zwei Tage später in den Tod folgte, war gleichwohl ein Zufall, auch wenn ihm der ‚Duce' ein letztes Mal vor Augen gestanden haben sollte. Von historischer Bedeutung war nur, dass sich Hitler damit der Verantwortung für die Jahrhundertverbrechen der Entfesselung eines mörderischen Weltkrieges und der Vernichtung von Millionen europäischer Juden entziehen konnte.

V Hitler und Mussolini – eine politische Freundschaft?

Weshalb Hitler 1933 in Deutschland an die politische Macht kommen und ein totalitäres Regime aufbauen konnte, das in einem zerstörerischen Weltkrieg mit vielen Millionen Toten sowie in der Vernichtung großer Teile des europäischen Judentums endete, wird die historische Forschung noch lange beschäftigen. Es ist dies nach wie vor das zentrale Thema der deutschen Zeitgeschichte. Man hat diesen ‚Zivilisationsbruch' mit der Person Hitlers zu erklären versucht, dem ein totalitärer Charakter zugeschrieben wurde. Andere Erklärungsversuche setzten bei der Niederlage Deutschlands im Ersten Weltkrieg und dem Unwillen bzw. der Unfähigkeit der Weimarer Politiker an, die durch den Versailler Friedensvertrag gegebenen Auflagen der Siegermächte zu bewältigen. Schließlich war in der Forschung auch lange Zeit die Annahme vorherrschend, dass das ‚Dritte Reich' das Ergebnis eines historischen Sonderwegs Deutschlands in der europäischen Geschichte gewesen sei, der mit der Nationalstaatsgründung von 1871 oder sogar früher begonnen habe.

In dieser Studie sollte gezeigt werden, dass Hitlers Aufstieg weder nur aus seiner Herkunft und Persönlichkeitsstruktur noch allein aus dem Gang der deutschen Nationalgeschichte erklärt werden kann, sondern auch in einem transnationalen Zusammenhang gesehen werden muss. Weder reicht es aus, die gesellschaftlichen Bedingungen der Ermöglichung Hitlers allein in der deutschen Geschichte zu suchen, noch kann allein seine ‚charismatische' Persönlichkeit seinen verhängnisvollen politischen Erfolg erklären, wenngleich beides selbstverständlich für seinen Aufstieg zentral war. Hitler war vielmehr auch deshalb erfolgreich, weil er in Mussolinis faschistischem Diktaturregime in Italien ein Vorbild hatte, dessen Umsetzung in Deutschland möglich war.

Es war der ‚Marsch auf Rom' vom 28. Oktober 1922, der Hitlers Blick auf Mussolini lenkte und ihm eine Zielvorgabe für seinen eigenen Weg an die Macht gab. Er verstand zwar den Marsch zunächst fälschlich als bewaffneten Umsturz der faschistischen Bewegung, begriff aber nach dem unrühmlichen Scheitern seines Münchner Putschversuchs vom 9. Novbember 1923, dass Mussolini mit einer politischen Doppelstrategie an die Macht gekommen war. Der ‚Marsch auf Rom' sollte einen Staatsstreich nur androhen, nicht jedoch herbeiführen. Mussolini ließ sich vom König scheinbar legal zum Ministerpräsidenten ernennen, um danach Kurs auf eine Diktatur zu nehmen, die sowohl von der revolutionären Massenbewegung der faschistischen Partei als auch von den konservativen Kräften des Landes getragen wurde. Es war diese einzigartige politische Praxis, welche Hitler an Mussolini faszinierte, nicht dessen diffuse Ideologie. An

Mussolinis praktischem Erfolg hat er sein politisches Handeln nach dem gescheiterten Putsch und der anschließenden Festungshaft orientiert, nicht an den wenig konsistenten programmatischen Äußerungen des ‚Duce', die dieser von Fall zu Fall wechselte.

Mussolinis Weg zur Führerdiktatur erfüllte Hitler mit einer Bewunderung, wie er sie sonst keinem Menschen entgegengebracht hat. Auch wenn bis 1933 alle seine Versuche scheiterten, mit dem ‚Duce' persönlich zusammenzutreffen, ließ er sich davon nicht abschrecken, sondern hielt beharrlich an seiner besonderen Verehrung des von ihm als ‚Genie' angesehenen ‚Duce' fest. Selbst noch als Reichskanzler begegnete er Mussolini bei dem ersten persönlichen Zusammentreffen im Mai 1934 in Venedig mit einer bemerkenswerten Ehrerbietung. Erst als Mussolini am 1. November 1936 das Verhältnis Italiens zu Deutschland als ‚Achse Berlin-Rom' bezeichnete, wurde in einem Akt symbolischer Politik die Gleichrangigkeit der beiden Diktatoren beschworen, obwohl sich darin schon die Überlegenheit Hitlers abzeichnete. Hitler bezeichnete seitdem Mussolini in immer neuer verbaler Ausschmückung als seinen ‚Freund', den einzigen Menschen, den er nach seiner Machtübernahme öffentlich so etikettiert hat. Diese Verbindung hatte keinerlei privaten Charakter, sie stellte vielmehr eine rein politische Freundschaft dar, die von Hitler bewusst inszeniert wurde. Sie erreichte in den gegenseitigen Besuchen Mussolinis in Deutschland im September 1937 und Hitlers in Italien im Mai 1938 ihren Höhepunkt. Es handelte sich nach dem Willen der beiden faschistischen Führer um keine üblichen Staatsbesuche, sondern um öffentliche Inszenierungen, in denen sich ‚Duce' und ‚Führer' als politische Dioskuren darstellten, deren Regime untrennbar miteinander verbunden zu sein schienen.

Spätestens seit Beginn des Weltkriegs zeigte sich, dass sich das Gewicht der beiden Diktatoren im Achsenbündnis umgekehrt hatte. War Hitler zuvor der Drängende gewesen, der Mussolini umworben hatte, dominierte nun eindeutig Hitler ihre politische Beziehung. Während er den Krieg gegen Polen vom Zaun brach und das deutsche Nachbarland mit seiner hochgerüsteten Wehrmacht in einem rücksichtslos geführten ‚Blitzkrieg' besiegte, musste Mussolini einen rüstungspolitischen Offenbarungseid leisten, den er als ‚Nichtkriegführung' nur mühsam kaschieren konnte. So sehr sich Mussolini auch um die Wiederherstellung seiner militärischen Reputation bemühte, dominierte sein Zauberlehrling fortan die ‚Achse'. Hitler war nunmehr der Meister, Mussolini sein Adlatus.

Wenn Hitler gleichwohl entgegen aller militärischen Vernunft Mussolini im Krieg seine Alleingänge immer wieder durchgehen ließ, so zeigte sich jedoch daran, dass seine persönliche Verehrung für den ‚Duce' ungebrochen war, obwohl dieser längst bei ihm in der politischen Schuld stand. Aus seiner Bewunderung des ‚Duce' war Dankbarkeit dafür geworden, dass ihm Mussolini den Weg zur

Machteroberung gezeigt und ihn beim ‚Anschluss' Österreichs an das Deutsche Reich hatte gewähren lassen. Immer wieder versicherte Hitler Mussolini auch noch während des Krieges bei ihren Treffen, aber besonders auch in seinen Briefen seiner ‚Freundschaft', meist in überschwänglicher, häufig sogar in ehrerbietiger Form. Er klammerte sich verbal geradezu an diese von ihm immer wieder beschworene ‚Freundschaft' mit dem ‚Duce'. Das führte dazu, dass er „das wahre Ausmaß der italienischen Schwäche" lange nicht wahrhaben wollte.[1] Als er an dieser nicht mehr vorbeisehen konnte, führte er sie einseitig auf den Einfluss der Monarchie und dem von ihr abhängigen Militär zurück, nahm aber Mussolini persönlich stets von aller Kritik aus. Allenfalls räumte er ein, dass der ‚Duce' zwar „ein genialer Volkstribun und Organisator" sei, „aber von militärischen Dingen" nichts verstünde. „Es sei erschütternd, sich mit Mussolini über militärische Dinge zu unterhalten", äußerte er im kleinen Kreis.[2] Da er sich selbst bekanntlich seit dem Sieg über Frankreich von Goebbels unwidersprochen als ‚größten Feldherrn aller Zeiten' feiern ließ,[3] hat ihn das jedoch nicht besonders beunruhigt. Er sah sich durch Mussolinis militärische Ignoranz vielmehr eher in seinem militärstrategischen Größenwahn bestätigt.[4]

Ungeachtet ihrer ideologischen Überhöhung hatte die von Hitler inszenierte ‚Männerfreundschaft' mit Mussolini einen bündnispolitischen Kern, der von ihm im zweiten Band von „Mein Kampf" ausführlich entfaltet worden ist. In einem sozialdarwinistisch aufgeladenen Szenario stellte Hitler hier Deutschland als ‚Volk ohne Raum' dar, das im Osten Europas neuen ‚Lebensraum' finden und daher unvermeidlich einen Krieg gegen die Sowjetunion führen müsse. Entgegen der Grundlinie der besonders von Gustav Stresemann verfolgten deutschen Ausgleichspolitik bezeichnete er Frankreich als unversöhnlichen ‚Todfeind', der vor einer gewaltsamen Ausdehnung Deutschlands im Osten zunächst militärisch neutralisiert werden sollte. Als gleichsam natürliche Bündnispartner in diesem geopolitischen Szenario sah Hitler Großbritannien und Italien an, weil sich in seiner ebenso einseitigen wie verblendeten Sichtweise ihre imperialen Expansionsinteressen nicht mit denen Deutschlands überschnitten. Auch wenn Hitler bekanntlich bis zu seiner Entfesselung des Krieges an eine Verständigung mit Großbritannien glaubte, erwies sich sein Kalkül in dieser Hinsicht als abwegig. So blieb für ihn als europäischer Bündnispartner nur das Italien Mussolinis übrig.

In völliger Überschätzung des militärischen Potentials seines Achsenfreundes hielt es Hitler aber für ausreichend, auch nur mit der militärischen Rückendeckung Mussolinis seine imperialen Ziele im ‚Osten' erreichen zu können. Diese Einschätzung ergab sich für ihn aus der fiktiven Annahme, dass das nationalsozialistische Deutschland gemeinsam mit dem faschistischen Italien Mussolinis in einem globalen Überlebenskampf zweier nationalrevolutionärer Führerdiktaturen stünde, Mussolini deshalb aus gemeinsamen Interesse gezwungen sei an seiner

Seite zu stehen. Auch wenn sich das in Hitlers Augen ‚rassisch' problematische Japan als der militärisch weitaus stärkere Verbündete erweisen sollte, der die Vereinigten Staaten soweit in Schach hielt, dass diese in Europa nicht ihre gesamte militärische Stärke entfalten konnten, während die Italiener ihrer von Hitler zugedachten Aufgabe den Mittelmeerraum zu beherrschen nicht nachkamen, blieb Mussolinis Italien im Zweiten Weltkrieg für den ‚Führer' der wichtigste Verbündete, zu dem er trotz aller Schwierigkeiten privilegierte Beziehungen zu erhalten suchte.

Bei seinem Staatsbesuch in Italien im September 1938 scheint Hitler allerdings erkannt zu haben, dass Mussolinis innenpolitische Stellung als Diktator prekär war, viel weniger unanfechtbar jedenfalls als die totalitäre Herrschaft, zu der er sein dem faschistischen Regime Mussolinis zunächst nachempfundenes Ausgangsregime in Deutschland nach dem Tod Hindenburgs ausbauen konnte.[5] Immer wieder kam er im Gespräch darauf zurück, wie stark er den italienischen König samt den diesen umgebenden höfischen und militärischen Kreisen verabscheute und wie sehr er Mussolini bedauerte von diesen abhängig zu sein.[6] Mehr oder weniger unausgesprochen stand daher stets auch im Raum, dass Mussolini von deutscher Seite vorsichtig behandelt werden müsste, damit er nicht innenpolitisch geschwächt und seine Gegner unnötig gestärkt würden. Das spektakulärste Beispiel dafür lieferte Hitlers verständnisvolle Reaktion auf Mussolinis verbrämte Weigerung, am 1. September 1939 mit Hitler in den Krieg einzutreten.[7] Aus Rücksicht auf das Prestige des ‚Duce' lehnte Hitler später auch mehrfach Vorstöße seiner Untergebenen ab, die italienischen Truppen einem einheitlichen Oberbefehl mit den deutschen zu unterwerfen, obwohl dies in militärischer Hinsicht eigentlich dringend geboten gewesen wäre.[8] Laut Goebbels drängte er jedoch im Frühjahr 1943 Mussolini dazu, eine Art von Prätorianergarde von etwa 5.000 Mann faschistischer Elitesoldaten aufzustellen, da „auf die reguläre royalistische Wehrmacht und ihre Generalität" kein Verlass sei.[9] Diese Truppe wurde tatsächlich am Lago di Bracciano nördlich von Rom unter dem Namen „Division M" aufgebaut, mit modernen Waffen ausgerüstet und von deutschen Offizieren ausgebildet. Da ihre Ausbildung noch nicht abgeschlossen war, konnte sie freilich den Sturz des ‚Duce' am 25. Juli 1943 nicht verhindern.[10]

Mussolinis Absetzung bestätigte Hitler in seinen dunkelsten Ahnungen. Sie leitete insofern eine Veränderung in seiner Einschätzung Mussolinis ein, als er nicht verstehen konnte, weshalb dieser sich so widerstandslos hatte entmachten lassen. Um diese Enttäuschung zu verschmerzen, aber auch um die Unbedingtheit seiner ‚Freundschaft' zu Mussolini zu rechtfertigen, führte er Mussolinis Lethargie auf den ‚Verrat' zurück, den die Kreise um die Monarchie an ihm verübt hätten. Das passte gut in die kollektiven deutschen Erinnerungen an den Ersten Weltkrieg, nach denen das Kaiserreich 1915 vermeintlich schon einmal von den Italienern

‚verraten' worden sein sollte. Mussolini war in der Sicht Hitlers von König Viktor Emanuel III. nicht rechtmäßig abberufen, sondern als Opfer einer Verschwörung abgesetzt worden. Dass dieser ‚Verrat' in der Nacht vom 24. zum 25. Juli 1943 in der Sitzung des höchsten faschistischen Parteigremiums, des Faschistischen Großrates, seinen Ausgang genommen hatte, ignorierte Hitler.

Auch wenn er am Ende nur noch insoweit an Mussolini interessiert war, als dieser mit Hilfe einer rigiden Repressionspolitik in seiner Sozialrepublik für Ruhe und Ordnung sorgte und zur wirtschaftlichen Ausbeutung durch die deutsche Besatzungsmacht beitrug, war es aus Hitlers Sicht nur folgerichtig, alles daran zu setzen, Mussolini aus der Hand der monarchischen Regierung Marschall Badoglios zu entführen und wieder als ‚Duce' des Faschismus einzusetzen. Nur so ließ sich die Fiktion aufrechterhalten, dass die ‚Achse' weiterbestehe; nur so konnte Hitler auch behaupten, dass das Bündnis weiterhin von seiner ‚Freundschaft' mit dem ‚Duce' abhinge. Angesichts der de facto vollständigen Abhängigkeit Mussolinis von Hitler konnte jedoch von einer Bündnisbeziehung souveräner Staaten keine Rede mehr sein, die ‚Italienische Sozialrepublik' war ein militärisch besetzter Staat ohne wirkliche Souveränität. Der ‚Duce' war nach Weisung Hitlers nur in begrenztem Umfang als Regierungschef reanimiert worden, seine Regierung stand unter strenger ziviler und militärischer Aufsicht der deutschen Besatzungsmacht. Es handelte sich deshalb letztlich um „eine Regierung, die nicht regieren konnte".[11]

Fragt man sich abschließend, weshalb Hitler auch noch am Achsenbündnis mit Mussolini festhielt, als dies nur noch eine Fiktion war, so hing auch das noch mit seiner exzeptionellen Fixierung auf den ‚Duce' zusammen. Das Bündnis veränderte zwar seit der Proklamation der ‚Achse' durch Mussolini seinen Charakter. Der Zauberlehrling übertrumpfte an politischer und militärischer Stärke seinen Meister, den er seit dem ‚Marsch auf Rom' umworben hatte, gleichwohl behielt die ‚Achse' für Hitler eine geradezu existenzielle Bedeutung. Er hatte seit dem ‚Marsch auf Rom' gegen alle Widerstände unbeirrt auf ein Bündnis mit dem faschistischen Italien Mussolinis gesetzt und er hatte dieses nach seiner Machtübernahme schrittweise durchgesetzt. Trotz aller von ihm angestrebten vertraglichen Absicherungen hatte er das Bündnis bis zuletzt als Produkt seiner persönlichen ‚Freundschaft' mit dem ‚Duce' ausgegeben, seine vorzeitige Auflösung wäre damit einem Eingeständnis seines persönlichen Scheiterns gleichgekommen, was auch seine vermeintliche Unfehlbarkeit als Diktator in Frage gestellt hätte. Dazu wollte und konnte es Hitler in seiner grenzenlosen Egomanie nicht kommen lassen. Zwar hat er am Ende wohl eingesehen, dass das Achsenbündnis in militärischer Hinsicht nicht das eingebracht hat, was er sich davon versprochen hatte. Zweifel an dem politischen Konstrukt seiner ‚Freundschaft' mit dem ‚Duce' ließ er jedoch bis zuletzt nicht aufkommen. Damit erklärt sich, weshalb es niemand im Führungskader des NS-Regimes wagte, Mussolini persönlich zu kritisieren, wenn über die militärische Schwäche Italiens gesprochen wurde. Wer Mussolini ein Versagen unterstellte, hätte damit letzten Endes auch den ‚Führer' angegriffen.

Anmerkungen

I Hitlers Entdeckung des italienischen Faschismus

1 Adolf Hitler, Mein Kampf, 70. Aufl. München 1933, S. 225.
2 Vgl. Ludolf Herbst, Hitlers Charisma. Die Erfindung eines deutschen Messias, Frankfurt a.M. 2010, der auf S. 98 treffend vom „Attentismus" Hitlers spricht.
3 So in einem anregenden Aufsatz Andreas Wirsching, Hitlers Authentizität. Eine funktionalistische Deutung, in: Vierteljahrshefte für Zeitgeschichte 64 (2016), S. 387–418, hier S. 397.
4 Hitler, Mein Kampf, S. 179.
5 Ian Kershaw, Hitler 1889–1936, Stuttgart 1998, S. 175.
6 Vgl. dazu Othmar Plöckinger, Unter Soldaten und Agitatoren. Hitlers prägende Jahre im deutschen Militär 1918–1920, Paderborn 2013, S. 177f.
7 Herbst, Hitlers Charisma, S. 99, auf der Basis von Hellmut Auerbach, Hitlers politische Lehrjahre und die Münchener Gesellschaft 1919–1923. Versuch einer Bilanz anhand der neueren Forschung, in: Vierteljahrshefte für Zeitgeschichte 25 (1977), S. 18. Hitlers Selbstdarstellung in „Mein Kampf" wird durch Plöckinger, Soldaten und Agitatoren, S. 147–151, korrigiert. Vgl. auch Volker Ullrich, Adolf Hitler. Biographie, Bd. 1: Die Jahre des Aufstiegs 1989–1939, Frankfurt a.M. 2013, S. 103f.
8 Aufgrund der dürftigen Quellenbasis ist nicht eindeutig zu klären, weshalb Hitler die Versammlung der DAP aufsuchte. Dass Hitlers eigene Darstellung in „Mein Kampf" aber wohl tatsächlich zutreffend ist, wird in dem Buch von Thomas Weber, Wie Adolf Hitler zum Nazi wurde. Vom unpolitischen Soldaten zum Autor von „Mein Kampf", Berlin 2016, S. 210f., plausibel gemacht. Weniger überzeugend in diesem Fall die These Plöckingers, Soldaten und Agitatoren, S. 144–150, dass Hitler Soldaten für das Regiment anwerben sollte.
9 Vgl. dazu die Dokumentation von Albrecht Tyrell, Führer befiehl ... Selbstzeugnisse aus der ‚Kampfzeit' der NSDAP, Düsseldorf 1969.
10 Anders Hans Maier (Hg.), Totalitarismus und Politische Religionen. Konzepte des Diktaturvergleichs, 3 Bde., Paderborn 1996–2003; Klaus Hildebrand (Hg.), Zwischen Politik und Religion: Studien zur Entstehung, Existenz und Wirkung des Totalitarismus, München 2003.
11 Vgl. z. B. Hanns Hubert Hoffmann, Der Hitlerputsch. Krisenjahre deutscher Geschichte 1920–1924, München 1961; Ernst Deuerlein (Hg.), Der Hitlerputsch. Bayerische Dokumente zum 8./9. November 1923, Stuttgart 1962; Harald J. Gordon, Hitlerputsch 1923. Machtkampf in Bayern 1923–1924, München 1978 sowie zuletzt Otto Gritschneder, Bewährungsfrist für den Terroristen Adolf H. Der Hitler-Putsch und die bayerische Justiz, München 1990.
12 Eine wichtige Ausnahme stellt Hans-Ulrich Thamer dar. Vgl. ders., Verführung und Gewalt. Deutschland 1933–1945, Berlin 1986; ders., Der Marsch auf Rom – ein Modell für die nationalsozialistische Machtergreifung, in: Wolfgang Michalka (Hg.), Die nationalsozialistische Machtergreifung, Paderborn 1984, S. 245–260. Verdienstvoll, jedoch in methodischer Hinsicht problematisch: Jobst C. Knigge, Hitlers Italienbild. Ursprünge und Konfrontation mit der Wirklichkeit, Hamburg 2012.
13 Vittorio Cerruti, Mussolini e gli ebrei, in: La Stampa, 12.9.1945, zit. nach Renzo De Felice, Storia degli ebrei sotto il fascismo, Turin 1961, S. 147. Vgl. auch Jens Petersen, Hitler-Mussolini. Die Entstehung der Achse Berlin-Rom 1933–1936, Tübingen 1973, S. 158.
14 Werner Jochmann (Hg.), Adolf Hitler. Monologe im Führerhauptquartier 1941–1944. Die Aufzeichnungen Heinrich Heims, Hamburg 1980, S. 43, Aufzeichnung vom 21./22.7.1941.

15 So Joachim C. Fest, Hitler. Eine Biographie, Frankfurt a.M.1973, S. 18.
16 An erster Stelle ist hier die Biographie von Kershaw, Hitler 1889–1936, ders., Hitler 1936–1945, Stuttgart 1998/2000, zu nennen. Wichtig inzwischen aber auch die danach erschienenen Biographien von Peter Longerich, Hitler. Biographie, München 2015 und Ullrich, Adolf Hitler. Methodisch interessant außerdem Wolfram Pyta, Hitler. Der Künstler als Politiker und Feldherr. Eine Herrschaftsanalyse, München 2015.
17 Zur Geschichte der Weimarer Republik vgl. zuletzt den ebenso umfassenden wie überzeugenden Literaturbericht von Eberhard Kolb, Dirk Schumann, Die Weimarer Republik, 8., überarbeitete und erweiterte Aufl. München 2013.
18 Arthur Moeller van den Bruck, Italia docet, in: Gewissen, 6.11.1922.
19 Vgl. Wolfgang Schieder, Das italienische Experiment. Der Faschismus als Vorbild in der Krise der Weimarer Republik, in: ders., Faschistische Diktaturen. Studien zu Italien und Deutschland, Göttingen 2008, S. 149–184.
20 Vgl. Wolfgang Schieder, Das Deutschland Hitlers und das Italien Mussolinis. Zum Problem faschistischer Regimebildung, in: ebd., S. 377–396.

II Hitler als politischer Nachahmer Mussolinis

1 Vgl. August Kubizek, Adolf Hitler, mein Jugendfreund, Graz 1995. Grundlegend dazu immer noch Brigitte Hamann, Hitlers Wien. Lehrjahre eines Diktators, München 1996. Obwohl er einiges neues Material beibringt, kann der Versuch von Dirk Bavendamm, Der junge Hitler. Korrekturen einer Biographie 1889–1914, Graz 2009, Hitler geradezu einen bildungsbürgerlichen Hintergrund anzusinnen, demgegenüber nicht überzeugen. Plausibel allerdings seine These, dass Hitler schon in Linz und nicht erst in Wien antisemitisches Gedankengut aufgenommen hat.
2 Vgl. z. B. Erhard Klöss (Hg.), Reden des Führers. Politik und Propaganda Adolf Hitlers, 1922–1945, München 1967, S. 186 f., Reichstagsrede vom 18. 3.1938: „dem mir so persönlich befreundeten Führer des großen faschistischen Staates"; „für uns Deutsche eine unlösbare Freundschaft"; „das Land und die Grenzen dieses Freundes aber sind für uns unantastbar"; S. 251, Reichstagsrede vom 19. 7.1940: „Daß ich persönlich die Ehre habe, der Freund dieses Mannes sein zu dürfen, beglückt mich angesichts der Eigenart des Lebensschicksals, das ebenso viel Gemeinsames mit dem meinen aufzuweisen hat wie unsere beiden Revolutionen..."
3 Max Domarus (Hg.), Hitler. Reden und Proklamationen 1932–1945, 2 Bde., Wiesbaden 1973, S. 926, Rede im Berliner Sportpalast am 26. 9.1938.
4 Jochmann (Hg.), Hitler, Monologe, S. 146.
5 Longerich, Hitler, S. 176. Öffentliche Liebeserklärungen sind von Hitler bezeichnenderweise gegenüber der Partei oder dem deutschen Volk überliefert. Vgl. z. B. sein Schlusswort bei einer Parteiversammlung der NSDAP am 12. 6.1925, in dem es heißt: „Ich liebe die Bewegung, sie ist mein Lebenswerk." Zit. nach Tyrell, Führer befiehl, S. 109.
6 Eine (deutsche) Ausnahme stellte allenfalls der Schriftsteller Dietrich Eckart dar, der zeitweise als ideologischer Mentor Hitlers galt, von ihm aber als Leiter des Völkischen Beobachters entlassen und aus seinem Münchner Kreis verstoßen wurde. Vgl. Longerich, Hitler, S. 119.
7 Nach Timothy W. Ryback, Hitlers Bücher. Seine Bibliothek – sein Denken, Köln 2010, S. 52, schrieb Eckart diese Widmung in ein Exemplar von Ibsens „Peer Gynt".
8 Kershaw, Hitler 1889–1936, S. 432.

9 Vgl. dazu zuletzt die - im Unterschied zu vielen anderen - wissenschaftlich seriösen Darstellungen von Brigitte Hamann, Winifred Wagner oder Hitlers Bayreuth, München 2002 und Heike Görtemaker, Eva Braun. Leben mit Hitler, München 2010.
10 Mussolinis Gespräche mit Emil Ludwig, Wien 1932, S. 223.
11 So etwa das absurde Buch von Fabio Andriolo, Mussolini segreto nemico di Hitler, Casale Monferrato 1997.
12 Vgl. unten S. 88 f.
13 Vgl. aber Axel Kuhn, Hitlers außenpolitisches Programm. Entstehung und Entwicklung 1919 – 1939, Stuttgart 1970.
14 So Hans Mommsen, Nationalsozialismus, in: Claus D. Kernig (Hg.), Sowjetsystem und demokratische Gesellschaft. Eine vergleichende Enzyklopädie, Bd. IV, Freiburg 1971, S. 703, in Übertragung eines wirtschaftstheoretischen Begriffs von Joseph Schumpeter. Ähnlich auch Martin Broszat, Soziale Motivation und Führer-Bindung im Nationalsozialismus, in: Vierteljahrshefte für Zeitgeschichte 18 (1970), S. 392 – 409, der S. 407 bestreitet, dass es sich bei Hitlers Lebensraumziel im Osten um einen rationalen „Handlungsplan auf ein konkret vorgestelltes begrenztes Objekt hin" gehandelt habe.
15 Vgl. Karl Lange, Der Terminus „Lebensraum" in Hitlers „Mein Kampf", in: Vierteljahrshefte für Zeitgeschichte 13 (1965), S. 426 – 437.
16 Dazu Wolfgang Schieder, Spanischer Bürgerkrieg und Vierjahresplan. Zur Struktur nationalsozialistischer Außenpolitik, in: Wolfgang Michalka (Hg.), Nationalsozialistische Außenpolitik, Darmstadt 1978, S. 325 – 359; Wolfgang Altgeld, Der Spanische Bürgerkrieg und die Entwicklung der Achse Berlin-Rom, in: Günther Schmigalle (Hg.), Der Spanische Bürgerkrieg. Literatur und Geschichte, Frankfurt a.M. 1986.
17 Vgl. Wolfgang Schieder, Benito Mussolini, München 2014, S. 16 – 18.
18 Fragwürdig so z. B. Bernd Martin, Zur Tauglichkeit eines übergreifenden Faschismusbegriffs, in: Vierteljahrshefte für Zeitgeschichte 29 (1981), S. 48 – 73. Wichtig dagegen Maurizio Bach, Stefan Breuer, Faschismus als Bewegung und Regime. Italien und Deutschland im Vergleich, Wiesbaden 2010.
19 G. Ward Price, Führer und Duce wie ich sie kenne, Berlin 1939, S. 109.
20 Jochmann (Hg.), Hitler, Monologe, S. 262 (Eintrag vom 3./4.2.1942).
21 Vgl. Kershaw, Hitler 1889 – 1936, S. 274 f.
22 Hitler, Reden, Schriften, Anordnungen, Bd. III,3, S. 443 – 445.
23 Zit. nach ebd., S. 284.
24 Ebd.
25 Joseph Goebbels, Was wollen wir im Reichstag, in: Der Angriff, 30.4.1928. Zit. nach Karl Dietrich Bracher, Die Auflösung der Weimarer Republik. Eine Studie zum Problem des Machtverfalls in der Demokratie, 5. Aufl. Villingen 1971, S. 333.
26 So die anregende Darstellung von Dirk Schumann, Gewalt als Methode der nationalsozialistischen Machteroberung, in: Andreas Wirsching (Hg.), Das Jahr 1933. Die nationalsozialistische Machteroberung und die deutsche Gesellschaft, Göttingen 2009, S. 135 – 155.
27 Peter Longerich, Geschichte der SA, München 2003.
28 Dr. Joseph Goebbels, Vom Kaiserhof zur Reichskanzlei. Eine historische Darstellung in Tagebuchblättern (Vom 1. Januar 1932 bis zum 1. Mai 1933), 20. Aufl. München 1937, S. 142. Bei dem Tagebucheintrag vom 10.8.1932 handelt es sich um eine für die Buchfassung überarbeitete Version des Tagebuchs.
29 Dazu grundlegend Sven Reichardt, Faschistische Kampfbünde. Gewalt und Gemeinschaft im italienischen Squadrismus und in der deutschen SA, Köln 2002, S. 656.

30 Domarus (Hg.), Hitler, S. 423.
31 Hitler legte am 30.4.1925 seine österreichische Staatsbürgerschaft ab, obwohl mehrere Versuche der bayerischen Landesregierung, ihn nach Österreich abzuschieben, am Widerstand der österreichischen Regierung gescheitert waren. Er war damit zwar davor geschützt, in sein Heimatland abgeschoben zu werden, seine staatsbürgerrechtliche Situation blieb jedoch prekär.
32 Vgl. Jochmann (Hg.), Hitler, Monologe, S. 43.
33 Vgl. Kershaw, Hitler 1889–1939, S. 339; Longerich, Hitler, S. 221 f.
34 Dazu und zum Folgenden Kershaw, Hitler 1889–1936, S. 426 f.
35 Hitler, Reden, Schriften, Anordnungen, Bd. III,3, S. 444.
36 Hitler, Mein Kampf, S. 611.
37 Zit. nach Kershaw, Hitler 1889–1936, S. 427.
38 Vgl. Wolfgang Schieder, Faschismus im politischen Transfer. Giuseppe Renzetti als faschistischer Propagandist und Geheimagent in Berlin 1922–1941, in: ders., Faschistische Diktaturen, S. 244.
39 Auch kritische zeitgenössische Beobachter haben den Legalitätskurs Hitlers für bare Münze genommen und von Mussolinis Putschstrategie abgehoben. Vgl. z. B. Siegfrid Mette, Adolf Hitler als Staatsmann und Volksführer, o.O [1932]: „Dazu nehme man noch, daß Hitler damals nicht seinem großen, angebeteten Vorbild, Mussolini, folgte, sondern ausdrücklich auf legalem Wege an die Macht kommen wollte." Zit. nach Othmar Plöckinger (Hg.), Quellen und Dokumente zur Geschichte von „Mein Kampf" 1924–1945, Stuttgart 2016, S. 543.
40 Schieder, Das italienische Experiment, in: ders., Faschistische Diktaturen, S. 180.
41 Karl Dietrich Bracher, Die deutsche Diktatur. Entstehung, Struktur, Folgen des Nationalsozialismus, Köln/Berlin 1969, S. 51.
42 Vgl. dazu Schieder, Das italienische Experiment, passim.
43 Jochmann (Hg.), Hitler, Monologe, S. 43 (Eintrag vom 21./22.7.1941).
44 Ebd., S. 245 (Eintrag vom 31.1.1942).
45 Ebd., S. 43.
46 Vgl. Eberhard Jäckel (Hg.), Hitler. Sämtliche Aufzeichnungen 1905–1924, Stuttgart 1980, S. 168, Rede Hitlers vom 1.8.1920: „Die Grundforderung ist: Weg mit dem Friedensvertrag! Wir müssen hierzu alle Hebel in Bewegung setzen, hauptsächlich die Gegensätze zwischen Frankreich und Italien ausnützen, damit wir Italien für uns bekommen." Vgl. auch Eberhard Jäckel, Hitlers Weltanschauung, Tübingen 1969, S. 33.
47 Vgl. dazu das 13. Kapitel von Hitler, Mein Kampf, S. 705.
48 Vgl. Jäckel (Hg.), Hitler. Sämtliche Aufzeichnungen, S. 100–278.
49 Die italienischen Faschisten wurden erstmals in dem Artikel vom 2.11.1921 über „Das vergessene Deutsch Südtirol" erwähnt. Vgl. Karl-Egon Lönne, Der „Völkische Beobachter" und der italienische Faschismus, in: Quellen und Forschungen aus italienischen Archiven und Bibliotheken 51 (1971), S. 548. Das entspricht der oben erwähnten Erinnerung Hitlers, wonach er erstmals 1921 vom Faschismus gehört haben will.
50 Gottfried Feder, Das Programm der NSDAP und seine weltanschaulichen Grundlagen, München 1933, S. 42.
51 Günter Schubert, Anfänge nationalsozialistischer Außenpolitik, Köln 1963, S. 76.
52 Jäckel (Hg.), Hitler. Sämtliche Aufzeichnungen, S. 683 (Völkischer Beobachter, 19.8.1922).
53 Ebd., S. 701 (Polizeibericht über eine Rede Hitlers in Coburg am 14.10.1922).
54 Vg. dazu Kershaw, Hitler 1889–1936, S. 227 f.; Longerich, Hitler, S. 110.
55 Vgl. dazu Kurt Luedecke, I knew Hitler. The story of a Nazi who escaped the Blood Purge, London 1938. Das genaue Datum des Gesprächs mit Mussolini geht aus Lüdeckes Memoiren nicht

hervor. Wichtig ist jedoch nur, dass er den ‚Duce' noch vor dem ‚Marsch auf Rom' gesprochen hat. Nach Arthur L. Smith, Kurt Luedecke. The man who knew Hitler, in: German Studies Review 26 (2003), S. 597–606, soll die Polizei Anfang 1923 aufgrund eines Hinweises von Hitler [sic!] gegen Lüdecke wegen Spionage ermittelt und ihn zwei Monate in Untersuchungshaft gehalten haben. Da sich Hitler seiner jedoch weiterhin bediente, erscheint dies unwahrscheinlich.
56 Zur Biographie von Lüdecke vgl. das Schreiben des Auswärtigen Amtes an das Bayerische Staatsministerium des Äußern vom 21.12.1923, abgedruckt bei Deuerlein (Hg.), Der Hitler-Putsch, S. 543–547.
57 Luedecke, I knew Hitler, S. 56–59.
58 Ebd., S. 69.
59 Ebd., S. 134.
60 Ebd., S. 139 (in deutscher Sprache!).
61 Jäckel (Hg.), Hitler. Sämtliche Aufzeichnungen, S. 976.
62 Ebd.
63 Luedecke, I knew Hitler, S. 140.
64 Vgl. dazu Edgar R. Rosen, Mussolini und Deutschland 1922–1923, in: Vierteljahrshefte für Zeitgeschichte 5 (1957), S. 17–40; Meir Michaelis, I rapporti tra fascismo e nazismo prima dell'avvento di Hitler al potere (1922–1933), in: Rivista Storica Italiana 85 (1973), S. 544–600.
65 Michaelis, Rapporti, S. 561.
66 Renzo De Felice, Mussolini e Hitler. I rapporti segreti 1922–1933, Florenz 1975, S. 38 (Interview mit Lüdecke in der Zeitung L'Epoca, 25.10.1923).
67 Una parodia del fascismo in Germania, in: Il Popolo d'Italia, 22.12.1922.
68 Giulio Benedetti, Una caricatura del fascismo italiano, in: Il Corriere Italiano, 24.3.1923. Vgl. auch den Artikel von Benedetti, Le illusioni di Hitler, in: Il Corriere Italiano, 11.11.1923.
69 Leo Negrelli, La giovane Germania prepara la riscossa. I rapporti italo-tedeschi circa l'Alto Adige (Dichiarazioni di Hitler al nostro inviato speciale), in: Il Corriere Italiano, 16.10.1923, gekürzt abgedruckt bei Jäckel (Hg.), Hitler. Sämtliche Aufzeichnungen, S. 1035–1037. Eine gekürzte Fassung des Interviews erschien unter dem Titel Le condizioni interne della Germania e i rapporti coll'Italia per l'Alto Adige in Mussolinis Parteizeitung Il Popolo d'Italia, 19.10.1923.
70 Jäckel (Hg.), Hitler. Sämtliche Aufzeichnungen, S. 1051 (L'Epoca, 4.11.1923).
71 Klaus-Peter Hoepke, Die deutsche Rechte und der italienische Faschismus, Düsseldorf 1968, S. 128.
72 Jäckel (Hg.), Hitler. Sämtliche Aufzeichnungen, S. 726, Rede auf einem Sprechabend der NSDAP am 9.11.1922. Bestätigung durch Ernst Röhm, Geschichte eines Hochverräters, 4. Aufl. München1933, S. 152.
73 Jochmann (Hg.), Hitler, Monologe, S. 43. Ähnlich z. B. am 18.10.1942 zu Mussolini: „Was Sie, Duce, und ihre Kämpfer seitdem vollbracht haben, läßt die damalige Erhebung zu einem Wendepunkt der menschlichen Geschichte" werden. Zit. nach Domarus, Hitler, S. 1929. Dazu auch Knigge, Hitlers Italienbild, S. 76, mit allerdings falscher Datierung.
74 Vgl. den Bericht in: Völkischer Beobachter, 8.11.1922: „Was eine Schar beherzter Männer in Italien gekonnt hat, das können wir in Bayern auch. Den Mussolini Italiens haben auch wir. Er heißt Adolf Hitler. Der parlamentarische Schwindel muß verschwinden, weil er einer allgemeinen Volksbewucherung [sic!] Tür und Tor öffnet. An seine Stelle muß eine nationale Diktatur treten, in der wir alle viel freier leben werden, als in dem sogenannten freien Volksstaat, in dem wir nur Sklaven sind." Vgl. auch Kershaw, Hitler 1889–1936, S. 230, Ullrich, Adolf Hitler, S. 146 f.
75 Jäckel (Hg.), Hitler. Sämtliche Aufzeichnungen, S. 722.
76 Ebd., S. 974, Interview mit The World, 19.8.1923.

77 Vgl. die Meldungen von einer „Faschistengefahr" bei Jäckel (Hg.), Hitler. Sämtliche Aufzeichnungen, S. 953, 955, 957, 962.
78 Zit. nach Weber, Adolf Hitler, S. 390.
79 Vgl. Birgit Schwarz, Geniewahn. Hitler und die Kunst, Wien 2009, S. 88.
80 Vgl. das Foto des Arbeitszimmers mit der Mussolinibüste, ebd., S. 119.
81 Bundesarchiv Koblenz [BAK], Nachlass 1235: Giuseppe Renzetti, Bd. 12, Bericht Renzettis vom 3.7.1933.
82 Vgl. z. B. Documenti Diplomatici Italiani [DDI], Serie VII, Bd. 2, S. 318. Dazu Federico Scarano, Mussolini e La Repubblica di Weimar. Le relazioni diplomatiche tra Italia e Germania dal 1927 al 1933, Neapel 1996, S. 81 und De Felice, Mussolini e Hitler, S. 22f.
83 Vgl. unten S. 74.
84 Vgl. dazu Ian Kershaw, Der Hitlermythos. Volksmeinung und Propaganda im Dritten Reich, Stuttgart 1980 sowie Herbst, Hitlers Charisma, passim.
85 Irrig daher hier Kershaw, Hitler 1889–1936, S. 232.
86 Vgl. Herbst, Hitlers Charisma, S. 141–145.
87 Vgl. Albrecht Tyrell, Vom „Trommler" zum „Führer", München 1975; ders. (Hg.), Führer befiehl.
88 Damit soll nicht gesagt werden, dass Hitlers Herrschaft, wie Herbst unterstellt, im ‚Dritten Reich' im Wesentlichen auf seinem ‚Charisma' beruhte, sie war vielmehr in erster Linie durch Terror und Exklusion aller ‚Gemeinschaftsfremden' gekennzeichnet. Nur so lange sich Hitler im Krieg auf der Siegerstraße befand, erhielt er tatsächlich in der deutschen ‚Volksgemeinschaft' beträchtliche Zustimmung, seit ‚Stalingrad' wurde diese jedoch zunehmend nur noch durch eine kollektive Angstpropaganda erzeugt, deren Fixpunkt bis zuletzt ein imaginärer ‚Endsieg' war. Vgl. dazu neuerdings das Buch von Nicholas Stargardt, Der deutsche Krieg 1939–1945, Frankfurt a.M. 2015.
89 Longerich, Hitler, S. 126.
90 Zit. nach Kershaw, Hitler 1889–1936, S. 377.
91 Vgl. Sabine Behrenbeck, „Heil", in: Etienne Francois, Hagen Schulze (Hg.), Deutsche Erinnerungsorte, Bd. 3, München 2001, S. 310–327.
92 Zit. nach Tyrell, „Trommler", S. 130.
93 Wie Reichardt, Faschistische Kampfbünde, S. 574–589, eindrucksvoll darstellt, vollzog sich die Uniformierung der faschistischen Kader sowohl in Italien als auch in Deutschland nur sehr allmählich. Das hier verkürzt gezeichnete Bild muss daher als idealtypisch angesehen werden.
94 De Felice, Mussolini e Hitler, S. 60f., Bericht Tedaldis an Mussolini, 17.11.1922: „Hitler desidera se è possibile, prender contatto diretto coi fascisti italiani per averne delle direttive e delle indicazioni sul metodo da seguire."
95 Jäckel (Hg.), Hitler, S. 1022, Interview mit United Press, 30.9.1923. Ähnlich auch im Gespräch mit dem italienischen Journalisten Leo Negrelli am 14.10.1923, in einer Versammlung der SA-Führer am 23.10.1923 und auf einer NSDAP-Versammlung in München am 30.10.1923, ebd., S. 1037, 1043, 1049.
96 Jäckel (Hg.), Hitler. Sämtliche Aufzeichnungen, S. 1117, Aussage vor dem Volksgericht am 28.2.1924.
97 Ebd.
98 Ebd., S. 1199.
99 Hitler, Reden, Schriften, Anordnungen, Bd. II,2, S. 545, Rede am 9.11.1927.
100 Ebd., S. 846, Euer die Lüge – unser der Sieg, 19.5.1928.
101 Ebd., S. 432, Politik der Woche (Illustrierter Beobacher, 23.2.1929).
102 Ebd., S. 31, Rede auf einer NSDAP-Versammlung in München, 15.3.1929.

103 Ebd., Bd. II/1, S. 78, Rede auf der Sitzung des völkischen Führerringes Thüringen, 20.10.1926.
104 Jäckel (Hg.), Hitler. Sämtliche Aufzeichnungen, S. 1117, Aussage vor dem Volksgericht am 28.2.1924.
105 Hitler, Reden, Schriften, Anordnungen, Bd. III,1, S. 53, Rede auf einer NSDAP-Versammlung in München, 15.3.1929.
106 Hitler, Reden, Schriften, Anordnungen, Bd. III,1, S. 428, Rede auf einer NSDAP-Versammlung in München, 22.9.1929.
107 Hitler, Über die Lösung der römischen Frage. Friedensschluß zwischen dem Faschismus und dem Vatikan, in: Völkischer Beobachter, 22.2.1929.
108 Hitler, Reden, Schriften, Anordnungen, Bd. III,1, S. 430.
109 Akten der Reichskanzlei, Weimarer Republik, Das Kabinett von Papen, Bd. I, Boppard 1989, S. 398.
110 „Mein Kampf" liegt neuerdings in einer allerdings problematischen wissenschaftlichen Edition von Christian Hartmann, Thomas Vordermayer, Othmar Plöckinger, Roman Töppel (Hg.), Hitler, Mein Kampf. Eine kritische Edition, 2 Bde., München/Berlin 2016, vor. Kritisch dazu Wolfgang Schieder, Hitlers „Mein Kampf". Eine Edition – aber für wen?, in: Neue Politische Literatur 61 (2016), S. 187–197.
111 Vgl. dazu Othmar Plöckinger, Geschichte eines Buches. Adolf Hitlers „Mein Kampf" 1922–1945, 2. Aufl. München 2011, S. 181–184; Sven Felix Kellerhoff, „Mein Kampf". Die Karriere eines deutschen Buches, Stuttgart 2015, S. 193–208.
112 Kellerhoff, „Mein Kampf", S. 198.
113 Jochmann (Hg.), Hitler, Monologe, S. 262 (Eintrag vom 3./4.2.1942).
114 So Frank, Angesicht, S. 45. Da Hitler keinerlei Kenntnisse der italienischen Sprache hatte, ist es allerdings unwahrscheinlich, dass er zu Frank auch gesagt hat: „Ich bin kein Schriftsteller. Welch schönes Italienisch spricht und schreibt Mussolini!"
115 Vgl. dazu den Sammelband von Josef Kopperschmidt (Hg.), Hitler als Redner, München 2003.
116 Hitler, Mein Kampf, S. XXVII. Vgl. auch ebd., S. 116 („Zauberkraft des gesprochenen Wortes") sowie das 6. Kapitel des zweiten Bandes „Der Kampf der ersten Zeit – Die Bedeutung der Rede", ebd., S. 518–537.
117 Schon von Zeitgenossen wurde behauptet, dass Hitler „Mein Kampf" nur geschrieben habe, um damit Geld zu verdienen. Wenn das wirklich der Fall gewesen sein sollte, wofür es keine eindeutigen Belege gibt, hätte sich Hitler bis 1933 gewaltig verschätzt. Das Buch war bis 1933, worauf Kershaw, Hitler 1889–1936, S. 301, nachdrücklich hinweist, kein Verkaufsschlager. Seit 1930 stiegen die Verkauzahlen an, jedoch erst nach Hitlers Machtübernahme kam es dank massiver staatlicher Unterstützung zu einer Millionenauflage, die Hitler zu einem reichen Mann machte. Vgl. dazu neuerdings auch Kellerhoff, „Mein Kampf".
118 Jäckel, Hitlers Weltanschaung, hat Hitlers Ideologie, so verdienstvoll sein Buch seinerzeit auch war, aus heutiger Sicht zweifellos zu systematisch dargestellt.
119 Hitler, Mein Kampf, S. 780.
120 Adolf Hitler, Die Südtiroler Frage und das deutsche Bündnisproblem, München 1926, S. 31.
121 Vgl. Jäckel, (Hg.), Hitler. Sämtliche Aufzeichnungen, S. 728, Rede bei einem nationalsozialistischen Sprechabend am 20.12.1922.
122 Ebd.
123 Rosen, Mussolini und Deutschland, S. 21–23 nach einem Auszug in den Documenti Diplomatici Italiani [D.I.], 7. Serie, Bd. 1, S. 80, Bericht Tedaldis an Mussolini, 17.11.1922.
124 De Felice, Mussolini e Hitler, S. 60.
125 Klaus-Peter Hoepke, Die deutsche Rechte, S. 311.

126 Vgl. dazu schon Rosen, Mussolini und Deutschland, S. 17–45.
127 Benito Mussolini, Maschere e volto della Germania, in: ders., Opera Omnia [O.O.], Bd. XVIII, S. 120.
128 Vgl. Jäckel (Hg.), Hitler. Sämtliche Aufzeichnungen, S. 1035 sowie Michaelis, Rapporti, S. 563 f.
129 Leo Negrelli, La vigilia d'armi in Germania. La lotta tra la stella semita e la croce ariana. Un discorso di Hitler ai social-nazionalisti bavaresi, in: Il Corriere Italiano, 26.10.1923.
130 Kershaw, Hitler1889–1936, S. 347.
131 Vgl. dazu Wolfgang Horn, Der Marsch zur Machtergreifung. Die NSDAP bis 1933, Königstein/Düsseldorf 1968; Dietrich Orlow, The history of the Nazi Party, 2 Bde. Pittsburgh 1969/73; Michael H. Kater, The Nazi Party. A social profile of members and leaders 1919–1945, Oxford 1983. Mit vergleichender Fragestellung jetzt Reichardt, Faschistische Kampfbünde, passim.
132 Udo Kissenkoetter, Gregor Strasser und die NSDAP, Stuttgart 1978.
133 Hans Reupke, Das Wirtschaftssystem des Faschismus, Berlin 1930, S. 115.
134 Erich Koch, Sind wir Faschisten? in: Arbeitertum, 1.7.1931.
135 Ernst Graf zu Reventlow, Nationalsozialismus oder Nationalkapitalismus?, in: Der Reichswart, 18.4.1931.
136 Alfred Rosenberg, Mussolini kapituliert!, in: Völkischer Beobachter, 7.7.1925. Vgl. auch Michaelis, Rapporti, S. 587 f.
137 Adolf Dresler, Mussolini, Leipzig 1924.
138 Ebd., S. 51.
139 Ebd., S. 58
140 Elke Fröhlich (Hg.), Die Tagebücher von Joseph Goebbels, Teil I, Aufzeichnungen 1923–1941, Bd. 1–9, München 1998–2006; Teil II, Diktate 1941–1945, Bd. 1–15, München1993–1996; Teil III, Register 1923–1945, München 2007/2008, im Folgenden: Goebbels, Tagebücher. Zitat T. I, Bd.2/1, S. 126 (Eintrag vom 6.4.1930).
141 Gottfried Feder, Das Programm der NSDAP und seine weltanschaulichen Grundlagen, 4. Aufl. München1928, S. 19; 5. Aufl. München 1929, S. 40.
142 Vgl. dazu Dieter Schenk, Hans Frank. Hitlers Kronjurist und Generalgouverneur, Frankfurt a.M. 2006, S. 58 f.
143 Zit. nach Hoepke, Deutsche Rechte, S. 327.
144 Goebbels, Tagebücher,T. I, Bd. 1/3, S. 73 (Eintrag vom 29.8.1928).
145 Ebd., T. I, Bd. 2/1 , S. 67 (Eintrag vom 19.1.1930).
146 Benito Mussolini, Difesa dell'Alto Adige, in: O.O., Bd. XII, S. 68–73; ders., Risposta a Stresemann, ebd., S. 74–78; Gustav Stresemann, Reden und Schriften. Politik – Geschichte –Literatur 1897–1926, 2. Aufl. Berlin 2008, S. 374–376. Vgl. dazu schon Conrad F. Latour, Südtirol und die Achse Berlin-Rom 1938–1945, Stuttgart 1952 und Vera Torunsky, Entente der Revisionisten? Mussolini und Stresemann 1922–1929, Köln 1986 sowie vor allem Leopold Steurer, Südtirol zwischen Rom und Berlin 1919–1939, Wien 1980, S. 100–113.
147 Wenig beachtet wurde bisher, dass die Südtirolfrage auch im außenpolitischen Teil von Hitlers vier- bis fünfstündiger Rede auf der Bamberger Führertagung eine große Rolle spielte. Hitler hatte die norddeutschen Nationalsozialisten unter Gregor Strasser auch auf diesem Feld gegen sich. Vgl. Hitler, Reden, Schriften, Anordnungen, Bd. I,1, S. 294–296, Völkischer Beobachter, 25.2.1926.
148 Goebbels, Tagebücher, Bd. II/1., S. 158.
149 Hermann Göring, Zum deutsch-italienischen Konflikt, in: Völkischer Beobachter, 3.3.1926, 6.3.1926, 9.3.1926.

150 Ebd., 9.3.1926
151 Ebd., 6.3.1926
152 Adolf Hitler, Die Südtirolfrage und das deutsche Bündnissystem, München 1926. Vgl. Hitler, Reden, Schriften, Anordnungen, Bd. I, München 1992, S. 269–330.
153 Vgl. Hitler, Mein Kampf, S. 684–725: „Deutsche Bündnispolitik nach dem Kriege".
154 Gerald L. Weinberg (Hg.), Hitlers Zweites Buch. Ein Dokument aus dem Jahr 1928, Stuttgart 1961. Vgl. dazu Ullrich, Adolf Hitler, S. 243 f.
155 Vgl. Weinberg (Hg), Hitlers Zweites Buch, S. 32 f.
156 Hitler, Südtirolfrage, S. 23.
157 Ebd., S. 26.
158 Ebd., S. 21.
159 Ebd., S. 30.
160 Ebd., S. 43 f.
161 Ebd., S. 7, Vorwort vom 12.2.1926.
162 Hitler, Mein Kampf, 2. Bd., 15. Kap., S. 726–758.
163 Hitler, Mein Kampf, S. 732. Hitler nahm dabei bekanntlich geopolitische Ideen Karl Haushofers auf, die ihm durch Heß vermittelt worden waren.
164 Ebd., S. 742.
165 Ebd., S. 739, 743.
166 Vgl. dazu in größerem Zusammenhang Rainer F. Schmidt, Die Außenpolitik des Dritten Reiches 1933–1939, Stuttgart 2002.
167 Zur gut untersuchten Englandpolitik Hitlers vgl. Wolfgang Michalka, Ribbentrop und die deutsche Weltpolitik 1933–1940, München 1980; Josef Henke, England in Hitlers politischem Kalkül. Vom Scheitern der Bündniskonzeption bis zum Kriegsbeginn (1935–1939), Boppard 1973; Hermann Graml, Hitler und England. Ein Essay zur nationalsozialistischen Außenpolitik 1920–1940, München 2009.
168 Vgl. Scarano, Mussolini, S. 99; Steurer, Südtirol, S. 144–153.
169 Mussolini, O.O., Bd. XXIII, S. 136 sowie dazu Scarano, Mussolini, S. 89 f.
170 Vgl. Petersen, Hitler-Mussolini, S. 26 f.; Scarano, Mussolini, S. 114 f.
171 Vgl. zum ganzen Vorgang jetzt Plöckinger, Geschichte eines Buches, S. 205–210.
172 Hitler, Reden, Schriften, Anordnungen, T. 1, Bd. II,2, S. 845.
173 Ebd., Bd. III,1, S. 17, Rede Hitlers auf einer NSDAP-Versammlung in Berlin, 13.7.1928.
174 Vgl. dazu James Barros, The Corfu Incident of 1923. Mussolini and the League of Nations, Princeton 1965.
175 So Timothy W. Ryback, Hitlers Bücher. Seine Bibliothek – sein Denken, Köln 2010, S. 115.
176 Weinberg (Hg.), Hitlers Zweites Buch, S. 104.
177 Ebd., S. 114, 133.
178 Ebd., S. 159.
179 Ebd., S. 177.
180 Ebd., S. 207.
181 Ebd., S. 191.
182 Vgl. dazu das wichtige Buch von Andrea Di Michele, Die unvollkommene Italianisierung. Politik und Verwaltung in Südtirol 1918–1943, Innsbruck 2008.
183 Weinberg (Hg.), Hitlers Zweites Buch, S. 201.
184 Ebd., S. 205.
185 Ebd., S. 207.

186 Das Interview erschien am 27.9.1930 in der Gazzetta del Popolo unter dem Titel „A colloquio con Hitler". Eine stark verkürzte, falsch auf den 16. September datierte Fassung des Interviews findet sich bei Pietro Solari, Hitler e il Terzo Reich, Mailand 1932, S. 97–103.
187 Gazzetta del Popolo, 29.9.1930.
188 Gazzetta del Popolo, 16.9.1930.
189 Ebd.
190 Dieses von ihm auch in der innerdeutschen Propaganda verwendete Argument taucht auch in anderen Interviews mit italienischen Journalisten auf. Vgl. z. B. Franco Ciarlantini, Hitler e il fascismo, 2. Aufl. Florenz 1933, S. 15.
191 Solari, Hitler, S. 103
192 Gazzetta del Popolo, 7.12.1931 (A colloquio con Hitler).
193 Scarano, Mussolini, S. 333f.
194 Ebd., S. 334.
195 So Weinberg (Hg.), Hitlers Zweites Buch, S. 19 (Einleitung).
196 So Scarano, Mussolini, S. 333 aufgrund von nicht veröffentlichten Akten im Archivio Storico del Ministero degli Affari Esteri [ASMAE].
197 [Gino Cucchetti], Adolfo Hitler nel pensiero di alcuni Italiani, in: Il Popolo d'Italia, 3.11.1931, zit. nach De Felice, Mussolini e Hitler, S. 207. Vgl. auch Gino Cucchetti, Italia e Germania dal Risorgimento ad oggi, 3. Aufl. Palermo o.J.
198 In deutscher Übersetzung zit. nach De Felice, Mussolini e Hitler, S. 207.
199 Carlo Scorza, Fascismo idea imperiale, Rom 1933.
200 Ebd.,S. 35.
201 Ebd.,S. 4
202 Vgl. unten S. 105.
203 Domarus, Hitler, S. 1194, Telegramm Hitlers an Mussolini, 23.5.1939.
204 Scorza, Fascismo, S. 84.
205 Remo Renato Petitto, Un colloquio con Hitler alla Casa Bruna, in: Il Tevere 4./5.10.1932, S. 1.
206 Vgl. Interview des Führers mit einem Vertreter des Tevere, in: Völkischer Beobachter, 9./10.10. 1932. Der Artikel wurde auszugsweise, aber ohne jede Herkunftsangabe, von Asvero Gravelli, Hitler, Mussolini und die Revision, Leipzig [1933], übernommen.
207 So die Angabe Petittos a.a.O.
208 Vgl. Alfredo Stendardo, Il nazional-socialismo tenta il colpo decisivo, in: Giornale d'Italia, 21.2.1932.
209 Vgl. z. B. Petitto, Colloquio con Hitler, 5.10.1932.
210 Ebd.
211 Vgl. Michaelis, Rapporti, S. 594f.; Scarano, Mussolini, S. 84–86.
212 So Antinori in einer Aktennotiz für den italienischen Botschafter Aldrovandi, zit. nach Scarano, Mussolini, S. 84. Das Dokument ist nicht in den DDI enthalten.
213 Das Zitat wie auch das folgende nach Scarano, Mussolini, S. 85.
214 DDI, 7. Serie, Bd. V, S. 621f.: Bericht Antinoris über ein Treffen mit Hitler. Darin von unbekannter Hand der handschriftliche Vermerk: „Hitler ha ragione. Ma non vedo perchè ci dovremmo prestare al gioco tedesco (Anschluß, Boemia e Alsazia Lorena). Certo il cosidetto problema dell'Alto Adige diverebbe allora un'inezia." Zit. nach Scarano, Mussolini, S. 88.
215 DDI, 7. Serie, Bd. VI, S. 284, Tel. Summonte an Mussolini, 9.5.1928 Vgl. auch schon Petersen, Hitler-Mussolini, S. 25.

216 DDI, 7. Serie, Bd. VI, S. 284, Tel. Mussolini an Summonte, 9.5.1928: „Sono disposto a ricevere Hitler ad epoca da stabilirsi. Comunque dopo le elezioni tedesche. Un colloquio prima non gioverebbe se non agli avversari di Hitler." Vgl dazu Michaelis, Rapporti, S. 600.
217 Vgl. dazu Gisela Framke, Im Kampf um Südtirol. Ettore Tolomei (1865–1952) und das Archivio per l'Alto Adige, Tübingen 1987; Winfried Adler, Die Minderheitenpolitik des italienischen Faschismus in Südtirol und im Aostatal 1922–1929, Diss. Phil. Trier 1979; Rolf Steininger, Südtirol im 20. Jahrhundert, 4. Aufl. Bozen 2004, S. 22–28, 77–79, 91–94.
218 Es gibt zwei Darstellungen Tolomeis über das Gespräch. Vgl. den Originalbericht an Mussolini bei Karl Heinz Ritschel, Diplomatie um Südtirol. Politische Hintergründe eines europäischen Versagens, Stuttgart 1966, S. 134–136 sowie eine gekürzte Fassung in den Memoiren von Ettore Tolomei, Memorie di vita, Mailand 1948, S. 512f. Vgl. dazu Petersen, Hitler-Mussolini, S. 25.
219 Tolomei, Memorie, S. 68.
220 Ebd.
221 De Felice, Mussolini e Hitler, S. 154–158. Vgl. auch Scarano, Mussolini, S. 187.
222 Ebd., S. 157f.; DDI, 7. Serie, Bd. VIII, S. 419.
223 De Felice, Mussolini e Hitler, S. 157.
224 Ebd.
225 Der Bericht enthält laut Vermerk der Herausgeber der DDI, 7. Serie, Bd. VIII, S. 420, den handschriftlichen Vermerk Außenminister Grandis „Al Capo del Governo".
226 Vgl. zu diesem ausführlich unten S. 53–55.
227 De Felice, Mussolini e Hitler, S. 169f., S. 230–232; DDI, 7. Serie, Bd. IX, S. 353; Bd. X, S. 544–46.
228 De Felice, Mussolini e Hitler, S. 230f.
229 Ebd., S. 232.
230 Ebd., S. 232.
231 BAK, NL 1235: Giuseppe Renzetti, Bd. 11, Bericht vom 25.10.1932.
232 Vgl. DDI, 7. Serie, Bd. IX, S. 412, Orsini Baroni an Grandi, Oktober 1930.
233 Vgl. Scarano, Mussolini, S. 202, der sich auf ein unveröffentlichtes Tagebuch des Außenministers Dino Grandi stützt.
234 Vgl. DDI, 7. Serie, Bd. IX, S. 355, Gravina an Außenminister Grandi, 16.9.1930, im Auszug zit. von De Felice, Mussolini e Hitler, S. 133.
235 DDI, 7. Serie, Bd. IX, S. 250–252, Orsini Baroni an Grandi, 28.7.1930.
236 Vgl. Luigi Federzoni, Italia di ieri per la storia di domani, Mailand 1967, S. 126–130.
237 Vgl. zum Folgenden Jobst C. Knigge, Prinz Philipp von Hessen. Hitlers Sonderbotschafter für Italien, Berlin 2009.
238 Zu Görings Rolle vgl. unten S. 70–72.
239 Eugen Dollmann, Roma nazista, Mailand 1941, S. 32.
240 Knigge, Prinz Philipp, S. 13.
241 Eine biographische Studie zu Villari fehlt. Vgl. aber seine Erinnerungen: Luigi Villari, Affari esteri 1943 1945, Rom 1948. Von seinen zahlreichen Schriften ist ferner erwähnenswert: ders., The awakening of Italy, London 1924; ders., The fascist experiment, London 1926.
242 Zu Morreale vgl. Federico Niglia, Mussolini, Dollfuß e i nazionalsocialisti. La politica estera italiana in Austria nei rapporti di Morreale, in: Nuova Storia Contemporanea 71 (2003), S. 63–82.
243 Zur Biographie von Renzetti vgl. Wolfgang Schieder, Faschismus im politischen Transfer. Giuseppe Renzetti als faschistischer Propagandist und Geheimagent im Berlin 1922–1941, in: ders., Faschistische Diktaturen, S. 223–252.

244 DDI, 7. Serie, Bd. IX, S. 403–405, Appunti di una conversazione con Adolfo Hitler, 24.9.30. Dazu auch Scarano, Mussolini, S. 338 f.
245 DDI, 7. Serie, Bd. VII, S. 414–416, Appunti Morreale, 8.5.1929.
246 Ebd.
247 Ebd., S. 415.
248 Vgl. dazu und zum Folgenden Schieder, Faschismus im politischen Transfer, in: ders., Faschistische Diktaturen, passim.
249 Vgl. dazu neuerdings Manfred Wichmann, Wilhelm Pabst und die Gesellschaft zum Studium des Faschismus 1931–1934, Berlin 2013.
250 Vgl. die Liste der Treffen bei Schieder, Renzetti, in: ders., Faschistische Diktaturen, S. 236–239.
251 Ebd., S. 240 f.
252 Ebd., S. 243 f.
253 Hitler, Reden, Schriften, Anordnungen, Bd. IV,1, S. 405 f. Im deutschen Original von Renzetti mit Schreiben vom 10.6.1931 an Mussolini übersandt, vgl. BAK, NL 1235: Giuseppe Renzetti, Bd. 10.
254 BAK, NL 1235: Giuseppe Renzetti, Bd. 10, Bericht vom 24.6.1931.
255 Ebd., Bericht vom 15.10.1931.
256 Vgl. dazu überzeugend Scarano, Mussolini, S. 354 f. nach DDI, 7. Serie, Bd. XI, S. 98 f., Bericht Renzettis vom 19.10.1931.
257 Scarano, Mussolini, S. 354 f. nach DDI, 7. Serie, Bd. XI, S. 98 f., Bericht Renzettis vom 20.11.1931.
258 BAK, NL 1235: Giuseppe Renzetti, Bd. 10, Bericht vom 15.10.1931, Bericht vom [18.11. 1931].
259 Ebd., Bericht vom 20.11.31.
260 Ebd.
261 Ebd., Bericht vom 28.11.1931.
262 Vgl. Scarano, Mussolini, S. 355.
263 Vgl. Scarano, Mussolini, S. 356.
264 BAK, NL 1235: Giuseppe Renzetti, Bd. 10, Bericht vom 6.12.1931.
265 Ebd.
266 Ebd.
267 Vgl. BAK, NL 1235: Giuseppe Renzetti, Bd. 11, Berichte vom 12.1.1932 und 12.6.1932.
268 Vgl. ebd., Bericht vom 6.1.1932. Zum Tod von Arnaldo schickte Hitler Mussolini ein Beileidstelegramm, vgl. ebd., Bd. 10, Bericht vom 25.12.31, dem das Telegramm jedoch nicht beiliegt.
269 Ebd., Bericht vom 12.1.1932.
270 Ebd., Bericht vom 21.6.1932: „Hitler muore dal desiderio di incontrare il Duce".
271 Vgl. Schieder, Italienisches Experiment, in: ders., Faschistische Diktaturen, passim.
272 Curzio Malaparte, Technique du coup d'état, Paris 1931; ders., Die Technik des Staatsstreichs, Leipzig 1932. Vgl. zum ganzen Petersen, Hitler-Mussolini, S. 100–103.
273 BAK, NL 1235: Giuseppe Renzetti, Bd. 10, Bericht vom 18.9.1931.
274 Scarano, Mussolini, S. 368 f., der aber die indirekte Kritik Malapartes an Mussolini übersieht.
275 BAK, NL 1235: Giuseppe Renzetti, Bd. 10, Bericht vom 18.9.1931.
276 Vgl. dazu die Kongressakten unter dem Titel Reale Accademia D'Italia, Fondazione Alessandro Volta, Convegno di Scienze Morali e Storiche, 2 Bde., Rom 1933.
277 Aus Deutschland abgesagt haben die Politiker Alfred Hugenberg und Hans Luther, die Historiker Friedrich Meinecke und Karl Brandi, der Staatsrechtler Carl Schmitt, der Wirtschaftswissenschaftler Gerhard Dobbert und der Schriftsteller Werner Beumelburg.

278 Es referierten die Historiker Erich Brandenburg und Albrecht Mendelssohn-Bartholdy, die Sozialwissenschaftler Alfred Weber, Willy Hellpach, Werner Sombart und Erwin von Beckerath sowie die Politiker Hjalmar Schacht, Franz Seldte und Alfred Rosenberg.
279 Göring hatte sich allerdings, nachdem er von der Einladung Rosenbergs gehört hatte, über Renzetti „per ragioni di prestigio" selbst eingeladen. Vgl. BAK, NL 1235: Giuseppe Renzetti, Bd. 10, Bericht vom 11.10.1932.
280 Stefan Zweig, Die moralische Entgiftung Europas, in: Reale D'Accademia D'Italia, S. 399–410.
281 Alfred Rosenberg, Krisis und Neugeburt Europas, in: ebd., S. 272–284.
282 Vgl. Ernst Piper, Alfred Rosenberg. Hitlers Chefideologe, München 2005, S. 163–165.
283 Hoepke, Deutsche Rechte, S. 313.
284 BAK, NL 1235: Giuseppe Renzetti, Bd. 11, Bericht vom 27.11.1932.
285 Vgl. dazu und zum Folgenden Steurer, Südtirol, S. 171–173; Scarano, Mussolini, S. 359 f.
286 Vgl. dazu Hoepke, Deutsche Rechte, S. 318–324.
287 Giuseppe Renzetti begann seinen Aufstieg zum Vertrauensmann Mussolinis in Deutschland 1925 als Sprecher der Fasci all'Estero in Deutschland. Vgl. Schieder, Faschismus im politischen Transfer, in: ders., Faschistische Diktaturen, S. 241.
288 Hoepke, Deutsche Rechte, S. 321–323.
289 Vgl. Steurer, Südtirol, S. 171; Scarano, Mussolini, S. 363.
290 Vgl. Petersen, Hitler-Mussolini, S. 71; Scarano, Mussolini, S. 362.
291 Zit. nach Petersen, Hitler-Mussolini, S. 71 f.
292 Zit. nach Scarano, Mussolini, S. 365.

III Faschistische Dioskuren. Hitler und Mussolini im Zeichen der ‚Achse Berlin-Rom'

1 Vgl. dazu seine erste Regierungserklärung als Reichskanzler am 30.1.1933: „Ich kann in dieser außenpolitischen Betrachtung nicht die freudige Empfindung übergehen, daß in diesem Jahr die vom Nationalsozialismus stets gepflegte, ja geradezu traditionelle Freundschaft zum faschistischen Italien und die hohe Verehrung, die der große Führer dieses Volkes auch bei uns genießt, in den Beziehungen der beiden Staaten zueinander eine weitere vielfältige Festigung erfahren hat. Das deutsche Volk empfindet dankbar die vielen Beweise einer ebenso staatsmännischen wie objektiven Gerechtigkeit, die es sowohl innerhalb der Genfer Verhandlungen als auch späterhin durch das heutige Italien erfahren hat." Zit. nach Domarus, Hitler, S. 360.
2 Vgl. BAK, NL 1235: Giuseppe Renzetti, Bd. 12, Bericht vom 31.1.1933: „Hitler ha avuto avermi accanto a sè durante l'intero sfilamento." Vgl. auch De Felice, Mussolini e Hitler, S. 252.
3 De Felice, Mussolini e Hitler, S. 252. Gekürzte Übersetzung ins Deutsche bei Petersen, Hitler-Mussolini, S. 113.
4 Vgl. die Hinweise in Hitler, Mein Kampf, Bd. I, S. 140.
5 Vgl. Schieder, Mussolini, S. 72.
6 Zit. Petersen, Hitler-Mussolini, S. 117.
7 Ebd., S. 116.
8 Ebd., S. 115.

9 Il Popolo d'Italia, 1.2.1933: „Hitler afferma che al glorioso esempio di Roma è dovuto il trionfo dell'idea nazionalsocialista"; Il Resto del Carlino, 31.1.1933: „Sulle orme del fascismo. Hitler cancelliere del Reich guida al potere le giovane forze rinnovatrici della Germania".
10 Vgl. Goebbels, Tagebücher, T. I, Bd. 2/3, S. 124 (Eintrag vom 5.2.1933).
11 Vgl. zum ganzen Vorgang die ausführliche, mit einem Dokumentenanhang versehene Darstellung von Giorgio Fabre, Il contratto. Mussolini editore di Hitler, Bari 2004.
12 Ebd., S. 34. Zum Problem der Finanzierung des nationalsozialistischen Wahlkampfs vgl. zuletzt Kershaw, Hitler, S. 566 f.
13 Ebd., S. 154 (mit allerdings falscher Datierung).
14 Text des Vertrages bei Fabre, Il contratto. S. 167–171.
15 Ebd., S. 25, 153.
16 Ebd., S. 25.
17 Adolf Hitler, La mia vita, 6. Aufl. Mailand 1940; ders., La mia battaglia, 12. Aufl. Mailand 1940.
18 Vgl. dazu Plöckinger, Geschichte eines Buches, S. 199.
19 Petersen, Hitler- Mussolini, S. 341.
20 Vgl. Fabre, Il contratto, S. 85–92, 133–136, 209–232.
21 Petersen, Hitler-Mussolini, S. 128.
22 Zit. nach Domarus, Hitler, S. 236.
23 Vgl. aus der breiten Forschung Franz Schausberger, Letzte Chance für die Demokratie, Wien 1993; Emmerich Tátos, Wolfgang Neugebauer (Hg.), Austrofaschismus. Politik, Ökonomie, Kultur 1933–1938, 5. Aufl. Münster 2005; Gundula Walterskirchen, Engelbert Dollfuß. Arbeitermörder oder Heldenkanzler?, Wien 2004.
24 Hitler, Mein Kampf, S. 93.
25 Ebd. Der Satz ist im Original gesperrt gedruckt!
26 Petersen, Hitler-Mussolini, S. 131.
27 Vgl. Wolfgang Schieder, Kamerad Italien. Romführer für deutsche Soldaten, in: Anna Esposito u. a. (Hg.), Trier – Mainz – Rom. Stationen, Wirkungsfelder, Netzwerke. Festschrift für Michael Matheus zum 60. Geburtstag, Regensburg 2013, S. 429–448. Allgemein: Thomas Kühne, Kameradschaft. Die Soldaten des nationalsozialistischen Krieges und das 20. Jahrhundert, Göttingen 2006.
28 Vgl. zum faschistischen Internationalismus Wolfgang Wippermann, Faschismus. Eine Weltgeschichte vom 19. Jahrhundert bis heute, Darmstadt 2009; R.J.B. Bosworth (Hg.), The Oxford Handbook of Fascism, Oxford 2009.
29 Vgl. dazu und zum Folgenden die minutiöse Untersuchung von Eckart Conze, Norbert Frei, Peter Hayes, Moshe Zimmermann, Das Amt und die Vergangenheit. Deutsche Diplomaten im Dritten Reich und in der Bundesrepublik, München 2010, S. 138–158.
30 Conze u. a., Das Amt, S. 64.
31 Wolfgang Schieder, Mythos Mussolini. Deutsche in Audienz beim Duce, München 2013, S. 169.
32 Vgl. Petersen, Hitler-Mussolini, S. 461–466.
33 Pompeo Aloisi, Journal (25 juillet 1932 – juin 1936), Introduction e notes par Mario Toscano, Paris 1957 (Eintrag vom 13.4.1933).
34 Aloisi, Journal (Eintrag vom 13.4.1933).
35 Vgl. dazu allgemein Alfred Kube, Pour le mérite und Hakenkreuz. Hermann Göring im Dritten Reich, München 1986.
36 Petersen, Hitler-Mussolini, S. 176.
37 So die Interpretation von Renzo De Felice, Mussolini il duce. I. Gli anni del consenso 1929–1936, Turin 1974, S. 465.

38 Formulierung Außenminister Neuraths, vgl. ADAP, Serie C, Bd. II, S. 139, 20.11.1933.
39 ADAP, Serie C, Bd. II, S. 62–66, Hitler an Mussolini, 2.11.1933.
40 Zit. ebd. S. 263.
41 Vgl. Kube, Pour le mérite, S. 46.
42 Ebd., S. 46 f.; Stefan Martin, Hermann Göring. „Erster Paladin des Führers" und „Zweiter Mann im Reich", Paderborn 1985, S. 39 f.
43 Kube, Pour le mérite, S. 47 f.
44 Petersen, Hitler-Mussolini, S. 323.
45 PAAA, Botschaft Rom (Qui) 1920–1943, 695 a, Nr. 641403/04, Außenminister Neurath an Botschafter Hassell, 15.5.1934.
46 Ebd., Außenminister Neurath an Botschafter Hassell, 6.6.1934.
47 So der abschließende Bericht Außenmister Neuraths an alle diplomatischen Vertretungen Deutschlands, 23.6.1934, ebd.
48 Ebd., Telegramm Hassells an Auswärtiges Amt, 12.6.1933.
49 Vgl. Schieder, Faschistische Diktaturen, Außendeckel.
50 Vgl. Ralph-Miklas Dobler, Bilder der Achse. Hitlers Empfang in Italien 1938 und die mediale Inszenierung des Staatsbesuches in Fotobüchern, Berlin 2015, S. 182.
51 PAAA, Botschaft Rom (Qui) 1920–1943, 695 a, Nr. 641403/04, Telegramm Auswärtiges Amt an Botschafter Hassell (unvollständig), 28.5.1934: „Der Kanzler würde nach Venedig fliegen und möchte vorschlagen, dass er an dem Tage der Ankunft dortbleibt und die Nacht dort zubringt, um am nächsten Morgen zurückzufliegen. Auf diese Weise möchte der Kanzler auch größere Ovationen und Manifestationen vermeiden."
52 Ebd., Nr. 641425, Telegramm Botschafter Hassell an Auswärtiges Amt, 29.5.1934: „Gestriges Telegramm Nr. 111 vom 28. ist nachzutragen, dass Mussolini von zwei zu drei Tagen möglicher Dauer Unterhaltungen Venedig sprach."
53 So Knigge, Hitlers Italienbild, S. 98.
54 PAAA, Botschaft Rom (Qui) 1920–1943, 695 a, Nr. 641403/04, Telegramm Botschafter Hassell an Auswärtiges Amt, 12.6.1934, „Vorläufiges Programm".
55 Aloisi, Journal (Eintrag vom 15.6.1934).
56 Vgl. Petersen, Hitler-Mussolini, S. 353; Dobler, Bilder der Achse, S. 183.
57 Hans Günter Seraphim (Hg.), Alfred Rosenberg, Das politische Tagebuch aus den Jahren 1934/35 und 1939/40, Göttingen 1964, S. 39.
58 PAAA, Botschaft Rom (Qui) 1920–1943, 695 a, Nr. 641485, Politischer Bericht Hassels vom 21.6.1934, S. 6 f.
59 Ebd. S. 5.
60 PAAA, Botschaft Rom (Qui) 1920–1943, 695 a, Nr. 641469–641476, Aufzeichnung Außenminister Neuraths vom 15.6.1934; Nr. 641518–641535, Rundschreiben Außenminister Neuraths an alle diplomatischen Vertretungen vom 23.6.1934.
61 Schmidt, Außenpolitik, S. 163.
62 PAAA, Botschaft Rom (Qui) 1920–1943, 695 a, Nr. 641477.
63 ADAP, Serie C, Bd. III, S. 64, Politischer Bericht Botschafter Hassels an Auswärtiges Amt, 21.6.1934.
64 Zit. Petersen, Hitler und Mussolini, S. 355
65 Zit. bei De Felice, Il Duce, Bd. I, S. 496.
66 PAAA, Botschaft Rom (Qui) 1920–1943, 695 a, Politischer Bericht Hassels an Auswärtiges Amt, 21.6.1934, S. 5.

67 Vgl. Schieder, Mythos Mussolini, S. 94, Bericht von Louise Diel über eine Audienz bei Mussolini am 10.9.1934.
68 Vgl. dazu zuletzt Kurt Bauer, Hitlers Zweiter Putsch. Dollfuß, die Nazis und der 25. Juli 1934, Wien 2014.
69 Goebbels, Tagebücher, T. I, Bd. 3/1, S. 84–87 (Einträge vom 26.7., 28.7., 30.7. und 31.7.1934). Die darauf beruhende Interpretation von Longerich, Hitler, S. 416, dass Hitler den Putsch angeordnet habe, ist nicht überzeugend. Aus den Tagebucheinträgen von Goebbels geht vielmehr hervor, dass die Berichte über den Putsch „fast unglaublich" gewesen und die österreichischen Nationalsozialisten Pfeffer und Habicht gegenüber Hitler „sehr klein" aufgetreten seien.
70 So Kershaw, Hitler 1889–1936, S. 658.
71 Vgl. die zahlreichen Belege bei Petersen, Hitler-Mussolini, S. 363.
72 So die Formulierung von Botschafter Hassell. Vgl. ADAP, Serie C, Bd. IV, S. 1119, Hassell an Auswärtiges Amt, 14.2.1936.
73 Vgl. Carl Dreeßen, Die deutsche Flottenrüstung in der Zeit nach dem Vertrag von Versailles bis zum Beginn des Zweiten Weltkriegs und ihre Darstellung und Behandlung im Nürnberger Prozeß von 1945/46, Hamburg 2000.
74 Zit. nach Petersen, Hitler-Mussolini, S. 391.
75 Ebd., S. 435.
76 Domarus, Hitler, S. 511.
77 Vgl. dazu Schieder, Mythos Mussolini, S. 176 f.
78 Ebd., S. 310.
79 Vgl. die Memoiren von Elisabetta Cerruti, Frau eines Botschafters, Frankfurt a.M. 1953.
80 Vgl. dazu und zum Folgenden den Aufsatz von Jens Petersen, Deutschland und Italien im Sommer 1935. Der Wechsel des italienischen Botschafters in Berlin, in: Geschichte in Wissenschaft und Unterricht 20 (1969), S. 330–341.
81 Vgl. Schieder, Faschismus im politischen Transfer, S. 245 f.
82 Bundesarchiv Koblenz, NL 1235: Giuseppe Renzetti, Nr. 13, Bericht vom 21.6.1935.
83 Von Renzetti in seinem Bericht auf Deutsch wiedergegeben!
84 BAK, NL 1235: Giuseppe Renzetti, Nr. 13, Bericht vom 21.6.1935.
85 Vgl. Schieder, Renzetti, in: ders., Faschistische Diktaturen, S. 246–249.
86 Vgl. Schieder, Mythos Mussolini, S.178 f.
87 Ebd.
88 Zu Manacorda vgl. demnächst eine noch nicht publizierte Habilitationsschrift von Patrick Ostermann.
89 Vgl. unten S. 101 f.
90 Zur deutsch-italienischen Besuchspolitik im Faschismus vgl. demnächst die in Hannover im Entstehen begriffene Dissertation von Nils Fehlhaber mit dem Arbeitstitel Der Achse Berlin-Rom entgegen arbeiten. Staats- und Parteibesuche zwischen Nationalsozialismus und Faschismus 1933–1943.
91 Zum Polizeiabkommen vgl. den Aufsatz von Patrick Bernhard, Konzertierte Gegnerbekämpfung im Achsenbündnis. Die Polizei im Dritten Reich und im faschistischen Italien 1933 bis 1943, in: Vierteljahrshefte für Zeitgeschichte 59 (2011), S. 229–262.
92 Vgl. Schieder, Mythos Mussolini, S. 180.
93 Am 15. Mai 1936 hielt Goebbels nach einem Gespräch mit Hitler fest: „Mussolini scheint sich in Abessinien zu verstricken … Sucht unsere Freundschaft wieder." Goebbels, Tagebücher, T. I, Bd 3/1, S. 232 (Eintrag vom 15.5.1935).
94 Petersen, Hitler-Mussolini, S. 416.

95 Vgl. oben S. 33–35.
96 Vgl. dazu Patrizia Dogliani, Il Fascismo degli Italiani. Una storia sociale, 2. Aufl. Novara 2014, S. 137–146.
97 Vgl. dazu besonders Petra Terhoeven, Liebespfand fürs Vaterland. Krieg, Geschlecht und faschistische Nation in der italienischen Geld- und Eheringsammlung 1935/36, Tübingen 2003.
98 Ebd., S. 40.
99 Aloisi, Journal (Eintrag vom 11.8.1935). Vgl. dazu auch Denis Mack Smith, Mussolini. Eine Biographie, München 1983, S. 301.
100 William E. Dodd, Diplomat auf heißem Boden. Tagebuch des USA-Botschafters W.E. Dodd in Berlin 1933 1938, Berlin [1967], S. 427.
101 Asfa-Wossen Asserate, Aram Mattioli (Hg.), Der erste faschistische Vernichtungskrieg. Die italienische Aggression gegen Äthioipien 1935–1941, Köln 2006.
102 Vgl. dazu Manfred Funke, Sanktionen und Kanonen. Hitler, Mussolini und der internationale Abessinienkonflikt, Düsseldorf 1970.
103 Zum Zusammenhang von Abessinienkrieg und Rheinlandbesetzung vgl. detailliert Esmonde M. Robertson, Hitler und die Sanktionen des Völkerbundes – Mussolini und die Besetzung des Rheinlandes, in: Vierteljahrshefte für Zeitgeschichte 20 (1978), S. 237–264. Ferner auch Helmut-Dieter Giro, Frankreich und die Remilitarisierung des Rheinlandes. Hitlers Weg in den Krieg?, Essen 2006.
104 Zit. nach Petersen, Hitler-Mussolini, S. 476.
105 Vgl. dazu neuerdings die innovative Studie von Stefanie Müller-Springorum, Krieg und Frieden – die Legion Condor im Spanischen Bürgerkrieg, Paderborn 2010.
106 Vgl. dazu immer noch John F. Coverdale, Italian Intervention in the Spanish Civil War, Princeton 1975.
107 Vgl. zur kontroversen Forschung Wolfgang Schieder, Spanischer Bürgerkrieg und Vierjahresplan. Zur Struktur nationalsozialistischer Außenpolitik, in: Wolfgang Michalka (Hg.), Nationalsozialistische Außenpolitik, Darmstadt 1978, S. 325–359 sowie zuletzt Manuel Tunón de Larta, u. a., Der spanische Bürgerkrieg. Eine Bestandsaufnahme, Frankfurt a.M. 1987.
108 Abdruck der Hoßbach-Niederschrift in den ADAP, Serie D, Bd. I, Baden-Baden 1950, S. 25–32. Vgl. dazu Bradley F. Smith, Die Hoßbach-Niederschrift im Lichte neuer Quellen, in: Vierteljahrshefte für Zeitgeschichte 38 (1990), S. 328–336.
109 Vgl. dazu zuletzt Schmidt, Außenpolitik des Dritten Reiches, S. 242–315.
110 Hans-Henning Abendroth, Hitler in der spanischen Arena, Paderborn 1973, S. 179–181.
111 Vgl. oben S. 43.
112 Vgl. Knigge, Hitlers Italienbild, S. 187 f.
113 Domarus, Hitler, S. 1423 f.
114 Der offizielle Text der Rede wurde von Mussolini in seiner Zeitung Il Popolo d'Italia vom 2.11. 1936 veröffentlicht. Die Zitate hier nach Mussolini, O.O., Bd. XXVIII, Florenz 1959, S. 69 f.: „Gli incontri di Berlino hanno come risultato una intesa fra i due paesi su determinati problemi, alcuni dei quail particolarmente scottanti in questi giorni. Ma queste intese, che sono state consacrate in appositi verbali debitamente firmati, questa verticale Berlino-Roma, non è un diaframma, è piuttosto un asse attorno al quale possono collaborare tutti gli europei animati da volontà di collaborazione e di pace."
115 In einer als eigenständige Broschüre veröffentlichten deutschen Fassung der Rede wird der vorgebliche Friedenscharakter der italienisch-deutschen Allianz nochmals stärker betont. Es heißt in dieser holprig übersetzten Broschüre: „die Vertikale Berlin-Rom ist keine Scheidewand, sie ist vielmehr eine Achse, um die sich mitarbeitend alle europäischen Staaten sammeln können,

welche eben den Willen zur Mitarbeit und für den Frieden haben." Vgl. Die grosse Meiländer [sic!] Aussprache [sic!] Mussolinis zum Beginn des Jahres XV der faschistischen Revolution, O.O. [1936], S. 11 f.

116 Petersen, Hitler-Mussolini, S. 2, 5 f., 315 f., 354, 372. In einem Vorwort zum Buch von Roberto Suster, La Germania Repubblicana, Mailand 1923, sprach Mussolini schon im September 1923 davon, dass Deutschland eine Achse der Neuordnung Europas bilde, um die sich alle drehen und von der alle etwas abhängen, vgl. Mussolini, O.O., Bd. XX, S. 31.

117 BAB, NS 43, Nr. 168, 3.11.1936, Rede Mussolinis in Mailand, 1. November 1936. Es handelt sich bei dem Aktenstück um eine „Gegenüberstellung" der ins Deutsche übersetzten „Übertragung des Senders Rom der Rede des Duce" und der „Übertragung des Deutschlandsenders der Rede Mussolinis" in ebenfalls deutscher Übersetzung. Die Synopse ist in einem Bestand von Rosenbergs Außenpolitischem Amt überliefert. Der Verfasser ist ebenso unbekannt wie der Kontext, in dem die „Gegenüberstellung" entstanden ist. Ihre Anfertigung lässt jedoch erkennen, welches Interesse der Rede Mussolinis in der NS-Führung entgegengebracht wurde.

118 Theoretisch wäre es möglich, dass Mussolinis ausdrückliche Absage an einen ‚Pakt' mit Deutschland vom deutschen Übersetzer hinzugefügt worden ist. Dagegen spricht jedoch, daß auf deutscher Seite kein Interesse daran bestehen konnte, die Zurückhaltung des ‚Duce' noch mehr zu betonen als dieser selbst.

119 Domarus, Hitler, S. 737.

120 Interview mit dem Korrespondenten des Il Popolo d'Italia, Filippo Bojano, am 15.3.1938 in Wien, zit. nach Domarus, Hitler, S. 824. Vgl. auch die Rede Hitlers vor dem Reichstag am 18.3.1938, ebd., S. 831, sowie seine Rede im Berliner Sportpalast am 26.9.1938, ebd., S. 926. Vgl. von Bojano, einem besonders nazifreundlichen italienischen Faschisten, auch R.O. Stahn, Filippo Bojano (Hg.), Wir haben's gewagt! Weg und Wollen der Führer in Deutschland und Italien, Stuttgart/Berlin 1934.

121 Domarus, Hitler, S. 824.

122 Ebd., S. 1194.

123 Mussolini, O.O., Bd. XXVIII, S. 71.

124 Ebd., S. 70.

125 Walter Rauscher, Hitler und Mussolini. Macht, Krieg und Terror, Graz 2001, S. 238.

126 ADAP, Serie D, Bd. IV, S. 954, Botschafter Hassell an Auswärtiges Amt, 7.1.1936.

127 ADAP, Serie D, Bd. IV, S. 1022, Bericht von Botschafter Hassell an Auswärtiges Amt, 28.1.1936.

128 Ebd., S. 994, Memorandum Botschafter Hassels an Auswärtiges Amt über Gespräche mit Mussolini und Hitler, 20.1.1936.

129 Vgl. Schieder, Mythos Mussolini, S. 177 f.

130 Vgl. den Text des Deutsch-Italienischen Protokolls vom 23.10.1936 in ADAP, Serie D, Bd. V, S. 1056–1059.

131 Vgl. Petersen, Hitler-Mussolini, S. 491. Die Bezeichnung „geheimer Freundschaftsvertrag" für das Protokoll in: Hitler, Mein Kampf. Kritische Edition, S. 1684, ist unzutreffend.

132 Galeazzo Ciano, L'Europa verso la catastrofe. 184 colloqui di Mussolini, Franco, Chamberlain ecc., accordi segreti, corrispondenza diplomatica (1936–1942), 2 Bde., Mailand 1964, S. 99.

133 Ebd.

134 Vgl. dazu ausführlich Andrea Hoffend, Zwischen Kultur-Achse und Kulturkampf. Die Beziehungen zwischen ‚Drittem Reich' und faschistischem Italien in den Bereichen Medien, Kunst, Wissenschaft und Rassenfragen, Frankfurt a.M. 1998, S. 325–356.

135 Vgl. dazu Jens Petersen, Vorspiel zu ‚Stahlpakt' und Kriegsallianz: Das deutsch-italienische Kulturabkommen vom 23. November 1938, in: Vierteljahrshefte für Zeitgeschichte 36 (1988), S. 253.

136 So Hoffend, Kultur-Achse, S. 354.
137 Vgl. Petersen, Vorspiel, S. 247.
138 Vgl. zu dem Vorgang Petersen, Vorspiel, S. 256–258.; Hoffend, Kultur-Achse, S. 328 f.
139 Aufgrund von Hitlers Rassenwahn musste die Deutsche Botschaft in Rom die „rassische Zugehörigkeit" Bottais überprüfen, vgl. PAAA, Botschaft Rom (Qui) 1920–1943, November 1938, R 61267.
140 Domarus, Hitler, S. 2, 926, 950 f., 955, 965, 1027.
141 Enno von Rintelen, Mussolini als Bundesgenosse. Erinnerungen des deutschen Militärattachés in Rom 1936–1943, Tübingen/Stuttgart 1951, S. 38.
142 Vgl. immer noch die detaillierten diplomatiegeschichtlichen Darstellungen von Mario Toscano, Le origini del patto d'acciaio, 2. Aufl. Florenz 1956 und Ferdinand Siebert, Der deutsch-italienische Stahlpakt, in: Vierteljahrshefte für Zeitgeschichte 7 (1959), S. 374–395.
143 Kontroverse Positionen bei Renzo De Felice, Mussolini il duce. II. Lo Stato totalitario 1936–1940, Turin 1981, S. 578–625, der behauptet, dass Mussolini den Vertrag bis zuletzt nicht gewollt und nur unter dem Druck Hitlers dem Abschluss zugestimmt habe, und MacGregor Knox, Hitlers Italian Allies. Royal Armed Forces, Fascist Regime, and the War of 1940–1943, Cambridge/New York 2000, S. 3–20, der die These vertritt, dass Mussolini den Vertrag aus eigenem Interesse gewollt habe.
144 S. oben. S. 70.
145 Zit. nach De Felice, Mussolini il duce. II., S. 567.
146 Vgl. Schieder, Kriegsorientierung im faschistischen Italien, in: ders., Faschistische Diktaturen, S. 105 f.
147 Zit. nach De Felice, Mussolini il duce. II, S. 567.
148 Ebd., S. 571.
149 Wie die Herausgeber der ADAP, Serie D, Bd. VI, S. 100, mitteilen, ist der Brief in den Archiven des Auswärtigen Amtes nicht in deutscher Sprache auffindbar. Sie haben deshalb die italienische Version übernommen, die sich bei Toscano, Origini del patto d'accaio, S. 95, Anm. 110, findet. Toscano hat diese wahrscheinlich im römischen ASMAE aufgefunden. Bei dem Zitat handelt es sich deshalb um eine Rückübersetzung in das Deutsche.
150 Zitat nach De Felice, Mussolini il duce. II, S. 621.
151 Vgl. ebd., S. 625.
152 Die Behauptung von Renzo De Felice, Beobachtungen zu Mussolinis Außenpolitik, in: Saeculum 24 (1973), S. 314–327, dass Mussolini im Grunde bis 1939 an der Politik eines „peso determinante", d. h. eines ‚ausschlaggebenden Gewichts' zwischen Hitler und den Westmächten festgehalten habe, ist abwegig. Wenn er diese überhaupt je verfolgt hatte, hat er diese von seinem Außenminister Dino Grandi 1931 konzipierte Politik des Ausgleichs mit seinem Überfall auf Abessinien aufgeben müssen.
153 ADAP, Serie D, Bd. VI, S. 397, Aufzeichnung des Staatssekretärs, 12. 5. 1939.
154 Ebd., S. 396 f., Botschafter in Rom an Auswärtiges Amt, 12. 5. 1939.
155 Text des ‚Stahlpakts' in den ADAP, Serie D, Bd. VI, Baden-Baden 1956, S. 466 f.
156 Galeazzo Ciano, Tagebücher 1939–1943, Bern 1946, S. 89 (Eintrag vom 13. 5. 1939).
157 Überliefert durch den italienischen Diplomaten Massimo Magistrati, L'Italia a Berlino (1937–1939), Mailand 1956, S. 350.
158 Vgl. dazu Knigge, Hitlers Italienbild, S. 154–165.
159 ADAP, Serie D, Bd. VI, S. 513–516, Ciano an Ribbentrop, 31. 5. 1939, Anlage.
160 Ebd., S. 514.
161 Vgl. De Felice, Mussolini il duce. II, S. 643.

162 Vgl. dazu Schieder, Mythos Mussolini, S. 177–180.
163 Ebd., S. 180.
164 ADAP, Serie D, Bd. V, S. 929, Niederschrift Hans Franks über seine Besprechung mit dem Duce am 23.9.1936. Mussolini spielte gegenüber Frank zweifellos auf den Spanischen Bürgerkrieg an.
165 PAAA, R 29966, Aktennotiz Botschafter Mackensens, 24.8.1937.
166 Ebd., Redetext Hitlers.
167 Ebd., Aktennotiz Mackensens vom 24.8.1937.
168 Ebd., Programm des Besuchs Mussolinis, S. 5.
169 Ebd., Der Deutschlandbesuch Mussolinis ist wenig untersucht. Vgl. aber Wolfgang Benz, Die Inszenierung der Akklamation. Mussolini in Berlin 1937, in: Michael Grüttner u.a. (Hg.), Geschichte und Emanzipation. Festschrift für Reinhard Rürup, Frankfurt a.M./New York 1999, S. 401–417.
170 Dobler, Bilder der Achse, S. 44.
171 Vgl. dazu den vom Münchner Gauleiter Adolf Wagner herausgegebenen Bildband „München, die Hauptstadt der Bewegung, grüßt Benito Mussolini, München 1937".
172 Vgl. dazu allgemein Sabine Behrenbeck, Der Kult um die toten Helden. Nationalsozialistische Mythen, Riten und Symbole, 1923 bis 1945, Vierow 1996.
173 Vgl. dazu Ullrich, Adolf Hitler, S. 766f. nach Schmidt, Statist auf diplomatischer Bühne, S. 368.
174 Vgl. dazu Fest, Hitler, S. 688f.
175 Es existieren auch frühere Fotos von Mussolini mit einem jungen Löwen, die Göring sicherlich bekannt waren. Man traf sich also in der Attitüde, den König der Tiere zu beherrschen.
176 Zit. nach Fred C. Willis, Mussolini in Deutschland. Eine Völkerkundgebung für den Frieden in den Tagen vom 25. bis 29. September 1937, Berlin 1937, S. 7.
177 Vgl. dazu Longerich, Hitler, S. 571.
178 Heinrich Hoffmann, Mussolini erlebt Deutschland. Ein Bildbuch. Mit einem Geleitwort von Dr. Otto Dietrich, München 1937, S. 15, 98. Vgl. auch den Bildband des Propagandaministeriums von Willis, Mussolini in Deutschland.
179 Paul Schmidt, Statist auf diplomatischer Bühne 1923–1945. Erlebnisse des Chefdolmetschers im Auswärtigen Amt mit den Staatsmännern Europas, Bonn 1949, S. 375.
180 Thamer, Verführung und Gewalt, S. 552.
181 Hoffmann, Mussolini, S. 78.
182 Domarus, Hitler, S. 736. Vollständiger Text der Reden Mussolinis und Hitlers schon bei Karl Siegmar Baron von Galera, Die Achse Berlin-Rom. Entstehung-Wesen-Bedeutung, Leipzig 1939, S. 211–221.
183 Von Galera, Achse Berlin-Rom, S. 214, 216, 221.
184 Vgl. Kershaw, Hitler 1936–1945, S. 114.
185 Vgl. Longerich, Hitler, S. 571.
186 Mussolini, O.O., Bd. XLII, S. 194f.
187 Vgl. dazu z. B. Kershaw, Hitler 1936–1945, S. 87–92.
188 Vgl. Kube, Pour le mérite, S. 232–243.
189 ADAP, Serie D, Bd. III, S. 470, Hitler an Mussolini, 11.3.1938.
190 International Military Tribunal: Der Prozeß gegen die Hauptkriegsverbrecher vor dem Internationalen Militärgerichtshof, 14. Oktober 1945 bis 1. Oktober 1946, Bd. 31, Nürnberg 1947, S. 369; Domarus, Hitler, S. 813.
191 Domarus, Hitler, S. 821, Telegramm Hitlers an Mussolini vom 15.3.1938.
192 Zit. nach Kershaw, Hitler 1936–1945, S. 151.

193 Ebd., S. 153.
194 Domarus, Hitler, S. 926.
195 Zitate bei Kershaw, Hitler 1936–1945, S. 177.
196 Vgl. dazu die überzeugende Darstellung von Rainer A. Blasius, Für Großdeutschland – gegen den großen Krieg. Ernst von Weizsäcker in den Krisen um die Tschechoslowakei und Polen, Köln 1981, S. 68 f.
197 So aber De Felice, Mussolini il duce. II, S. 528–30.
198 Vgl. Kube, Pour le mérite, S. 276–278.
199 Aussage von Hjalmar Schacht vor dem Internationalen Militärtribunal in Nürnberg, vgl. International Militäry Tribunal, Prozeß gegen die Hauptkriegsverbrecher, Bd. 12, S. 580.
200 Domarus, Hitler, S. 1237, Rede Hitlers vor den Oberbefehlshabern der Wehrmacht am 22. 8. 1939.
201 Ebd., S. 1235.
202 Ciano, Tagebücher 1939–1943, S. 53.
203 Im Unterschied zu dem Besuch Mussolinis in Deutschland ist der Hitlers in Italien häufig untersucht worden. Vgl. Paul Baxa, Capturing the fascist movement: Hitler's visit to Italy in 1938 and the radicalization of fascist Italy, in: Journal of Contemporary History 42 (2007), S. 227–242; Dobler, Bilder der Achse; Maddalena Vianello, La visita di Hitler a Roma nel maggio 1938, in: Roma tra fascismo e liberazione. L'Annale Irsifar, Rom 2004, S. 67–92; Donald Cameron Watt, Hitlers visit to Rome and the mai weekend crisis: A study in Hitlers response to external stimuli, in: Journal of Contemporary History 9 (1974), S. 23–32; Arnd Bauerkämper, Die Inszenierung faschistischer Politik. Der Staatsbesuch Hitlers in Italien im Mai 1938, in: Stefan Vogt u. a. (Hg.), Ideengeschichte als politische Aufklärung. Festschrift für Wolfgang Wipperman zum 65. Geburtstag, Berlin 2010, S. 129–153.
204 Klaus Voigt, Zuflucht auf Widerruf. Exil in Italien 1933–1945, 2 Bde., Stuttgart 1989/93.
205 Schmidt, Statist, S. 392 f.; Eugen Dollmann, Dolmetscher der Diktatoren, Bayreuth 1963, S. 37 f.
206 So, allerdings nicht unbedingt glaubwürdig, Hermann Giesler, Ein anderer Hitler. Bericht seines Architekten, 4. Aufl. Leoni 1978, S. 381.
207 Vgl. Schwarz, Geniewahn, S. 16 f.
208 Jochmann (Hg.), Hitler, Monologe, S. 246, 278, 328.
209 Vgl. Vianello, Visita di Hitler, S. 82 f.
210 Vgl. Michael Bloch, Ribbentrop, London 1994, S. 181.
211 Jochmann (Hg.), Hitler, Monologe, S. 247.
212 Zitate nach Knigge, Hitlers Italienbild, S. 126–128.
213 Vgl. Giorgio Pini, Delio Susmel, Mussolini. L'uomo e l'opera, Bd. 3, Florenz 1963, S. 414.
214 Vgl. Dobler, Bilder der Achse, S. 89–91; dazu die Fotos bei Schieder, Diktaturen, S. 456.
215 Fotos bei Hoffmann, Hitler in Italien, S. 77.
216 Vgl. Nicolaus von Below, Als Hitlers Adjutant 1937–1945, Mainz 1980, S. 50.
217 Dazu neuerdings Pyta, Hitler. Der Künstler als Politiker und Feldherr. Ähnlich auch schon Joachim Fest, Hitler. Eine Biographie.
218 Zit. nach Schwarz, Geniewahn, S. 16.f.
219 Ebd.
220 Schwarz, Geniewahn, S. 42.
221 Ranuccio Bianchi Bandinelli, Hitler, Mussolini und ich. Aus dem Tagebuch eines Bürgers, Berlin 2016, S. 34–40. Vgl. auch die Fotos bei Hoffmann, Hitler in Italien, S. 66–69.
222 Schwarz, Geniewahn, S. 43.

223 Ebd.
224 Ebd., S. 42.
225 Vgl. Wolfgang Schieder, Rom – die Repräsentation der Antike im Faschismus, in: ders., Faschistische Diktaturen, S. 125–148; Emilio Gentile, Fascismo di Pietra, Rom 2007.
226 Vgl. Vianello, Visita di Hitler, S. 70–77.
227 Die Besichtigung des Augustusmausoleums blieb Hitler erspart, da das Ergebnis der Ausgrabung allzu trostlos ausgefallen war und die Wirkung auf den ‚Führer' daher offenbar als kontraproduktiv angesehen wurde.
228 Vgl. dazu und zum Folgenden Bianchi Bandinelli, Hitler, S. 171–193.
229 Vgl. dazu Friedemann Scriba, Augustus im Schwarzhemd? Die Mostra Augustea della Romanità in Rom 1937/38, Frankfurt a.M. 1995.
230 Vgl. Vianello, Visita di Hitler, S. 83.
231 Domarus, Hitler, S. 859 f.
232 Ebd., S. 861.
233 Ebd.
234 Vgl. dazu Simona Colarizi, L'opinione degli italiani sotto il regime 1929–1943, Rom/Bari 1991 und zuletzt Paul Corner, The fascist party and popular opinion in Mussolini's Italy, Oxford 2012.
235 De Felice, Mussolini il Duce. II, S. 483.
236 Dobler, Bilder der Achse, S. 375.
237 Vgl. die Pressesammlung im PAAA, R 103298.
238 Vgl. dazu und zum Folgenden Schieder, Mythos Mussolini, S. 164–195.
239 Ebd., S. 184 f.
240 Artur Axmann, „Das kann doch nicht das Ende sein". Hitlers letzter Reichsjugendführer erinnert sich, Koblenz 1995, S. 272.
241 Vgl. oben S. 70–72.
242 Vgl. dazu Schieder, Mythos Mussolini, S. 188 f.
243 Dass Himmler dem ‚Duce' über die ‚Endlösung' ein „zynisches und total beschönigendes Bild" geliefert habe, wie Jobst C. Knigge, Angst vor Deutschland - Mussolinis Deutschlandbild, Hamburg 2015, S. 170, behauptet, ist insofern nicht zutreffend.
244 Vgl. den selbstgefälligen Reisebericht von Joseph Goebbels, Der Faschismus und seine praktischen Ergebnisse, Berlin 1934.
245 Vgl. Schieder, Mythos Mussolini, S. 182.
246 Ursachen und Anlass der faschistischen Rassenpolitik sind bis heute in der Forschung umstritten. Vgl. dazu Giorgio Fabre, Mussolini razzista. Dal socialismo al fascismo di un antisemita, Mailand 2005; Frauke Wildfang, Der Feind von nebenan. Judenverfolgung im faschistischen Italien 1936–1944, Köln 2008; Renzo De Felice, Storia degli ebrei sotto il fascismo, 5. Aufl. Turin 1993; Meir Michaelis, Mussolini and the Jews. German-italian relations and the jewish question in Italy 1922–1945, Oxford 1978; Michele Sarfatti, Gli ebrei nell'Italia fascista. Vicende, identità, persecuzione, Turin 2000; Enzo Collotti, Il fascismo e gli ebrei. Le leggi razziali in Italia, Rom/Bari 2003.
247 So Renzo De Felice am 27.12.1987 im Interview mit Giuliano Ferrara, in: Jader Jacobelli (Hg.), Il fascismo egli storici oggi, Rom/Bari 1988, S. 6. De Felice wollte mit dieser von ihm mehrfach wiederholten Feststellung den Faschismus von jeder Beihilfe zur Judenvernichtung freisprechen. Was noch für die faschistische Rassengesetzgebung zutraf, kann aber für die nationalsozialistische Judenverfolgung in der RSI nicht aufrechterhalten werden. Sie war nicht ohne Beihilfe der faschistischen Behörden möglich.

248 Vgl. dazu Gabriele Schneider, Mussolini in Afrika. Die faschistische Rassenpolitik in den italienischen Kolonien 1936–1941, Köln 2000.
249 PAAA, R 29646, Aufzeichnung von Bülow-Schwante, 2.10.1937. Vgl. auch Mack Smith, Mussolini , S. 336. Mussolinis Zahlenangabe war aus der Luft gegriffen. Nach der Zählung von 1938 gab es rund 47000 italienische Juden, zu denen noch etwa 10000 in Italien lebende ausländische Juden hinzugerechnet werden konnten. Vgl. De Felice, Storia degli ebrei, S. 5–30.
250 Galeazzo Ciano, Tagebücher 1937/38, Hamburg 1949, S. 202.
251 Vgl. den Text des Rassenmanifests bei De Felice, Storia degli ebrei, S. 557.
252 Pierre Milza, Mussolini, Rom 2000, S. 775–816.
253 Domarus, Hitler, S. 892.
254 Vgl. dazu Hoffend, Kultur-Achse, S. 375–388 sowie neuerdings Kilian Bartikowski, Der italienische Antisemitismus im Urteil des Nationalsozialismus 1933–1943, Berlin 2013, S. 52–62.
255 Vgl. Bartikowski, Italienischer Antisemitismus, S. 84–88 sowie auch schon Michaelis, Mussolini and the Jews, S. 43.
256 Vgl. dazu und zum Folgenden Wolfgang Schieder, Werner Hoppenstedt in der Bibliotheca Hertziana. Perversion von Kulturwissenschaft im Nationalsozialismus (1933–1945), in: Sybille Ebert-Schifferer (Hg.), 100 Jahre Bibliotheca Hertziana. Die Geschichte des Instituts 1913–2013, München 2013, S. 90–115.
257 Schieder, Hoppenstedt, S. 114.
258 Vgl. zu Landra und seinen Beziehungen zu Deutschland Kay Kufeke, Anthropologie als Legitimationswissenschaft. Zur Verbindung von Rassentheorie und Rassenpolitik in der Biographie des italienischen Eugenikers Guido Landra (1939–1949), in: Quellen und Forschungen aus italienischen Archiven und Bibliotheken 82 (2002), S. 552–589.
259 Illustrierter Beobachter, 5.1.1939.
260 Vgl. oben S. 121 f.
261 ADAP, Serie D, Bd. VI, S. 467.
262 Vgl. dazu Steurer, Südtirol, S. 178–180.
263 Ebd., S. 372; vgl. auch S. 346.
264 Richtlinien für die Rückwanderung der Reichsdeutschen und Abwanderung der Volksdeutschen aus dem Alto Adige in das Deutsche Reich, abgedruckt bei Latour, Südtirol, S. 129–135.
265 So treffend Karl Stuhlpfarrer, Il problema altoatesino dall'Anschluß alla fine della seconda guerra mondiale, in: Storia e politica 12 (1974), S. 141. Mit ihm übereinstimmend auch Steurer, Südtirol, S. 397.
266 ADAP, Serie D, Bd. VI, S.479, Besprechungsprotokoll Schmundt.
267 Domarus, Hitler, S. 1197.
268 Ebd.
269 Ebd., S. 1200.
270 Kershaw, Hitler 1936–1945, S. 322.
271 S. oben S. 17.
272 Vgl. Domarus, Hitler, S. 1215.
273 Ebd., S. 1217.
274 ADAP, Serie D, Bd. VII, S. 34, Aufzeichnung des Gesandten Schmidt, 12.8.1939; dazu auch Schmidt, Statist, S. 447.
275 Ciano, Tagebücher 1939–1943, S. 122.
276 Schmidt, Statist, S. 447 f.
277 Vgl. ADAP, Serie D, Bd. VII, S. 43–46, Aufzeichnung des Gesandten Schmidt, 13.8.1939.
278 De Felice, Mussolini il duce. II, S. 650.

279 Ciano, Tagebücher 1939–1943, S. 123. Dazu De Felice, Mussolini il duce. II, S. 651.
280 Ebd. S. 126.
281 So treffend De Felice, Mussolini il duce. II, S. 661. Den phantasievollen, die deutschen Akten völlig ignorierenden Interpretationen De Felices folge ich sonst hier nicht.
282 ADAP, Serie D, Bd. VII, S. 235f., Hitler an Mussolini, 25.8.1939.
283 Ebd.
284 Ebd.
285 Ebd.
286 Goebbels, Tagebücher, T. I, Bd. 7, S. 78 (Eintrag vom 26.8.1939).
267 ADAP, Serie D, Bd. VII, S. 242, Hitler an Mussolini, 25.8.1939.
288 ADAP, Serie D, Bd. VII, S. 262f., Hitler an Mussolini, 26.8.1939.
289 Im ital. Original ebd., S. 270, Mussolini an Hitler, 26.8.1939. Vgl. auch ebd., S. 270–273, Bericht von Botschafter Mackensen an Auswärtiges Amt über ein Gespräch mit Mussolini, 26.8.1939. Mussolini gestand darin ein, dass er ein Land hinter sich habe, „das soeben fünf Kriegsjahre durchgemacht habe und durch den Spanischen Bürgerkrieg nahezu ausgeblutet sei".
290 Ebd., Bd. VII, S. 258f., Hitler an Mussolini, 26.8.1939.
291 ADAP, Serie D, Bd. VII, S. 289f., Hitler an Mussolini, 27.8.1939.
292 Vgl. dazu Cesare Bermani, Sergio Bologna, Brunello Mantelli, Proletarier der ‚Achse'. Sozialgeschichte der italienischen Fremdarbeiter in NS-Deutschland 1937–1943, Hamburg 1997.
293 Bei Kriegsausbruch war Mussolini geradezu erleichtert, eine „beträchtliche Zahl" von Arbeitern zur Verfügung stellen zu können, er unterstützte jedenfalls „nachdrücklich erbetene Entsendung italienischer Arbeiter", vgl. ADAP, Serie D, Bd. VII, S. 271, Bericht von Botschafter Mackensen an Auswärtiges Amt über ein Gespräch mit Mussolini, 1.9.1939.
294 Ebd., Serie D, Bd. VII, S. 402, Hitler an Mussolini, 1.9.1939.
295 DDI, Serie IX, Bd. 3, S. 578. Vgl. dazu auch De Felice, Mussolini il duce. II, S. 683.
296 Vgl. die Memoiren von Rintelen, Mussolini als Bundesgenosse, S. 53–63 und Walter Warlimont, Im Hauptquartier der deutschen Wehrmacht 1939–1945, Frankfurt a.M. 1962. Grundsätzlich dazu Jürgen Förster, Die Wehrmacht und die Probleme der Koalitionskriegführung, in: Klinkhammer, Osti Guerrazzi, Schlemmer (Hg.), Die „Achse" im Krieg, S. 108–121.
297 Andreas Hillgruber (Hg.), Staatsmänner und Diplomaten bei Hitler. Vertrauliche Aufzeichnungen über Unterredungen mit Vertretern des Auslandes, Erster Teil: 1939–1942, München 1967, S. 47. Vgl. zum ganzen auch ausführlich Kershaw, Hitler 1936–1945, S. 396.
298 Zahlreiche Belege bei Knigge, Hitlers Italienbild, S. 155–167.
299 Below, Hitlers Adjutant, S. 188.
300 Hitlers politisches Testament. Die Bormann Diktate vom Februar und April 1945, Hamburg 1981, S. 88. Die Authentizität dieser Quelle ist umstritten. Der Text wurde erstmals von dem dubiosen Schweizerischen Bankier Francois Genaud in englischer und französischer Sprache veröffentlicht. Die deutsche Ausgabe erschien ohne einen Herausgeber, lediglich mit einem anonymen Vorwort des Verlages, aber immerhin einer Einleitung von Hugh. R. Trevor-Roper versehen. Auch wenn deshalb gegenüber dem Text schon aufgrund der verfehlten Bezeichnung als „Hitlers politisches Testament" generell Zurückhaltung geboten ist, liegen die darin enthaltenen ausführlichen Äußerungen zu Mussolini so auf der in diesem Buch nachgewiesenen Linie, dass sie mit aller Vorsicht als glaubhaft angesehen werden können.
301 Domarus, Hitler, S. 1386, Reichstagsrede Hitlers vom 6.10.1939.
302 Ebd., S. 1424.
303 Wortlaut des Briefes in den ADAP, Serie D, Bd. VIII, S. 474–477, Zitate. S. 476f.
304 Ebd., Serie D, Bd. XII, S. 892.

305 DDI, 9. Serie, Bd. III, S. 78, Botschafter Attolico an Ciano, 10.1.1940.
306 Wortlaut des Briefes in den ADAP, Serie D, Bd. VIII, S. 685–693.
307 Vgl. Ciano, Tagebücher 1939–1943, S. 195; Domarus, Hitler, S. 1461.
308 Vgl. Bosworth, Mussolini, S. 396.
309 ADAP, Serie D, Bd. VIII, S. 685–693.
310 ADAP, Serie D, Bd. VIII, S. 695–702, Aufzeichnung des Gesandten Schmidt, 10.5.1940; Ciano, Tagebücher 1939–1943, S. 206f.
311 Vgl. ADAP, Serie D, Bd. VIII, S. 703f., Ribbentrop an Auswärtiges Amt; DDI, 9. Serie, Bd. III, S. 512, S. 524. Dazu Bosworth, Mussolini, S. 397, gegen MacGregor Knox, La Guerra di Mussolini, Rom 1984, S. 127.
312 DDI, 9. Serie, Bd. III, S. 524.
313 Vgl. dazu Knox, Guerra di Mussolini, S. 117, 127f.

IV Mussolini im Schlepptau Hitlers

1 Vgl. dazu Bernd Wegner, Vom Lebensraum zum Todesraum. Deutschlands Kriegführung zwischen Moskau und Stalingrad, in: Jürger Förster (Hg.), Stalingrad. Ereignis, Wirkung, Symbol, München/Zürich 1992, S. 17–38; Kershaw, Hitler 1936–1945, S. 659–722.
2 Belegt durch Domarus, Hitler, S. 1909, 1926, 1959.
3 Vgl. oben S. 89.
4 Vgl. Ciano, Tagebücher 1939–1943, S. 329.
5 Ebd.
6 Vgl. unten S. 178.
7 Vgl. z.B. Ciano, Tagebücher 1939–1943, S. 248f., 430–433. Dazu auch schon F(rederic) W. Deakin, Die brutale Freundschaft. Hitler, Mussolini und der Untergang des italienischen Faschismus, Köln/Berlin 1962, S. 307–323, 461–475.
8 Der Text des Kommuniqués lautete: „Der Duce und der Führer haben am Brenner im Salonwagen Mussolinis eine Unterredung geführt. Die Unterredung, bei der der Reichsaußenminister von Ribbentrop und der italienische Außenminister Graf Ciano zugegen waren, dauerte zweieinhalb Stunden und verlief in herzlichem Geiste." Domarus, Hitler, S. 1485 nach Deutschem Nachrichtenbüro.
9 Schmidt, Statist, S. 489. Ciano, Tagebücher 1939–1943, S. 211f., spricht von der „Sympathie und Ergebenheit" Mussolinis.
10 Hillgruber (Hg.), Staatsmänner und Diplomaten, Erster Teil, S. 97.
11 Ciano, Tagebücher 1936–1943, S. 211.
12 Vgl. Malte König, Kooperation als Machtkampf. Das faschistische Achsenbündnis Berlin-Rom im Krieg 1940/41, Köln 2007, S. 22f.
13 Die unglaubliche, aber bezeichnende Äußerung Mussolinis ist mehrfach belegt. Vgl. Pietro Badoglio, Italien im Zweiten Weltkrieg. Erinnerungen und Dokumente, München/Leipzig 1949, S. 32; Giacomo Carbonari, Memorie secrete 1935–1948, Florenz 1955, S. 92; Alessandro Lessona, Memorie, Rom 1963, S. 398f.
14 ADAP, Serie D, Bd. VIII, S. 441f., Mussolini an Hitler, 30.5.1940. Zuvor hatte Mussolini allerdings schon angekündigt, „daß die Zeit der Nichtkriegführung nicht sehr lange dauern" könne, vgl. ebd., S. 310, Mussolini an Hitler, 19.5.1940.

15 Ebd., S. 446 f., Hitler an Mussolini, 10.6.1940.
16 Vgl. König, Kooperation, S. 24 f.
17 Vgl. zum ganzen Komplex Knox, Guerra di Mussolini, S. 192–198.
18 Text des Kommuniqués bei Domarus, Hitler, S. 1528.
19 Ciano, Tagebücher 1939–1943, S. 249.
20 ADAP, Serie D, Bd. X, S. 172, Hitler an Mussolini, 13.7.1940.
21 Vgl. den vollständigen Text der Rede vom 19.7.1940 bei Domarus, Hitler, S. 1540–1559.
22 Abdruck des Telegrammwechsels bei Domarus, Hitler, S. 1560 f.
23 ADAP, Serie D, Bd. X, S. 173, Hitler an Mussolini, 13.7.1940.
24 So De Felice, Mussolini l'Alleato, Bd. I,1, S. 294. und ihm folgend Knigge, Hitlers Italienbild, S. 186.
25 Ciano, Tagebücher 1939–1943, S. 259.
26 Zit. Rauscher, Hitler und Mussolini, S. 410.
27 Text des Vertrages ADAP, Serie D, Bd. XI, S. 175 f.
28 Vgl. ADAP, Serie D, Bd. XI, S. 210–221, Aufzeichnung des Gesandten Schmidt, 4.10.1940.
29 Ciano, Tagebücher 1939–1945, S. 277.
30 Ebd., S. 278.
31 So zutreffend König, Kooperation, S. 32.
32 Vgl. dazu ausführlich Giorgio Rochat, Le guerre italiane 1935–1943. Dall'impero d'Etopia alla disfatta, Turin 2005, S. 239–402: „Guerra parallela, guerra subalterna".
33 Rauscher, Hitler und Mussolini, S. 413.
34 Rochat, Guerre italiane, S. 302–304.
35 Vgl. König, Kooperation, S. 42.
36 Rochat, Guerre italiane, S. 297.
37 Ciano, Tagebücher 1939–1943, S. 280.
38 Schmidt, Statist, S. 517.
39 Vgl. Domarus, Hitler, S. 1599.
40 Vgl. Hillgruber, Hitlers Strategie, S. 286.
41 Schmidt, Statist, S. 506.
42 ADAP, Serie D, Bd. XI, S. 348–357, Aufzeichnung des Gesandten Schmidt, 28.10.1940.
43 Ciano, Tagebücher 1939–1943, S. 282.
44 ADAP, Serie D, Bd. XI, S. 535–539, Hitler an Mussolini, 20.11.1940.
45 Völkischer Beobachter, 31.10.1940.
46 Vgl. dazu zuletzt König, Kooperation, S. 35.
47 Ebd., S. 39.
48 ADAP, Serie D, Bd. XI, S. 535–539, Hitler an Mussolini, 20.11.1940.
49 König, Kooperation, S. 39.
50 So treffend Hans Woller, Mussolini. Der erste Faschist, München 2016, S. 217.
51 ADAP, Serie D, Bd. XI, S. 539, Hitler an Mussolini, 20.11.1940.
52 Ebd., S. 825, Hitler an Mussolini, 31.12.1940.
53 So Rauscher, Hitler und Mussolini, S. 424.
54 Goebbels, Tagebücher, T. I, Bd. 9, S. 63 (Eintrag vom 22.12.1940).
55 Ebd., S. 441.
56 Ciano, Tagebücher 1939–1943, S. 290.
57 Vgl. König, Kooperation, S. 47.
58 Vgl. Ciano, Tagebücher 1939–1943, S. 310.
59 Ebd.

60 Vgl. ADAP, Serie D, Bd. XII, S. 889–892, Hitler an Mussolini, 5.4.1941.
61 Walter Hubatsch (Hg.), Hitlers Weisungen für die Kriegführung 1939–1945, Frankfurt a.M. 1962, S. 99. Vgl. dazu Knigge, Hitlers Italienbild, S. 203.
62 Zit. König, Kooperation, S. 331.
63 Vgl. z. B. Ciano, Tagebücher 1939–1943, S. 514 f.
64 Hubatsch (Hg.), Hitlers Weisungen, S. 97.
65 Vgl. zum Gesamtzusammenhang die klassische Darstellung von Andreas Hillgruber, Hitlers Strategie. Politik und Kriegführung 1940–1941, Frankfurt a.M. 1965.
66 Ciano, Tagebücher 1939–1943, S. 329.
67 Ebd. S. 333. Dieser Tagebucheintrag vom 10.6.1941 bezieht sich auf das Treffen Mussolinis mit Hitler am 2.6., er dürfte daher nachträglich eingefügt worden sein. Ob Mussolini die „stärkste Beschuldigung gegen Deutschland", die Ciano jemals von ihm gehört haben will, tatsächlich ausgesprochen hat, ist deshalb zweifelhaft. Vgl. Auch Marco Palla, La fortuna di un documento: il diario di Ciano, in: Italia Contemporanea 33 (1981), S. 31–54.
68 Schmidt, Statist, S. 550.
69 Domarus, Hitler, S. 1735.
70 Ebd., S. 1736.
71 ADAP, Serie D, Bd. XII, S. 892, Hitler an Mussolini, 21.6.1941.
72 Ciano, Tagebücher 1939–1943, S. 340. Dass der von Ciano erst unter dem 30. 6.1941 vermerkte „anti-deutsche Ausbruch" Mussolinis wirklich stattgefunden hat, erscheint nicht nur wegen des verspäteten Eintrags, sondern vor allem auch deswegen unwahrscheinlich, weil Mussolini am selben Tag anbot, Truppen in den Krieg gegen die Sowjetunion zu schicken.
73 ADAP, Serie D, Bd. XIII, S. 7, Mussolini an Hitler, 23.6.1941.
74 Vgl. ebd., S. 46, Mussolini an Hitler, 30.6.1941.
75 Giuseppe Bottai, Vent'anni e un giorno, 2. Aufl. Mailand 1949, S. 204.
76 ADAP, Serie D, Bd. XIII, S. 49, Hitler an Mussolini, 30.6.1941. Vgl. zum gesamten Zusammenhang die Einleitung von Thomas Schlemmer (Hg.), Die Italiener an der Ostfront 1942/43. Dokumente zu Mussolinis Krieg gegen die Sowjetunion, München 2005, S. 10–32.
77 Vgl. Rochat, Guerre italiane, S. 378 f.
78 ADAP, Serie D, Bd. XIII, S. 163, Hitler an Mussolini, 20.7.1941.
79 Ebd., S. 48, Hitler an Mussolini, 30.6.1941.
80 Ebd., S. 184, Mussolini an Hitler, 26.7.194; Original bei Mussolini, O.O., Bd. XXX, S. 206–212.
81 Vgl. Pierre Milza, Conversations Hitler – Mussolini 1934–1944, Paris 2013, S. 252–257.
82 Vgl. dazu Thomas Schlemmer, Das Königlich-Italienische Heer im Vernichtungskrieg gegen die Sowjetunion. Kriegführung und Besatzungspraxis einer vergessenen Armee 1941–1943, in: Sven Reichardt, Armin Nolzen (Hg.), Faschismus in Italien und Deutschland. Studien zu Transfer und Vergleich, Göttingen 2005, S. 151–154.
83 Ciano, Tagebücher 1939–1943, S. 430.
84 Ebd., S. 432.
85 Vgl. dazu ausführlich Gerhard Schreiber, Italiens Teilnahme am Krieg gegen die Sowjetunion. Motive, Fakten und Folgen, in: Jürgen Förster (Hg.), Stalingrad. Ereignis, Wirkung, Symbol, 2. Aufl. München/Zürich 1993, S. 250–292.
86 Vgl. dazu neuerdings das wichtige Buch von Maria Teresa Giusti, I prigionieri italiani in Russia, 2. Aufl. Bologna 2014.
87 Vgl. dazu Schlemmer, Italiener, S. 46–52.
88 Ebd., S. 70; ähnlich auch schon Deakin, Brutale Freundschaft, S. 247.
89 Zitate nach Knigge, Hitlers Italienbild, S. 212 f., hier auch weitere Belege.

90 Vgl. König, Kooperation, S. 325 nach Heinz Boberach (Hg.), Meldungen aus dem Reich 1938–1945. Die geheimen Lageberichte des Sicherheitsdienstes der SS, Bd. XII und XIII, Herrsching 1984.
91 Jochmann (Hg.), Hitler, Monologe, S. 75 (Eintrag vom 27./28.9. 1941).
92 Ebd., S. 328 (Eintrag vom 5.8.1942).
93 Erstmals bei dem Treffen in Feltre am 19.7.1943. Vgl. Knigge, Hitlers Italienbild, S. 231. Vgl. z. B. auch Goebbels, Tagebücher, T. II, Bd. 9, S. 252 (Eintrag vom 10.8.1943): „Der Führer hält vom Duce außerordentlich viel. Er preist ihn als den einzigen Römer in dieser Zeit, der leider kein würdiges Volk gefunden habe." Ebd., S. 305 (Eitrag vom 18.8.1943).
94 Es handelte sich um ihr vorletztes Treffen am 22./23.4.1943.
95 Vgl. Domarus, Hitler, S. 1902, 1980 f.
96 DDI, 9. Serie, Bd. IX, S. 259–262, Hitler an Mussolini, 21.10.1942. Hitler beklagte sich außerdem darüber, in seinem Hauptquartier an Telefon und Fernschreiber gebunden zu sein, obwohl er gerne einmal „wieder in ein schöneres Land kommen" würde, ebd., S. 261.
97 So treffend Gerhard Schreiber, Die politische und militärische Entwicklung im Mittelmeerraum 1939/40, in: Das Deutsche Reich und der Zweite Weltkrieg, Bd. 3, Stuttgart 1984, S. 164.
98 Vgl. oben S. 136 f.
99 Zit. Deakin, Brutale Freundschaft, S. 292, Mussolini an Hitler, 8.3.1943.
100 ADAP, Serie E, Bd. VI, S. 482, Mussolini an Hitler, 26.3.1943.
101 Goebbels, Tagebücher, T. II, Bd. 8, S. 440 (Eintrag vom 8.6.1943).
102 Vgl. De Felice, Mussolini l'alleato I, Bd. 2, S. 1047–1049.
103 Kershaw, Hitler 1936–1945, S. 770.
104 DDI, Serie 9, Bd. X, S. 681 f., Mussolini an Hitler, 18.7.1943.
105 So Schmidt, Statist, S. 567 f.
106 Ausführlichste Darstellung immer noch bei Deakin, Brutale Freundschaft, S. 461–475.
107 ADAP, Serie E, Bd. VI, S. 264–275, Aufzeichnung des Gesandten Schmidt über das Treffen in Feltre, 19.7.1943.
108 Vgl. Warlimont, Hauptquartier, S.354. Auf diesen Erinnerungen und der Darstellung von Deakin aufbauend De Felice, Mussolini l'alleato I, Bd. 2, S. 1332–1334.
109 Vgl. dazu in allen Einzelheiten De Felice, Mussolini l'alleato I, Bd. 2, S. 1090–1410: „Il 25 luglio: crollo del regime e fine politica di Mussolini".
110 Vgl. Deakin, Brutale Freundschaft, S. 613–623.
111 Vgl. Kershaw, Hitler 1936–1945, S. 775.
112 Vgl. Rintelen, Mussolini als Bundesgenosse, S. 244.
113 Ebd., S. 228 f.
114 Vgl. dazu Gerhard Schreiber, Die italienischen Militärinternierten im deutschen Machtbereich 1943–1945, München 1990 sowie Gabriele Hammermann, Zwangsarbeit für den „Verbündeten". Die Arbeits- und Lebensbedingungen der italienischen Militärinternierten in Deutschland 1943–1945, Tübingen 2005.
115 Vgl. dazu und zum Folgenden vor allem Lutz Klinkhammer, Zwischen Bündnis und Besatzung. Das nationalsozialistische Deutschland und die Republik von Salò 1943 bis 1945, Tübingen 1993.
116 Dazu detailliert Klinkhammer, Bündnis und Besatzung, S. 63–95.
117 Vgl. Klinkhammer, Bündnis und Besatzung, S. 75.
118 Ebd., S. 5–16
119 Ebd., S.63 f.
120 Vgl. dazu das in Italien epochemachende Buch von Claudio Pavone, Una guerra civile. Saggio storico sulla moralità della Resistenza, Turin 1991.

121 Vgl. Albert Speer, Erinnerungen, Berlin 1969, S. 321.
122 Vgl. Klinkhammer, Bündnis und Besatzung, S. 96–137.
123 Zit. von Rauscher, Hitler und Mussolini, S. 533.
124 Domarus, Hitler, S. 2038. Nach Goebbels reagierte Hitler unmittelbar nach Mussolinis Verhaftung folgendermaßen: „Die Kenntnis von diesen Vorgängen könnte unter Umständen in Deutschland einige subversive Elemente auf den Plan rufen, die vielleicht glaubten, bei uns dasselbe fabrizieren zu können, was die Badoglio und Genossen in Rom fabriziert haben. Der Führer gibt Himmler Auftrag, dafür zu sorgen, daß solche eventuell auftauchenden Gefahren mit den schärfsten Mitteln polizeilicher Art beantwortet werden. Im Übrigen glaubt er, daß hier nicht allzu viel zu erwarten ist. Das deutsche Volk ist viel zu italienfeindlich, als daß es sich an der Krise in Rom ein Beispiel nehmen wollte." Vgl. Goebbels, Tagebücher, T. II, Bd. 9, S. 82 (Eintrag vom 27.7.1943).
125 Dazu und zum Folgenden immer noch Deakin, Brutale Freundschaft, S. 617–623.
126 Vgl. zu seiner Gefangenschaft Benito Mussolini, Storia di un anno. Il tempo del bastone e della carota, Mailand 1982.
127 Vgl. dazu De Felice, Mussolini l'alleato, II, S. 43 f.
128 Goebbels, Tagebücher, T. II, Bd. 9, S. 506 (Eintrag vom 14.9.1943).
129 Ebd., S. 512 (Eintrag vom 15.9.1943).
130 Vgl. Filippo Anfuso, Da Palazzo Venezia al Lago di Garda, Mailand 1957, S. 326.
131 Vgl. dazu die ereignisgeschichtliche Darstellung von Josef Schröder, Italiens Kriegsaustritt 1943, Göttingen 1969, S. 131–140.
132 Anfuso, Palazzo Venezia, S. 389.
133 Goebbels, Tagebücher, T. II, Bd. 9, S. 525 (Eintrag vom 17.9.1943).
134 Vgl. die überzeugende Darstellung von Monica Fioravanzo, Mussolini e Hitler. La Repubblica sociale sotto il Terzo Reich, Roma 2009.
135 Bericht von Unruh an Bormann vom 15.2.1944, zit. nach Deakin, Brutale Freundschaft, S. 701.
136 Vgl. zu den Streiks Klinkhammer, Bündnis und Besatzung, S. 282–302, zu den Fosse Ardeatine Joachim Staron, Fosse Ardeatine und Marzabotto. Deutsche Kriegsverbrechen und Resistenza. Geschichte und nationale Mythenbildung in Deutschland und Italien (1944–1999), Paderborn 2002.
137 Deakin, Brutale Freundschaft, S. 636.
138 Deakin, Brutale Freundschaft, S. 666 f., 674, nicht in den ADAP.
139 Goebbels, Tagebücher, T. II, Bd. 9, S. 568 (Eintrag vom 23.9.1943).
140 Ebd.
141 ADAP, Serie E, Bd. VII, S. 283, Ribbentrop an Rahn, 27.12.1943.
142 Zit. Deakin, Brutale Freundschaft, S. 769, nicht in den ADAP.
143 Ebd., S. 768.
144 Ebd.. S. 769.
145 Domarus, Hitler, S. 2063, Hitler an Mussolini, 7.12.1943.
146 Vgl. dazu ADAP, Serie E, Bd. VII, Aufzeichnung des Gesandten Sonnleithner über das Treffen Hitlers mit Mussolini in Kleßheim, 22.4 und 23.4.1944. Eine Aufzeichnung vom zweiten Teil der Unterredungen fehlt in den ADAP.
147 Vgl. Deakin, Brutale Freundschaft, S. 770.
148 Ebd.; vgl. auch Hillgruber, Staatsmänner, Zweiter Teil, S. 428.
149 Zit. nach Deakin, Brutale Freundschaft, S. 773.
150 Ebd., S. 779.
151 Domarus, Hitler, S. 2103.

152 Anfuso, Die beiden Gefreiten, S. 324f.
153 Zit. Deakin, Brutale Freundschaft, S. 803.
154 Zit. ebd., S. 800.
155 Vgl. dazu grundlegend Hammermann, Zwangsarbeit, S. 461–516.
156 Zit. Deakin, Brutale Freundschaft, S. 804. Vgl. auch die offizielle Mitteilung Hitlers, ebd., S. 814.
157 Ebd., S. 805.
158 Eitel Friedrich Moellhausen, Die gebrochene Achse, Alfeld 1949, S. 194.
159 Vgl. ADAP, Serie E, Bd. VIII, S. 323–326, Mussolini an Himmler und Goebbels über Rahn, 18.8. 1944.
160 Deakin, Brutale Freudschaft, S. 823–827.
161 Ebd., S. 829. Obwohl nicht sicher ist, ob dieses Schreiben überhaupt nach Berlin gelangt ist, lässt der Text doch erkennen, in welcher Endzeitstimmung Mussolini sich befand.
162 Domarus, Hitler, S. 2152, 2159.
163 Ebd., S. 2226.
164 Vgl. den Text der Erklärung bei Pierre Milza, Mussolini, Rom 1999, S. 949.
165 So Domarus, Hitler, S. 2242 sowie Anton Joachimsthaler, Hitlers Ende. Legenden und Dokumente, Augsburg 1999, S. 198, beide ohne Quellenangabe. Vgl. dagegen Ian Kershaw, Das Ende. Kampf bis in den Untergang. NS-Deutschland 1944/45, München 2001, S. 496, der aufgrund einer allerdings vagen Quelle annimmt, dass Kaltenbrunner, informiert von dem Tiroler Gauleiter Hofer, erst nach dem Selbstmord Hitlers am 1.5.1945 den Tod Mussolinis gemeldet habe.
166 Das berichtet Hitlers Sekretärin Traudl Junge durchaus glaubhaft in ihren Erinnerungen. Vgl. Traudl Junge, Bis zur letzten Stunde. Hitlers Sekretärin erzählt ihr Leben, Berlin 2004, S. 195.

V Hitler und Mussolini – eine politische Freundschaft?

1 So Hillgruber, Strategie, S. 281
2 Vgl. Gerhard Engel, Heeresadjutant bei Hitler 1938–1943, Stuttgart 1974, S. 98.
3 Vgl. Frank, Im Angesicht des Galgens, S. 333.
4 Nach Engel, Heeresadjutant, ebd., sah er sich nicht in der Hand der Generäle, weil er sich „militärisches Wissen" angeeignet habe.
5 Vgl. Percy Ernst Schramm (Hg.), Henry Picker, Hitlers Tischgespräche im Führerhauptquartier 1941–1942, Stuttgart 1963, S. 291 (Eintrag vom 22.4.1942) sowie Jochmann (Hg.), Hitler, Monologe, S. 75, (Einträge vom 27./28.9. und 9.10.1941), S. 246–248 (Eintrag vom 31.1.1942), wo Hitler seine angeblichen Erlebnisse mit höfischen Kreisen in Rom und Neapel in einem meist unflätigen Stil ausbreitet.
6 Besonders charakteristisch ein Monolog im ‚Führerhauptquartier' am 24.7.1942, vgl. Schramm (Hg.), Hitlers Tischgespräche, S. 474.
7 Vgl. oben S. 129f.
8 Vgl. Warlimont, Hauptquartier, S. 352 sowie darauf aufbauend Schröder, Kriegsaustritt, S. 100. Auch bei dem Treffen von Feltre am 19.7.1943 lehnte Mussolini einen gemeinsamen Oberbefehl nochmals ab, vgl. De Felice, Mussolini l'Alleato, II, S. 1332f.
9 Goebbels, Tagebücher, T. II, Bd. 7, S. 602 (Eintrag vom 21.3.1943).

10 Vgl. dazu Deakin, Brutale Freundschaft, S. 389 f., De Felice, Mussolini, l'Alleato I,2, S. 1027 sowie neuerdings Filippo Cappellano, La divisione corazzata „M", poi „Centauro II", in: Storia Militare XII (2004), S. 117–132.
11 So Fioravanzo, Mussolini e Hitler, S. 109.

Quellen und wissenschaftliche Literatur

Archivalische Quellen

Bundesarchiv Berlin
Deutsches Reich: Nationalsozialismus (1933–1945)
NS 6, Nr. 848, 871, 956, 1185
Bundesarchiv Koblenz
Nachlass 1235: Giuseppe Renzetti
Politisches Archiv des Auswärtigen Amtes
Deutsche Botschaft Rom (Qui) 1920–1943 694 a/b, 695 a/b:
641396, 641403–641404, 641425–641427, 641469–641477, 641479–641486,
641518–641535
Deutsche Botschaft Rom, Geheimakten 1920–1936: R 29646, R 29826–29827, R 29966,
R 30248–30251, R103297–103299

Gedruckte Quellen

Akten der Reichskanzlei, Weimarer Republik. Das Kabinett Papen, Bd. I, Boppard 1989
Aloisi, Pompeo: Journal (25 juillet 1932–14 juin 1936). Introduction e notes par Mario Toscano, Paris 1957
Anfuso, Filippo: Da Palazzo Venezia al Lago di Garda, Mailand 1957
Axmann, Arthur: „Das kann doch nicht das Ende sein". Hitlers letzter Reichsjugendführer erinnert sich, Koblenz 1995
Badoglio, Pietro: Italien im Zweiten Weltkrieg. Erinnerungen und Dokumente, München/Leipzig 1949
Below, Nikolaus von: Als Hitlers Adjutant 1937–1945, Mainz 1980
Bianchi Bandinelli, Ranuccio: Hitler, Mussolini und ich. Aus dem Tagebuch eines Bürgers, Berlin 2016
Bottai, Giuseppe: Vent'anni e un giorno, 2. Aufl. Mailand 1977
Cerruti, Elisabetta: Frau eines Botschafters, Frankfurt a.M. 1953
Ciano, Galeazzo: Tagebücher 1937/1938, Hamburg 1949
Ciano, Galeazzo: Tagebücher 1939–1943, Bern 1946
Ciano, Galeazzo: L'Europa verso la catastrophe. 184 colloqui di Mussolini, Franco, Chamberlain etc., accordi segreti, corrispondenza diplomatica (1936–1942), 2 Bde., Mailand 1964
Ciarlantini, Franco: Hitler e il fascismo, 2. Aufl. Florenz 1933
Cucchetti, Gino: Italia e Germania dal Risorgimento ad oggi, 3. Aufl. Palermo o.J.
De Felice, Renzo (Hg.): Mussolini e Hitler. I rapporti segreti 1922–1923, Florenz 1975
Deuerlein, Ernst (Hg.): Der Hitlerputsch. Bayerische Dokumente zum 8./9. November 1923, Stuttgart 1962
Documenti Diplomatici Italiani, Serie VII 1922–1935, 16 Bde.; Serie VIII 1935–1939, 13 Bde.; Serie IX 1939 1943, 10 Bde., Rom 1953–1989
Dodd, William E.: Diplomat auf heißem Boden. Tagebuch des USA-Botschafters W.E. Dodd in Berlin 1933–1938, Berlin [1967]

Dollmann, Eugen: Dolmetscher der Diktatoren, Bayreuth 1963
Domarus, Max (Hg.): Hitler. Reden und Proklamationen 1932–1945. Kommentiert von einem deutschen Zeitgenossen, 2 Bde., Wiesbaden 1973
Dresler, Adolf: Mussolini, Leipzig 1924
Drexler, Anton: Mein politisches Erwachen. Aus dem Tagebuch eines deutschen sozialistischen Arbeiters, München 1923
Engel, Gerhard: Heeresadjutant bei Hitler 1938–1943, Stuttgart 1943
Feder, Gottfried: Das Programm der NSDAP und seine weltanschaulichen Grundgedanken, 5. Aufl. München 1929
Federzoni, Luigi: Italia di ieri per la storia di domani, Mailand 1967
Frank, Hans: Im Angesicht des Galgens. Deutung Hitlers und seiner Zeit auf Grund eigener Erlebnisse und Erkenntnisse, München 1953
Frick, Wilhelm: Die Nationalsozialisten im Reichtag 1924–1928, München 1928
Fröhlich, Elke (Hg.), Die Tagebücher von Joseph Goebbels, Teil I, Aufzeichnungen 1923–1941, Bd. 1–9, München 1998–2006; Teil II, Diktate 1941–1945, Bd. 1–15, München1993–1996; Teil III, Register 1923–1945, München 2007/2008
Galera, Karl Siegmar Baron von: Die Achse Berlin-Rom. Entstehung – Wesen – Bedeutung, Leipzig 1939
Giesler, Hermann: Ein anderer Hitler. Bericht eines Architekten, 4. Aufl. Leoni 1978
Goebbels, Joseph: Der Faschismus und seine praktischen Ergebnisse, Berlin 1934
Gravelli, Asvero: Hitler, Mussolini und die Revision, Leipzig 1933
Hansen, Henrich (Hg.): Hitler Mussolini 1938. Der Staatsbesuch des Führers in Italien, Berlin 1938
Hartmann, Christian, Vordermayer, Thomas, Plöckinger, Othmar, Töppel, Roman, (Hg.): Hitler, Mein Kampf. Eine Kritische Edition, München/Berlin 2016
Hiller von Gaertringen, Friedrich Freiherr von (Hg.): Die Hassell-Tagebücher 1938–1944. Aufzeichnungen vom Andern Deutschland nach der Handschrift revidierte und erweiterte Ausgabe, Berlin 1994
Hillgruber, Andreas (Hg.), Staatsmänner und Diplomaten bei Hitler. Vertrauliche Aufzeichnungen über Unterredungen mit Vertretern des Auslandes, Bd. I: 1939–1941, Bd. II: 1942–1944, München 1967/1970
Hitler, Adolf: Reden, Schriften, Anordnungen: Februar 1925 bis Januar 1933, 17 Bde., München 1992–2003
Hitler, Adolf: Südtirol und das deutsche Bündnissystem, München 1926
Hitler, Adolf: La mia vita, 6. Aufl. Mailand 1940
Hitler, Adolf: La mia battaglia, 12. Aufl. Mailand 1940
Hoffmann, Heinrich: Hitler in Italien, München 1938
Hubatsch, Walter (Hg.): Hitlers Weisungen für die Kriegführung 1939–1945, Frankfurt a.M. 1962
Internationaler Militärgerichtshof: Der Prozeß gegen die Hauptkriegsverbrecher vor dem Internationalen Militärgerichtshof, 14. Oktober 1945 bis 1. Oktober 1946, Bd. 12, Bd. 31, Nürnberg 1947
Jäckel, Eberhard (Hg.): Hitler. Sämtliche Aufzeichnungen 1905–1924, Stuttgart 1980
Jochmann, Werner (Hg.): Adolf Hitler. Monologe im Führerhauptquartier 1941–1944. Die Aufzeichnungen Heinrich Heims, Hamburg 1980
Junge, Traudl: Bis zur letzten Stunde. Hitlers Sekretärin erzählt ihr Leben, München 2002

Klöss, Erhard (Hg.): Reden des Führers. Politik und Propaganda Adolf Hitlers, 1922–1945, München 1967
Kubizek, August: Adolf Hitler, mein Jugendfreund, Graz 1995
Lessona, Alessandro: Memorie, Rom 1963
Ludwig, Emil: Mussolinis Gespräche mit Emil Ludwig, Wien 1932
Luedecke, Kurt: I knew Hitler. The story of a Nazi who escaped the Blood Purge, London 1938
Magistrati, Massimo: L'Italia a Berlino (1937–1939), Mailand 1956
Malaparte, Curzio: Technique du coup d'etat, Paris 1931
Malaparte, Curzio: Die Technik des Staatsstreichs, Leipzig 1932
Mette, Sigfrid: Adolf Hitler als Staatsmann und Volksführer, Schkölen [1932]
Ministero della Cultura Popolare: Hitler in Italia, Rom 1938
Moeller van den Bruck, Arthur: Italia docet, in: Gewissen, 6.11.1922
Moellhausen, Eitel Friedrich: Die gebrochene Achse, Alfeld 1949
Mussolini, Benito: Opera Omnia [O.O.], 36 Bde., Florenz 1951–1963
Mussolini, Benito: Storia di un anno. Il tempo del bastone e della carota, Mailand 1982
Plöckinger, Othmar (Hg.): Quellen und Dokumente zur Geschichte von „Mein Kampf" 1924–1945, Stuttgart 2016
Price, G(eorge) Ward: Führer und Duce wie ich sie kenne, Berlin 1939
Reale Accademia D'Italia, Fondazione Alessandro Volta: Convegno di scienze morali e storiche, 2 Bde., Rom 1933
Reupke, Hans: Das Wirtschaftssystem des Faschismus, Berlin 1930
Riefenstrahl, Leni: Memoiren 1902–1945, Frankfurt a.M. 1990
Rintelen, Enno von: Mussolini als Bundesgenosse. Erinnerungen des deutschen Militärattachés in Rom 1938–1943, Tübingen/Stuttgart 1951
Röhm, Ernst: Geschichte eines Hochverräters, 4. Aufl. München 1933
Rosenberg, Alfred: Der Mythos des 20. Jahrhunderts. Eine Wertung der seelisch-geistigen Gestaltenkämpfe unserer Zeit, München 1930
Schlie, Ulrich (Hg.): Römische Tagebücher und Briefe Ulrich von Hassels 1932–1938, München 2004
Schmidt, Paul: Statist auf diplomatischer Bühne 1923–1945. Erlebnisse des Chefdolmetschers im Auswärtigen Amt mit den Staatsmännern Europas, Bonn 1949
Schramm, Percy Ernst (Hg.): Henry Picker. Hitlers Tischgespräche im Führerhauptquartier 1941–1942, Stuttgart 1963
Schüddekopf, Otto-Ernst (Hg.): Das Heer und die Republik. Quellen zur Politik der Reichswehrführung 1918 bis 1933, Hannover/Frankfurt a.M. 1955
Scorza, Carlo: Fascismo idea imperiale, Rom 1933
Seraphim, Hans Günter (Hg.): Das politische Tagebuch Alfred Rosenbergs aus den Jahren 1934/1935 und 1939/1940, Göttingen 1964
Solari, Pietro: Hitler e il Terzo Reich, Mailand 1932
Speer, Albert: Erinnerungen, Berlin 1969
Stahn, R.O., Bojano, Filippo: Wir haben's gewagt! Weg und Wollen der Führer in Deutschland und Italien, Stuttgart/Berlin 1934
Stresemann, Gustav: Reden und Schriften. Politik-Geschichte-Literatur 1897–1926, 2. Aufl. Berlin 2008
Tolomei, Ettore: Memorie di vita, Mailand 1948

Tyrell, Albrecht: Führer befiehl ... Selbstzeugnisse aus der ‚Kampfzeit' der NSDAP, Düsseldorf 1969

Villari, Luigi: Affari esteri 1943–1945, Rom 1948

Wagner, Adolf (Hg.): München, die Hauptstadt der Bewegung, grüßt Benito Mussolini, München 1937

Warlimont, Walter: Im Hauptquartier der deutschen Wehrmacht 1939–1945, Frankfurt a.M. 1962

Weinberg Gerhard L. (Hg.): Hitlers Zweites Buch. Ein Dokument aus dem Jahr 1928, Stuttgart 1961

Willis, Fred C.: Mussolini in Deutschland. Eine Völkerkundgebung für den Frieden in den Tagen vom 25. bis 29. September 1937, Berlin 1937

Zoller, Albert: Hitler privat. Erlebnisbericht einer Geheimsekretärin, Düsseldorf 1949

Wissenschaftliche Literatur

Adler, Winfried: Die Minderheitenpolitik des italienischen Faschismus in Südtirol und im Aostatal 1922–1929, Diss. Phil. Trier 1979

Andriolo, Fabio: Mussolini segreto nemico di Hitler, Casal Monferrato 1997

Aschieri, Raffaele, Panzieri, Francesco: Una giornata particolare. Firenze, 9 maggio 1938, le Contrade, Mussolini e Hitler. Analisi di un evento di grande valore simbolico, Siena 2003

Asserate, Asfa-Wossen, Mattioli, Aram (Hg.): Der erste faschistische Vernichtungskrieg. Die italienische Aggression gegen Äthiopien 1935–1941, Köln 2006

Auerbach, Hellmut: Hitlers politische Lehrjahre und die Münchner Gesellschaft 1919–1923. Versuch einer Bilanz anhand der neueren Forschung, in: Vierteljahrshefte für Zeitgeschichte 25 (1977), S. 1–45

Bach, Maurizio, Breuer, Stefan: Faschismus als Bewegung und Regime. Italien und Deutschland im Vergleich, Wiesbaden 2010

Baier, Thilo: Italiens Österreichpolitik 1934–1938, Hamburg 2014

Bartikowski, Kilian: Der italienische Antisemitismus im Urteil des Nationalsozialismus 1933–1943, Berlin 2013

Bauerkämper, Arnd: Die Inszenierung faschistischer Politik. Der Staatsbesuch Hitlers in Italien im Mai 1938, in: Stefan Vogt, u. a. (Hg.), Ideengeschichte als politische Aufklärung. Festschrift für Wolfgang Wippermann zum 65. Geburtstag, Berlin 2010, S. 129–153

Baumgart, Winfried: Zur Ansprache Hitlers vor den Führern der Wehrmacht am 22. August 1939, in: Vierteljahrshefte für Zeitgeschichte 16 (1968), S. 120–149

Bavendamm, Dirk: Der junge Hitler. Korrekturen einer Biographie 1889–1914, Graz 2009

Baxa, Paul: Capturing the fascist movement: Hitler's visit to Italy in 1938 and the radicalization of fascist Italy, in: Journal of Contemporary History 42 (2007), S. 227–242

Behrenbeck, Sabine: Der Kult um die toten Helden. Nationalsozialistische Mythen, Riten und Symbole, 1923 bis 1945, Vierow 1996

Benz, Wolfgang: Die Inszenierung der Akklamation - Mussolini in Berlin 1937, in: Grüttner, Michael, u. a. (Hg.), Geschichte und Emanzipation. Festschrift für Reinhard Rürup, Frankfurt a.M./New York 1999

Berger Waldenegg, Georg Christoph: Hitler, Göring, Mussolini und der „Anschluß" Österreichs an das Deutsche Reich, in: Vierteljahrshefte für Zeitgeschichte 51 (2003), S. 47–182

Bermani, Cesare, Bologna, Sergio, Mantelli, Brunello: Proletarier der ‚Achse'. Sozialgeschichte der italienischen Fremdarbeiter in NS-Deutschland 1937–1943, Hamburg 1997
Bernhard, Patrick: Konzertierte Gegnerbekämpfung im Achsenbündnis. Die Polizei im Dritten Reich und im faschistischen Italien, in: Vierteljahrshefte für Zeitgeschichte 59 (2011), S. 229–262
Blasius, Rainer A.: Für Großdeutschland – gegen den großen Krieg. Ernst von Weizsäcker in den Krisen um die Tschechoslowakei und Polen, Köln 1981
Bloch, Michael: Ribbentrop, London 1994
Boberach, Heinz (Hg.): Meldungen aus dem Reich 1938–1945. Die geheimen Lageberichte des Sicherheitsdienstes der SS, Bd. XII und XIII, Herrsching 1984
Bollmus, Reinhard: Das Amt Rosenberg und seine Gegner. Zum Machtkampf im nationalsozialistischen Herrschaftssystem, 2. Aufl. München 2006
Bosworth, Richard J.B.: Mussolini. Un dittatore italiano, Mailand 2004
Bracher, Karl Dietrich: Die deutsche Diktatur. Entstehung, Struktur, Folgen des Nationalsozialismus, Berlin 1969
Broszat, Martin: Soziale Motivation und Führer-Bindung im Nationalsozialismus, in: Vierteljahrshefte für Zeitgeschichte 18 (1970), S. 392–409
Cappellano, Filippo: La divisione corazzata „M", poi „Centauro II", in: Storia Militare XII (2004), S. 117–132
Collotti, Enzo: Il fascismo e gli ebrei. Le leggi razziali in Italia, Rom/Bari 2003
Collotti, Enzo, Klinkhammer, Lutz: Il fascismo e l'Italia in guerra. Una conversazione fra storia e storiografia, Rom 1996
Corner, Paul: The fascist party und popular opinion in Mussolini's Italy, Oxford 2012
Conze, Eckart, Frei, Norbert, Hayes, Peter, Zimmermann, Moshe: Das Amt und die Vergangenheit. Deutsche Diplomaten im Dritten Reich und in der Bundesrepublik, München 2010.
Coverdale, John F.: Italian Intervention in the Spanish Civil War, Princeton 1975
Deakin, F(rederic) W.: Die brutale Freundschaft. Hitler, Mussolini und der Untergang des italienischen Faschismus, Köln/Berlin 1962
De Felice, Renzo: Storia degli ebrei sotto il fascismo, Turin 1961, 5. Aufl. Turin 1993
De Felice, Renzo: Mussolini il duce. I. Gli anni del consenso 1929–1936, Turin 1974
De Felice, Renzo: Mussolini il duce. II. Lo stato totalitario 1936–1940, Turin 1981
De Felice, Renzo: Mussolini l'alleato. 1940–1945, I. L'Italia in Guerra 1940–1943, 2 Bde., Turin 1990
De Felice, Renzo: Mussolini l'alleato. 1940–1945, II. La Guerra civile 1943–1945, Turin 1997
De Felice, Beobachtungen zu Mussolinis Außenpolitik, in: Saeculum 24 (1973), S. 314–327
De Grazia, Victoria: Die Radikalisierung der Bevölkerungspolitik im faschistischen Italien. Mussolinis „Rassenstaat", in: Geschichte und Gesellschaft 26 (2000), S 219–225
Dobler, Ralph-Miklas: Bilder der Achse. Hitlers Empfang in Italien und die mediale Inszenierung des Staatsbesuches in Fotobüchern, München 2015
Dogliani, Patrizia: Il fascismo degli Italiani. Una storia sociale, 2. Aufl. Novara 2014
Dreeßen, Carl: Die deutsche Flottenrüstung in der Zeit nach dem Vertrag von Versailles bis zum Beginn des Zweiten Weltkriegs und ihre Darstellung und Behandlung im Nürnberger Prozeß von 1945/46, Hamburg 2000

Dülffer, Jost: Zum „decision making-process" in der deutschen Außenpolitik 1933 bis 1939, in: Manfred Funke (Hg.), Hitler, Deutschland und die Mächte. Materialien zur Außenpolitik des Dritten Reiches, Düsseldorf 1978, S. 186–204
Fabre, Giorgio: Il contratto. Mussolini editore di Hitler, Bari 2004
Fabre, Giorgio: Mussolini razzista. Dal socialismo al fascismo di un antisemita, Mailand 2005
Falasca-Zamboni, Simonetta: Fascist Spectacle. The asthetics of power in Mussolini's Italy, Berkeley 2000
Fest, Joachim: Hitler. Eine Biographie, Frankfurt a.M. 1970
Fioravanzo, Monica: Mussolini e Hitler. La Repubblica Sociale sotto il Terzo Reich, Rom 2009
Förster, Jürgen: Die Wehrmacht und die Probleme der Koalitionskriegführung, in: Klinkhammer, Osti Guerrazzi, Schlemmer (Hg.), Die „Achse" im Krieg, S. 108–121
Framke, Gisela: Im Kampf um Südtirol. Ettore Tolomei (1865–1952) und das Archivio per l'Alto Adige, Tübingen 1987
Franzinelli, Mimmo: Il prigionero di Salò. Mussolini e la tragedia italiana del 1943–1945, Mailand 2012
Funke, Manfred: Sanktionen und Kanonen. Hitler, Mussolini und der internationale Abessinienkonflikt, Düsseldorf 1970
Galli della Loggia, Ernesto: La morte della patria. La crisi dell'idea di nazione tra resistenza, antifascismo e repubblica, Rom/Bari 1999
Gentile, Emilio: Fascismo di Pietra, Rom 2007
Geyer, Martin H.: Verkehrte Welt. Revolution, Inflation und Moderne: München 1914–1924, Göttingen 1998
Giro, Helmut-Dieter: Frankreich und die Remilitarisierung des Rheinlandes. Hitlers Weg in den Krieg?, Essen 2006
Görtemaker, Heike: Eva Braun. Leben mit Hitler, München 2010
Gordon, Harald J.: Hitlerputsch 1923. Machtkampf in Bayern 1923–1924, München 1978
Graml, Hermann: Hitler und England. Ein Essay zur nationalsozialistischen Außenpolitik 1920–1940, München 2009
Gritschneder, Otto: Bewährungsfrist für den Terroristen Adolf H. Der Hitler-Putsch und die bayerische Justiz, München 1990
Hamann, Brigitte: Hitlers Wien. Lehrjahre eines Diktators, München 1996
Hamann, Brigitte: Winifred Wagner oder Hitlers Bayreuth, München 2002
Hammermann, Gabriele: Zwangsarbeit für den „Verbündeten". Die Arbeits- und Lebensbedingungen der italienischen Militärinternierten in Deutschland 1943–1945, Tübingen 2005
Heitmann, Klaus: Delenda Germania! Deutschland aus der Sicht des jungen Mussolini, in: Quellen und Forschungen aus italienischen Archiven und Bibliotheken 90 (2010), S. 346–372
Henke, Josef: England in Hitlers politischem Kalkül. Vom Scheitern der Bündniskonzeption bis zum Kriegsbeginn (1935–1939), Boppard 1973
Herbst, Ludolf: Hitlers Charisma. Die Erfindung eines deutschen Messias, Frankfurt a.M. 2010
Hildebrand, Klaus (Hg.): Zwischen Politik und Religion. Studien zur Entstehung, Existenz und Wirkung des Totalitarismus, München 2003
Hildebrand, Klaus: Deutsche Außenpolitik 1933–1945. Kalkül oder Dogma?, Stuttgart 1976
Hillgruber, Andreas: Hitlers Strategie. Politik und Kriegführung 1940/41, Frankfurt a.M. 1965
Hoepke, Klaus-Peter: Die deutsche Rechte und der italienische Faschismus, Düsseldorf 1968

Hoffend, Andrea: Zwischen Kultur-Achse und Kulturkampf. Die Beziehungen zwischen ‚Drittem Reich' und faschistischem Italien in den Bereichen Medien, Kunst, Wissenschaft und Rassenfragen, Frankfurt a.M. 1998

Hofmann, Hanns Hubert: Der Hitlerputsch. Krisenjahre deutscher Geschichte 1920–1924, München 1961

Horn, Wolfgang: Der Marsch zur Machtergreifung. Die NSDAP bis 1933, Königstein/Düsseldorf 1968

Jacobelli, Jader (Hg.), Il fascismo e gli storici oggi, Rom/Bari 1988

Jäckel, Eberhard: Hitlers Weltanschauung. Entwurf einer Herrschaft, 4. Aufl. Stuttgart 1991

Joachimsthaler, Anton: Hitlers Weg begann in München, 1913–1923, München 2000

Kater, Michael H.: The Nazi Party. A social profile of members and leaders 1919–1945, Oxford 1983

Kershaw, Ian: Hitler 1889–1936, Stuttgart 1998

Kershaw, Ian: Hitler 1936–1945, Stuttgart 2000

Kershaw, Ian: Der Hitlermythos. Volksmeinung und Propaganda im Dritten Reich, Stuttgart 1980

Kissenkoetter, Udo: Gregor Strasser und die NSDAP, Stuttgart 1978

Klinkhammer, Lutz: Zwischen Bündnis und Besatzung. Das nationalsozialistische Deutschland und die Republik von Salò 1943–1945, Tübingen 1993

Klinkhammer, Lutz, Osti Guerrazzi, Amedeo, Schlemmer, Thomas (Hg.): Die „Achse" im Krieg. Politik, Ideologie und Kriegführung 1939–1945, Paderborn 2010

Knigge, Jobst C.: Hitlers Italienbild. Ursprünge und Konfrontation mit der Wirklichkeit, Hamburg 2012

Knigge, Jobst C.: Angst vor Deutschland – Mussolinis Deutschlandbild, Hamburg 2015

Knigge, Jobst C.: Prinz Philipp von Hessen. Hitlers Sonderbotschafter für Italien, Berlin 2009

Knox, MacGregor: Hitlers Italian Allies. Royal armed forces, fascist regime, and the war of 1940–1943, Cambridge/New York 2000

Knox, MacGregor: La Guerra di Mussolini, Rom 1984

Knox, MacGregor: Common destiny: Dictatorship, foreign policy and war in fascist Italy und nazi Germany, Cambridge 2000

Knox, MacGregor: Das faschistische Italien und die „Endlösung" 1942/43, in: Vierteljahrshefte für Zeitgeschichte 55 (2007), S. 53–92

König, Malte: Kooperation als Machtkampf. Das faschistische Achsenbündnis Berlin-Rom im Krieg 1940/41, Köln 2007

Kolb, Eberhard, Schumann, Dirk: Die Weimarer Republik, Oldenburg Grundriß der Geschichte, 8. Aufl. München 2013

Kopperschmidt, Josef (Hg.): Hitler der Redner, München 2003

Kube, Alfred: Pour le mérite und Hakenkreuz. Hermann Göring im Dritten Reich, München 1986

Kühne, Thomas: Kameradschaft. Die Soldaten des nationalsozialistischen Krieges und das 20. Jahrhundert, Göttingen 2006

Kufeke, Kay: Anthropologie als Legitimationswissenschaft. Zur Verbindung von Rassentheorie und Rassenpolitik in der Biographie des italienischen Eugenikers Guido Landra (1939–1949), in: Quellen und Forschungen aus italienischen Archiven und Bibliotheken 82 (2002), S. 552–589

Kuhn, Axel: Hitlers außenpolitisches Programm. Entstehung und Entwicklung 1919–1939, Stuttgart 1970

Lange, Karl: Der Terminus „Lebensraum", in: Vierteljahrshefte für Zeitgeschichte 13 (1965), S. 426–437.
Latour, Conrad F.: Südtirol und die Achse Berlin-Rom 1938–1945, Stuttgart 1962
Lönne, Karl-Egon: Der „Völkische Beobachter" und der italienische Faschismus, in: Quellen und Forschungen aus italienischen Archiven und Bibliotheken 51 (1971), S. 539–584.
Longerich, Peter: Hitler. Biographie, München 2015
Longerich, Peter: Geschichte der SA, München 2003
Mack Smith, Denis: Mussolini. Eine Biographie, München 1983
Maier, Hans (Hg.): Totalitarismus und politische Religionen. Konzepte des Diktaturvergleichs, 3 Bde., Paderborn 1996–2003
Mancini, Roberto: Liturgie totalitarie. Apparati e feste per la visita di Hitler e Mussolini a Firenze (1938), Florenz 2010
Martin, Bernd: Zur Tauglichkeit eines übergreifenden Faschismusbegriffs, in: Vierteljahrshefte für Zeitgeschichte 29 (1981), S. 48–73
Martin, Stefan: Hermann Göring. „Erster Paladin des Führers" und „Zweiter Mann im Dritten Reich", Paderborn 1985
Michaelis, Meir: Mussolini and the Jews. German-italian relations and the jewish question in Italy 1922–1945, Oxford 1978
Michaelis, Meir: I rapporti tra fascismo e nazismo prima dell'avvento di Hitler al potere (1922–1933), in: Rivista Storica Italiana 8 (1973), S. 544–600
Michalka, Wolfgang: Ribbentrop und die deutsche Weltpolitik 1933–1940, München 1980
Milza, Pierre: Mussolini, Rom 2000
Milza, Pierre: Conversations Hitler – Mussolini 1934–1944, Paris 2013
Olshausen, Klaus: Zwischenspiel auf dem Balkan. Die deutsche Politik gegenüber Jugoslawien und Griechenland von März bis Juli 1941, Stuttgart 1973
Orlow, Dietrich: The history of the Nazi Party, 2 Bde., Pittsburgh 1969/73
Palla, Marco: La fortuna di un documento: il diario di Ciano, in: Italia Contemporanea 33 (981), S. 31–54
Pavone, Claudio: Una guerra civile. Saggio storico sulla moralità della Resistenza, Turin 1991
Petersen, Jens: Hitler-Mussolini. Die Entstehung der Achse Berlin-Rom 1933–1936, Tübingen 1973
Petersen, Jens: Deutschland und Italien im Sommer 1935. Der Wechsel des italienischen Botschafters in Berlin, in: Geschichte in Wissenschaft und Unterricht 20 (1969), S. 330–341
Petersen, Jens: Vorspiel zu ‚Stahlpakt' und Kriegsallianz. Das deutsch-italienische Kulturabkommen vom 23. November 1938, in: Vierteljahrshefte für Zeitgeschichte 36 (1988), S. 41–77
Pini, Giorgio, Susmel, Delio: Mussolini. L'uomo e l'opera, 4 Bde., Florenz 1953–1955
Piper, Ernst: Alfred Rosenberg. Hitlers Chefideologe, München 2005
Plöckinger, Othmar: Unter Soldaten und Agitatoren. Hitlers prägende Jahre im deutschen Militär 1918–1920, Paderborn 2013
Plöckinger, Othmar: Geschichte eines Buches. Adolf Hitlers „Mein Kampf" 1922–1945, 2. Aufl. München 2011
Poesio, Camilla: Venezia, Italia. L'immagine della città nei primi anni di trenta, in: Memoria e Ricerca 43 (2013), S. 145–166

Pyta, Wolfram: Hitler. Der Künstler als Politiker und Feldherr. Eine Herrschaftsanalyse, Berlin 2015
Quartararo, Rosaria: Roma tra Londra e Berlino. La politica estera fascista dal 1930 al 1940, Rom 1980
Rauscher, Walter: Hitler und Mussolini. Macht, Krieg und Terror, Graz/Wien/Köln 2001
Reichardt, Sven: Faschistische Kampfbünde. Gewalt und Gemeinschaft im italienischen Faschismus und in der deutschen SA, München 2002
Ritschel, Karl: Diplomatie um Südtirol. Politische Hintergründe eines europäischen Versagens, Stuttgart 1966
Robertson, Esmonde M.: Hitler und die Sanktionen des Völkerbundes – Mussolini und die Besetzung des Rheinlands, in: Vierteljahrshefte für Zeitgeschichte 20 (1978), S. 178–205
Rochat, Giorgio: Le guerre italiane 1935–1943. Dall'impero d'Etopia alla disfatta, Turin 2005
Rosen, Edgar R.: Mussolini und Deutschland 1922–1923, in: Vierteljahrshefte für Zeitgeschichte 5 (1957), S. 7–40
Rusconi, Enrico: Se cessiamo di essere una nazione, Bologna 1993
Ryback, Timothy W.: Hitlers Bücher. Seine Bibliothek – sein Denken, Köln 2010
Sarfatti, Michele: Gli ebrei nell'Italia fascista. Vicende, identità, persecuzione, Turin 2000
Scarano, Federico: Mussolini e la Repubblica di Weimar. Le relazioni diplomatiche tra Italia e Germania dal 1927 al 1933, Neapel 1996
Schausberger, Franz: Letzte Chance für die Demokratie, Wien 1993
Schenk, Dieter: Hans Frank. Hitlers Kronjurist und Generalgouverneur, Frankfurt a.M. 2006
Schieder, Wolfgang: Faschistische Diktaturen. Studien zu Italien und Deutschland, Göttingen 2008
Schieder, Wolfgang: Mythos Mussolini. Deutsche in Audienz beim Duce, München 2013
Schieder, Wolfgang: Benito Mussolini, München 2014
Schieder, Wolfgang: Kamerad Italien. Romführer für deutsche Soldaten, in: Anna Esposito u. a. (Hg.), Trier-Mainz-Rom. Stationen, Wirkungsfeder, Netzwerke. Festschrift für Michael Matheus zum 60. Geburtstag, Regensburg 2013, S. 429–448
Schieder, Wolfgang: Hitlers „Mein Kampf". Eine Edition – aber für wen?, in: Neue Politische Literatur 61 (2016) S. 187–197
Schieder, Wolfgang: Werner Hoppenstedt in der Hertziana. Perversion von Kultuerwissenschaft im Nationalsozialismus (1933–1945), in: Sybille Ebert-Schifferer, 100 Jahre Bibliotheca Hertziana. Die Geschichte des Instituts 1913–2013, München 2013, S. 90–115, 270–279
Schieder, Wolfgang, Dipper, Christof (Hg.): Der spanische Bürgerkrieg in der internationalen Politik (1936–1939), München 1976
Schlemmer, Thomas (Hg.): Die Italiener an der Ostfront 1942/43. Dokumente zu Mussolinis Krieg gegen die Sowjetunion, München 2005
Schlemmer, Thomas: Das königlich-italienische Heer im Vernichtungskampf gegen die Sowjetunion. Kriegführung und Besatzungspraxis einer vergessenen Armee 1941–1943, in: Sven Reichardt, Armin Nolzen (Hg.), Faschismus in Italien und Deutschland. Studien zu Transfer und Vergleich, Göttingen 2005, S. 148–175.
Schlemmer, Thomas, Woller, Hans: Der italienische Faschismus und die Juden 1922 bis 1945, in: Vierteljahrshefte für Zeitgeschichte 53 (2005), S. 164–201.
Schmidt, Rainer F.: Die Außenpolitik des Dritten Reiches, Stuttgart 2002
Schneider, Gabriele: Mussolini in Afrika. Die faschistische Rassenpolitik in den italienischen Kolonien 1936–1941, Köln 2000

Schreiber, Gerhard: Die italienischen Militärinternierten im deutschen Machtbereich 1943–1945, München 1990

Schreiber, Gerhard: Italiens Teilnahme am Krieg gegen die Sowjetunion. Motive, Fakten und Folgen, in: Jürgen Förster (Hg.), Stalingrad. Ereignis, Wirkung, Symbol. 2. Aufl. München/Zürich 1993, S. 250–292

Schreiber, Gerhard, Stegemann, Bernd, Vogel, Detlef: Das Deutsche Reich und der Zweite Weltkrieg, Bd. 3: Der Mittelmeerraum und Südosteuropa. Von der „non belligeranza" Italiens bis zum Kriegseintritt der Vereinigten Staaten, Stuttgart 1984

Schröder, Josef: Italiens Kriegsaustritt 1943. Die deutschen Gegenmaßnahmen im italienischen Raum: Fall „Alarich" und „Achse", Göttingen 1969

Schubert, Günter: Anfänge nationalsozialistischer Außenpolitik, Köln 1963

Schüler-Springorum, Stefanie: „Krieg und Fliegen". Die Legion Condor im Spanischen Bürgerkrieg, Paderborn 2010.

Schumann, Dirk: Gewalt als Methode der nationalsozialistischen Machteroberung, in: Andreas Wirsching (Hg.), Das Jahr 1933. Die nationalsozialistische Machteroberung und die deutsche Gesellschaft, Göttingen 2009, S. 135–155.

Schwarz, Birgit: Geniewahn. Hitler und die Kunst, Wien 2009

Scriba, Friedemann: Augustus im Schwarzhemd? Die Mostra Augustea della Romanità in Rom 1937/38, Frankfurt a.M. 1995

Siebert, Ferdinand: Der deutsch-italienische Stahlpakt, in: Vierteljahrshefte für Zeitgeschichte 7 (1959), S. 374–395

Smith, Arthur L.: Kurt Luedecke. The man who knew Hitler, in: German Studies Review 26 (2003), S. 597–606

Smith, Bradley F.: Die Hoßbach-Niederschrift im Lichte neuer Quellen, in: Vierteljahrshefte für Zeitgeschichte 38 (1990), S. 329–336

Stargardt, Nicholas: Der deutsche Krieg 1939–1945, Frankfurt a.M. 2015

Steininger, Rolf: Südtirol im 20. Jahrhundert, 4. Aufl. Bozen 2004

Steurer, Leopold: Südtirol zwischen Rom und Berlin 1919–1939, Wien/München/Zürich 1980

Stuhlpfarrer, Karl: Il problema altoatesino dall' Anschluß alla fine della seconda guerra mondiale, in: Storia e Politica 12 (1974), S. 127–148

Tátos, Emmerich, Neugebauer, Wolfgang (Hg.): Austrofaschismus. Politik, Ökonomie, Kultur 1933–1938, 5. Aufl. Münster 2005

Terhoeven, Petra: Liebespfand fürs Vaterland. Krieg, Geschlecht und faschistische Nation in der italienischen Geld- und Eheringsammlung 1935/36, Tübingen 2003

Thamer, Hans-Ulrich: Verführung und Gewalt. Deutschland 1933–1945, Berlin 1986

Thamer, Hans-Ulrich: Der Marsch auf Rom – ein Modell für die nationalsozialistische Machtergreifung, in: Wolfgang Michalka (Hg.), Die nationalsozialistische Machtergreifung, Paderborn 1984, S. 245–260

Torunsky, Vera: Entente der Revisionisten? Mussolini und Stresemann 1922–1929, Köln 1986

Toscano, Mario: Le origini del patto d'accaio, 2. Aufl. Florenz 1956

Tunón de Larta, u.a. (Hg.), Der spanische Bürgerkrieg. Eine Bestandsaufnahme, Frankfurt a.M. 1987

Tyrell, Albrecht: Vom „Trommler" zum „Führer", München 1975

Uhle, Roger: Neues Volk und reine Rasse. Walter Groß und das Rassenpolitische Amt der NSDAP 1934–1945, Aachen 1999

Ullrich, Volker: Adolf Hitler. Biographie, Bd. 1: Die Jahre des Aufstiegs 1989–1939, Frankfurt a.M. 2013
Vianello, Maddalena: La visita di Hitler a Roma nel maggio 1938, in: Roma tra fascismo e liberazione. L'Annale Irsifar, Rom 2004, S. 67–92
Vogt, Klaus: Zuflucht auf Widerruf. Exil in Italien 1933–1945, 2 Bde., Stuttgart 1989/93
Watt, David Cameron: Hitlers visit to Rome and the mai weekend crisis: A study in Hitler's response to external stimuli, in: Journal of Contemporary History 9 (1974), S. 213–32
Weber, Thomas: Wie Adolf Hitler zum Nazi wurde. Vom unpolitischen Soldaten zum Autor von „Mein Kampf", Berlin 2016
Wedekind, Michael: Nationalsozialistische Besatzungs- und Annexionspolitik in Norditalien 1943 bis 1945. Die Operationszonen „Alpenvorland" und „Adriatisches Küstenland", München 2003
Weinberg, Gerhard L.: Hitler's foreign policy 1933–1939: the road to World War II, New York 2010
Weinberg, Gerhard L.: Die geheimen Abkommen zum Antikominternpakt, in: Vierteljahrshefte für Zeitgeschichte 12 (1964), S. 443–458
Wichmann, Manfred: Wilhelm Pabst und die Gesellschaft zum Studium des Faschismus 1931–1934, Berlin 2013
Wildfang, Frauke: Der Feind von nebenan. Judenverfolgung im faschistischen Italien 1936–1944, Köln 2008
Wirsching, Andreas: Hitlers Authentizität. Eine funktionalistische Deutung, in: Vierteljahrshefte für Zeitgeschichte 64 (2016), S. 387–418
Woller, Hans: Mussolini. Der erste Faschist. Eine Biographie, München 2016
Woller, Hans: Geschichte Italiens im 20. Jahrhundert, München 2010
Zarusky, Jürgen, Zückert, Martin (Hg.): Das Münchner Abkommen von 1938 in europäischer Perspektive, München 2013
Zehnpfennig, Barbara: Hitlers Mein Kampf: eine Interpretation, München 2011

Register

Abel, Werner   40
Alfieri, Dino   126
Aloisi, Pompeo   71, 75
Amann, Max   66
Ambrosio, Vittorio   162
Anfuso, Filippo   179
Antinori, Francesco   47
Antonescu, Ion   145, 153
Attolico, Bernardo   97 f, 108 f, 128 f, 133, 138

Badoglio, Pietro   163 f, 169 f, 185, 215
Balbo, Italo   138
Bechstein, Hélène   47
Beckerath, Erwin von   199
Benedetti, Giulio   20
Benesch, Edvard   108
Beumelburg, Werner   198
Bianchi, Ranuccio   113
Bismarck, Otto von   22
Blomberg, Werner von   102
Bocchini, Arturo   83
Bormann, Martin   171
Bottai, Giuseppe   95, 123, 138, 153
Brandenburg, Erich   199
Brandt, Karl   198
Braun, Eva   180
Brückner, Wilhelm   62
Brüning, Heinrich   26
Bülow, Blandine von   50
Bülow, Cosima von   50
Bülow-Schwante, Vicco Karl Alexander von   111, 120

Capasso Torre, Giovanni   48 f
Cavallero, Conte Ugo   99 f, 126, 136
Cerruti, Vittorio   81 f, 138
Chamberlain, Neville   108 f
Ciano, Edda (geb. Mussolini)   167, 173
Ciano, Galeazzo   89, 92–95, 97 ff, 108, 115, 121, 126 f, 136 ff, 142, 144 f, 149, 152, 155, 168, 173, 211, 213

D'Annunzio, Gabriele   34
Dahlerus, Birger   128

Daladier, Édouard   108
De Felice, Renzo   117, 170, 208
De Fiori, Roberto   48
Delcroix, Carlo   126
Dietrich, Otto   104
Dobbert, Gerhard   198
Dollfuß, Engelbert   68, 81, 83
Dönitz, Karl   160
Dresler, Adolf   34
Drexler, Anton   1

Eckart, Dietrich   188
Eicke, Theodor   61 f

Feder, Gottfried   34
Federzoni, Luigi   138
Franco, Francisco   87, 146
Frank, Hans   28, 34, 62, 83, 101, 119
Frick, Wilhelm   167
Friedrich II.   22, 104
Frossombrone, Cesare Vernarecci di   82

Gaggia, Achille   161
Galzigna, Bruno   44
Genaud, Francois   210
Giesler, Hermann   155
Giolitti, Giovanni   12
Giurati, Giovanni   56
Goebbels, Joseph   7, 13 f, 16, 34, 36, 78, 96, 102, 110, 119, 122, 128, 149, 157, 160, 167, 179, 183 f, 202, 215
Goebbels, Magda   7
Gömbös, Julius   76
Göring, Hermann   7, 11, 35 f, 51, 54–57, 60 f, 63, 66, 70 ff, 83 f, 87, 101 f, 104, 106–109, 119, 125, 133, 197, 199, 206
Graefe-Goldebbe, Albrecht von   39
Grandi, Dino   48 f, 53, 70, 97, 138, 205
Gravina, Manfredi (Conte di Ramacca)   50 f
Graziani, Rodolfo   172, 174 f
Groß, Walter   122

Habicht, Theodor   78
Hanfstaengl, Ernst („Putzi")   8

Hassell, Ulrich von 66, 68, 70, 74, 77, 79, 86, 92, 96, 201
Haushofer, Karl 195
Held, Heinrich 15, 35
Hellpach, Willy 199
Heß, Rudolf 7, 13, 24, 56, 62, 66, 96, 103f, 123, 152, 195
Himmler, Heinrich 83, 119, 123f, 165, 167, 179, 215
Hindenburg, Paul von 3, 4, 17, 26, 27, 59, 184
Hofer, Andreas 35
Hofer, Franz 165, 216
Hoffmann, Heinrich 104
Hoppenstedt, Werner 122
Hoßbach, Friedrich 106
Hugenberg, Alfred 198

Junge, Traudl 216

Kahr, Gustav Ritter von 25
Kaltenbrunner, Ernst 216
Kappler, Herbert 167
Keitel, Wilhelm 142
Kesselring, Albert 160, 164, 167, 179
Kintomo, Mushanokōji 93
Koch, Erich 33
Kubizek, August 7

Landra, Guido 123
Ley, Robert 158
Lossow, Otto von 25
Lüdecke, Kurt 19 ff
Ludendorff, Erich 32
Ludwig, Emil 8
Luther, Hans 198

Mackensen, Hans Georg Viktor von 95, 127
Mafalda, Maria Elisabetta Anna Romana, Prinzessin von Savoyen 51
Magistrati, Massimo (Conte) 138
Malaparte, Curzio 59f, 63
Manacorda, Guido 82, 202
Marescotti, Luigi Aldrovandi 48
Maurice, Emil 8
Mayr, Kurt 1
Meinecke, Friedrich 198

Mendelssohn-Bartholdy, Albrecht 199
Moeller van den Bruck, Arthur 4
Mollier, Hans 122
Molotow, Wjatscheslaw Michailowitsch 127
Morell, Theodor 174
Morreale, Eugenio 52f
Mussolini, Arnaldo (Bruder) 57
Mussolini, Rachele (Ehefrau) 163
Mussolini, Vittorio (Sohn) 179

Negrelli, Leo 21, 192
Nenni, Pietro 163
Neurath, Konstantin Freiherr von 64f, 70, 74, 77, 79, 85, 92, 101f, 119
Nietzsche, Friedrich 164

Orsini Baroni, Luca 48
Oshima, Hiroshi 153

Papen, Franz von 16, 27, 73
Paulus, Friedrich 157
Pavelic, Ante 147
Petacci, Clara 180
Pétain, Philippe 146
Petitto, Remo Renato 45f
Pittalis, Francesco 66
Pius XI 110
Price, Ward 12
Prinz von Hessen, Philipp 50f, 54, 66, 107, 109, 133

Quisling, Vidkun 148

Rahn, Rudolf 164, 173f, 176, 179
Renzetti, Giuseppe 16, 23, 49, 50, 52–61, 64ff, 69, 77, 81f, 199, 201
Reupke, Hans 33
Reut-Nicolussi, Eduard 62
Reventlow, Ernst Graf zu 34
Ribbentrop, Joachim von 70, 89, 93, 96–99, 107, 109, 115, 119, 127, 133ff, 137, 142, 146f, 164, 173, 211
Ricci, Renato 83
Riefenstahl, Leni 80
Roatta, Mario 142
Röhm, Ernst 8, 14
Rommel, Erwin 150f, 159

Roosevelt, Theodore   134
Rosenberg, Alfred   18, 34, 44, 46, 60–63, 75, 77, 122f, 199
Rust, Bernhard   95

Salomon, Franz Pfeffer   14
Sauckel, Fritz   165
Schacht, Hjalmar   60, 199, 207
Schmidt, Paul-Otto   147
Schmitt, Carl   198
Schumpeter, Joseph   189
Scorza, Carlo   45
Seipel, Ignaz   39
Seißer, Hans Ritter von   25
Seldte, Franz   60, 199
Skorzeny, Otto   167
Solari, Pietro   43f
Sombart, Werner   199
Sonnleithner, Franz von   215
Speer, Albert   8, 165f
Stalin, Josef Wissarionowitsch   152f
Starace, Achille   57, 60
Starhemberg, Ernst Rüdiger   52, 67

Stauffenberg, Klaus Schenk Graf von   177
Stennes, Walter   14
Strasser, Gregor   24, 33f, 61, 94, 194
Stresemann, Gustav   65, 183
Summonte, Consalvo   47
Suvich, Fulvio   72, 78, 138

Tedaldi, Adolfo   24, 31, 192
Teves, Angelo   67
Tiso, Jozef   147
Tolomei, Ettore   48, 52
Traglia, Gustavo   21
Turati, Augusto   54

Vidussoni, Aldo   136
Viktor Emanuel III.   51, 70, 73, 89, 106, 111, 132, 153, 157, 169, 185
Villari, Luigi   52, 197

Warlimont, Walter   160
Weber, Alfred   199
Weizsäcker, Ernst von   108
Welles, Sumner   133

www.ingramcontent.com/pod-product-compliance
Lightning Source LLC
Chambersburg PA
CBHW021353300426
44114CB00012B/1204